2030

극한경제 시나리오

리처드 데이비스Richard Davies

경제학자이자 작가다. 런던정경대학교와 브리스톨대학교 경제학 교수, 영국경제학관측소 UK's Economics Observatory 소장으로 일하고 있다. 옥스퍼드대학교, 런던정경대학교, 뉴욕대학교 스턴경영대학원에서 경제학을 공부했으며 영국 재무부 경제자문위원회 의장, 잉글랜드 은행 이코노미스트, 《이코노미스트》(잡지) 경제 편집장을 지냈다.

대규모 마이크로 데이터를 활용해 인플레이션, 생산성, 임금을 포함한 총체적 퍼즐에 대한 답을 찾는 연구에 주력하고 있다. 또한 경제에 대한 접근성 개선 확장을 목표로 하는 여러 자선 프로젝트에 활발히 참여하고 있다. 브리스톨경제학페스티벌Bristol Festival of Economics의 공동 책임자, 스피커스포스쿨스Speakers for Schools의 공립 학교 대상 강연자, 전 세계 대학의 경제학 교수와 학생에게 오픈 액세스 리소스를 제공하는 자선 단체 CORE의 창립 이사 겸 책임자로 활동하고 있다.

《뉴욕타임스》《이코노미스트》《파이낸셜타임스》《선데이타임스》《더타임스》《와이어드》 등에 다양한 글을 기고해 왔으며, 2019년 첫 책《2030 극한 경제 시나리오Extreme Economies》를 출간해 학계와 언론으로부터 찬사를 받았다. 이 책은 에드워드 스탠퍼드 트래블 라이팅 어워즈Edward Stanford Travel Writing Awards, 론리플래닛 올해의 신인 작가상Lonely Planet Debut Travel Writer of the Year, 인라이튼드 이코노미스트 프라이즈Enlightened Economist Prize를 수상하고 《파이낸셜타임스》 올해의 경제경영서, 《뉴스테이츠먼》 올해의 책, 《뉴욕타임스》 에디터스 초이스에 선정되었다.

팬데믹 이후 회복과 성장을 위한 생존 지도

2030
극한 경제 시나리오
EXTREME ECONOMIES 　　리처드 데이비스 지음 | 고기탁 옮김

부·키

옮긴이 **고기탁**

한국외국어대학교 불어과를 졸업했으며, 펍헙 번역그룹에서 전업 번역가로 일한다. 옮긴 책으로는 《공감의 진화》 《부모와 다른 아이들》 《야망의 시대》 《해방의 비극》 《문화 대혁명》 《침대부터 정리하라》 《자연 수업》 《독재자가 되는 법》 등이 있다.

2030 극한경제 시나리오

2021년 11월 15일 초판 1쇄 인쇄 | 2021년 11월 25일 초판 1쇄 발행

지은이 리처드 데이비스 | 옮긴이 고기탁
펴낸곳 부키(주) | 펴낸이 박윤우
등록일 2012년 9월 27일 | 등록번호 제312-2012-000045호
주소 03785 서울 서대문구 신촌로3길 15 산성빌딩 6층
전화 02) 325-0846 | 팩스 02) 3141-4066
홈페이지 www.bookie.co.kr | 이메일 webmaster@bookie.co.kr
제작대행 올인피앤비 bobys1@nate.com
ISBN 978-89-6051-894-0   03320

책값은 뒤표지에 있습니다. 잘못된 책은 구입하신 서점에서 바꿔 드립니다.

리처드 보이드 박사와 앤서니 쿠라키스 교수께
이 책을 바친다

추천의 글

신환종
NH투자증권 FICC리서치센터장

코로나19 이후의 글로벌 투자 환경은 기존의 경제적인 분석만으로 설명하기 어렵다. 정치적·경제적·사회적 갈등과 이슈가 워낙 복잡하게 연결되어 있기 때문에 역사와 문화까지 아우르는 포괄적인 맥락을 통해 현지를 이해하는 것이 무엇보다 중요하다. 글로벌 투자를 진행하면서 많은 국가를 방문하고 그때마다 이 나라는 왜 이렇게 됐을까를 고민하게 된다. 결국 그 물음에 대한 답을 찾기 위해 현지로 실사를 떠나 사람들을 만나면서 많은 이야기를 듣고 기록했다.

리처드 데이비드의 이 책을 읽으면서 내가 궁금한 것을 언제든 물어볼 수 있는 뛰어난 경제학자를 대동하고 도시의 현장을 누비는 듯한 행복한 착시감에 빠져들었다.

생존을 위해 엄청난 좌절과 충격을 극복하고 다시 일상으로 돌아온 인도네시아 아체, 내전을 뒤로 하고 새로운 정착지에서 터전을 가꾸는 시리아 사람들의 난민촌 요르단 자타리, 희망이 없는 죄수들의 삶의 공간 미국 루이지애나 교도소를 움직이는 원리는 정작 경제 논리만이 아니다. 오히려 정치 사회적인 렌즈를 들이댔을 때 그들의 삶이 생동감 있게 입체적으로 다가온다. 저자의 종합적인 서술이 반가운 이유다.

파나마의 다리엔과 콩고의 킨샤사는 한때 매력적이었으나 현재 실패한 도시의 구조적인 문제를 날카롭게 드러내고 있다. 특히 영국의 글래스고는 잘나가던 도시도 얼마든지 시대와 산업의 패러다임을 따라가지 못하면 한순간에 폐허로 전락할 수 있음을 섬뜩하게 보여 준다. 우리나라 유사한 도시의 미래를 예고하는 듯해 뒷덜미가 서늘하다.

10년 후 전 세계가 맞닥뜨릴 극한 도전을 예고하는 도시들의 이야기는 각별히 흥미롭다. 일본 아키타는 급격하게 찾아온 고령화 문제를 오히려 자아 발견의 기회로 승화시키고 있으며 에스토니아 탈린은 디지털화를 국가적인 기회로 삼아 올인하고 있다. 신자유주의의 총아로 가장 성공한 중남미 국가인 줄 알았던 칠레의 산티아고가 심각한 불평등 문제로 신음하는 시한폭탄이 된 것 역시 반면교사로 삼아야 한다.

이처럼 이 책은 전 세계 주요 도시가 직면한 과제를 거시적 경제 담론이 아닌 현지 주민의 시각에서 일상적으로 풀어낸 점이 매우 신선하다. 저자인 리처드 데이비드와 함께 생존과 실패와 미래의 첨단을 걷고 있는 지구촌 구석구석을 여행하듯 따라다니다 보면 자신도 모르게 정치, 경제, 사회 이슈의 핵심을 빠르고 어렵지 않게 익힐 수 있을 것이다. 글로벌 투자를 위해 해외 국가와 도시를 공부해야 하는 사람들뿐 아니라, 딱딱한 이론 중심으로 배운 경제학에 싫증이 난 사람들에게 일독을 권한다. 한 편의 드라마틱한 세계 여행기면서 코로나19 이후 대전환기를 맞고 있는 글로벌 경제를 이해하는 알찬 가이드북이 될 것이다.

추천의
글

이 책에 대한 찬사

이 책은 앞으로 어떤 힘들이 우리 미래를 좌우할지에 관한 일목요연하고 명료한 안내서다. 도시화, 고령화, 기술 변화, 인적·사회적 자본의 획득과 상실 같은 일들이 바로 그것이다. 사람들이 한계에 내몰렸을 때 어떻게 대응하는지를 살피고 거기서 지혜와 통찰을 얻는 이 책의 극한 전략은 눈부실 정도로 탁월하다. 이 책이 들려주는 9가지 심층 분석은 경제란 방정식과 데이터의 상호 작용이 아니라 실제 사람들, 각자 고유한 이름을 가진 사람들의 상호 작용으로 이루어지는 것임을 여실히 입증해 준다. 경제를 배우고자 하는 사람, 경제를 배우고 있는 사람, 경제에 대해 아는 척하는 사람 모두 이 책을 읽어야 한다.

폴 로머 Paul Romer, 뉴욕대학교 스턴경영대학원 교수, 2018년 노벨 경제학상 수상자

아무도 향후 수십 년을 정확히 예측할 수는 없다. 하지만 이 책에서 다루는 극한 경제 상황은 앞으로 우리에게 어떤 일이 벌어질지 눈이 번쩍 뜨이는 실마리를 던져 준다. 바로 그 점에서 이 책은 매력덩어리다.

로버트 실러 Robert Shiller, 예일대학교 경제학 교수, 2013년 노벨 경제학상 수상자

오늘날 세계정세가 한 치 앞도 내다볼 수 없을 정도로 절박하다고 느끼는 사람이라면 누구나 반드시 읽어야 할 책이다. 이 책은 가장 어려운 상황에 처한 사람들이 어떻게 번영으로 나아갈 수 있는지, 명료한 학문 연구와 인간미 넘치는 시선을 한데 아울러 생생히 그려 낸다. 많은 경제학자들은 삶의 도전에 대해 사고하는 방식이 상당히 편협하다. 반면에 이 책은 왜 우리가 더 열린 자세로 생각할 필요가 있는지를, 세계에서 가장 흥미로운 장소들을 찾아가는 여정을 통해 멋지게 보여 준다.

짐 오닐 Jim O'Neill, 경제학자, 채텀하우스Chatham House 의장

극한의 스트레스와 도전이 닥칠 때 우리는 자신에 대해 가장 잘 배운다. 9가지 설득력 있는 사례 연구를 통해 리처드 데이비스는 우리 경제 시스템 역시 마찬가지임을 훌륭하게 보여 준다. 접근 방식과 통찰에서 이 책은 일종의 계시록이며 필독서다. **앤디 홀데인**Andy Haldane, **잉글랜드은행**Bank of England **수석 이코노미스트**

리처드 데이비스는 이 책에서 우리 중 많은 사람이 꿈만 꾸는 그런 여행을 했다. 나는 푹 빠져들어 단숨에 읽어 버렸다. 경제 원리를 잘 설명하면서 글까지 잘 쓰는 경제학자는 언제나 환상적이다. **다이앤 코일**Diane Coyle, **케임브리지대학교 경제학 교수**

경제학이 현실 세계로 파고드는 이 여행은 정말 짜릿하다. 극한의 트라우마와 혼돈이 시장과 독점, 정부의 진실을 날것 그대로 드러내 눈앞에 펼쳐 보인다. **사이먼 젠킨스**Simon Jenkins, **칼럼니스트, 전 《더타임스**The Times》 **편집장**

손에 잡히듯 이해하기 쉽고 너무나 독창적이다. 이 책은 공리공론이 아니다. 저자는 사회학과 인류학, 순전히 관찰과 대화의 힘을 활용해 경제학을 생기와 재미로 넘쳐나게 만든다. **《뉴스테이츠먼**New Statesman**》**

이 책은 놀라움으로 가득하다. 독자를 이전에 거의 알려지지 않았거나 전혀 알려지지 않은 장소와 상황으로 데려가, 대개 교과서에서 메마르게 서술되는 경제 원리들이 현실에서 얼마나 경이로운 방식으로 작동하는지 보여 준다. **전문경제학자협회**Society of Professional Economists

기막히다. 경제의 힘이 우리 삶의 모든 것을 어떻게 창조해 내고 변화시키는지 다시 한 번 일깨워 주는 정말 재미나고 매력 넘치는 소중한 책이다.
에드 콘웨이 Ed Conway, **스카이뉴스**Sky News **경제 편집장**

현실 세계에서 실제로 경제를 움직이는 것이 무엇인지 규명하는 대단히 독창적인 접근법이다. 경제학도와 일반인 모두에게 유익한 정보와 날카로운 통찰이 담겨 있다. **머빈 킹**Mervyn King, **경제학자, 전 잉글랜드은행 총재**

저자는 시장이 극한 상황을 덜 극한적으로 만들 수 있음을 매력적으로 보여 준다. 모든 종류의 조건, 모든 종류의 문화에서 나타나는 시장의 순기능과 역기능에 관한 완벽한 초상이다. 《**월스트리트저널**Wall Street Journal》

오늘날 우리가 삶에서 현실과 타협하면서 얻는 것 대신 무엇을 잃어버렸는지 낱낱이 폭로하면서, 그런 결정이 초래한 결과에 의문을 제기하게 만든다.
윌 페이지 Will Page, **런던정경대학교 방문원구원, 전 스포티파이**Spotify **수석 이코노미스트**

이 책은 인간의 회복력에 대한 놀라운 성찰이다. 저자는 극한 상황에서 경제가 작동하는 방식과 시장이 성공하거나 실패하는 이유를 설명하기 위해 아체의 해변과 자타리의 난민수용소, 콩고와 칠레의 수도 킨샤사와 산티아고로 안내한다. 경제 이론과 개인 삶의 이야기를 잘 엮어낸 재미나면서도 중요한 책이다.
《**파이낸셜타임스**Financial Times》

선진국과 개발도상국을 막론하고 모든 국가에 영향을 미치는 글로벌 위기의 시대에 우리는 데이비스의 연구를 정치 경제 지침으로 삼는 것이 좋다. 이 책은 국제 개발의 실무자뿐 아니라 코로나 위기를 극복하고 경제와 사회 구조를 재건하기 위해 고민하고 행동하는 모든 사람이 반드시 읽어야 할 책이다. **브루킹스연구소**Brookings Institution

팬데믹은 세계 경제에 치명적인 영향을 미치고 있다. 경제가 회복될까? 그렇다면 어떻게 회복될까? 이 책은 시장이 재앙적인 사건으로부터 어떻게 회복하는지에 대한 시의적절하고 선명한 통찰을 제공한다. 저자는 세계 경제의 가장 변방에 위치한 공동체들에 관한 흥미진진하고 잘 쓴 여행기를 통해 회복탄력성을 갖춘 경제, 잠재력을 잃어버린 경제, 그리고 무엇보다 내일의 경제로 우리를 안내한다. 중요한 역사적·경제적·지리적 맥락을 알려 주는 동시에 사람들이 시장 속에서 어떻게 삶과 생계를 일구어 가는지 보여 준다. 무엇보다 여행길에서 만나는 사람들의 목소리를 생생하게 들려 준다. 《**타임스리터러리서플먼트**Times Literary Supplement》

리처드 데이비스는 아무도 가 보지 않은 특별한 곳들에 관한 상큼하고 속 깊은 이야기를 전한다. 시장과 계획 경제의 강점과 약점을 다룬 책 중에서 가장 절묘하고 놀라운 책이다. **팀 하포드**Tim Harford, **경제학자, 저널리스트, 《경제학 콘서트》 저자**

때로는 흥미진진하고 때로는 암울한 일들이 벌어지고 있는 세계 경제를 송곳 같은 눈으로 꿰뚫는다. 정신이 번쩍 들게 만드는 책이다. 우리의 미래에 관심 있는 모든 사람에게 강력 추천한다. 《**커커스리뷰**Kirkus Review》

차례

1부 미래를 열어젖힌 회복과 성장 이야기

**1장　자연이
삶을
유린할 때**

아체

3부 미래를 선도하는 최첨단과 초극한 이야기

8장　디지털화의 최첨단

탈린

코로나 이후를 대비하는
한국 독자들에게

이 책이 한국 독자들에게 전하는 메시지는 간단하다. 경제와 삶이 생각보다 쉽게 무너질 수 있다는 것이다. 코로나 팬데믹과 같은 극한 상황은 어디에서나 발생할 수 있다. 잘사는 나라부터 가난한 나라까지, 번잡한 도시부터 아주 작은 시골 마을까지, 장소를 가리지 않는다. 우리가 극한의 사례를 공부해야 하는 이유가 바로 여기에 있다. 극한 사례는 인간의 회복력 즉 회복탄력성을 이해하는 핵심 열쇠다.

지난 18개월은 누구도 상상하지 못했던 방식으로 극한 경제의 중요성을 보여 주었다.

코로나 사태는 런던이나 서울과 같은 거대도시들을 마구 유린했다. 아울러 우리에게 사회적·경제적 회복탄력성, 그리고 성공이나 실패 또는 미래가 가져올 다른 어떤 것을 이해할 필요가 있음을 상기

시켰다. 내가 이 책에서 방문한 극한 경제 지역 9곳은 한국의 경제적 경험과 어떤 연관성이 있을까? 그리고 이런 연관성은 코로나 시대를 맞이해 어떻게 변했을까?(이 글을 준비하는 데 도움을 준 케이트 루커스 Kate Lucas, 찰리 메이릭Charlie Meyrick, 맥스 우드Max Wood에게 감사한다.)

극한의 생존에서 배우기

이 책은 인도네시아의 아체 지역 사람들과 그들이 2004년 지진해일 피해를 극복한 이야기로 시작한다. 자연재해는 한국인이 잘 아는 위험 요소다. 한국이 태풍이나 홍수, 황사, 산사태, 지진, 지진해일과 같은 자연재해에 익숙하기 때문이다. 태풍과 폭우는 발생 빈도가 높을뿐더러 파괴적이다. 한국은 바다로 둘러싸여 있으며 특히 동해는 1983년과 1993년에 보았듯이 지진해일 위험에 노출되어 있다(1983년 1명 사망, 2명 부상, 2명 실종의 인명 피해를 입었고 1993년 4억 원의 재산 피해를 입었다-옮긴이). 아체 사람들이 지진해일 이후에 어떻게 재건에 성공했는지는 불안정한 지역에서 살아가는 모든 사람에게 중요한 교훈을 제공한다.

전쟁이나 정치적 갈등을 비롯한 재앙은 보통 인구 이동으로 이어진다. 요르단의 자타리난민수용소에서 살아가는 시리아 난민들의 이야기는 이런 양상을 보여 주는 전형적인 사례인 동시에 다음과 같은 질문을 던진다. 전쟁이나 다른 정치적인 격동으로 모든 것을 잃었을 때 어떻게 재기할 것인가?

한국은 다른 나라들에 비해 전반적으로 적은 난민을 받아들인다. 물론 주목할 만한 예외도 있다. 2018년 예멘에서 발발한 내전으로 많은 난민이 생겨났다. 당시 약 500명에 이르는 예멘 난민이 한국의 제주도로 탈출했다. 그들은 처음에 관광객 신분으로 들어와서 나중에 망명을 신청했다. 또한 한국은 새로운 출발을 모색하는 또 다른 부류의 난민을 받아들인다. 바로 탈북자들이다. 1990년대 초부터 한국에서 새로운 삶을 시작하기 위해 망명한 탈북자 수가 이제는 3만여 명에 이른다. 내가 만난 시리아 난민들의 절박함과 성공은 이 대목에서 주목할 만한 유사점을 갖는다.

미국의 루이지애나주립교도소 이야기에서 다룬 대규모 수감은 얼핏 보기에 한국과 아무런 유사점이 없는 듯하다. 일단 환경 자체가 다르기 때문이다. 한국의 교도소 환경은 미국보다 훨씬 안전하고, 투명하며, 평화롭다. 수감률도 훨씬 낮다. 인구 10만 명당 109명에 불과한 한국의 수감률은 639명에 달하는 미국과 명백한 대조를 이룬다. 한국은 이 부문에서 세계 142위로 극한 상황과는 거리가 멀다.

그럼에도 중요한 교훈이 있다. 1부에서 소개하는 3가지 이야기는 급격한 변화가 어떻게 상업 활동에 대한 욕구를 불러일으키는지, 그렇게 촉발된 상업 활동이 보통 어떻게 새로운 형태의 비공식 화폐에 의존하는지 보여 준다. 내가 만난 사람들은 금이나 분유, 선불 직불 카드를 화폐처럼 이용했다. 혁신적인 화폐는 공식 경제가 도움이 되지 않는 도전에 직면했을 때 등장하는 경제의 중요한 특징이다.

화폐 혁신과 관련해 한국은 극한 경제다. 세계를 선도한다. 2021년 한 여론 조사에 따르면 한국은 40퍼센트가 넘는 직장인이 가상 화폐에 투자한다. 비트코인과 같은 새로운 디지털 화폐의 인기가 너무 높아 유독 한국에서만 가격이 가파르게 상승하는 바람에 시장 왜곡, 이른바 김치 프리미엄(한국의 암호화폐 가격이 해외보다 비싼 현상을 가리키는 용어-옮긴이)이 발생할 정도다. 이 같은 인기는 (노동 시장에 대한 한국 젊은이들의 불만까지 포함해) 한국 사회가 갈등과 회복탄력성에 대한 시험에 직면해 있음을 가리킨다.

극한의 실패에서 배우기

2부는 실패한 국가와 빈곤에 관한 이야기다. 그중 중앙아메리카의 다리엔 지역 이야기는 환경의 질 저하와 이를 유발하는 잠재적 경제 요인에 관해 다룬다. 한국 역시 토양이나 식물, 바다와 관련해 유사한 환경 자산의 남용 사례를 보여 주고 있어 우려를 자아낸다.

경제와 생태 환경의 상호 작용을 보여 준 사례 중 하나는 무려 400제곱킬로미터에 달하는 해안 간석지를 메워 육지로 개발한 세계에서 가장 큰 인공 바다 제방, 새만금방조제다. 공장과 골프장, 정수처리장 등이 가져온 경제적 이익은 물고기와 새, 조개 등이 번식하고 먹이 활동을 하던 보금자리의 소멸로 상쇄되었다.

다리엔과 마찬가지로 장작과 건축 자재를 얻고자 오랜 세월에 걸쳐 진행된 삼림 훼손은 한국에서 토양 침식과 홍수의 주된 원인이 되어 왔다. 여기에 더해 방대한 규모를 자랑하는 한국의 수산업은 과도한 남획으로 비난에 직면해 있다. 이제는 정부 차원에서 어장을 관리하지만 여전히 불법 행위(외국 어선들의 불법 조업을 포함해)가 만연하고 있다. 이런 현실은 불법 벌목업자들이 난립하는 다리엔과 유사한 상황이며 효과적인 환경 보호 정책 수립이 얼마나 어려운 일인지 보여 준다.

콩고의 수도 킨샤사 이야기 또한 한국과 중요한 연관성이 있는데 국제적인 기부국으로서 한국의 역할이 점점 늘어나는 상황이기 때문이다. 한국은 OECD(경제협력개발기구) 30개 회원국 가운데 16번째로 기부를 많이 하는 나라로, 국제 원조에 22억 달러를 지출하고 있다. 아시아 국가(특히 베트남)에 많은 원조를 제공하며 요즘은 아프리카로 눈을 돌리고 있다.

최근에는 콩고의 카탕카 지역에 10억 달러 규모의 광산 계약을 추진하거나 대우와 포스코가 콩고강 수력발전소 건설을 위한 한국-캐나다 컨소시엄을 결성하는 등 콩고민주공화국과 더 직접적인 교류를 위한 시도를 진행했다. 비록 두 프로젝트 모두 실패했지만 이런 시도는 두 나라의 관계가 얼마든지 발전할 가능성이 있음을 시사한다.

영국 글래스고의 제조업(조선업) 경험에 관한 이야기는 한국과 명백한 유사점이 존재한다. 한국 경제의 탄탄함이 제조업에서 비롯되었을 뿐 아니라 한국을 농업 기반 경제에서 세계를 선도하는 선진국으로 이끈 것이 바로 제조업이기 때문이다.

글래스고와 마찬가지로 한국은 엄청난 성공을 거두었다. 특히 LG, 롯데, 현대, 삼성과 같은 한국의 재벌들은 석유화학, 자동차, 조선을 비롯한 중공업 부문에 강점을 보였다. 이런 특징은 영국의 경제학자 앨프리드 마셜이 1890년대에 주장한 파급 효과 즉 "집적" 효과를 발휘했다. 그리고 영국의 조선업과 달리 한국에서는 정부와 기업과 대학의 긴밀한 협력에 더해 정부의 체계적이고 전폭적인 지원이 이루어졌다.

글래스고의 이야기에는 경고가 담겨 있다. 글래스고의 조선 회사인 페어필드는 수 세기의 역사를 가진 세계에서 가장 중요한 기업 중 하나였다. 그럼에도 결국 사라짐으로써 다른 거대 기업들에 교훈을 남겼다. 글래스고와 마찬가지로 한국의 몇몇 도시들은 이미 산업 붕괴로 고통을 겪고 있다. 대구는 1인당 GDP를 기준으로 한국에서 가장 가난한 지역 중 하나다. 한때는 경제적으로 탄탄한 도시였지만 도시의 핵심 산업인 섬유 산업이 쇠퇴하면서 그간의 성장이 수포로 돌아갔다. 이 부문에서 더 극한의 길을 걸은 글래스고는 한국에 반면교사가 되어 줄 것이다.

극한의 미래에서 배우기

이 책의 3부는 미래를 다룬다. 그리고 한국을 포함한 모든 나라가 당면할 도전을 특징으로 한다.

일본의 아키타에서 나는 한국에서도 매우 두드러지게 나타나는 2가지 추세를 목격했다. 바로 인구 고령화와 출산율 감소다. 한국은 65세 이상 인구가 2030년까지 가파르게 증가하다가 2050년대에 이르러서는 세계를 선도할 전망이다([0-1] 참조).

코로나 이후를 대비하는
한국 독자들에게

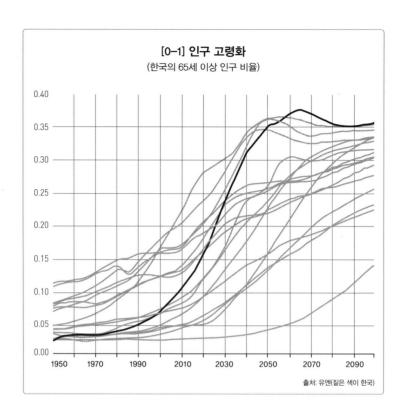

[0-1] 인구 고령화
(한국의 65세 이상 인구 비율)

출처: 유엔(짙은 색이 한국)

출산율 감소는 한국 인구가 2030년대 중반에 절정에 도달한 뒤 21세기의 나머지 기간 동안 빠르게 감소하리란 사실을 의미한다. 한국은 일본, 이탈리아, 스페인 등과 함께 21세기 말까지 인구가 심각하게 감소할 것으로 예상되는 나라 중 하나다. 유엔이 내놓은 전망에 따르면 한국은 인구가 40퍼센트 이상 감소하면서 이 부문에서 세계적인 극한 사례로 자리매김할 것이다([0-2] 참조).

이런 인구통계학적 추세는 갈등을 부추긴다. 이탈리아나 일본처럼 한국도 "잊힌 세대"에 관한 보고가 존재한다. OECD 자료에 따르면

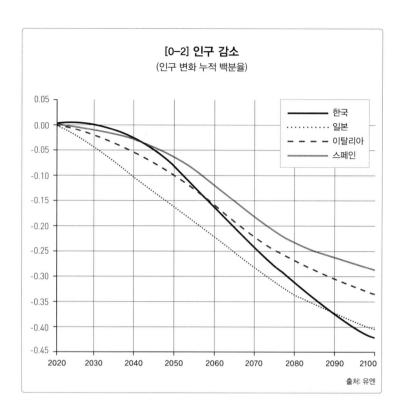

[0-2] 인구 감소
(인구 변화 누적 백분율)

한국 · 일본 ····· 이탈리아 --- 스페인

출처: 유엔

한국 노인 중 거의 50퍼센트가 빈곤하게 살아간다. OECD 평균의 4배에 달하는 수준이다. 고령화와 인구 감소 문제에서 과연 한국은 내가 일본에서 목격한 것과 같은 대응을 보여 줄까?

에스토니아의 수도 탈린 여행은 지극히 현대적인 동시에 신기술 수용에 적극적인 정부와 그런 정부가 일상생활에 미치는 영향을 다룬다. 이 극한 사례 역시 한국과 깊은 관련이 있는데 한국이야말로 세계에서 가장 혁신적인 나라 중 하나인 까닭이다.

전자 정부를 지향하는 접근법에서 한국과 에스토니아는 막상막

코로나 이후를 대비하는
한국 독자들에게

하의 경쟁자다. 한국 정부는 세계에서 가장 진보한 형태의 전자 정부 서비스와 가장 수준 높은 전자 참여 시스템을 개발했다. 에스토니아와 마찬가지로 이 사업은 "사이버코리아21" 같은 명백한 산업 전략을 바탕으로 추진되었다. 그 결과 한국은 2010년과 2012년, 2014년에 전자정부발전지수E-Government Development Index에서 1위를 차지할 정도로 투명하고 효율적인 정부로 발돋움했다.

로봇공학에 접근하는 방식에서도 두 나라는 비슷한 모습을 보인다. 한국은 제조업 분야의 로봇 밀도가 세계에서 가장 높다. 근로자 1만 명당 로봇 수가 전 세계 평균의 8배인 631대로 2위인 싱가포르보다 29퍼센트, 3위인 독일보다 2배나 높다. 에스토니아나 일본처럼(그리고 미국이나 영국과 달리) 인구가 점점 고령화되고 감소하는 상황에서 로봇의 중요성을 인지한 것이다.

이런 상황에서 한국이 직면한 가장 중요한 문제는 에스토니아에서 본 것과 별반 다르지 않다. 어떻게 "디지털 격차"를 극복하고, 신기술이 가져다줄 기회를 이용해 어떻게 모든 사람이 이득을 취할 것인가 하는 점이다.

이런 문제는 이 책의 마지막 주제와 직결된다. 바로 불평등 문제다. 폭동이 발생하기 직전에 쓴 칠레의 수도 산티아고 이야기는 왜 그런 폭동이 일어났는지 짐작하게 한다. 구체적으로는 부족한 교육 기회에 대한 분노가 끓어 넘쳤기 때문이다.(칠레에서는 2019년 10월 14일 지하철 요금 인상을 계기로 불평등에 대한 불만이 폭발해 산티아고에서 시작된 시위가 전국으로 번지면서 폭동으로 격화되었다-옮긴이) 이 극한 사례에서도 한국의 모습이 엿보인다.

한국은 20세기 들어서 가장 극적인 빈곤 감소를 지켜보았다. 1950년대 중반 거의 50퍼센트에 가까웠던 절대 빈곤율은 1990년대 중반에 이르러 4퍼센트 이하로 급감했다. 게다가 한국은 소수의 기업가가 엄청나게 많은 재산을 보유하고 있음에도 부의 측면에서 대체로 평등한 국가다.

그런 한편에서는 우려의 목소리가 점점 커지는 중이다. 칠레와 마찬가지로 한국은 소득 불균형이 아시아 태평양 연안 22개국 중 최악인 동시에 OECD 국가 중 두 번째로 높은 순위를 차지할 만큼 심각한 수준이다. 급속한 경제 성장의 여파로 도시와 농촌 간 불균형도 심각하다.

무엇보다 칠레의 교훈을 생각했을 때 불평등한 교육 기회는 정말 우려스럽다. 전반적으로 한국은 다른 나라들에 비해 제조업과 서비스업 간 생산성 격차, 대기업과 중소기업 간 수익성 격차, 정규직과 비정규직 간 임금 격차가 큰 "이원적인" 경제다. 이러한 격차는 우려를 자아낸다.

코로나 이후 한국을 위한 조언

코로나 사태에 직면해 한국은 비교적 좋은 성적을 거두고 있다. 부분적으로는 기술 덕분이다. 다른 선진국들과 비교할 때 국가 감시 시스템이 매우 효과적이었기 때문이다. 그 덕분에 보건 당국은 바이러스에 노출된 사람들을 추적할 수 있었다. 이동통신망을 이용해 모든 휴

[0-3] 코로나 환자 수
(누적 환자 수)

——	한국
·······	일본
- - - -	이탈리아
———	스페인

출처: Covid19API.com

대전화에 재난 문자를 전송함으로써 시민들에게 새로 환자가 발생한 위치를 업데이트할 수 있었다. 그렇게 경제를 완전히 봉쇄하지 않고 환자를 격리할 수 있었다.

그 결과 보건과 경제 성과에서 탁월한 성적을 거두었다. 감염 자와 사망자 수 모두 인접 국가나 인구가 비슷한 다른 유럽 국가보다 훨씬 낮았다([0-3] [0-4] 참조). 당연히 경제 피해도 덜했다. 한국은

한국어판
서문

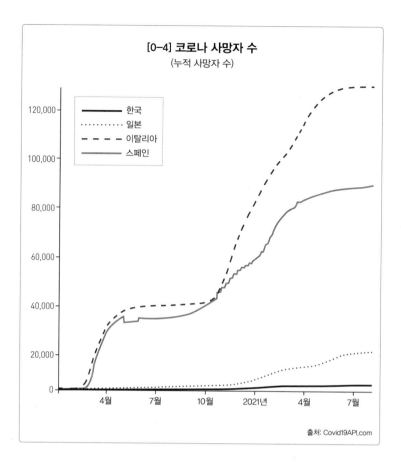

[0-4] 코로나 사망자 수
(누적 사망자 수)

출처: Covid19API.com

2020년 상반기에만 마이너스 성장을 기록했고 이후부터는 경제가 빠르게 반등했다. 반면에 영국의 GDP는 여전히 코로나 사태 이전 수준을 밑돌고 있다.

여러모로 이 모든 것은 한국이 지난 50년 동안 이룩한 탁월한 경제 성과 덕분이다. 한국인은 인구의 95퍼센트가 스마트폰을 사용하며 그래서 코로나19 관련 경보가 쉽게 전파될 수 있었다. 사회 기반 시설

코로나 이후를 대비하는
한국 독자들에게

에 대한 투자는, 다시 말해 4G와 5G 수신기의 대중화는 우수하고 안정된 신호 품질을 의미했다. 자주 평가 절하되는 경제 지표지만 GDP의 성장이 회복탄력성 시험에 직면한 나라들의 버팀목이 될 수 있음을 상기시키는 대목이다.

과거의 실수를 통한 깨달음도 일조한 듯 보인다. 2015년 (메르스 바이러스) 사태가 발생했을 때 한국의 대응은 그다지 성공적이지 못했다. 한국은 (사우디아라비아에 이어) 세계에서 두 번째로 높은 감염률과 사망률을 기록했다. 그 결과 이런 사태가 발생했을 때 중앙 정부에서 개인 정보를 수집할 수 있도록 법을 개정했다.

한국을 비롯해 세계 모든 나라가 미래의 극한 사태에 대비하기 위해 배울 수 있는 교훈은 아직 많다. 이를테면 다음과 같다.

근본 원인을 찾아라

국가는 극한 사태에 직면했을 때 진정한 원인을 파악하기 위해 시간을 투자해야 한다. 자연재해인지 인재인지, 아니면 둘 다인지 정확히 알아야 한다.

새로운 시장의 등장에 주목하라

우리는 충격(우리가 거래하거나 교환하는 방식의 변화)에 반응해 금방 새로운 시장이 만들어진다는 사실을 알아야 한다.

새로운 화폐의 등장을 예측하라

극한 시기에는 음성적이고 비공식적인 화폐가 등장한다. 세상이 불안정해질수록 더 많은 가상 화폐가 등장할 것이다.

비공식 경제를 적극 활용하라

우리는 비공식 경제를 더 면밀히 추적해야 한다. 비공식 경제는 회복탄력성의 핵심 원천으로, 극한 시기에 부각된다.

사회적 자본을 소중히 하라

사회적 자본은 가치와 회복탄력성의 원천으로, 시종일관 제대로 된 평가를 받지 못하는 경향이 있다. 이런 이유로 정책이 오히려 사회적 자본을 훼손하는 경우가 많다. 이런 실수는 반드시 피해야 한다.

기술을 현명하게 수용하라

에스토니아와 한국의 경험은 기술이 얼마나 중요한 역할을 수행할 수 있는지 보여 준다. 그럼에도 에스토니아에서 관찰되는 "디지털 격차"는 일종의 경고다.

정상으로 회복하라

극한 사태 이후에는 많은 사람이 거창한 변화를 기대한다. 하지만 나의 여정은 인간의 고집스러운 면모를 보여 준다. 즉 인간은 자신이 이전에 누렸던 것을 그대로 재건하기를 원한다.

불평등을 경계하라

극한 사건은 승자와 패자를 낳는 경향이 있다. 이런 악영향이 지속되면 불평등이 심해진다. 칠레의 사례에서 보듯이 불평등은 폭력 사태를 유발할 수 있다.

더 많은 극한에 대비하라

고령화와 불평등화, 기술 친화 추세는 향후 20년을 규정할 것이며 기후 변화는 극한 사건을 더 흔한 일로 만들 것이다. 우리는 더 많은 극한 사태에 대비해야 한다.

한국은 경제를 어떻게 이해하고 개선해야 할까? 어떻게 회복탄력성을 강화하고 극한 사태에 대비해야 할까? 이러한 질문과 관련해 이 책이 한국 독자들에게 유익한 아이디어를 전해 줄 수 있기를 고대한다.

리처드 데이비스

2021년 8월 6일

아키타

아체

자타리

탈린

글래스고

킨샤사

루이지애나

다리엔갭

산티아고

미래
아키타, 일본
탈린, 에스토니아
산티아고, 칠레

실패
다리엔갭, 파나마
킨샤사, 콩고민주공화국
글래스고, 영국

생존
아체, 인도네시아
자타리, 요르단
루이지애나, 미국

극한에서 배운다

> 자연이 익숙한 방식에서 벗어난 작용의
> 흔적을 보여 줄 때 자연의 숨은 신비는
> 가장 잘 드러난다.
>
> **윌리엄 하비, 《동물의 심장과 혈액의 운동에
> 관한 해부학적 연구》, 1628**

034

사람들의
놀라운 회복력과 적응력

2004년 12월 26일 아침 수리안디Suryandi에게 가장 강렬한 기억을 남
긴 것은 지진해일(쓰나미)이 만들어 낸 무시무시한 소리였다.

그날은 일요일이었고 수리안디는 아체Aceh의 람푹Lampuuk 해변
에서 가장 목 좋은 곳에 자리한 자기 식당에서 영업 준비를 하느라 한
창 바쁘던 참이었다. 수평선 근처 먼바다에서 짙은 안개가 피어오르
고 있다는 겁에 질린 어부의 외침에 그는 소란의 진상을 확인하러 바
닷가로 내려갔다. 평소라면 바닷속에 잠겨 있어야 할 모래톱이 물 밖
으로 나와 있었고 원래는 깊은 물고랑이 지나는 만 가장자리 쪽에 어

선 2척이 좌초해 있었다. 해변에 서서 이리저리 둘러보고 있는데, 마치 폭탄이 터지는 것 같은 소리가 나면서 파도가 북쪽으로 1.6킬로미터 떨어진 곳을 덮치는 광경이 보였다. 수리안디는 자신이 위기에 처했음을 깨달았다.

그는 오토바이가 있는 곳으로 달려가 시동을 걸자마자 좁은 마을 길을 날듯이 내달려 내륙으로 향했다. 이미 그때는 사방에 비명과 기도 소리가 가득했다고 그는 이야기한다. 가족이나 친구의 처지를 확인하기 위해 멈출 틈도 없이 그는 고지대를 향해 오토바이를 몰았다. 바로 뒤에서 파도 소리가 들렸는데 마치 비행기가 쫓아오는 듯한 소리가 났다.

아체의 지진해일 생존자들은 큰 파도가 3번 덮쳤다고 기억하면서 그중 두 번째가 최악이었다고 말한다. 수리안디는 내륙 쪽으로 미친 듯이 달려서 기어오른 지역 텔레비전 방송국의 방송탑에서 이 두 번째 파도를 지켜봤다. 그의 설명에 따르면 첫 번째 파도는 모든 것을 집어삼켰다. 하지만 집과 마당은 그대로 남아 있었고 상점과 축사도 아직은 온전한 상태였다. 이어서 첫 번째처럼 요란한 굉음을 내면서 두 번째 파도가 들이닥쳤다. 이번에는 무언가가 부러지거나 으스러질 때 나는 더 날카로운 파열음이 울리면서 나무가 뿌리째 뽑히고 건물이 몽땅 무너졌다. 세 번째 파도는 훨씬 조용했다. 바닷물이 큰바다로 빠져나가기 시작하면서 파도의 굉음이 한순간에 쉭 하는 낮은 소리로 바뀌었다.

물이 빠지자 동네의 이슬람사원이 모습을 드러냈다. 하지만 그것뿐이었다. 다른 건 아무것도 없었다. 모든 집이 사라졌고, 모든 가게가 사라졌다. 어선은 전부 박살 났고, 소는 모두 떠내려갔다. 곧이어 수리안디가 자신의 인생을 통틀어 최악의 경험이었다고 설명한 최후의 현상이 람푹 해변을 덮쳤다. 바로 완벽한 정적이었다.

현재 수리안디는 람푹 해변에서 새로운 식당을 운영 중이다. '아쿤Akun'이라는 이름의 이 식당은 이전 식당처럼 만 입구의 가장 목 좋은 곳에 자리 잡고 있다. 신선한 생선 메뉴를 전문으로 하며 코코넛 껍질을 태운 불잉걸로 요리해 아체식 오이절임과 함께 내놓는다. 아체의 다른 지진해일 생존자들과 마찬가지로 수리안디는 해변에서 벗어나 다른 곳에 정착하라는 조언을 거부했다. 삶을 재건하기 위해 오히려 서둘러 마을로 복귀했다. 빈손으로 다시 시작한 그는 물에 떠다니는 목재로 판잣집을 지어 식당을 열고 번창하는 사업으로 일구어 냈다.

어머니와 약혼자를 비롯해 수많은 지인의 생명을 앗아간 끔찍했던 그날에 대한 수리안디의 이야기는 슬프고 안타깝다. 하지만 그에게는 다른 아체 사람들처럼 또 다른 이야기가, 독창적이고 결단력 있으며 어떤 면에서는 인간 승리인 이야기가 있다. 수리안디는 누구도 경험해 보지 못한 형태의 극한 도전에 직면했지만 뛰어난 회복탄력성resilience과 적응력으로 그 도전을 이겨 냈다.

아체 주민들은 어떻게 그처럼 빨리 그들의 공동체를 재건했을까? 그들이 보여 준 놀라운 회복탄력성에 경제학은 어떤 역할을 했을까? 그들의 사례에서 우리는 무엇을 배울 수 있을까? 이 질문에 대한 답을 알아내는 것, 그것이 아체에서 내가 해야 할 일이었다.

3가지 극한
: 생존, 실패, 그리고 미래

"삶에서 극한 상황에 직면할 때 중요한 교훈을 얻는다." 많은 과학자가 이 말에 동의한다. 의학계에서 최초로 이런 견해를 정립한 인물이 17세기 런던에서 활동한 해부학자 윌리엄 하비William Harvey 박사다.

그는 특이하고 희귀한 사례를 살펴보는 것을 중요하게 여겼다. 그런 그에게 휴 몽고메리Hugh Montgomery의 특별한 인생 이야기는 좋은 예였다. 몽고메리는 어릴 적 말을 타다가 큰 부상을 당했다. 말에서 떨어질 때 왼쪽 가슴 부위를 바닥에 너무 심하게 부딪혀 갈비뼈가 떨어져 나가고 심장과 폐 일부가 밖으로 드러났다. 그럼에도 소년은 기적적으로 "생존"했고 주요 장기를 보호하기 위해 갈비뼈 대용으로 금속판이 덧대졌다. 하비는 조심스럽게 금속판을 제거해 몽고메리의 상태를 관찰할 수 있었고, 몽고메리의 손목에서 맥박이 느껴질 때마다 심장이 어떻게 움직이는지 기록했다. 이 일은 하비에게 인체 내부를 엿볼 수 있는 유일무이한 기회를 주었다. 그리고 그가 그동안 입증하려고 노력한, 당시에 많은 논란을 일으킨 가설을 뒷받침하는 증거를 제공했다. 바로 혈액이 인체를 끊임없이 순환한다는 가설이었다. 하비는 동료들에게 조롱을 받았다. 하지만 수 세기를 거치면서 그의 가장 유명한 발견인 혈액순환론의 중요성은 분명해졌고 그의 방법론 또한 가치를 인정받았다.

다른 의사들도 신체 손상을 입은 채 생존한 사람이 귀중한 통찰력을 제공할 수 있음을 보여 주었다. 1822년에 알렉시스 세인트 마틴

Alexis St Martin이라는 캐나다의 젊은 남성은 사고로 총상을 입고 살아남아 복부에 구멍이 뚫린 채 생활했다. 의사들은 그의 소화 기관이 어떻게 작동하는지 직접 관찰함으로써 위장 생리학의 중요한 토대를 마련했다. 1848년에는 피니어스 게이지Phineas Gage라는 버몬트의 철도 노동자가 폭발 사고로 쇠막대기가 두개골을 관통했지만 기적적으로 생존했다. 사고 이후 그의 삶을, 더 정확하게는 그의 운동 능력과 심리 상태가 어떻게 바뀌었는지를 추적한 기록은 뇌가 어떻게 작용하는지를 보여 주는 획기적인 연구 자료가 되었다. 이처럼 심각한 손상을 입고도 생존한 극한의 경험을 한 세 환자가 보여 준 기적 같은 회복력은 더 평범하고 건강한 인간의 육체가 어떻게 기능하는지 알고자 할 때 적용할 수 있는 소중한 가르침을 제공했다.

공학 분야 역시 비슷한 전통이 존재한다. 시작은 일련의 불행한 산업 재해와 교통사고가 발생한 뒤인 1800년대 중반으로 거슬러 올라간다. 산업혁명은 산업용 자재를 한계까지 밀어붙였다. 그 결과 영국에서는 공장이 무너지고 보일러가 폭발했다. 프랑스는 차축이 부러지면서 기차가 탈선하는 바람에 52명이 목숨을 잃은 사고로 온 나라가 들썩였다. 이런 참사들은 모든 정치 이슈를 압도하면서 사회 문제로 떠올랐다. 그러자 공학자들이 참사 원인을 두고 심도 있는 연구를 진행하기 시작하면서 과학적 조사라는 새로운 영역이 발전하는 자극제가 되었다. 이 분야에서 스코틀랜드인들은 특히 뛰어난 능력을 선보였는데 그중에서 데이비드 커칼디David Kirkaldy는 최고의 권위자였다. 공학을 전공한 커칼디는 거의 평생을 바쳐 자재가 압력을 받으면 찌그러지거나 구부러지는 원인을 연구했다. "실패" 사례를 자세히 검토할 가치가 있다고 생각한 그는 거대한 수압 기계를 고안해 금속 자재가 부러지거나 끊어질 때까지 압력을 가했고 그렇게 만들어진 파편들을 작은 박물관에 전시했다. 1879년 영국에서 19세기 최악의 재앙인 테이브리지Tay Bridge 붕괴 사고가 발생했을 때 사고 원인을 밝혀 달라고 요청받은 사람이 커칼디였다.

극한의 실패에서 배울 수 있다는 데이비드 커칼디의 개념은 오늘날 그대로 적용된다. 런던의 해머스미스브리지Hammersmith Bridge나 미시시피강을 가로지르는 이즈브리지Eads Bridge를 건넌 경험이 있는 사람이라면 모두 커칼디의 자재 시험기를 신뢰한다고 할 수 있는데 이 다리들에 들어간 부품의 강도를 검사할 때 그가 개발한 자재 시험기가 사용된 까닭이다. 새로운 최첨단 자재를 검사하는 현대 과학자들도 똑같은 작업을 한다. 키칼디가 고안한 기계와 비슷한 장치에 자재를 넣고 파괴될 때까지 실험을 계속한 다음 부서진 파편을 면밀히 관찰한다. 어떤 자재가 가진 핵심 특성은 그것의 "잠재력potential"으로 알려진다. 부하를 견디거나 압력을 견디는 능력, 휘어지거나 늘어나는 능력, 열을 전도하거나 차단하는 능력 등이다. 자재가 파괴되면 그것이 가진 잠재적 특성은 사라지고 잠재력도 없어진다(고무라면 탄성을 잃고 금속이라면 내구성을 잃는다). 요컨대 커칼디가 중요하게 생각한 골자는 잠재력을, 잠재력의 한계를, 어떻게 하면 잠재력을 잃고 어떻게 하면 잠재력을 보호할 수 있는지를 온전히 이해하려면 부서진 파편을 수집해 세밀하게 관찰할 필요가 있다는 것이었다.

극한 사례를 연구해야 하는 마지막 이유는 1928년 경제학자 존 메이너드 케인스John Maynard Keynes가 내놓은 아이디어에서 비롯된다.

당시 사회가 경제 문제에서 비관주의에 사로잡혀 있는 데 우려를 느낀 케인스는 대체로 낙관적인 장기 전망을 내놓았다. 그는 우리가 무엇을 살펴봐야 하는지만 안다면 "미래"의 오늘을 엿볼 수 있다고 주장했다. 비결은 지속적인 추세 관찰이었다. 즉 사람들 대다수가 추구하는 방향을 파악하고 그런 추세의 극단을 경험하고 있는 사람들의 삶을 살펴보는 것이었다.

케인스는 물질적 부가 증가하고 일할 필요성이 감소하는 추세가 지속되리라 예상했다. 따라서 미래를 내다보려면 이미 이와 비슷한 삶을 살아가는 사람들을 찾아야 한다고 설명했다. 그러니까 가장 부유한 사람들과 충분한 여가를 즐기는 사람들을 찾아야 했다. 케인스는 경제에 중요한 영향을 끼치면서 이런 추세의 극단을 살아가는 사람들을 "우리의 전위대our advance guard"라고 불렀다. 전위대 개념은 그들이 "나머지 사람들을 위해 약속된 땅에 대한 정보를 알아내고 그곳에다 미리 진을 친다"는 점에서 경제의 미래를 가늠하는 유용한 방식이다.

9곳의 9가지 극한 사례

이 책에서 소개하는 아홉 지역은 하나같이 "생존" "실패" "미래"라는 3가지 극한 경험이 현지인의 삶에 결정적인 역할을 한 곳이다. 윌리엄 하비에게 영감받은 1부에서는 극한의 피해와 트라우마에 직면한 사람들이 놀라운 회복탄력성을 보여 준 지역을 소개한다.

수리안디를 만난 인도네시아 아체는 2004년 12월 26일 발생한 지진해일 파도에 가장 심한 타격을 입은 지역이다. 주민들은 모든 것을 잃었음에도 단기간에 경제적 반등을 이끌어 냈다. 요르단 북부에 위치한 자타리Zaatari에서 만난 시리아 사람들은 내전을 피해 집과 사업장을 뒤로하고 고향을 떠나야 했다. 그렇지만 아체와 마찬가지로 다시 일어나 방대하고 논란 많은 정착지에 활기찬 새 터전을 가꾸어 세계에서 가장 크고 빠르게 성장하는 난민촌으로 발전시켰다. 미국 루이지애나주에서 만난 교도소 수용자들은 그들의 새로운 집이자 미국에서 수감자 수가 가장 많은 주의 가장 큰 교도소에 들어오면서 모든 것을 잃었다. 하지만 이곳 역시 경제적 회복탄력성이 존재했고, 재소자들은 물물 교환과 상거래를 하며 살아간다. 자연재해와 전쟁, 수감은 사람들에게서 이전의 모든 것을 앗아 갔다. 그러나 이 3곳 모두에서 사람들은 대체로 경제에 의존해 "생존"했고 심지어 번창했다.

다음으로 나는 데이비드 커칼디가 경제학자였다면 조사했으리라 생각되는 경제가 "실패"한 3곳을 방문했다. 이 책 2부는 1500년대부터 수많은 기업의 목표가 되어 온 부러운 지역이자 천연자원의 보고인 중앙아메리카 다리엔갭Darien Gap과 함께 시작한다. 오늘날 이 지역은 임자 없는 땅이자 무법 지대고, 세계에서 가장 위험한 지역 중 하나로 악명을 떨치는 곳이며, 환경 파괴로 인한 쇠락의 현장이다. 콩고민주공화국의 수도인 킨샤사Kinshasa는 아프리카 최고의 메가시티megacity로 발전했어야 할 만큼 많은 잠재력을 보유한 도시다. 하지만 이곳 역시 실패의 현장이 되었다. 1000만 명의 인구가 거주하는 이 도시는 지구상에서 가장 가난한 대도시다. 한때 영국을 대표하는 도시

극한에서
배운다

자리를 놓고 런던과 경쟁했던 글래스고Glasgow는 과학과 공학, 예술 분야에서 눈부신 발전을 이룬 도시였고 20세기 초까지만 하더라도 가장 살기 좋은 도시였다. 하지만 영국에서 가장 문제가 많은 도시가 되면서 모든 것을 잃었고 오늘날까지 좋지 않은 명성을 유지하고 있다. 이 3곳은 하나같이 자연적 잠재력이든, 인적 잠재력이든, 산업적 잠재력이든 거대한 잠재력을 잃었고, 문제의 중심에는 대체로 경제가 존재했다.

끝으로 3부에서는 경제의 "미래"를 엿보는 방법과 관련해 케인스의 조언에 따라 그가 살아 있다면 살펴봤을 법한 3곳을 방문했다. 2020년대로 나아가는 오늘날 세계는 다시 경제적 비관주의에 시달리는 듯 보인다. 세계 대다수 국가는 3가지 추세에 직면하고 있다. 바로 고령화, 과학기술로 촉발된 끊임없는 변화, 불평등 증가다. 이 추세는 일반적으로 피할 수 없으며 경제에 심각한 타격을 줄 수 있을 것으로 보인다. 또한 회복탄력성을 검증하는 시험이 되어 일부 경제를 실패로 몰아갈 것이다. 나는 케인스의 조언에 따라 최고로 고령화되고, 최고로 과학기술이 발달하고, 최고로 불평등한 지역을 물색했다. 일본 북부에 위치한 아키타秋田는 고령화의 첨단에 있다. 에스토니아의 수도 탈린Tallinn은 과학기술의 첨단을 보여 준다. 칠레의 수도 산티아고Santiago는 불평등의 첨단을 걷는다.

머지않아 세계 인구 대다수는 오늘날 이 세 도시에서 발견되는 다양한 압박과 기회가 공존하는 지역에서 살게 될 것이다. 이는 이 세 경제가 속한 "전위대"의 삶이 우리의 잠재적 미래를 엿볼 수 있는 하나의 창문임을 의미한다. 나는 현지의 경제 요인들을 파악하고 그 요인들을 회복탄력성과 실패의 토대가 된 경제 요인들과 비교하기 위해, 그리고 그 모든 것이 미래에 대한 희망의 근거가 될지 아니면 두려움의 이유가 될지 살펴보기 위해 이 도시들을 찾아갔다.

극한에서
배운다

이 책의 목표는 세계의 극한 사례를 찾아가는 것이다. 그래서 내가 여행한 장소들이 각 전형의 가장 놀라운 사례임을 확실히 하기 위해 최대한 정량적이고 객관적인 방식으로 지역을 선정했다. 각 경제에 대한 더 자세한 내용과 사실, 수치 그리고 각 지역이 선정된 이유는 해당 장에서 설명한다. 나는 가능한 한 국가 통계청이나 국제기구의 공식 자료를 이용했다. 책 맨 마지막에 참고문헌과 주를 실어 두었다. 인터랙티브 그래프interactive graph와 주, 자료 출처 모음은 이 책의 웹사이트 www.extremeeconomies. com을 참고하기 바란다.

1부

미래를 열어젖힌
회복과 성장 이야기

1장

자연이 삶을 유린할 때

아체

Aceh

적은 불과 칼로 나라를 초토화하고, 그 나라에 존재하는
거의 모든 동산動産을 파괴하거나 빼앗는다. 모든 거주민이 유린당한다.
하지만 불과 몇 년 뒤에는 모든 것이 전과 같아진다.
존 스튜어트 밀, 《경제학 원리》, 1848

500만 채의 집과 23만 명의 목숨을 앗아간 대재앙

"지진은 그다지 심각하지 않은 것 같았어요." 유스니다르Yusnidar가 말한다. "그런데 그때 아들 유디Yudi가 바닷가로 내려갔어요. 아들은 해변이 물고기 천지고 파도가 몰려오고 있다고 했죠."

인도네시아 아체 지역의 북서쪽 해변 끝에 자리한 유스니다르와 그녀의 가족이 살던 작은 마을 록응아Lhoknga 중심부에서 해변까지는 거리가 불과 500미터 남짓했고 그들은 자신들이 빨리 피신해야 한다는 사실을 깨달았다. 이제 60대 후반이 된 유스니다르는 자신들이 운이 좋았다고 이야기한다. 현지의 한 초등학교 교장이던 그녀는 수입이 나름 괜찮았고, 다른 주민들보다 풍족한 삶을 살던 그녀 가족은 모두 오토바이를 소유하고 있었다. 아들 유디가 여동생을 태우고 가기 위해 근처에 있는 집으로 오토바이를 몰고 내달렸다. 그사이 그녀는 얼마나 흉한 일이 벌어질지 짐작조차 못 한 채 그들이 소유한 게스트하우스의 방 열쇠가 든 작은 가방을 비롯해 귀중품을 챙기느라 시간을 허비했다. 그녀는 가방을 손에 들고 남편 다를리안Darlian의 오토바이 뒷자리에 뛰어올랐고 부부는 고지대를 찾아 황급히 달아났다.

유스니다르는 오토바이가 그들의 목숨을 살렸다고 이야기한다. 오토바이가 없었다면 다른 수많은 이웃과 마찬가지로 2004년 12월 26일 아침에 록응아를 덮친 지진해일을 피할 수 없었을 터였다. 이제 교직에서 은퇴한 유스니다르는 여전히 부족한 것 없는 중산층이다. 지진해일과 그 여파를 설명할 때 그녀는 주름 하나 없는 빳빳한 셔츠

차림에 얇은 흰색 머리띠로 검은색 머리를 뒤로 넘기고 왼쪽 팔 중간에 두꺼운 금팔찌를 하고 있었다. 여러 해 동안 관광객을 상대한 덕분에 영어 실력도 훌륭했다. 그녀는 자기네 부부가 1981년 어떻게 첫 손님을 받게 되었는지 설명하면서 "우리는 마을에서 가장 먼저 홈스테이를 시작했어요"라고 말한다. 처음에는 서핑을 하러 마을을 찾은 관광객들에게 무료로 숙소를 제공했다. 부부는 곧 홈스테이를 사업화하기 시작했고 아직 시절이 좋았을 때 추가로 건물을 확보하면서 차츰 사업을 확대해 나갔다. 그들은 게스트하우스를 운영해 들어오는 부가 수입으로 아이들의 고등학교와 대학교 학비를 충당할 수 있었다.

내륙으로 이동하면 마을 지형은 빠르게 고지대로 변하고 이내 울창한 밀림으로 바뀐다. 지진해일이 닥친 그날 그들이 대피할 때 이용한 길은 여전히 그대로 남아 있다. 이 길을 따라가면 불과 몇 분 만에 해발 몇십 미터 높이의 언덕에 도달할 수 있다. 덕분에 유스니다르와 다를리안 부부와 세 자녀는 목숨을 건졌다. 하지만 그들이 도착한 언덕에서는 해변이나 마을이 보이지 않았다. 언덕 주변이 울창한 밀림으로 뒤덮여 있었기 때문이다. 그곳에서 두세 시간 동안 대피한 부부는 마을로 돌아가 피해 상황을 알아보기로 했다. "집과 게스트하우스의 상태를 확인할 생각에 나는 열쇠 가방부터 집어 들었어요"라고 그녀가 회상했다. 하지만 위험을 무릅쓰고 이미 마을 변두리까지 다녀온 당시 스물두 살이던 유디가 그녀를 말렸다. "아들이 소리쳤어요. '엄마, 안 돼요!'" 그녀는 잠시 말을 멈추고 한숨을 내쉬었다. "아들은 아무것도 남지 않았다고 말했어요. 집도, 건물도, 홈스테이도 모두 사라졌다고 했죠."

마을이 얼마나 심각한 상태인지 잘 모를 만했다. 그날의 지진해일은 일반적인 재해가 아니었기 때문이다. 그날 아침 폭발한 물리력은 지축을 흔들었고 500만 채의 주택을 파괴했으며 23만 명의 목숨을 앗아 갔다.[1] 아체주의 주도인 반다아체Banda Aceh의 한 마을이자 람푹과 붙어 있는 쌍둥이 마을인 록응아의 주민들은 가장 먼저 그리고 가장 크게 피해를 입었다. 이 지역에 닥친 재앙은 그야말로 끔찍했다. 그리고 그날 이후 일어난 끈질긴 생존과 회복, 재건의 이야기는 경제학의 기본 원칙들을 오롯이 보여 준다.

그날의 재앙에 대한 설명을 마치면서 유스니다르가 양손을 허공으로 휘저어 보인다. 무언가를 던지는 듯한 동작이다. 그녀가 애지중지하던 열쇠 가방과 그 가방이 상징하던 오랜 노력과 투자는 이제 지진해일에 휩쓸려 사라진 삶과 마을과 경제의 유물이 되어 버렸다. 그녀는 그렇게 가방을 밀림에 내던진 채 새로운 삶을 시작하기 위해 록응아로 걸어 내려왔다.

지구의 형태가 바뀐 날

지각판은 1년에 기껏해야 8센티미터를 이동할 만큼 대체로 매우 느리게 움직인다(1년에 15킬로미터 넘게 이동할 수 있는 빙하는 수천 배나 빠른 셈이다). 하지만 그날은 여느 때와 달리 움직임이 사뭇 빨랐다. 오전 8시를 갓 지난 시점에 아체 서쪽 해변에서 약 50킬로미터 떨어진 해저에서 서로 힘을 겨루던 인도판이 버마판 아래로 끌려 내려가면서 불과 몇 초 만에 30미터가량 가라앉아 버렸다. 이 진원지에서 모습을 드러내기 시작한 길고 가는 단층 파열이 바다 밑바닥을 가로지르며 거대한 지퍼처럼 두 판이 맞물리게 만들었다. 아체 연안에서 시작된 파열은 음속보다 9배 빠른 거의 시속 1만 킬로미터의 속도로 북쪽을 향해 400킬로미터까지 뻗어 나갔다.

이 진동은 "메가스러스트 지진megathrust earthquake"(해구형 지진)으로 알려진 진도 9.1의 이른바 초거대 지진을 낳았다. 이 지진으로 40제타줄(1제타는 10의 21제곱이다-옮긴이)의 에너지가 방출되었는데 이는 80년 치의 세계 에너지 소비량 또는 히로시마에 투하된 원자폭탄 5억 개와 맞먹는 규모였다. 아체 해변에서 불과 50킬로미터 떨어진 지점에서 시작된 충격은 지축이 흔들리고 지구의 형태가 바뀌었을 만큼 거대했다(이제 지구는 더 완벽한 구의 형태를 갖추게 되었고 그 결과 자전이 빨라지면서 하루의 길이가 조금 짧아졌다).[2] 그야말로 500년에 한 번 일어날 만한 사건이었다.

지진이 일반적으로 지진해일을 유발한다는 점에서 이 정도 규모의 지진이 거대한 파도를 불러올 것은 충분히 예측할 수 있었다. 그럼에도 아체의 경우에 유독 극단적으로 상황이 전개된 원인을 최근에 해저를 조사한 과학자들이 알아냈다. 주요 단층 주변으로 일련의 2차 지진 파열이 발생했고 이 파열이 거대한 해저판을 움직여 바닷물을 밀어내면서 그동안 기록된 어떤 지진해일보다 크고 빠른 파도를 유발했음이 밝혀진 것이다. 아체 북서쪽 해변에 자리한 어촌인 록옹아와 람푹은 이 파도에 직접 영향을 받았다. 세계 다른 지역들의 경우와 마찬가지로 수심이 얕아짐에 따라 파도 높이는 높아지고 속도는 느려졌

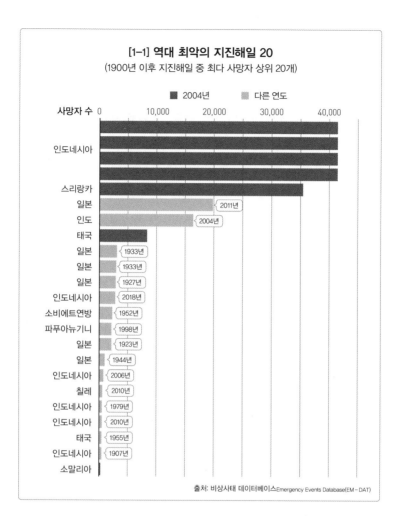

[1-1] 역대 최악의 지진해일 20

(1900년 이후 지진해일 중 최다 사망자 상위 20개)

■ 2004년　■ 다른 연도

사망자 수	0	10,000	20,000	30,000	40,000

인도네시아

스리랑카

일본 — 2011년

인도 — 2004년

태국

일본 — 1933년

일본 — 1933년

일본 — 1927년

인도네시아 — 2018년

소비에트연방 — 1952년

파푸아뉴기니 — 1998년

일본 — 1923년

일본 — 1944년

인도네시아 — 2006년

칠레 — 2010년

인도네시아 — 1979년

인도네시아 — 2010년

태국 — 1955년

인도네시아 — 1907년

소말리아

출처: 비상사태 데이터베이스Emergency Events Database(EM–DAT)

다. 아체에 들이닥친 파도는 높이가 무려 27미터에 달했다.

　아체가 가장 먼저 가장 심한 타격을 입었지만 파도는 14개 나라에서 22만 7898명의 목숨을 앗아 갔다.[3] 록응아와 람푹에서는 90퍼센트가 넘는 주민이 목숨을 잃는 바람에 7500명이었던 인구가 불과 400

명으로 줄어들었다. 아체 해변에서 온전하게 남은 건물은 라흐마툴라 이슬람사원Rahmatullah mosque이 유일했고 나머지 모든 집과 호스텔, 식당이 파괴되었다. 그럼에도 아체 사람들은 불과 몇 개월 만에 그들의 삶과 경제를 재건하기 시작했고 종국에는 놀라울 만큼 빠르게 회복했다. 오늘날 이 전례를 찾아보기 힘든 지역에서는 수리안디가 겪은 것과 같은 이야기를 흔히 들을 수 있다. 사람들이 해변으로 돌아와 예전과 같은 삶을 살고 있다는 이야기 말이다.

이 책 1부에서는 온갖 역경에도 불구하고 경제가 존속하고 번창하는 지역들의 극한 사례를 소개한다. 그런 점에서 아체는 매력적인 연구 대상이다. 인도네시아의 외딴 구석에 위치한 잘 알려지지 않은 이 지역의 주민들은 비할 데 없는 정신적인 압박을 받았고, 수많은 사람이 떼죽음을 당한 해변을 떠나라는 조언을 들었다. 하지만 그들은 떠나지 않았다. 오히려 서둘러 터전을 재건했으며 이내 번창하기 시작했다.

나는 이곳 사람들을 만나 무엇이 그들을 재건에 나서도록 만들었는지, 우리는 어떤 식으로 한 경제의 내구성을 측정할 수 있는지 알아보기 위해 그리고 그토록 엄청난 충격을 극복할 수 있었던 원동력은 무엇인지 묻기 위해 아체로 향했다.

아체 이야기
: 후추의 중심지, 해상 무역의 메카

재앙은 주도인 반다아체의 곶 주변을 완전히 초토화시켰다. 전체 인구의 약 55퍼센트인 거의 17만 명에 이르는 사람들이 삶의 터전을 잃었다. 반다아체의 울렐헤우에Ulee Lheue(지진해일 이전에 아체 지방의 주요 항구였다-옮긴이)는 열대 나무와 양치식물, 야자나무 등으로 둘러싸인 집들이 깔끔하게 늘어선 아름다운 주택가다. 또한 바다와 맞닿아 있으며 완전히 평평한 지형으로 이루어진 저지대다. 이곳 부근의 모든 가옥을 파괴한 지진해일 파도는 반다아체의 곶을 완전히 뒤덮은 뒤에도 높이가 10미터에 달했다. 하지만 지역 이슬람사원 부지와 나란히 해안까지 곧장 이어져 있는 거리는 이제 예전 모습을 되찾았다. 도로 맨 끝 바다와 가장 가까운 집은 해수면보다 고작 1미터쯤 높은 위치여서 지진해일이 들이닥쳤을 때 가장 먼저 직격탄을 맞았다. 집주인은 당시나 지금이나 변함없이 모하마드 이크발Mohammad Iqbal이라는 유쾌한 경찰이다.

　　이크발 가족이 이곳에 사는 걸 좋아하는 이유는 간단하다. 이슬람사원과 인접해 있어 모든 활동의 중심지인 까닭이다. 우리가 이야기를 나누는 사이 모하마드의 처남이 사이드카가 달린 자전거를 타고 다가온다. 그는 사이드카 위에 이동식 진열장을 만들어 과일이나 장신구(갓 자른 파인애플이나 멜론, 망고부터 아체 남자들이 좋아하는 육중한 원석이 박힌 커다란 수정 반지 세트까지)를 싣고 다니며 판매한다. 그의 아들 역시 이름이 모하마드 이크발인데 영어에 능통한 그는 지진해일로 어머니와 형, 누이를 잃었다고 말했다. 젊은 모하마드는 앞으로 내가 수없이 듣게 될 어떤 이야기를 처음으로 한 사람이었다. "아체에 오신 걸 환영합니다. 우리 지명에 있는 글자들이 아라비아인(A)과 중국인(C), 유럽인(E), 힌두인(H)을 나타낸다는 사실을 기억하세요." 아체 사람들은 자기네 터전이 무역 상인들이 건설한 특별한 곳임을 분명하게 인지하고 있으며, 이 사실을 매우 각별하게 여긴다.

2004년에 그토록 유린당한 아체는 지리적인 위치 덕분에 역사 대부분 동안 경제적 보물이었다. 15세기에 해상 무역이 활발해지면서 반다아체는, 태평양과 인도양을 잇는 통로인 동시에 인도와 서양을 중국과 일본 등 동양과 연결하는 주요 대양 항로인 플라카해협의 관문이 되었다. 향료제도Spice Islands(인도네시아의 여러 섬을 통칭하는 말루쿠제도의 별칭-옮긴이)에서 생산된 후추, 육두구, 메이스, 정향, 생강, 계피와 같은 화물이 플라카해협을 거쳐 스리랑카와 인도의 항구로 보내졌고 그곳에서 유럽으로 선적되었다. 이 향신료 화물은 일단 가벼웠고, 고기를 보존 처리하거나 의약품을 만들 때 유용해 매우 귀하게 취급되었다. 영국에서는 육두구가 같은 무게의 황금보다 더 가치 있었고 런던의 부두 노동자들은 자신들의 급여를 기꺼이 정향으로 받고자 했다. 향신료를 싣고 플라카해협을 항해하는 배들은 떠다니는 금고나 다름없었고 반다아체가 그랬듯이 안전한 항구를 제공하는 일은 그야말로 돈이 되는 사업이었다.

전략 항구를 관리하는 것에 더해 아체인들은 육두구와 정향은 물론이고 씹으면 카페인처럼 고양감을 주는 빈랑을 판매하면서 강력한 수출업자가 되었다. 하지만 정작 큰돈을 번 것은 전 세계적으로 일어난 후추 붐 때문이었다. 후추 덩굴은 아체의 서쪽 해안을 따라 심었을 때 잘 자랐고, 1820년대에는 이 지역에서만 1년에 1만 톤 이상 즉 전 세계 공급량의 절반에 해당하는 양이 생산되었다. 이 지역 농부들은 직접 벼농사를 짓는 대신 후추를 남쪽 지방에서 생산한 상대적으로 가치가 낮은 쌀과 교환했는데 차액을 보전하기 위해 추가로 황금을 받았다. 무역을 통해 아체는 수마트라섬의 다른 지역보다 부유해졌고 그 결과 최고의 해상력을 유지할 수 있었다. 자신들의 땅에서 나는 생산품과 운송을 꽉 틀어쥔 덕분에 아체인들은 수마트라섬 안에서 자기네 터전이 가장 유리한 위치에 있음을 깨닫게 되었다.

물론 다른 이들도 아체의 가치를 알아보았고, 이는 믈라카해협의 통제권을 쥐고자 하는 경쟁자들과 아체 사람들 간의 수 세기에 걸친 다툼과 전쟁이라는 결과로 이어졌다. 초기의 적은 바다 건너 말레이반도에 거점을 둔 믈라카술탄국(오늘날 말레이시아)이었다. 나중에 유럽 열강이 본격적으로 동양을 탐험하기 시작했을 때는 영국이 중요한 보호자로 나서 전략 지역이 적의 수중에 떨어지지 않도록 아체의 독립권을 지켜 주었다. 하지만 1871년 영국이 물러나자 네덜란드가 침략해 와 수마트라섬 전체에 대한 소유권을 주장했다. 아체인들은 저항했고 싸움은 2차 세계대전이 끝난 뒤까지 계속되었다. 전후 평화 협상 과정에서 아체는 수마트라섬의 나머지 지역과 하나로 합쳐져 인도네시아공화국의 일부가 되었다. 아체 사람들로서는 절대로 동의할 수 없는 합병이었고 그렇게 촉발된 독립 투쟁으로 아체자유운동Gerakan Aceh Merdeka, GAM(아체 게릴라 부대)과 인도네시아 정부군 사이에 수시로 무력 충돌이 발생했다.[4]

우리의 경제적 미래를 둘러싼 한 가지 우려는 고령화와 과학기술과 불평등이 더 심각한 분열로 이어질 것이라는 점이다. 늙은이와 젊은이, 기술이 있는 사람과 그렇지 않은 사람, 가진 자와 못 가진 자 간의 분열 말이다. 내가 아체를 방문한 이유 중 하나는 이런 분열을 이해하고 경제가 차츰 발전함에 따라 분열이 어떻게 확대되거나 치료되는지 알아보기 위해서였다. 아체의 독특한 역사는 지진해일 이전부터 이 지역에 나름의 분열과 상충하는 요구, 알력이 존재했음을 의미한다. 일견 목가적인 모습에도 불구하고 이곳은 평화 협상에 실패하면서 대규모 주둔군이 거세게 저항하는 반란군을 상대로 군사 작전을 펼치는 땅이었고 인도네시아인이기보다 아체인이기를 자처하는 사람들이 살아가는 터전이었다. 재건의 중압은 이런 분열을 더욱 악화시켰을까? 아니면 도전에 직면해 그들을 단결시켰을까?

회복탄력성의 비밀
: 커피왕 이야기

"물이 여기를 지날 때 높이가 8미터에 달했어요"라고 설명하면서 쉰두 살의 사누시Sanusi가 근처 2층짜리 건물 지붕을 가리키며 당시 수위를 강조한다. 그가 운영하는 '사누시커피'라는 이름의 카페는 반다아체 서쪽 해안에서 오토바이로 15분 정도 떨어진 주택가 마을 람파세Lampaseh 한가운데에 위치한다. 깔끔한 옷차림에 덥수룩한 콧수염이 인상적이다. 사누시의 사업은 번창하고 있다. 메인 바에는 테이크

아웃 커피를 사려는 통근자들이 연신 들락거리고 카페 밖에서는 타는 듯한 태양을 가려 주는 차양 밑에서 손님들이 느긋하게 아이스 녹차를 홀짝거리며 접시에 담긴 간식을 집어 먹고 있다. 사누시는 오토바이를 타고 탈출하려는 사람들로 도로가 꽉 막혀 지진해일을 따돌리지는 못했지만 야자나무에 기어 올라가 살아남았다고 이야기한다. 그가 나무에서 내려왔을 때 그의 가게는 이미 물에 쓸려 사라졌고 평생 모은 돈을 보관하던 금고도 함께 떠내려간 뒤였다. 집으로 돌아간 사누시는 폐허로 변한 집에서 아내와 맏아들의 시신을 발견했다. 그는 하루 이틀 정도 넋이 나간 채 아무것도 할 수 없었다고 회상했다.

이틀 뒤 그는 이전의 커피숍을 재건하기로 결심했다. "내가 할 수 있는 일은 그것밖에 없었죠"라고 그가 말한다. "게다가 살아남은 자식과 손님을 생각해야 했습니다." 집을 잃고, 가족을 둘이나 잃고, 평생 모아 온 돈까지 모두 잃은 마당에 어떻게 다시 일어날 수 있을까?

지진해일의 파도도 한 가지만은 파괴하지 못했다. 바로 커피 사업에 관한 사누시의 지식이었다. 그는 10대 때부터 도매업자 밑에서 일을 배우기 시작했다. "도매 시세에 대해 배우고 어디서 최고의 원두를 구해야 하는지 배웠습니다." 설명을 위해 사누시가 젊은 직원에게 볶지 않은 생원두 한 자루를 내오라고 시키더니 커피 볶는 기계에 들어갈 통통한 원두와 버려질 상대적으로 홀쭉한 원두를 구분해 보여준다. 그의 공급자들은 아체의 산악 지역인 가요Gayo에 살아서 재앙을 겪지 않았던 까닭에 계속해서 커피를 공급하는 데 아무런 문제가 없었다. 대화를 나누는 중 그는 자루에서 계속 원두를 꺼내 세심한 손길로 좋은 원두와 나쁜 원두를 분리한다. 아체 사람들은 술을 마시지 않는 대신 커피를 많이 마시고, 사누시는 커피 사업에 대해 누구보다 잘 안다. 다시 사업을 일으키기로 결심한 그에게 필요한 것은 현금이었다.

다른 때 같았으면 사누시는 은행에서 대출을 해 주기에 이상적 인 적임자였을 것이다. 공급망을 훤히 알 뿐 아니라 커피콩으로 수익 을 창출한 실적도 확실한 사업가였기 때문이다. 하지만 기존의 지역 은행들은 모두 문을 닫았고 막 도착하기 시작한 국제 원조 단체들은 기업 대출보다 주택 보급과 위생 문제에 집중하고 있었다. 사누시는 그동안 저축한 돈을 다 잃은 데다 새로 자금을 빌릴 수조차 없는 상황 에 직면했다.

그때 가끔씩 아체를 찾던 자카르타 출신의 대학교수이자 고객 이 구원의 손길을 내밀었다. 그는 당시 가치로 약 500달러 또는 300파 운드에 해당하는 500만 루피아를 빌려주었다. 이 자금으로 직원을 채 용하고 새 용품을 장만한 사누시커피는 재해가 발생한 지 불과 5개월 만에 다시 영업을 재개했다. "가게를 재건하는 일은 단지 나를 위한 것만은 아니었습니다. 보세요!" 그가 자기 가게 손님들에게 간식거리 (바나나 잎으로 싼 '페우나조peunajoh'라는 찹쌀 도넛이 가장 인기 있다)를 팔 고 있는 길거리 상인들을 손으로 가리키며 자랑스럽게 말한다. 그가 이어서 또 다른 매점을 가리켰다. 그 매점은 아체식 테이크아웃 전문 점으로 집에 가져가서 먹을 수 있도록 쌀밥과 다양한 카레를 야자수 잎으로 포장해 1인분씩 판매했다.

지식과 기술이 있고 거기에 노력이 더해지면 아주 작은 지원이 라도 큰 도움이 될 수 있다. 사누시의 가게는 이러한 회복탄력성의 비 밀을 보여 주는 본보기가 되었다. 다시 한 번 지역 경제의 중심이 된 사누시커피는 나름의 작지만 번창하는 상권을 형성했고 그 안에서는 다양한 상인들이 상부상조하고 있었다. 이야기를 마치면서 아체의 커피왕은 느긋하게 뒤로 물러나 앉으며 난감한 미소를 지어 보인다. 그의 앞에는 어느덧 2개의 가지런한 원두 더미가 생겨났는데 왼쪽에는 우량 원두가, 오른쪽에는 불량 원두가 쌓여 있었다.

생명을 구한 전통
: 금으로 저축과 보험 대신하기

반다아체의 재래시장인 바사르아체Basar Aceh는 환상적인 쇼핑 장소다. 과일 진열대에는 뱀 비늘로 덮인 듯한 자주색 살라크와 털이 북실북실한 붉은색 람부탄, 뾰족한 가시로 뒤덮인 럭비공처럼 보이지만 아체 사람들이 죽고 못 사는 초록색 두리안 등 열대 과일이 수북하게 쌓여 있다(과일의 제왕으로 불리는 두리안이지만 특유의 퀴퀴한 냄새 때문에 현지 호텔들은 구내 반입을 금지한다는 안내판을 비치해 둔다). 최고의 결혼 시즌인 라마단을 앞두고 잡화점에는 옷감과 신혼집 커튼 세트를 고르는 여성들로 가득하다. 좁은 골목길 안쪽에서는 재봉사들이 모여 작업하느라 윙윙거리는 재봉틀 소리가 들린다. 한 가게 주인이 현재는 레이스가 많이 들어간 신부복이 유행이며 커튼 소재에 대한 취향은 별로 변화가 없다고 설명한다. 신혼부부들은 아체 깃발 색상을 연상시키는 짙은 붉은색 계열의 커튼 천을 대체로 선호한다.

바사르아체의 중심부에는 이곳 경제의 핵심이 자리 잡고 있다.

바로 보석이나 금을 사고파는 가게들이다. 지역 금 상인 협회 대표인 하룬 케우치크 르우미체크Harun Keuchik Leumicek는 재래시장 내 자기 가게 뒤편에 마련한 개인 공간에 앉아 있다. 시원하고 조용하며 톡 쏘는 듯한 기분 좋은 냄새가 나는 곳이다. 한쪽에 위치한 싱크대에 빨간색과 파란색 브릴크림(영국제 남성용 헤어 스타일링 브랜드—옮긴이) 통이 쌓여 있고 그 위쪽 선반에 다양한 향수병이 가지런히 놓여 있다. 하룬은 70대의 나이에도 말쑥한 모습이다. 몸에서 좋은 냄새가 나고, 붉은색 무늬가 인상적인 반팔 바틱 셔츠에다 치마바지처럼 통이 넓은 검은색 실크 바지를 입고 검은색 뱀가죽 구두를 신고 있다. 오른손 약지에는 아체 남자들에게서 흔히 볼 수 있는 파란색의 커다란 보석 반지를 끼고 있다. 왼손에는 큼지막한 다이아몬드 반지가 위용을 자랑하는데 진짜 다이아몬드는 아니다. 개인실 벽에는 금에 관한 그의 전문성을 보여 주는 상들과 예전에 언론계에서 일할 때 받은 상들이 걸려 있다. 그가 자신의 순금 롤렉스 시계를 맞추면서, 100년 된 오랜 전통 덕분에 아체 사람들이 비극에서 그처럼 빨리 재기할 수 있었다고 설명한다.

"무슨 볼일로 왔든 간에 사람들은 시장에서 제일 먼저 금 시세부터 확인합니다"라고 하룬이 말한다. 아체에서는 금이 왕이다. 아체인들은 금괴를 가리키는 명칭이 따로 있을 뿐 아니라 무게와 치수를 잴 때도 그들만의 체계를 이용한다(기본 단위는 마얌mayam이며 약 3.3그램이다). 아체 사람이 귀금속 상인에게 금 시세를 묻는 것은 서양인이 자신의 은행 계좌를 확인하는 행위와 비슷하다. 하룬에 따르면 아체에서는 은행이 널리 이용되지 않는다. "여기 사람들은 금을 믿습니다."

금괴나 진귀한 보석을 보유하는 방식으로 저축이 이루어지는 까닭에 시세를 확인해 자신이 얼마나 잘하고 있는지, 절약해야 할지 아니면 조금 여유를 부려도 될지를 판단하는 것이다.

시장에서 가장 번화한 귀금속 가게를 물려받은 서른여섯 살의 소피Sofi는 금이 일종의 약식 보험 같은 역할도 한다고 설명한다. 이를테면 결혼을 준비할 때 남성은 결혼하는 그날이 오기 전까지 따로 금을 모아야 한다. 현지인들이 "결혼 대금"이라고 부르는 이 지불금은 신부 아버지가 아닌 신부 본인에게 주는 돈이라는 점에서 지참금과 다르다. 오늘날 반다아체의 결혼 대금은 약 4000만 루피아(2800달러 또는 2200파운드)에 해당하는 20마얌으로, 소피나 하룬의 가게에서 큼지막한 순금팔찌 하나를 사기에 충분한 액수다. 농업이나 어업의 부침에 따라 흔들리는 경제 환경에서 아체 사람들은 작황이 좋은 해나 풍어기에 금을 샀다가 좋지 않을 때 되파는 데 익숙하다. 이런 문화에서 신부가 결혼 대금으로 받은 금은 본인의 개인 재산인 동시에 가족 비상금으로 실용적인 역할을 수행한다. 노동자 1인당 연봉이 대략 3000만 루피아라고 했을 때 금팔찌 하나를 차고 있다는 것은 노동자 1명을 1년간 고용할 수 있는 현금을 손에 들고 있는 셈이나 마찬가지다.

금으로 저축과 보험을 대신하는 방식은 비공식적이고 따로 정해진 규칙이 없지만 아주 오래된 전통이다. 그리고 이 전통은 지진해일이 지나간 뒤 수개월에 걸쳐 빠르고 효율적으로 작동했다. 바사르 아체에서 가장 먼저 다시 문을 연 이들이 귀금속 상인들이었다(하룬과 소피는 석 달이 채 되지 않아 다시 일어나 가게를 열었다). 그들은 금을

063

판매하는 대신 사람들에게서 금괴와 보석을 대량으로 매입해 그들이 재기에 필요한 자금을 마련할 수 있도록 도왔다. 내가 만난 많은 생존자들은 난리 통에 금을 잃어버리기도 했지만 자기 몸에 걸친 보석을 팔 수 있었다. 게다가 값도 제대로 받았다. 대다수 시장에서는 매도자가 몰리면 현지 가격이 떨어지지만 금은 세계적으로 수요가 있는 상품이다. 하룬과 소피는 자카르타의 중개인들이 매입해 주리라는 확신이 있었기에 국제 가격으로 매입할 수 있었다. 이들의 전통적인 자금 조달 방식은 아체를 보호하고 아체의 사업가들에게 신속하게 현금을 조달할 수 있는 길을 열어 주었다.

아체의 이러한 전통 시스템은 내가 방문한 모든 극한 경제에서 등장하는 한 가지 핵심 주제를 보여 준 첫 사례다. 비공식 상거래와 교역, 심지어 비공식 화폐 시스템이 매우 중요하다는 사실이 바로 그것이다. 공식 경제가 타격을 입었을 때 가장 먼저 등장해 회복의 원천이 되어 주는 것은 대개 비공식적이고 전통적인 형태의 상거래와 교역, 보험이다. 여기서 얻는 가장 중요한 교훈은 우리가 이런 비공식 시스템을 더 잘 이해하고 더 소중히 여겨야 한다는 점이다. 아체의 금융 시스템은 이에 대한 아주 좋은 예다. 서양 전문가들 눈에는 시대에 뒤떨어지고 비효율적인 것처럼 보이지만 실제로는 빠르고 효율적으로 작동하기 때문이다. 게다가 은행 대출금("레버리지")이 문제를 완화하기보다 오히려 심화하는 경향을 보이는 서양의 금융 시스템과는 더할 나위 없이 선명한 대조를 보이기 때문이다.

자연재해가 경제 성장을 앞당긴다

반다아체 근처 주민들이 재기를 위해 노력하고 있을 때, 프롤로그에서 소개한 식당 주인 수리안디가 사는 마을인 람푹은 폐허나 다름없었다. 두세 달 동안 국제 원조 단체를 도와 잡석과 나무를 치우고 도로를 원상 복구하는 일을 한 뒤에 그는 도시의 한 식당에 취직했다. 람푹에는 천막들이 속속 세워지면서 한때 마을이던 곳에 현지 주민들이 "난민수용소"라고 부르는 것이 생겨났다. 수리안디는 고향 마을이 계속 눈에 밟혔고 결국 다시 돌아가 마을의 유일한 일자리를 구했다. 바로 고기잡이였다. "뱃멀미가 심했고 재미도 없었죠"라고 그는 당시를 회상한다. 그렇게 석 달 동안 인도양을 떠다닌 끝에 그는 다시 식당을 열기로 결심했다.

그의 첫 번째 도전은 허가를 받는 일이었다. 지진해일이 들이닥친 날 지역 어촌계장은 천벌이라며 목소리를 높였다. 그의 주장은 특히 지진해일이 해변에서 자행되는 도덕적 해이에 대한 경고의 메시지라는 데 공감하던 람푹의 원로들을 사로잡았다. "문제는 서양인 관광객들이 아니었어요"라고 수리안디는 말한다. 현지 젊은이들이 일이나 공부, 기도를 멀리한 채 너무 많은 시간을 해변에서 시시덕거리며 보낸다는 것이 문제였다. 마을 원로들은 해변을 무기한 폐쇄하기로 결정했다.

이 새로운 규제를 완화하기 위해 해변 상인들은 다음과 같은 경제 논리를 내세웠다. "마을에서 할 수 있는 일이 거의 없는 상황에서 해변을 다시 열면 새로운 일자리가 생겨날 것이다." 석 달 동안 회의

065

를 지속한 끝에 마침내 원로들이 동의했다. 대신 한 가지 조건이 붙었다. 막 지진해일에서 벗어난 혼란스러운 시기여서 내륙까지 떠내려간 일부 주민들의 시신이 여전히 고향에서 멀리 떨어진 타지에 매장되어 있었다. 이는 마을 원로들이 생각하는 적절한 장례 방식에 어긋났다. 그래서 상인들에게 이 시신들을 발굴해 람푹으로 옮겨 와 일을 바로잡으라는 임무가 주어졌다. 약간은 섬뜩한 임무를 완료한 뒤 해변은 재개장되었다. 하지만 그렇다고 모든 문제가 해결된 것은 아니었다. 이제 어떤 주민들은 미신을 신봉하게 되었고, 어떤 주민들은 극심한 정신적 충격에서 아직 벗어나지 못한 상태였으며, 어떤 주민들은 말 그대로 겁에 질려 있었다. 한때 마을 생활의 중심지였던 해변은 여전히 황량하기만 했다.

막상 고향으로 돌아왔지만 수리안디에게는 부유한 후원자가 없었다. 그래서 해변에 떠밀려 온 나무 조각들을 이용해 오두막을 지었다. 그러고 나자 원조 단체에서 일하는 외국인들이 전혀 예상치 못한 방식으로 그를 구해 주었다. 그들이 식당 운영 자금을 지원해 주거나 하지는 않았다. "그럼에도 원조 단체 직원들은 나를 살려 주었어요. 그러니까 그들은 바다를 두려워하지 않았고 나의 첫 번째 손님이 되어 주었죠." 외국인들이 바닷가를 자주 찾는다는 소문이 돌면서 현지인들 역시 차츰 다시 모습을 나타내기 시작했다. 수리안디는 적당한 건물을 올리기에 충분한 1500만 루피아를 모을 때까지 수익금을 저축하며 오두막에서 영업을 이어 갔다. 오늘날 그의 식당 아쿤은 안전하게 수영을 즐길 수 있는 해변 맨 앞쪽 요지에 자리 잡고 있다. 식당 바로 옆에 새로 문을 연 장비 대여점에서는 구명조끼와 팔에 차는 튜

브를 빌려준다. 아체 해변은 이제 다시 인기 있는 장소가 되었다. 수리안디의 주장에 따르면 오늘날 그가 소유한 정도의 건물을 구입하기 위해서는 최소 1억 루피아가 필요할 만큼 상권이 발달했다.

아체에서 조금만 지내 보면 신속한 재건이 여기서는 매우 흔한 이야기라는 사실을 깨닫게 된다. 어느 날 밤 나는 한 카페에서 유수프Yusuf라는 예순한 살의 이발사를 만나 야채와 양념을 넣어 걸쭉하게 끓인 즉석 면 음식의 한 종류인 '아체 메이Aceh Mei'를 먹으면서 대화를 나누었다. 그는 지진해일을 피하지 못한 채 휩쓸렸다가 12월 26일 오후가 되어서야 자기 집에서 최소 8킬로미터 떨어진 곳에서 의식을 되찾았다. 그의 양옆에는 다른 시신들이 즐비했다. 그가 죽은 줄 알고 사람들이 시신을 모아 놓은 곳으로 그를 옮겨 둔 까닭이었다. 그는 오른쪽 다리에 다중 골절상을 입은 상태였지만 가까스로 일어섰다. "내가 일어서자 그곳 주민들은 나를 좀비로 생각했어요"라고 그가 웃으며 당시를 떠올린다. 죽음의 문턱에서 돌아온 그는 1년이 지나지 않아 다시 가게를 열었다.

재건 속도에 더해 외부에서 도움의 손길이 닿기 전에 발동한 상거래와 전통적인 자금 조달 방식의 비공식 연계는 정말 놀라웠다. 더 놀라운 점은 지역 경제가 단지 회복하는 데 그치지 않고 더욱 발전했다는 사실이다. 아크야르 이브라힘Akhyar Ibrahim은 사립 학교와 기업 연수원을 운영하면서 자기 논에서 벼농사까지 짓는 연쇄 사업가다. 건축공학을 전공한 이 예순한 살의 남성은 1980년대에 자신이 직접 설계해 완공한 집을 나에게 보여 주었다. 중앙에 기둥 여러 개를 배치한 독특한 형태였는데 지진해일을 견디고 살아남았다. 녹차와 크래커를 앞에 두고 아크야르는 지진해일이 미친 영향을 골똘히 되짚는다. "경제적인 측면에서는 훨씬 좋아졌어요." 그는 난리 통에 다섯 아들 중 둘째를 잃었다. "살기도 좋아졌습니다. 지진해일 때문에 엄청난 대가를 치러야 했지만 이득도 있었어요."

지진해일이 이 지역에 이득을 가져왔다는 생각은 좀처럼 믿기 어려웠다. 친구나 친척을 잃은 개개인의 정신적 충격부터 지역 박물관에 진열된 물리적 참해의 증거까지, 아체의 모든 것이 도저히 회복될 수 없을 정도로 철저하게 망가진 모습을 보여 주고 있었기 때문이다. 그런데 지진해일이 지나간 뒤 아체의 사정은 실제로 점점 나아졌다. 작은 흐름이 모여 큰 물줄기가 되었고 결국에는 더 탄탄한 경제로 귀결되었다. 일반인이 아닌 경제학자에게 이 지역에서 단기간에 이루어 낸 호황은 그다지 놀랍지 않다. 전 세계에서 관찰되는 당혹스러운 진실은 자연재해가 경제 성장을 앞당길 수 있다고 이야기하기 때문이다. 이 말이 어째서 사실인지 안다면 아체의 기적적인 회복을 객관적으로 이해하는 데 도움이 될 뿐 아니라 경제학에서 이용하는 가장 중요한 척도에 대해 알 수 있을 것이다.[5]

GDP는 과거가 아닌 현재를 측정한다

1650년대에 윌리엄 패티William Petty는 처음으로 경제의 규모와 내구성을 체계적으로 측정하고자 시도했다. 패티는 박식한 사람이었다. 경제학자면서 옥스퍼드대학교의 외과 의사이자 해부학 교수였고, 취미로 농사를 지었으며, 자동 곡물 파종기와 초기 형태의 쌍동선을 고안하고 배에 엔진을 부착하는 안을 내놓은, 농업과 선박 발명가인 동시에 뛰어난 공무원이었다. 또한 그가 살아 있을 때 영국과 네덜란드가 믈라카해협을 포함한 바다의 지배권을 놓고 대대적인 전쟁을 벌이고 있었기에 아체에 대해 알고 있었을 것이다.

1652년부터 1674년 사이 3차에 걸쳐 발생한 영국-네덜란드전쟁은 극심한 소모전이었고 전쟁 자금 조달을 위해 패티를 비롯한 지주들에게 세금이 부과되었다. 패티는 이를 부당하게 여겼다. 그래서 영국 경제를 더 정확하게 평가해 누가 조세 부담을 져야 하는지 계산하기 시작했다. 그의 핵심 주장은 토지나 건물 같은 자산이 국부의 일부라면 임금이나 기업의 소득과 이윤처럼 노동에 관련된 연간 자금 흐름은 국가가 보유한 경제력의 원천이라는 것이었다. 현실에서는 이런 점이 간과되고 있으며, 따라서 기업가와 노동자가 더 많은 세금을 내야 한다고 패티는 주장했다.[6]

정책 입안자들이 모든 수입원과 모든 경제 부문을 고려해 경제력을 정확히 파악할 필요가 있다는 패티의 주장은 끝내 인정받지 못했다. 이후로도 250년 동안 경제학자들은 이를테면 공업 생산 규모나 석탄 채굴량 또는 제조 수출 총액 등 단일 부문 연구에만 매달렸다. 경제 분석과 정책이 모든 것을 아우르는 방식이 아닌 단편적인 방식으로 이루어졌다. 그러던 중 1930년대에 엄청난 불황이 미국 경제를 덮쳤고 대공황으로 발전해 전 세계로 확대되었다. 현대 경제학에서 결정적인 사건이었던 대공황으로 경제 성장 요인에 관한 세밀한 조사가 시작되었다. 그 결과 경제 행위와 관련된 모든 것을 아우르는 포괄적인 기준을 고안할 필요성이 대두되었다. 그리고 1941년 케임브리지대학교의 한 연구팀이 영국 경제를 일련의 계정으로 세분화해 보여주면서 해법을 내놓았다. GDP(국내총생산)에 대한 현대적 관심의 시작이었다.[7]

　　GDP는 한 나라의 경제를 금전적 가치로 판단하기 위한 기준으로, 3가지 선택적인 렌즈로 경제를 담는 사진기라고 생각할 수 있다. 첫 번째 렌즈는 생산량을 담고, 두 번째 렌즈는 소득을 담으며, 세 번째 렌즈는 지출에 초점을 맞춘다. 요컨대 무언가를 생산하면 GDP는 상승한다. 노동자의 임금이나 기업의 이윤과 같은 소득이 발생하면 GDP는 상승한다. 그리고 개인이나 기업, 정부의 지출이 발생하면 GDP는 상승한다. 아마 GDP에서 가장 중요한 점은 이 세 렌즈가 과거 실적이 아닌 현재 일어나는 행위를 담는다는 사실일 것이다. 즉 지난해에 지어져 팔린 공장이나 가게, 집은 올해의 GDP에서 아무런 가치가 없다. 이런 것들은 중요한 유형 자산이지만 올해의 생산량이나 소득, 지출이 아니기에 과거의 행위로 간주된다. GDP는 한 국가에 거주하는 사람들이 이전에 한 것이 아닌 현재 하고 있는 것을 담는다.

　　2004년 지진해일은 유형 자산을 대대적으로 파괴했다. 쌍둥이 마을인 록응아와 람푹에서는 모든 집이 파괴되었고 아체 전역에서는 13만 9000채의 집이 사라졌다. 대형 공장들이 무너지고 약 10만 5000개의 소규모 사업체와 사업장이 유실되었다. 반다아체 항구에서는 어선들이 산산조각 났으며(이 지역 전체로는 1만 4000척이 같은 운명을 맞았다) 어부들이 잡은 물고기를 손질해 판매하기 위해 사용했던 강변의 오두막은 모두 떠내려갔다. 해변에서는 모든 카페가 흔적도 없이 사라졌다. 파라솔과 서핑보드 또한 두 번 다시 볼 수 없었다. 오랜 세월에 걸쳐 노력한 결과물이라는 점에서 이 모든 유형 자산은 중요했다. 하지만 과거에 생산되고 구매된 까닭에 그중 어느 하나 "현재 행위"로 간주되지 않았고 GDP에 포함되지 않았다. 지진해일이 파멸을 부른 그 끔찍한 아침에 GDP로 측정한 아체의 경제 규모는 전혀 감소하지 않은 셈이다.

당연하지만 경제적 잠재력은 사라졌다. 공장과 식당이 파괴되고 공장 근로자와 식당 종업원이 함께 사라졌다. 그리고 이런 생산력과 소득 창출원의 손실을 만회한다는 것은 마을이나 도시를 재건하는 데 새로 수많은 노동력이 투입되어야 한다는 사실을 의미했다. 주택 공급을 예로 들면 지진해일이 물러간 뒤로 아체에는 4년에 걸쳐 14만 채의 주택이 새로 건설되었다. 주택 1채를 지을 때마다 건축업자는 벽돌, 목재, 전선과 같은 자재에 돈을 써야 했을 뿐 아니라 그 자재를 이용해 집을 짓는 노동자들에게 임금을 지불해야 했다. 이 모두가 건축 자재상이나 콘크리트 공급업자, 화물 수송 회사 같은 기업과 벽돌공이나 목수, 전기기능사 같은 기술자의 소득을 창출했다. 그리고 그들의 일이 끝날 때마다 새로운 집이 생겨났다. 건설이란 3가지 유형의 행위가 동시에 이루어짐을 의미한다. 바로 생산과 소득과 지출이다. 그리고 이 행위들은 하나같이 GDP에 기여한다.

수리안디와 사누시의 이야기에서 알 수 있듯이 아체 사람들은 즉시 집과 학교와 가게와 도로를 재건하기로 결심했다. 이는 GDP로 측정되는 경제가 왜 심지어 아체에서 목격된 것 같은 극단적인 규모의 자연재해 이후에 성장하는 경향을 보이는지에 대해 부분적으로나

마 해답을 제공한다.[8]

원조 붐과 그 이후의 미스터리한 성장

전통적인 형태의 저축 방식이 일부 사업가들에게 즉각 자금을 제공하는 데 도움이 되었다면, 외부 도움은 대규모 재건 사업에 꼭 필요했다. 며칠 동안 오토바이를 타고 아체 지방의 마을들을 둘러보면 현금이 어디서 나왔는지 정확히 알 수 있다.

먼저 남쪽에서 해안 도로를 따라 록옹아 마을 외곽에 도착하면 미국 정부의 원조 기관인 미국국제개발처United States Agency for International Development, USAID의 로고가 새겨진 강철트러스교가 보인다. 마을 안으로 들어서면 모든 집(작은 부지에 지어진 단독 주택) 전면 벽에 비슷한 도안이 그려져 있었다. 야자수 아래 교차한 검 두 자루를 진녹색 원이 둘러싼 도안인데 주택 공급 사업에 자금을 댄 주된 원조국인 사우디아라비아의 상징이었다. 람푹 마을을 향해 북쪽으로 0.8킬로미터 정도를 더 이동하면 도로는 내륙으로 이어진다. 지진해일이 들이닥친 날 수리안디가 대피할 때 이용한 길이기도 한 이 도로 가에는 현관에 터키 국기를 게양한 집들이 늘어서 있다. 현지인들에 따르면 모든 설비가 갖추어진 부엌을 제공한다는 점에서 터키가 원조한 집이 최고였다.

지진해일이 물러간 뒤로 아체에는 4년에 걸쳐 총 67억 달러가 투입되었다. 현금은 그 나름의 격동을, 일종의 작은 붐을 일으켰다. 원조 단체에서 파견한 괜찮은 보수를 받는 직원들에게는 쓸 돈이 있었다. 그들은 많은 현지인을 고용했고 재건에 필요한 벽돌과 콘크리트와 목재를 대량으로 주문했다. 그리고 이런 수요 급증은 가격을 끌어올렸다. 2004년 5퍼센트에 불과했던 인플레이션은 2005년 20퍼센트로 치솟았으며 이듬해 35퍼센트로 정점을 찍었다. 사업주들은 물가가 오르면서 자신들의 이익률이 감소했다며 당시의 살인적인 인플레이션에 대해 여전히 불만을 터뜨린다. 그렇지만 대다수 사람들은 이 시절에 경제가 호황이었다고 기억한다. 원조 단체에서 나온 현금이 지역의 일자리와 임금을 지탱하고 지역 사업체로 흘러들었다. 아체는 바야흐로 원조 경제 아래서 호황을 누리고 있었다.

오늘날 색이 점점 바래 가는 상징과 깃발, 외국인들이 자기네가 원조한 것에 그려 넣었던 로고는 그들의 도움을 상기시키는 주요한 흔적이다. 원조 단체들은 4년에 걸친 활발한 활동을 마치고 2008년 철수했다. 아체에서 활동하는 외국인 수는 8000명에서 몇백 명 수준으로 줄었고 현지인을 위한 일자리도 급감했다. 구호 활동을 감독하던 인도네시아 정부 기관 또한 임무가 끝나면서 2009년 문을 닫았다. 썰물 빠지듯 구호 자금이 빠지면서 아체의 인플레이션은 전국 평균 수준으로 돌아갔다.

경제에서 이런 행위들(소비, 임금, 건설 프로젝트 등)이 위축되는 것은 GDP가 급감하는 원인이다. 개발경제학자들은 GDP가 행위에 초점을 맞춘 방식이라는 점에서 재건 과정에 단기간 활기를 되찾더라도 GDP 측면에서 볼 때 경제가 위축되어 불경기를 겪을 수 있다고 우려를 나타냈다. 그런데 이후에 나타난 현상은 불가사의했다. 원조 단체의 모든 소비와 일거리가 사라졌지만 경제 성장은 계속되었다. 외부 원조가 붐을 이룬 4년 동안 19퍼센트였던 경제 성장률은 다음 4년 동안 23퍼센트를 기록했다. 새로운 소비와 소득과 산출은 과연 어디에서 나왔을까?

전보다 더 나아진 것들
: 기반 시설, 기술, 그리고 생각

록웅아에서 따뜻한 요리를 먹고 싶다면 디안Dian의 식당이 제격이다. 하루 24시간 영업하는 이 식당은 양념한 생선 요리와 카레를 파는데 맛있고 양까지 푸짐하다. 한적한 밤 시간에 테이블 하나를 차지하고 앉은 식당 주인 디안이 아체의 경제 발전에 따른 긍정적인 변화로 약간은 입맛을 떨어뜨릴 수 있는 것을 꼽는다. 바로 하수 시설이다. 그녀의 주장에 따르면 어떤 부분은 오늘날 더 퇴보했다. 이를테면 전통 가옥이 형태 면에서 새로 지어지는 집보다 더 나았다고 그녀는 말한다 (전통 가옥은 목재로 지었을 뿐 아니라 복층 구조에 발코니도 있었던 반면 새로 생긴 집은 단층 구조에 콘크리트로 짓는다). 하지만 이 커다란 변화 덕분에 집마다 화장실이 생기고 있었다. 재해 이전에 록웅아 마을에는 기본 하수 시설이 없었다. 근처에 깨끗한 물을 공급하는 동시에 오수를 처리해 주는 강이 존재했기 때문이다. 현대식 가옥은 배수관으로 연결된 화장실이 딸려 있어서 강까지 걸어가는 수고를 덜어 준다.

재건 사업이 진행될수록 "전보다 더 낫게 만들기"라는 개념은 현대식 설계와 자재를 이용해 지역 기반 시설을 개선하는 정책을 가리키는 유명한 문구가 되었다. 미국국제개발처가 건설한 새로운 해안 도로는 예전보다 넓어졌고 이 해안 도로를 가로지르는 록옹아의 강철 트러스교는 예전 다리(오늘날까지 잔해가 마치 부서진 치아 조각처럼 강변에 돌출되어 남아 있는 석조 기둥으로 지은 것)보다 높고 길었다. 록옹아와 반다아체의 중간 지점에 위치한 한때 가족이 운영하며 코코넛을 가공해 페이스트와 식용유를 생산하던 공장은 시멘트 공장으로 변해 공장 밖에 반짝반짝 빛나는 레미콘 차들이 일렬로 길게 주차해 있다. 원자재는 해안을 따라 차로 몇 분 거리에 있는 대규모 시멘트 제조 공장에서 공급한다. 프랑스 기업 라파르주Lafarge 소유인 그 공장은 2004년 파괴되었다가 2010년 생산력을 30퍼센트 늘려 다시 문을 열었다. 특정한 가옥 형태를 둘러싼 약간의 트집에도 불구하고 외부 원조 재건 사업은 지진해일로 잃은 것보다 더 나은 도로와 다리, 공장을 아체에 가져다주었다. 그리고 이 모두는 상업과 관광업 부문의 잠재력을 높여 주었다.

계속된 지원의 혜택은 단지 현금에만 국한되지 않고 비공식적이거나 뜻하지 않은 도움으로 이어진 경우가 많았다. 신기술을 사용하게 됨으로써 지진해일 이후에 많은 것이 변했다고 생존자들은 이야기한다. 수리안디는 휴대전화를 사용하는 외부인들이 유입되면서 사업가들의 사업 환경이 개선되었다고 설명한다. 해변의 식당 주인들은 기본적인 선불 전화기를 구입해 해변에 갑자기 손님이 몰리거나 주방에 신선한 재료가 필요할 때 도움을 요청하는 용도로 사용한다. 유스니다르는 오토바이가 널리 보급되어 삶이 개선되었다고 이야기한다.

지진해일 전에는 부자들만 오토바이가 있었는데 원조 붐으로 돈을 벌면서 집마다 최소 1대씩은 보유하게 되었고 더 잘나가는 사람들은 자동차까지 갖게 되었다. 이런 변화는 아체를 현대화해 더 쉽게 출퇴근하거나, 재빨리 일손이 필요한 곳을 알아내어 신속하게 이동할 수 있게 해 주었다.

재앙이 경제는 물론이고 사회 전반에 광범위한 영향을 끼친 더 미묘한 변화를 낳았다고 촌장 주히르Zuhir는 설명한다. 마흔세 살의 주히르는 대다수 마을 원로들이 지진해일로 목숨을 잃은 까닭에 자기 일이 더욱 힘들어졌다고 말한다. 재앙 전에는 원로들이 규칙을 정하면 촌장은 이를 시행하기만 하면 되었다. 재산이나 관습과 관련된 중요한 정보가 구전 형식으로 전승되었기에 오늘날에 이르러서는 논쟁을 해결하기가 불가능한 경우가 많다. "원로들과 함께 중요한 정보도 사라졌습니다"라고 주히르는 말한다. 아체의 여러 작은 마을에서 살아가는 많은 사람들과 마찬가지로 그는 원로들이 유지하던 마을 특유의 전통이 이제는 영원히 사라져 버렸다는 사실을 안타까워했다.

주히르는 이런 손실과 별개로 더 건설적인 새로운 생각과 풍습이 또한 등장했다고 이야기한다. "아체 사람들이 더 개방적으로 바뀌었습니다." 주히르 한 사람의 의견이 아니었다. 나는 마을 곳곳에서 비슷한 이야기를 들을 수 있었다. 아체 사람들이 네덜란드인을 바라보는 시각을 예로 들자면 지진해일 전까지 현지인들의 반응은 노골적인 증오심부터 적의에 찬 조롱이 대부분이었다(아체에서 교활하거나 부정직한 사람은 "네덜란드인"으로 고발될 수 있었는데 이는 네덜란드 정부가 현지인들 사이에 숨어 살도록 스파이를 보낸다는 소문에서 비롯된 중상이었다). 이제는 대다수 현지인이 역사 속 적들을 환영한다. 그들이 원조로 도움을 주었기 때문이기도 하지만. 예전의 대립 관계는 지진해일과 함께 사라졌다는 인식이 만연해졌기 때문이다. 미시 단계에서도 동일한 변화가 진행되면서 마을 간 대립과 불화가 종식되었다. 지진해일 전에는 그곳에서 태어난 사람이 아닌 외지인이 마을에서 장사를 하는 경우가 매우 드물었지만 이제는 흔한 일이 되었다.

이런 아체의 진화는 왜 이 지역이 외부 원조에 따른 단기 경기 부양 이후에도 계속 성장할 수 있었는지를 보여 준다. 개선된 위생 시설과 운송 체계, 통신 설비 덕분에 지역 노동자들은 더 효율적으로 움직일 수 있게 되었다. 전보다 좋아진 도로를 따라 상대적으로 적은 시간을 들여 공장에 출퇴근하고, 더 안전하고 효율적인 기계를 이용해 생산성을 높여 더 많은 돈을 벌게 되었다. 그렇지만 외부 원조의 영향과 반향은 그보다 훨씬 광범위했고 의도하지 않은 성과를 낳았다. 아체가 초기에 보여 준 경제적 회복탄력성이 비공식적인 연대에 상당 부분 의존했다면, 이후까지 지속된 회복탄력성은 이 지역에 잠시 거주한 국제 원조 단체 사람들의 기술과 안목을 채용한 덕분이었다.

촌장은 변화를 기대하는 분야가 또 있는데, 바로 교육이라고 말한다. 교육 시장은 순식간에 등장했다. 반다아체의 번화가와 나란히 이어진 한 거리에는 이제 아시아의 다른 지역들에서 볼 수 있는 입시 학원들이 빼곡히 들어서 있다. 공적 자금이 투입되는 학교 교육은 오전 8시부터 오후 1시까지 진행되고 학교 수업이 끝나면 학생들은 오후 수업을 듣기 위해 이 사설 교육 기관으로 향한다. 록응아의 여성 사업가 니나Nina는 자신의 아이들을 이 학원에 보내고 싶다고 말한다.

그러면서 원조 단체에서 근무한 경험을 통해 학위가 얼마나 중요한지 알게 된 것도 있지만 경제가 활력을 되찾으면서 사람들에게 그만한 여유가 생겼기 때문이라고 설명한다. 우선순위가 변한 것 역시 한몫했다. 요컨대 하루아침에 그들의 물질세계가 파괴되는 광경을 목격한 아체 사람들은 자기 자신에게 투자하는 일에 더 높은 가치를 부여하게 되었다.

내전이라는 만성 질환 치료하기

수 세기에 걸쳐 독립 투쟁을 해 오던 지역에서 지진해일로 인한 격변은 다양한 영향을 끼칠 수밖에 없었다. 즉각적인 여파로 전쟁은 더 격화되는 듯 보였다. 아체자유운동 전사들은 파도가 들이닥치고 불과 몇 시간 뒤에 서둘러 그들의 숲속 은신처에서 람푹으로 이동했다. 당시 스물세 살로 반란군 병사였던 아르미야Armiya는 람푹 마을이 물에 잠겨 있던 시간은 고작해야 45분을 넘기지 않았다고 증언한다. "오전 11시에 우리는 해변에서 생존자들을 수색하고 있었습니다."

사흘 뒤 대규모 인도네시아 정부군이 지원을 위해 도착했다. 공식적으로 아직 전쟁 중이었던 까닭에 그들은 곧장 충격에 휩싸인 반란군을 공격 목표로 삼았다. 식당 주인 수리안디가 바닷물이 바로 빠지지 않는 바람에 저지대 마을에 갇혀 지내면서 겪었던 끔찍한 경험을 들려주었다. 그는 물에 떠내려가지 않도록 죽은 사람들을 남은 나무에 동여매고 있었다. 그런데 그 주변에서 일단의 무장한 군인들이 서로를 향해 총질을 해 댔다는 것이다. 그의 주장에 따르면 적어도 3명의 아무 상관 없는 사람들이 총격전에 휘말려 목숨을 잃었다.

그러나 상황은 곧 반전되었다. 아체에서 지진해일에 관한 이야기를 나누다 보면 어느 순간에 "MOU"라는 서양식 표현이 등장한다. 2005년 8월 15일에 체결된 이 양해 각서(본질적으로는 평화 협정)는 1870년대 네덜란드의 첫 침공 이래로 가장 안정된 시기를 이끌어 냈다. 세계 시선이 한순간 아체에 집중된 가운데 인도적 지원 활동을 이끄는 세계적인 거물들은 다른 이들이 그동안 실패했던 새로운 협정을 중재함으로써 평화 회담을 주도했다. 반란군은 3000명의 병사를 해산하고 840점의 무기를 양도했으며 군복과 휘장을 폐기했다. 대신에 인도네시아군은 아체에서 물러났고 감옥에 갇혀 있던 정치범들을 풀어 주었다. 양해 각서에는 일련의 새로운 권리가 명시되었다. 그에 따라 아체는 자체 입법 기관과 사법 체계, 국기와 국가國歌를 갖게 되었다. 통화는 인도네시아 통화를 사용하지만 공식 금리는 인도네시아의 나머지 지역들과 다르게 적용할 수 있었다. 지역 정부는 지역 내에서 세금을 인상하고 석유를 비롯한 천연자원을 판매해 세입을 유지할 수 있는 권한을 얻었다. 이 같은 합의는 한 국가 안에 또 다른 국가를 탄생시켰다. 오늘날 아체는 인도네시아 영토 안에 존재하면서도 특별한 형태의 주권을 보유하고 있다.[9]

평화는 아체의 삶을, 특히 젊은 남자들의 삶을 개선했다. "양해 각서가 체결되기 전까지 부모들은 아들이 집 안에서 지내기를 원했어요"라면서 유스니다르가 자신의 아들들 때문에 얼마나 걱정했는지 회상한다. 다른 사람들도 청년들이 암울한 시기를 겪었다는 사실에

동의한다. 중립을 표방하는 행위는 반란군 입장에서나 인도네시아군 입장에서 용납될 수 없었고 어느 한쪽에 휩쓸리면 징집당하거나 다른 쪽에 심문당할 수 있었다. 람푹과 록웅아의 소년들은 케우데비에응 Keudee Bieng으로 알려진 접전 지역을 지나다니는 것이 금지되었다. 이런 이동 제한은 가까운 반다아체에 있는 대학들로 가는 길까지 차단해 그들의 교육 기회를 제한했다.

수리안디는 전쟁의 불확실성은 경제에 큰 저해 요인이었다고 말한다. 아체는 1990년 이래로 헌병이 언제든 식당을 폐쇄하거나 식당의 저녁 장사를 망치는 통행 금지령을 발동할 수 있는 무장 지대였다. 유스니다르도 동의하며 서핑을 하는 사람들이 군사 행동에 두려움을 느껴 아체를 찾지 않으면서 그녀의 홈스테이 사업이 몇 년 동안 극심한 어려움을 겪었다고 이야기한다. 주민들은 외국인이 문제에 휘말린 적은 그동안 전혀 없었는데 딱 한 번 서핑하던 남성이 반란군으로 의심받아 인도네시아 정부군에 납치된 뒤 눈가리개를 하고 산에 끌려가 심문당한 사건이 있었다고 말한다. 남성은 일본인 관광객으로 밝혀졌고 그날 바로 풀려났다. 하지만 이 소문은 그동안 록웅아 마을의 중요한 수입원이던 국제 서핑 공동체에 널리 알려졌다.

더 나은 집과 도로, 외국에서 들어온 새로운 사고, 장기간에 걸친 평화. 이 모두를 종합해 보면 지진해일 때문에 발생한 인명 손실로 여전히 슬퍼하는 사람들이 왜 그 이후의 삶을 더 좋아하는지 이해할 수 있다. 지역 유지인 악하야르Akhayar와 그의 아내가 지진해일을 버텨 낸 집을 소개하며 그날 물이 어디까지 차올랐는지 보여 주는 부엌 벽에 난 표시를 가리켰다(대략 1.7미터 높이였다). 이 자부심 강한 아버지는 내게 가족사진을 보여 주면서 아들들이 다니는 학교를 자랑하고 지진해일로 잃은 아들을 언급한다. 그가 회상하듯이 끔찍한 하루였다. 그럼에도 아체 사람들은 더 개방적이고 외향적인 시각을 갖게 된 사회와 수년에 걸친 싸움을 종식시키며 카타르시스를 준 평화 협상 과정 등 그 뒤에 나타난 변화를 재앙 전보다 많은 일거리와 소득과 기회를 제공하는 확대된 경제만큼이나 매우 소중하게 여기고 있었다.

이슬람법과 아체 여성의 힘

아체는 여전히 다양한 불안 요소를 갖고 있다. 이곳을 찾는 서양인이 언론으로 접할 수 있는 위험 요소는 샤리아법Sharia Law의 부상이다. 지진해일 이전에도 이곳에서는 이슬람법 체계가 더 인기 있었는데 참사 이후에는 종교색이 더욱 짙어졌다. 2006년 세속법의 일환으로 이슬람법을 적용할 의무가 생겨났고 2015년에는 체벌을 허용하는 새로운 형법이 채택되었다. 이때부터 아체는 죄지은 사람에게 공개 태형이 행해지는 곳이 되었다. 서구 언론은 이를 추적해 태형 광경을 사진으로 촬영해 내보냈고 관광 웹사이트에서는 여성에게도 똑같이 태형을 가하는 문제와 의무적으로 머리쓰개를 하도록 강요하는 새로운 규제에 대해 우려를 나타냈다. 인터넷을 보는 서양인들에게는 아체가 무서운 곳, 방문하고 싶지 않은 곳처럼 보일 수 있게 된 것이다.[10]

  하지만 아체는 어떻게 전통이 경제 회복의 근간이 될 수 있는지를 보여 주듯이, 어떻게 비공식적이고 보이지 않는 요소가 정치적 · 종교적 인식의 급전환으로 인한 충격을 완화하는 근간이 될 수 있는지를 보여 준다. 아체 사례에서는 이 지역에 관한 전설과 이야기가 그런 역할을 한다.

"사람들은 아체의 이야기를 기억해야 합니다"라고 반다아체 주택가의 한 공립 고등학교 교장 에카Eka는 말한다. 농구장 하나가 거의 독차지하다시피 한 이 학교 운동장은 빽빽한 정글에 둘러싸여 있는데 근처의 가파른 언덕에는 혹시 또 지진해일이 들이닥쳤을 때 학생들이 이용할 대피로가 표시되어 있다. 서른일곱 살인 에카는 록옹아에서 자랐고 반다아체에서 대학을 다녔다. 머리에는 은색 히잡을 쓰고 원피스 위에 몸에 딱 맞는 줄무늬 재킷을 입었다. 그녀가 말한다. "우리 지역은 여자들이 만들었어요. 이 사실은 우리에게 동등한 역할을 보장해 준답니다." 종교색이 강해진 새로운 법은 아체인의 정체성을 규정한 두 여장부의 삶을 포함해 더 오래된 뿌리와 겨루어야 한다는 뜻이다.

아체는 본래 배와 무역과 전쟁으로 성장한 해안 지방으로, 오랜 항구 도시인 반다아체는 세계 최초의 여성 해군 제독 말라하야티Malahayati를 배출한 곳이다. 1500년대 말 술탄의 함대를 이끈 그녀는 성공적으로 믈라카해협을 방어했다. 적 지휘관들을 끝까지 추적해 죽였으며 영국 배가 이 교역로를 이용하는 문제를 놓고 엘리자베스 1세와 직접 협상을 벌일 정도로 명성이 높았다. 그녀는 포르투갈 군대와 싸우던 중 전사했다. 오늘날 이 지역의 주된 상업항 이름이 바로 말라하야티다.

여성 제독의 전설도 쟁쟁하지만 춧 냑 디엔Cut Nyak Dhien은 더 위대한 군사 영웅이다. 귀족 가문에서 태어난 그녀는 1890년대에 네덜란드에 대항해 아체 독립군을 이끌었다. 대규모 적 부대가 밀어닥치자 숲에 잠복했다가 기습해 물리친 일화는 유명하다. 그녀는 사후인 1964년 국가 최고 명예인 인도네시아 국가 영웅으로 추대되었고 곧이어 우표와 지폐에 초상이 실렸다.

서로 다른 생각들이 어지럽게 겨루는 속에서 이런 자유를 위한 투쟁을 다룬 옛날이야기는 이슬람의 가르침과 융합해 아체만의 독특한 이슬람법을 만들어 가는 듯 보인다. 실제로 현지에서 지내 보면 외부인들이 아체에 갖는 두려움은 정체를 알 수 없는 어떤 것에 불과해 보인다. "아체 여성들은 두려움을 모릅니다. 우리는 우리가 좋아하는 일을 하며 종교는 전혀 문제가 되지 않아요"라고 에카는 이야기한다.

재키챈빌리지 이야기
: 재건 사업의 어두운 단면

록응아와 람푹의 사례가 오래된 마을을 얼마나 빨리 재건할 수 있는지 보여 준다면, "재키챈빌리지Jackie Chan Village"로 알려진 곳은 새로운 마을을 건설하는 일이 얼마나 힘들 수 있는지 보여 준다. 이곳의 공식 명칭은 인도네시아 – 중국우호마을Friendship Village of Indonesia-China, 인도네시아어로는 캄풍 프르사하바탄 인도네시아 – 티옹콕Kampung Persahabatan Indonesia-Tiongkok이다. 그런데 유명한 할리우드 배우 재키 챈이 재건 사업을 둘러보기 위해 이 새로운 광역도시권 마을을 방문한 뒤로 더 시선을 끄는 위 별명을 갖게 되었다.

지진해일로 폐허가 된 많은 마을의 재건 방식은 점진적이고 자연발생적이었다. 그에 따라 마을 주민들이 예전 집터에 나뭇가지와 방수포로 설치한 천막들이 하나둘씩 벽돌집으로 바뀌었다. 하지만 재키챈빌리지와 관련해 정부는 더 의욕적인 계획을 세웠다. 고도가 높을수록 안전하다는 생각으로 고지대의 빈 부지를 수배해 해발 500미터 산비탈에 새로운 마을을 건설한 것이다.

청사진에는 마을에 필요한 모든 관공서와 편의 시설이 포함되었다. 마을을 드나드는 큰 정문 근처에 이슬람사원이 있었고 언덕 위쪽에 커다란 학교가 세워졌다. 마을 중앙에는 경사진 비탈면에 반듯하게 계단식으로 대규모 노천 시장이 배치되었다. 이 시장은 상품을 실어 나를 자동차 도로, 각각 번호가 매겨지고 햇빛 차단용 양철 지붕까지 설치한 노점을 갖추어 지역 상권의 중심지로 기능할 수 있도록 설계되었다.

촌장 다르마나인Darmanain은 진분홍색으로 익은 잠부 아이르 jambu air(로즈애플)가 잔뜩 매달린 나무 그늘 아래 대나무 벤치에 앉아 이 같은 상의하달식 계획에도 장점이 있었다고 이야기한다. 정부가 예산과 건축 시기를 엄격히 관리할 수 있다는 점이다. 실제로 중국 측 계약자는 자국에서 건축 기술자 36명을 데려와 2000명에 달하는 현지 인부를 감독하게 해 불과 14개월 만에 600채가 넘는 집을 지었다. 그는 마을 한가운데 시장 가까이 위치한 자기 집을 가리키며 이 방식이 빠르고 효율적이었으며 주택의 질도 좋았다고 말한다. 마을이 지어진 배경에는 아체의 삶을 더 평등하게 만들고자 하는 의도가 존재했다. 이 마을에 집을 배정받은 사람들 상당수는 현지인이 아닌 이전까지 반다아체의 비좁고 갑갑한 임대 주택에 살던 저소득 가구였다.

다르마나인은 새롭고 평등한 마을을 건설하고자 한 시도는 좋았지만 주민들 입장에서 변한 것은 아무것도 없다고 설명한다. 그들은 여전히 반다아체에서 가장 힘들고 돈이 되지 않는 일에 종사한다. 이제 집은 생겼지만 경제 활동이 이루어지는 도시에서 수 킬로미터 떨어진 달동네에 틀어박혀 살면서 매일 직장을 오가느라 시간과 돈을 허비한다. 시장은 시장대로 황량하고 한산하며 가게가 있어야 할 자리에 잡초만 무성하다. 어른들이 모두 출근하면 마을에 보이는 사람이라고는 외톨이 10대 하나와 아체어도 인도네시아어도 할 줄 몰라 어리둥절한 나이 든 중국인 남성 하나가 전부다.

이 마을에 살게 된 가족들은 지진해일 이전부터 가난했고, 특별한 기술이 없었으며, 힘들게 살았다. 이런 현실은 전혀 변하지 않았다. 촌장은 이야기 중에 우리에게 자기 나무에서 로즈애플을 따 먹어 보라고 권했다. 그런데 내다 팔 시장이 없어 가지에 너무 오랫동안 방치된 탓에 속이 썩어 있었다.

085

GDP, 회복탄력성, 인적 자본의 중요성

물리적 기반이 초토화되다시피 한 경제를 재건하면서 아체인들이 보여 준 속도는 우리가 경제를 바라보는 방식과 관련해 2가지 측면을 시사한다.

첫 번째 측면은 GDP를 경제 "성장" 여부를 추적하는 중심 개념으로 사용하는 것이 적합한가 하는 문제다. GDP를 경제적 성공을 판단하는 척도로 이용하는 것에 많은 사람이 비판적이다. 그들은 공정함이나 행복 같은 다른 기준을 선호한다. 실제로 재앙 이후에 오히려 경제가 더욱 빠르게 성장하는 것처럼 보일 수 있다는 점에서 GDP로 경제력을 측정하는 방식은 당혹스러운 결과를 보여 주기도 한다. 그래서 일부 사람들은 GDP가 차갑고 냉정한 경제학의 본질을 보여 주는 증거라고 주장한다. 하지만 그런 주장과는 별개로, 이런 당혹스러운 결과는 GDP가 건물이나 공장 같은 물리적 자산의 형태로 구체화된 가치보다 현재 진행 중인 인간의 활동(소비, 임금, 소득, 제품 생산 등)을 주로 고려하기 때문에 나타난다. 경제학자들이 선호하는 잣대는 비정하거나 냉정하지 않으며 기본적으로 인간적이다.

내가 만난 아체의 생존자 중 지진해일 이후로 경제와 사회가 나아졌다고 이야기한 사람들 대부분은 새로운 제품을 생산하거나, 새로운 일자리를 구하거나, 새로운 소비재를 구매하는 등 경제가 성장할 때 나타나는 활동이 증가했다고 언급했다. 이렇듯 GDP와 경제 성장의 혜택은 일반적으로 사람들이 경제를 바라보고 이야기하는 방식과 일치한다. 그런데 내가 아체에서 진행한 인터뷰에서 최초로 한 가지 중요한 문제가 드러났다. 록응아와 람푹 같은 지역에서 일어난 일 상당수가 비공식 활동(지인에게 돈을 빌리거나 금을 현금화한 것 등)이었고 따라서 정당한 평가를 받지 못했다는 사실이다. 이런 근원적인 거래망은 공식 경제가 완전히 파괴되었을 때 더 활발히 출현한다.

아체를 떠나면서 나는 경제학자들이 한창 성장 중인 경제를 평가하는 잣대인 GDP가 틀리지 않는다고 생각했다. 동기 면에서 GDP는 사람들이 튼튼한 경제라고 생각하는 것과 동떨어진 기준이 아니라 훌륭하지만 불완전한 기준일 뿐이다. 즉 지향점은 옳지만 경제를 규정하는 활동 중 상당수가 눈에 보이지 않는 까닭에 GDP는 큰 그림의 일부만 보여 줄 뿐이다.

아체 사례에서 드러난 두 번째 측면은 진정한 인간 회복탄력성이 어디에 있는지를 암시한다. 1848년 철학자이자 경제학자인 존 스튜어트 밀John Stuart Mill은 전쟁이나 재앙으로 경제가 "초토화"된 이후 공동체가 다시 재기하는 경우가 흔하다고 주장하면서 많은 사람이 이를 놀라운 일로 받아들이는 경향이 있다고 지적했다. 예컨대 벽, 다리, 창고와 같은 물리적 자본보다 한 나라나 공동체를 구성하는 사람들의 생각, 기술, 노력이 더 중요하다는 사실에 예상치 못한 회복탄력성의 원천이 존재한다고 밀은 생각했다. 어쨌거나 잃은 것을 재건해야 할 주체는 결국 사람이기 때문이다. 1662년 윌리엄 페티 역시 징역형 남발을 비난하는 논쟁에서 비슷한 주장을 펼쳤다. 그는 한 지역의 부는 사람에게서 나온다고, 그러므로 지나치게 많은 사람을 감옥에 보내면 나라가 가난해진다고 주장했다.

아체는 밀과 페티의 요지를 증명하는 현대판 재앙이다. 아체 사람들은 모든 물리적 자산을 잃었다. 하지만 기술과 지식은 고스란히 지니고 있었고 덕분에 지진해일 이후 빠르게 재건에 성공했다. 아체는 경제가 급변하는 과정에서 "인적 자본human capital" 자체 그리고 인적 자본이 얼마나 많이 훼손되거나 보호받는지가 성공을 결정하는 열쇠가 될 것임을 암시한다. 세계 경제가 새로운 도전에 직면한 시점에

서 이는 중요한 교훈이 되어 준다.[11]

경제 변화가 사회 분열을 초래할 수 있다는 점에서 아체는 한 가지 중요한 경고를 던진다. 이 지역은 2004년 이래로 경제와 사회 분야에서 완전한 혁명을 이루었다. 그 결과 새로운 양식의 주택과 도로와 다리가 등장했고 상점에서는 새로운 상표나 형태의 제품이 판매되며 사람들이 데이트하거나 즐기거나 장사하거나 기도하는 방식까지 바뀌었다. 그렇지만 한편으로 커피 사업가 사누시는 다시 커피 사업가가 되었고, 식당 주인 수리안디는 고향으로 돌아와 해변에서 제일 좋은 장소에 터를 잡은 채 구운 생선을 판매하고 있으며, 비록 록웅아에서 최초로 홈스테이를 시작한 유스니다르는 은퇴했지만 그녀의 아들이 그곳에서 가장 좋은 호텔을 운영하고 있다. 경제 말단에 위치한 사람들 역시 마찬가지다. 과거 반다아체에서 불법 거주민으로 살던 사람들은 이제 황량한 시장과 과일이 나무에 매달린 채 썩어 가는 유령 마을에서 살아간다.

이곳의 생활은 완전히 바뀌었지만 동시에 전혀 변하지 않았다. 인적 자본은 그 자체로 회복탄력성을 가졌다. 그리고 이는 경제를 재건하는 일이 우리가 생각하는 것보다 쉬울 수 있지만 그 안에 존재하는 경계까지 허물기란 결코 쉽지 않다는 사실을 의미한다.

경제적으로 여전히 분열되어 있지만, 심지어 상황이 매우 암울해 보이는 순간조차 아체는 낙관적인 곳이다. 재키챈빌리지와 인접한 도로를 따라 산을 내려가다 보면 오른쪽으로는 버려진 거리들이 하나둘씩 지나가고 왼쪽으로는 가파른 절벽이 나타난다. 얼마 뒤 도로가 급격히 꺾이면서 산비탈에 점점이 박힌 작은 테라스들이 모습을 드러낸다. 각 테라스에는 가대식 테이블과 벤치가 놓여 있다. 그리고 임시 변통으로 만든 이 카페의 관리자인 열세 살짜리 소년이 등장한다.

소년은 매일 학교가 끝나면 산기슭에 있는 가게에서 음료수와 과자를 사서 카페로 가져와 판매한다. 지진해일이 발생한 해에 가난한 가정에서 태어난 이 젊은 사업가는 사업이란 좋은 것이라고 이야기한다. 해수면 가까이에 사는 대다수 사람들은 그의 카페에서만 즐길 수 있는 풍경을 위해 할증료를 낼 준비가 되어 있다. 그가 얼음 잔에 스프라이트를 붓는 동안 마카크원숭이macaque 가족이 나뭇가지를 타고 놀자 발아래 펼쳐진 숲의 나무들이 흔들린다. 저 멀리에는 원조 단체들이 지은 집들이 원조국의 깃발을 암시하는 형형색색의 지붕을 드러내고 있다. 그 너머로 아체의 저지대 논이 보이고 풍요로운 초록 양탄자는 믈라카해협의 짙푸른 바다로 이어진다.

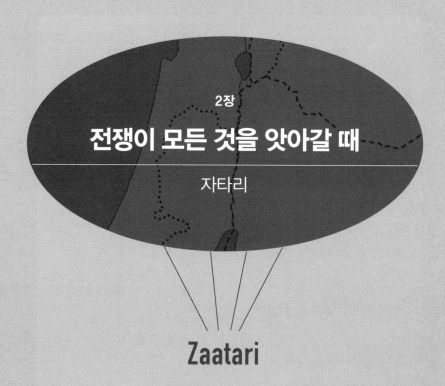

2장

전쟁이 모든 것을 앗아갈 때

자타리

Zaatari

궁극적인 마음의 평화를 얻고자 한다면
음악가는 음악을 만들고, 화가는 그림을 그리고, 시인은 시를
써야 한다. 인간은 자신이 할 수 있는 일을 해야 한다.
에이브러햄 매슬로, 《동기와 성격》, 1954

여우라 불리는 소년

사람들은 그의 눈 때문에 그를 여우라고 부른다. 위험 요소나 기회를 찾기 위해 지평선을 훑는 칼레드Khaled의 눈동자가 좌우로 쉴 새 없이 움직인다. 불법 거래 조직의 중심 인물로서 불안정한 삶을 살아가는 그는 정신을 바짝 차려야 한다. 혹시라도 붙잡히면 칼레드와 그의 무리는 요르단에서 추방당해 전쟁터인 북쪽 시리아로 보내질 터였다.

칼레드의 이런 생활은 위험하지만 나름의 보상을 제공한다. 그렇게 하루가 끝나면 그는 집에 20디나르(약 28달러 또는 22파운드)를 가져간다. 요르단 수도 암만Amman에서 일하는 전문직 종사자(이를테면 서른 살쯤 된 기술자)가 받을 수 있는 보수의 대략 2배에 해당하는 금액이다. 보수가 후한 건 그가 하는 일이 불법이기 때문이다. 그와 그의 동료들은 밀수꾼으로 식량, 담배, 전자 기기, 의약품 같은 품목을 밀수한다. 그가 활동하는 지역은 세계에서 가장 빠르게 성장하는 난민수용소인 요르단 자타리난민수용소Zaatari refugee camp의 경계 지대다. 칼레드는 열다섯 살 소년이다.

밀수는 칼레드에게 낯선 분야였다. 그는 2013년까지 시리아 남부 다엘Dael이라는 마을에서 살았다. 그리고 전쟁이 일어나기 전까지 다른 94퍼센트의 시리아 아이들이 그랬듯이 학교에 다녔다. 건조하고 먼지투성이인 요르단과 달리 시리아는 물이 풍부하고 초록이 우거진 나라였으며 다엘의 농부들은 올리브와 포도 재배로 유명했다. 전쟁 전 3만 명에 가까운 인구가 살았던 다엘은 미국 뉴욕주의 이타카나 잉글랜드의 세븐오크스, 웨일스의 폰티프리드 정도 규모였다(대도

093

시는 아니었다). 그런데 2011년 3월 주민들이 바샤르 알아사드Bashar al-Assad에 저항하면서 뒤따른 내전에서 다엘은 집중 폭격의 표적이 되었다. 2004년 지진해일이 덮쳤을 때 아체 사람들이 그랬듯이, 다엘 주민들은 국경 너머 남쪽으로 도피해 터전을 재건하는 것 말고는 달리 선택의 여지가 없었다.(바샤르 알아사드는 1970년부터 대통령을 지낸 아버지 하페즈 알아사드의 뒤를 이어 2000년부터 대통령을 연임하고 있다. 2011년 4월 부자 세습 독재 정권의 퇴진을 요구하는 시위를 정부군이 유혈 진압하자 반군이 무력 저항에 나서면서 시리아내전이 발발했다-옮긴이)

요르단 북부 난민수용소의 시리아 난민들과 아체의 지진해일 생존자들은 양쪽 다 엄청난 개인 손실뿐 아니라 사회와 경제의 파탄을 경험했다. 아체 주민들과 마찬가지로 자타리난민수용소에서 살아가는 사람들의 이야기는 충격적이고 비인간적이다. 그러나 아체에서 그랬듯이 자타리에서 조금만 지내 보면 낙관적인 생각이, 어떤 역경도 이겨 내는 인간의 능력에 대한 확신이 점점 자리를 잡기 시작한다. 자타리가 또 다른 극한의 현장, 온갖 역경에도 불구하고 살아남은 기적 같은 교역소인 까닭이다. 자타리는 이곳 난민들이 무언가를 잃었음을 의미하는 장소지만 동시에 순식간에 활기차고 혁신적인 경제가 출현한 지역, 급격히 성장해 주변 요르단 도시들에 재화를 수출하는 스타트업들이 북적이는 상업 중심지로 규정되기도 한다.

나는 이곳 난민들 이야기가 지진해일 생존자들 이야기와 일맥상통하면서도 다른 교훈을 제공해 주기를 기대했다. 아체의 경우에 외부로부터 받은 도움은 사실상 조언이었다. 즉 아체 사람들은 해변 생활로 돌아가지 말라는 조언을 들었지만 이내 자신들이 잘 알고 수백 년 동안 관리해 온 해변의 저지대로 돌아갔다. 시리아 사람들의 경우에는 사정이 달랐다. 그들은 안전을 위해 새로운 땅으로 이주했고 외국에서 난민으로 살아가면서 엄격한 통제를 받았다. 요르단 당국이나 국제 원조 단체와 같은 외부인은 조언자가 아닌 지배자였고 난민 생활에 큰 영향을 미치는 결정을 내렸다. 시리아인들은 사망자 수만 놓고 보자면 피해를 줄였을지 모르지만 삶의 선택권, 자주성, 자결권이라는 측면에서는 훨씬 많은 것을 잃은 듯 보였다.

비공식 상거래는 난민수용소에서 으레 있는 일이었다. 그런데 자타리난민수용소에 문을 여는 사업체 숫자가 급증하고 있다는 공식 자료를 보고 나는 깜짝 놀랐다. 분명 경제생활(물건 구매하기, 먹을거리와 입을거리 장만하기)이 엄격한 통제 아래 있을 텐데, 어떻게 그리고 어째서 이곳 난민들은 그토록 활발한 경제 활동을 영위할 수 있는 걸까? 이 의문에 대한 답을 찾기 위해 나는 자타리로 향했다.

자타리난민수용소의 독창적인 사업가들을 인터뷰하면서 경제가 붕괴했을 때 어떻게 재건했는지 자세한 이야기를 들을 수 있었다. 그리고 끔찍한 두 번째 난민수용소에 관한 이야기를 듣게 되었다. 시리아인들은 두 번째 난민수용소를 활기찬 자타리난민수용소의 쌍둥이 악마처럼 여기고 있었다. 많은 것이 박탈된 두 난민수용소의 경제 상태는 단순 재화와 서비스는 물론이고 선택권이나 자주성 같은 더 심오하고 명료한 가치에 대한 난민들의 수요 충족에 비공식 상거래가 어떻게 도움이 되는지 보여 준다. 그리고 아무리 선의를 가진 외부인이라도 경제 주체로서 인간의 가치를 오해할 때 한 집단의 사람들을 어떻게 불행으로 몰아넣을 수 있는지 보여 준다.

095

자타리의 탄생과 발전

2012년 여름까지 요르단 북부의 작은 마을 마프라크Mafraq에서 동쪽으로 향하는 사람들은 수백 킬로미터를 이동하는 동안 아무것도 볼 것이 없었다. 15번 고속도로는 마프라크를 지나 사막으로 이어졌고 이라크 국경을 거쳐 종국에는 바그다드로 연결된다. 그런데 오늘날에는 사정이 다르다. 자동차로 10분만 달리면 도로 오른쪽에 모든 것이 축소된 크기로 만들어진 도시가 모습을 드러낸다. 거리가 가까워질수록 환영이 아님이 분명해진다. 하얀 집들이 정말 작다. 얼기설기한 전깃줄이 머리 위로 불안정하게 늘어져 있다. 사방에 가시철조망이 설치되어 있고 요르단 경비대원들이 총을 끼고 앉아 있다. 이곳이 바로 자타리다. 갈 곳을 잃은 수많은 시리아 난민들이 이제는 그들의 집이라고 부르기를 주저하지 않는 갑작스레 등장한 마을이다.

자타리난민수용소는 시리아내전 초기에 시리아 남부 도시 다라Daraa가 전쟁의 중심지가 되면서 2012년 7월에 건설되었다. 다라에 거주하던 10만 명의 시민은 폭격이 쏟아지자 피난길에 오를 수밖에 없었다. 다라 시내에서 난민수용소가 있는 곳까지는 50킬로미터가 넘는 거리였고 건장한 성인이 걸어도 12시간은 족히 걸렸다. 그리고 다라보다 훨씬 먼 도시나 마을에서 온 많은 난민들은 더 오래 걸렸다. 온 가족이 밤새도록 걷는 동안 좀 더 나이가 많은 아이들은 짐을 들고 동생들을 업어 힘을 보태야 했다. 내전이 점점 격렬해지면서 매일 수천 명의 난민이 도착하기 시작하자 자타리의 인구는 폭발적으로 증가했다. 2013년 4월에는 20만 명을 넘어서면서 세계에서 가장 크고 빠

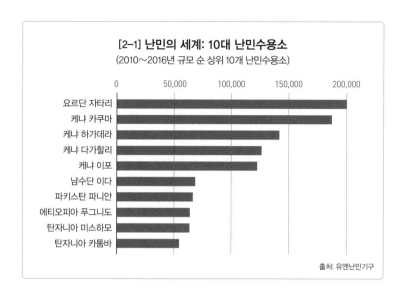

[2-1] 난민의 세계: 10대 난민수용소
(2010~2016년 규모 순 상위 10개 난민수용소)

	0	50,000	100,000	150,000	200,000
요르단 자타리					
케냐 카쿠마					
케냐 하가데라					
케냐 다가할리					
케냐 이포					
남수단 이다					
파키스탄 파니안					
에티오피아 푸그니도					
탄자니아 미스하모					
탄자니아 카툼바					

출처: 유엔난민기구

르게 성장하는 난민수용소가 되었다.[1]

그러자 전혀 예상치 못한 일이 발생했다. 하루에 유입되는 새로운 난민의 숫자가 4000명에 이르면서 난민수용소 관리를 맡은 기관인 유엔난민기구UNHCR가 인력 부족 사태에 직면한 것이다. 새로 유입되는 인구가 너무 많아 몇몇 꼭 필요한 부분에만 집중한 채 현실적으로 운영할 수밖에 없었다. 그들은 보건 위생과 백신 접종, 식량과 식수, 치안 유지에 전념했다. 그리고 주거 시설을 어떻게 배치할지, 상점과 상인의 숫자를 어느 정도로 유지할지 같은 다른 난민수용소라면 엄격하게 관리했을 많은 것들에 대한 권한을 양보했다. 관리가 느슨해진 자타리는 곧 무법 지대가 되었고 곳곳에서 다툼이 일어났다.[2] 동시에 어쩔 수 없이 포기했던 경제 활동을 조금이나마 재개하기로 결심한 시리아인들이 고향에서 운영했던 사업을 더 작은 규모로 다시 시작하면서 비공식 경제가 만개했다.

소매상들은 처음에는 천막에서 영업을 했다. 나중에는 유엔난민기구에서 난민들이 생활할 수 있도록 목재로 된 이동식 주택을 공급하자 이동식 주택 옆면을 잘라 내어 작은 매점을 만들었다. 머지않아 여기저기에 소매점이 생겨났다. 식료품점이나 담배 가게, 웨딩드레스 대여점, 반려용 새 판매점, 자전거 가게 등 종류도 다양했다. 심지어 10대들을 위한 당구장까지 등장했다. 난민수용소가 생긴 지 불과 2년 만인 2014년에는 이런 가게들이 1400개가 넘었다. 성인 6명 중 1명꼴로 사업체를 운영한 까닭에 자타리에서는 영국보다 흔하게 가게를 만날 수 있었다. 매점은 계속해서 놀라운 속도로 늘어났다. 오늘날에는 3000개에 가까울 정도다. 물론 다른 난민수용소에도 가게들은 존재한다. 예컨대 자타리와 크기가 비슷한 케냐의 다가할리 Dagahaley 정착지에는 1000개의 상점이 존재한다. 하지만 이 정착지는 생긴 지 20년이나 된 곳이다. 자타리의 창업 규모와 속도는 그야말로 독보적이다.

하나의 경제 주체로서 자타리는 잘해 나가고 있다. 혼란했던 초기에도 프랑스보다 높은 65퍼센트의 고용률을 달성했다. 유엔난민기구의 추산에 따르면 시리아 난민들이 연 이 무허가 가게들은 2015년 초에 이르러 매달 1000만 디나르(1400만 달러)에 가까운 매출을 발생시키는 것으로 평가되었다.[3]

당연하지만 이 같은 결과는 계획된 것이 아니라 우연에 의한 것이었다. 외부인들이 도움을 준 것은 거의 없었다. 오히려 그들은 난민수용소 내 사업가들을 수시로 방해했다. 이 모든 것은 자타리가 경제적으로 풀어 볼 가치가 있는 퍼즐임을 의미한다. 한밤중에 등에 업은 아이를 제외하면 거의 아무것도 없이 난민수용소에 온 사람들은 어떻게 이 모든 것을 가능하게 만들었을까? 또한 자타리는 우리 생활에서 경제의 중요성과 관련해 무슨 이야기를 하고 있으며 국가는 도움을 주기 위해 무엇을 하고 무엇을 하지 말아야 할까?

어린 밀수꾼들 이야기

칼레드를 비롯한 어린 밀수꾼들이 자타리의 경제에서 얼마나 중요한 지를 깨닫기까지는 어느 정도 시간이 걸린다. 가장 먼저 명확해지는 것은 그들이 누구와 맞서고 있는가 하는 점이다. 난민수용소에 들어간 첫날은 요르단 치안대인 시리아난민사무국Syrian Refugee Affairs Directorate, SRAD을 방문해야 한다. 시리아난민사무국 안에서는 건장한 체격의 무관들이 줄담배를 피우며 방문자의 출입증을 확인한다. 밀수품이 반입되거나 반출되는 것을 막기 위해 난민수용소 외곽을 순찰하는 것도 바로 그들이다. 주로 은퇴한 군인들인 이 요르단 무관들은 매일 어린 시리아인 밀수꾼들과 술래잡기를 하느라 하루 대부분을 소진한다.

하지만 어린 밀수꾼들에게 유리하게 작용하는 자타리의 지리적 환경이 경계 관리를 절망적인 임무로 만든다. 자타리난민수용소는 북쪽에서 남쪽까지 2킬로미터, 동쪽에서 서쪽까지 3킬로미터 남짓한 거대한 타원형이다. 열을 맞추어 임시로 지은 집들 사이로 난 길 중 하나를 충분히 오래 걷다 보면 어느덧 주택가가 끝나면서 자타리 전체를 둘러싼 채 난민수용소 경계를 표시하는 매끄러운 1차선 순환도로가 나타난다. 정문과 달리 이곳에는 철조망이 없고 경비대원이나 검문소도 없다. 순환도로 너머는 사막이고 자기네 천막과 염소를 지키는 몇몇 베두인족 말고는 아무것도 보이지 않는다. 먼지를 헤치고 나아갈 자신만 있다면 누구나 쉽게 자타리에 들어오거나 나갈 수 있다.

칼레드 같은 밀수꾼 아이들에게 유리한 요소는 구멍이 숭숭 뚫린 경계선만이 아니다. 자타리에는 새로 유입되는 인구가 많고 사방에 아이들이 있기 때문에 섞여 들기가 쉽다. 자타리난민수용소는 남녀 성비가 비슷하다. 시리아 난민들은 젊은 나이에 결혼해 자녀를 여러 명 갖는다. 난민수용소가 건설되고 처음 4년 동안 6000명이 넘는 아기가 태어났으며 이곳 난민 중 4만 5000명이 열여덟 살이 되지 않는다. 아스팔트로 포장된 평탄한 순환도로는 공놀이를 위한 좀처럼 드문 호화롭고 귀중한 운동장을 제공한다. 아주 어린 아이들은 아무런 감시 없이 이리저리 뛰어다니고 10대 아이들은 자전거를 탄 채 빠른 속도로 도로 위를 누빈다. 이런 아이들 속에서 어린 밀수꾼을 찾아내기란 애초에 불가능할 것이다.

칼레드와 그 무리의 생활상은 일단의 잠재 고객들이 꼭 필요하다고 여기는 무언가가 결핍되었을 때 얼핏 아무것도 없어 보이는 곳에서 갑작스레 조직적으로 등장할 수 있는 비공식 공급망(이 경우에는 불법 공급망)의 저력을 보여 준다. 밀수꾼들이 그토록 중요한 건 그들이 외부에서 들여온 재화가 엄청나게 많은 수요를 만족시키기 때문이다.

라나 호샨Rana Hoshan의 집은 자타리난민수용소의 변두리에 위치한다. 그녀가 검정 드레스에 파란색 히잡을 쓰고서 저녁 식사로 탑불라tabbouleh(중동식 야채샐러드)와 킵바kibbeh(중동식 고기만두의 일종)를 준비하며 설명한다. "우리에겐 우리가 원하지 않는 소고기 통조림이 있어요. 반면에 정말 필요한 샴푸는 없어요. 그 아이들은 이런 물품을 교환하는 데 도움을 준답니다." 밀수꾼은 국제 운송업자 역할을 한다. 이 말은 자타리에도 다른 모든 국가와 마찬가지로 수출품과 수입품이 존재한다는 뜻으로 해석할 수 있다.

그리고 다른 모든 국가와 마찬가지로 자타리난민수용소에도 그들의 경제 성장을 이끄는 경제 엔진이 존재하고 있음이 분명하다. 자타리에서는 이 연료가 난민수용소 안의 타즈위드Tazweed라는 대형 상점에서 나온다.

세상에서 가장 특이한 슈퍼마켓

타즈위드는 차원이 다른 슈퍼마켓이다. 보통의 국가에서 소비자는 돈을 들고 가게에 가서 원하는 것을 구매한다. 자타리의 극한 경제에서는 완전히 반대다. 난민들은 돈 한 푼 없이 타즈위드로 향한다. 그런 다음 자신이 원하지 않는 물건을 구매하고 그날이 끝날 무렵에 현금을 손에 쥔다. 그야말로 기괴한 흐름이다. 하지만 이 흐름을 이해하면 자타리난민수용소의 미스터리는 명확해진다.

타즈위드는 개인이 소유하고 운영하는 가게다. 세금을 낼 뿐 아니라 상점이 자리한 부지에 대한 임대료도 지불한다. 같은 난민수용소 안에는 반대쪽으로 3킬로미터 떨어진 곳에 세이프웨이Safeway라는 다른 슈퍼마켓이 있다. 이 같은 배치는 유엔난민기구의 세심한 경제적 설계에 따른 것이다. 2개의 슈퍼마켓을 배치함으로써 독점을 방지해 소비자에게 바가지를 씌우지 못하도록 한 것이다. 당연하지만 이는 식량을 공급하는 데 필요한 자금을 대는 기부자들, 특히 유엔 산하 기구인 세계식량계획World Food Program, WFP이나 세이브더칠드런Save the Children 같은 원조 단체들에는 더 유리한 정책일 터였다. 또한 물품을 구매하는 난민들에게도 유리한 정책일 터였다.

2개의 슈퍼마켓은 난민수용소 변두리에 위치해 있다(외곽 순환도로와 거의 맞닿아 있다). 따라서 누군가는 물건을 구매하기 위해 꽤 먼 거리를 걸어야 한다는 뜻이다. 자타리에는 집들이 난민수용소 중심부에 집중 배치되어 있기 때문이다. 다행히 인근 사막에 거주하는 베두인족 농부 중에 픽업트럭을 보유한 이들이 트럭을 이용해 난민수용소 안에서 비공식 택시 겸 버스 서비스를 제공한다. 50대 베두인족 아부 바크르Abu Bakr가 차를 세우자 5명의 여성이 차례로 트럭에 오른다. 차 안에는 더 이상 공간이 없어 우리는 이런저런 연장과 곡물 자루, 나심Nasim이라는 여섯 살 난 시리아인 소녀가 이미 한쪽을 차지하고 있는 화물칸에 탈 수밖에 없다. 영어를 조금 할 줄 아는 그녀의 어머니가 소녀의 이름이 "신선한" 또는 "산들바람"을 의미한다고 설명한다.

타즈위드 건물은 단순하고 소박하다(본래는 커다란 농장 창고였다). 철제 대들보로 골격을 만들고 얇은 양철판 벽과 골이 진 양철 지붕을 볼트로 고정한 형태다. 알전구로 복도를 밝힌 내부는 약간 어두컴컴하다. 실내로 들어가면 선반을 설치하는 대신 상품을 그냥 쌓아놓았는데, 특히 아랍에미리트연합국에서 수입한 하야트Hayat의 식물성 버터 캔을 쌓은 반짝이는 황금색 벽이 눈길을 사로잡는다. 이외에도 밀이나 설탕, 소금 등이 담긴 자루를 이용해 쌓은 육중한 칸막이들이 보인다.

꼭 필요한 요소만 갖춘 수수한 겉모습이지만 분별 있는 구매자라면 선택할 만한 물건이 가득하다. 예컨대 차는 시리아 문화에서 큰 부분을 차지한다. 타즈위드에서는 100티백당 1.29요르단디나르(1.80달러)에 판매하는 인도산 톨레도 차Toledo Tea와 500그램당 2.40디나르에 판매하는 스리랑카산 알가잘린 차Alghazaleen Tea 중에서 선택할 수 있다. 콩은 선택할 수 있는 가짓수가 적어도 10가지가 넘는다. 참깨를 으깨 만든 소스인 타히니tahini와 비슷한 스프레드(버터, 치즈, 잼, 소스 등 빵이나 과자 따위에 바르는 음식-옮긴이)인 할바halva가 담긴 통을 포함한 간식류도 있다. 계산대 근처에는 화려한 먹거리가 배치되어 있다. 봉지에 포장된 즉석 닭고기 수프나 소고기 맛이 나는 컵라면 같은 것들이다. 일반 소매점에서 흔히 볼 수 있는 이런 판촉 기법(결제하기 직전까지 손님에게 충동구매 부추기기) 덕분에 슈퍼마켓의 모든 것이 매우 익숙해 보인다.

하지만 타즈위드를 찾는 구매자들에게는 현찰이 없다는 중요한 차이가 있다. 대신에 그들은 가상의 지원금이 든 전자 카드를 이용한다. 각 고객들이 계산대에서 카드를 제시할 때마다 그들에게 청구될 금액이 합산되어 카드에서 차감된다. 타즈위드의 경영자는 친근한 인상의 요르단 육군 장교 출신인 쉰 살의 아테프 알 칼디Atef Al Khaldi다. 그가 자신을 따라오라고 손짓했다. 우리는 슈퍼마켓 뒤편 보안 구역을 통과해 가게 이름이 새겨진 커다란 분수를 지나 그의 사무실로 들어갔다. 끊임없이 변하는 난민 숫자에도 불구하고 그가 어떻게 차질 없이 식량을 공급할 수 있는지 살펴보기 위해서였다. 아테프가 자신의 컴퓨터 화면을 가리키며 수시로 난민 숫자를 감독하는 세계식량계획이 만든 월별 계획표를 보여 주었다. 자타리의 인구 압력을 덜기 위해 다른 난민수용소들이 문을 열면서 2016년 자타리난민수용소 인구는 8만 명까지 떨어졌다. 아테프의 화면은 그들 중 7만 3000명이 지원금을 받으며 이번 달에는 그들 카드에 총 140만 디나르의 가상 지원금이 지급될 것임을 알려 주었다. 세계식량계획은 타즈위드와 세이프웨이에 각각 사용된 가상 지원금에 따라 차후에 현금을 지불한다. 이런 시스템을 고안한 건 돈이 난민의 손을 거치지 않고 기부자에게서 슈퍼마켓 주인에게로 직접 흘러가도록 하기 위해서다. 계획대로라면 자타리는 현금이 필요 없는 체제가 될 것이다.

아테프는 한 가족의 카드에 구성원 1명당 매달 20디나르의 가상 지원금이 충전된다고 설명한다. 여기에는 어린 자녀도 포함된다. 따라서 3명의 자녀를 둔 부부라면 매달 100디나르를 받게 된다. 타즈위드가 처음 문을 열었을 때는 사람들이 잔뜩 몰리면서 엄청나게 긴 줄이 생겼고 여기저기에서 다툼이 일어나곤 했다. 그가 가상의 지원금이 들어오자마자 사람들이 한꺼번에 몰린 이유를 설명한다. "먹을 것을 얻기 위해 한 달을 기다린 사람들의 마음이 어떨지 상상해 봐요." 결국 자타리의 두 슈퍼마켓은 세계식량계획에 날짜를 조금씩 다르게 해서 지원금을 넣어 줄 것을 요청했다. 아테프의 컴퓨터 화면에 따르면 가족 구성원이 9명 이상인 가정의 카드는 11월 2일에 충전될 예정이다. 이틀 뒤에는 구성원이 8명인 가족의 카드가 충전되고 그 다음에는 7명인 가족의 카드가 충전되는 식의 순서로 진행될 것이다. 이런 방식은 더 이상 사람들이 한꺼번에 몰릴 일이 사라졌을 뿐 아니라 손님들이 꾸준히 가게를 찾게 되었음을 의미한다. 아테프가 낙관적인 표정으로 이야기한다. "이 시스템은 품위를 유지할 수 있다는 점에서 좋아요. 사람들은 그들이 사고 싶은 것을 선택할 수 있죠."

난민들이 어느 슈퍼마켓을 들를지 선택할 수 있다지만 전자 카드 시스템의 다른 측면 때문에 그들의 자유는 제한된다. 각 카드에는 카드에 저장된 5개의 별도 "지갑"에 관한 정보가 들어 있다. 그리고 이 지갑들은 각기 다른 용도로 배분된 지원금이 들어 있는 미니 은행 계좌와 같다. 가혹한 사막의 겨울을 준비하는 과정에서 유니세프(유엔 아동기금)는 난민들이 더 따뜻한 옷을 구매할 수 있도록 이들 지갑 중 하나에 20디나르를 넣어 주었다. 이 사실을 아는 아테프는 자신의 공급자들에게 옷가지를 주문해 타즈위드를 코트와 모자, 장갑 등으로 채워 나갈 것이다. 난민들은 각각의 지갑에 든 돈을 다른 지갑으로 옮길 수 없기 때문에 먹을 것을 구매하도록 지원된 돈으로 옷을 구매할 수 없고 겨울옷을 구매하도록 지원된 돈으로 먹을 것을 구매할 수 없다.

이 같은 상의하달식 경제공학은 합리적인 체계처럼 보인다. 전자 결제의 흐름을 통제함으로써 관리 당국은 다달이 어느 정도의 식량이 구매될지 알고 있다. 그리고 지원금으로 구매할 수 있는 품목을 정확히 명기함으로써 원조자의 돈을 어디에 써야 하는지 지정할 수 있다. 자타리의 난민들은 비록 술을 마시지 않지만 담배를 살 수 있는 상황에서는 끊임없이 담배를 피우는 편이다. 원조자들이 담배를 살 돈까지 대 줄 수 없는 까닭에 난민수용소 당국은 제한된 품목에 대해서만 선택권과 구매력을 제공한다. 원조자들이 돈을 대 주지 않는 품목과 관련해 타즈위드는 현찰로 구매할 수 있는 소량의 품목을 갖추고 있다. 아테프가 말했다. "비록 담배는 없지만 우리는 샴푸와 같은 사치품을 구비하고 있죠."

자타리 사람들의 창의성
: 전자 카드를 현금으로 바꾸기

자타리에 위치한 라나 호샨의 임시 숙소에서 그녀의 가족이 깔개 위에 앉아 차와 소다수를 마시며 난민수용소 생활에 대해 상의하고 시리아의 고향 집에서 살던 때를 추억하고 있다. 그때 느닷없이 한 쌍의 팔이 창문으로 쑥 들어오더니 생글거리는 통통한 아기가 라나의 무릎에 놓인다. 바로 이어서 앞의 아기와 똑같은 옷을 입고 똑같이 생긴 토실토실한 아기가 머리부터 창문으로 넘겨진다. 온 가족이 환호하고 쌍둥이는 어리둥절해한다. 곧이어 쌍둥이의 엄마이자 가족의 오랜 친구로 최근 시리아에서 넘어온 사마헤르Samaher가 현관에 나타난다.

라나와 사마헤르는 둘 다 30대 중반이며 교육받은 여성들이다. 시리아에 있을 때 라나는 교사였고 영문학 학위를 가진 사마헤르는 대학에 근무했다. 그들이 슈퍼마켓 시스템의 문제에 대해 설명한다. 그들은 아이들이 쓸 샴푸와 치약과 아기에게 필요한 손수건과 화장지를 사고 싶어 한다. 하지만 이런 제품을 비롯한 다른 필수 재화나 서비스(예를 들어 이발)는 전자 카드 시스템에서 지원되지 않는다. 여기에 더해 구매할 수 있는 상품 중 상당수가, 특히 식용유와 콩이 시리아산보다 품질이 떨어진다고 그들은 이야기한다.

그렇지만 그들이 가장 곤혹스럽게 여기는 문제는 따로 있다. 바로 위생과 안전에 관한 강압적인 규칙들이다. 시리아인의 밥상에서 요구르트는 큰 부분을 차지한다. 시리아 아이들은 매일 아침에 야채와 함께 요구르트를 먹고 저녁에는 온 가족이 곁들임 요리로 여과 요구르트인 라브나labneh를 즐겨 먹는다. 집에서 만든 요구르트를 이웃에 저렴하게 파는 경우도 많다. 자타리에서는 위생상 이유로 이런 행위가 금지되어 있다. 관리 당국은 대신에 분유나 요구르트 가루를 이용하라고 권장하는데 라나와 사마헤르는 그런 제품들의 품질이 떨어질 뿐 아니라 가격도 훨씬 비싸다고 말한다.

외부인이 철저하게 통제하는 자타리의 공식 경제는 인위적이며, 그 결과 기본적으로 제대로 기능하는 시장, 공급이 수요를 충족하는 시장이 되는 데 실패했다. 슈퍼마켓에 난민들이 그토록 원하는 핵심 물품이 구비되어 있지 않기 때문만은 아니다. 거기에 더해 아무도 구매하지 않는 물건들로 줄줄이 채워져 있기 때문이다. 참치 통조림인 선 샤인Sun Shine과 서니 시Sunny Sea, 파스타와 스파게티와 토마토소스 등 이탈리아 상품으로만 채워진 코너가 그중 하나다. 이런 제품들은 좀처럼 시리아인 밥상에 오르지 않는 품목들이다. 가장 이해할 수 없는 것은 카페티에르cafetiere(커피 추출 기구인 프렌치 프레스의 다른 말-옮긴이)로 가공한 브라질산 커피를 팔고 있다는 점이다. 시리아인은 아라비아산 커피를 마시고 혹시 돈을 아끼지 않는 경우에는 그들 사이에서 최고로 꼽는 터키산 커피를 마신다. 이런 물품들은 시리아 난민의 기호와 욕구를 충족하기보다 원조 단체에서 일하는 직원들의 정산표상 구색 맞추기용으로 판매하는 것으로 보인다.

물론 타즈위드와 세이프웨이는 난민들에게 유용한 제품들을 판매한다. 잔뜩 쌓아 놓은 잠두콩과 풀 무다마스foul moudamas(잠두콩을 식물성 기름과 향신료로 요리한 것) 통조림은 잘 팔리는 인기 상품이고 한쪽에서는 정육점 주인이 줄을 선 손님들을 위해 신선한 고기를 자르고 있다. 하지만 난민들은 가격이 문제라고 이야기한다. 일례로 양배추처럼 생긴 커다란 녹색 식물인 말푸프malfouf를 들 수 있다. 시리아인은 말푸프 잎을 삶아 얇게 썬 고기와 야채를 넣고 둥글게 말아 말푸프 미시malfouf mihshi를 만든다. 말푸프는 없으면 안 되는 매우 인기 있는 야채다. 맛있고 가격이 저렴한 전통 먹거리다. 그런데 타즈위드에서는 커다란 말푸프 2포기를 1디나르에 판다. 반면에 난민수용소 밖에서는 같은 가격에 10포기를 살 수 있다.

일단 관심을 갖기 시작하면 자타리난민수용소와 외부 세계 사이에 엄청난 물가 차이가 있음을 금방 알 수 있다. 난민수용소 안에서 파는 분유는 엄청나게 비싸다. 뉴질랜드에서 수입되는 2.25킬로그램짜리 앵커Anchor 우유는 가격이 9디나르로 성인 1명이 다달이 지원받는 전자 카드 지원금의 거의 절반을 순식간에 지워 버린다. 작은 델몬트 토마토 통조림은 0.5디나르에 판다. 자타리난민수용소 밖의 농부들이 신선한 토마토를 커다란 자루에 가득 담아 그 절반 가격에 제공하고 있음에도 뻔뻔스럽게 그 가격을 고수한다. 슈퍼마켓의 위치는 이런 터무니없는 가격에 추가 비용까지 발생시킨다. 예컨대 요리용 기름이나 액체 버터가 든 양철통 또는 밀이나 소금이 담긴 자루는 으레 무겁고, 난민들은 나이가 많거나 부상당했거나 아이를 동반하는 경우가 많다. 그래서 그들은 슈퍼마켓에서 장을 본 다음 아부 바크르 같은 베두인족이나 비번인 어린 밀수꾼에게 돈을 주고 집까지 짐을 옮겨 달라고 부탁해야 할 수 있다.

이런 이유로 아테프 같은 선의를 가진 관리자들의 노력에도 불구하고 자타리 주민들은 슈퍼마켓을 그다지 좋아하지 않는다. 하지만 매달 식자재 구입 지원금이 들어오는 전자 카드가 다른 곳에서는 무용지물인 까닭에 시리아 난민들은 타즈위드와 세이프웨이에서 식자재를 구입하는 수밖에 없다. 그들은 난민수용소를 운영하는 정부 기관이 설정한 범위 내에서 제한된 선택권만 주어지는 인위적인 경제 체제에서 살아간다. 적어도 계획은 그렇다.

그런데 타즈위드에서 계산대 가까이 가 보면 누가 보더라도 이상한 일이 벌어진다. 손수레에 담긴 내용물이 수상하다. 물론 납득할 만한 물품, 이를테면 다양한 통조림 제품과 차와 커피, 신선한 야채와 고기 등으로 바구니를 채운 사람도 있다. 하지만 다른 많은 사람들은 오직 1가지 물건으로 엄청난 양을 구매하고 있다. 심지어 모든 사람이 바가지 가격이라고 이야기하던 분유조차 순식간에 동난다. 돌연 자타리의 모든 퍼즐(어린 밀수꾼 칼레드의 엄청난 수익부터 우후죽순처럼 등장한 소매점들까지)이 제자리를 찾아간다. 자타리는 통제 경제가 아니다. 현금 위주의 경제다. 난민들이 전자 카드를 전용할 방법을 찾은 것이다.

일단 방법을 알고 나면 불편하고 일방적인 가상 지원금을 현금으로 바꾸는 일은 간단하다. 자타리 난민들은 큰 자루에 든 분유를 전

109

자 카드를 이용해 9디나르에 산 다음 곧장 밀수꾼에게 현찰로 7디나르에 판다. 그러면 밀수꾼은 시리아난민사무국 경비대를 따돌리고 난민수용소를 빠져나가 지나가는 요르단 사람들에게 8디나르에 판매한다. 요르단 사람들은 이 가격에 분유를 사면서 만족해한다. 거래가 완료되는 순간 (난민수용소 밖에서 보통 9디나르에 팔리는 우유를 8디나르에 산 덕분에) 1디나르를 아낄 수 있기 때문이다. 밀수꾼도 7디나르에 구입해 8디나르에 판매했기 때문에 1디나르를 번 셈이다.

하지만 가장 중요한 점은 이런저런 제약이 많은 경제 체제 속에서 생색만 내고 있던 9디나르의 전자 화폐가 난민들이 원하는 대로 사용할 수 있는 7디나르의 현금으로 바뀌었다는 사실이다. 이 돈은 난민수용소가 제공하는 모든 물건을 구매하는 데 사용될 수 있다. 그리고 난민수용소 안에 사는 사람들의 이런 창의성 덕분에 자타리는 많은 것을 제공하고 있다.

자타리 경영대학원에서 배우는 현장의 지혜

경제학자들은 "창업률"(새로운 기업 숫자를 기존 기업 숫자로 나눈 비율)을 한 나라가 얼마나 기업 친화적인지 판단하는 지표로 여긴다. 미국의 연간 창업률은 20퍼센트에서 25퍼센트 사이다. 기업 활동이 매우 활발한 지역의 창업률은 40퍼센트에 육박하기도 한다. 자타리의 2016년 창업률은 놀랍게도 42퍼센트였다. 창업한 난민들이 얼마나 많은지 만약 자타리난민수용소가 국가였다면 세계에서 가장 기업 친화적인 나라 중 하나로 이름을 올렸을 것이다. 자타리의 사업가들은 친절하고 사교적이며 자신의 사업 요령를 기꺼이 공유하고자 한다.

자타리난민수용소에서 사업을 할 때 유념할 첫 번째 규칙은 다른 곳과 별반 차이가 없다. 그러니까 위치가 가장 중요하다. 난민수용소의 중심부로 이어지는 큰 번화가를 유엔난민기구에서는 마켓스트리트원Market Street 1이라고 부르지만 나머지 사람들은 모두 "샹젤리제Champs-Elysees"라고 부른다.(자타리에서 활동하는 원조 단체들은 이 거리 근처에 사무실을 가지고 있다. 샹젤리제라는 별명은 프랑스 원조 단체가 운영하는 병원 근처에서 길이 시작된다는 사실에서 나온 일종의 말장난이기도 하다.) 새로 도착한 난민부터 비번인 원조 단체 직원에 이르기까지 다양한 고객층은 끊임없이 거리를 활보하며 갖가지 재화와 서비스를 선택할 수 있다. 고급 커피를 사고, 머리 손질을 하고, 웨딩드레스를 빌리고, 팔라펠falafel(병아리콩이나 누에콩을 으깨 다른 재료와 섞어 크로켓처럼 만든 중동 음식-옮긴이)이나 닭고기 샤와르마shawarma(쇠고기, 닭고기, 양고기를 회전하는 막대에 꿰어 얇은 조각으로 잘라 내 야채와 함께 빵에 싸 먹는 중동 음식-옮긴이)를 포장해 갈 수 있다.

자타리 안으로 몇백 미터를 들어가면 사람들 대부분은 샹젤리제를 벗어나 동쪽에 위치한 주거 지역을 향해 왼쪽으로 방향을 튼다. 공식 명칭이 마켓스트리트투Market Street 2인 이 번잡한 거리는 "사우디상점가Saudi Shop"로 알려져 있다(이곳 가게들이 사우디아라비아에서 기증한 이동식 주택을 영업장으로 사용하기 때문이다). 중심 교차로에 인접한 상점들은 옷이나 텔레비전, DIY 재료, 자전거 같은 내구재를 판매

111

한다. 길을 따라 조금 더 들어가면 거리가 한산해지기 시작하면서 자타리판 외곽 상점 거리가 나타난다. 자기 집을 확장하고 싶은 난민들에게 철제 기둥과 각종 연장, 목재 등을 판매하는 상점들이 모여 있는 곳이다.

모하메드 젠디Mohammed Jendi는 자타리 중심가에서 가장 큰 가게면서 사우디상점가에 위치한 대형 옷 가게의 주인이다. 그의 첫 번째 사업 비결은 고객 수요에 대한 정확한 정보 파악으로 그 과정이 매우 전문적이다. 그가 가게를 재고로 채우기에 앞서 지인이나 이웃이 원하는 것과 필요한 것을 어떻게 파악해야 하는지 설명한다. 난민수용소에 들어오고 처음 몇 달 동안 상황은 정말 절망적이었고, 난민들이 원한 것은 혹독한 겨울을 날 수 있는 두껍고 따뜻한 옷이 전부였다. 하지만 상황이 점점 나아질수록 그들은 개성을 표현하고 싶어 하기 시작했다. 그래서 이제 젠디는 남성 고객들에게 형형색색의 다양한 운동복이나 스포츠 재킷, 다양한 디자인의 청바지를 제공한다. 여성 고객들은 다양한 종류의 숄이나 핸드백, 하이힐 중에서 원하는 제품을 고를 수 있다.

사우디상점가를 따라 조금 더 내려가면 내가 듣기로 자타리 최고의 자전거 가게를 만날 수 있다. 가게 주인 카심 알 아에아시Qaseem Al Aeash는 자신의 성공이 개성에 대한 욕구 때문이기도 하다고 설명한다. 난민이 자동차나 오토바이를 소유할 수 없는 자타리난민수용소에는 자전거가 넘쳐난다. 그중에는 네덜란드에서 기증한 500대의 튼튼한 자전거가 포함되어 있다. 네덜란드 자전거는 특히 인기 있어 매매 시 200달러가 넘는 가격에 거래되기도 한다. 네덜란드 자전거의 유일

112

한 문제라면 모두 똑같아 보인다는 점이다. 생긴 모양이 똑같고 순정 상태의 색상 역시 검은색이나 진청색 둘 중 하나밖에 없다.

그래서 카심은 고객의 자전거를 밝은색으로 도색하거나 벨이나 가는 세로줄 무늬가 들어간 손잡이를 달아 자전거를 화려하게 바꾸는 일을 돕고 있다. 카심 본인의 애마는 그야말로 아름다움의 결정체다. 마치 오토바이 같은 외관을 가진 그의 자전거는 밝은 노란색 바탕에 빨간 줄무늬가 들어가 있으며 각종 반사판은 물론이고 양쪽으로 배기통이 달려 있고 듀얼 속도계까지 장착했다. 내가 자전거 뒷부분에 부착된 VIP 표시에 대해 언급하자 카심이 말했다. "당연하죠. 난 사업가니까요."

자타리 난민들은 처음 난민수용소에 왔을 때 적응해야 했고 따라서 자신이 고향에서 했던 일과 그다지 관련이 없는 일을 하는 사람들이 많다. 젠디는 자신이 옷에 대해서는 거의 알지 못했지만(그는 시리아에서 작은 슈퍼마켓을 운영했다) 소매업에 대해서는 알았다고 이야기한다. 카심 알 아에아시는 정비공이었고 난민수용소에는 자동차가 없었다. 그는 처음에 전기 기술자로 집에 조명을 설치하거나 수리하는 일을 했다가 자전거로 업종을 변경했다. 이웃한 사업가 타렉 다라 Tarek Darra도 자신의 기술을 다른 용도로 사용하게 된 경위를 설명했다. 난민이 되기 전 주택 설계 일을 했던 그는 자타리에서 목수로 일하면서 난민수용소에서 가장 큰 목공소 중 하나를 운영하고 있다.

하지만 다라는 사업이 신통치 않다며 목수가 되기로 한 자신의 결정을 후회했다. 그의 설명에 따르면 문제는 그가 만든 물건들이 좀처럼 망가지지 않기 때문이다. 난민은 삶이 고되고 돈도 빠듯하기 때문에 그렇지 않아도 튼튼하게 제작된 물건들을 매우 아껴 쓴다. 침대나 선반, 찬장 등을 한 번 장만하고 나면 두 번 다시 목수를 찾을 필요가 없다. 그가 침울한 어조로 말했다. "사업을 하려면 반드시 고객이 다시 찾을 수밖에 없는 일을 해야 합니다." 젠디도 동감했다. 수요를 불러일으키기 위해 그는 옷 모양과 색상을 끊임없이 바꾸어야 했다.

이 같은 현장의 지혜는 MBA(경영학 석사) 과정에서 새내기 기업가들이 배우는 가르침과 정확히 일치한다. 이를테면 자동차 제조업에 더해 항공사에 비행기 엔진을 판매해 돈을 버는 롤스로이스와 같은 기업들의 성공 사례를 공부한다. 더 최근에는 경영대학원들이 음악과 의류, 요식 분야의 구독 모델에 주목하면서 시리아 사업가들이 그러듯이 고객의 지속적인 재방문을 유도하기 위한 전략을 가르치고 있다.

나와 이야기를 나누는 와중에 카심은 오랜 고객의 자전거에 달린 발전기를 수리하면서 땜질을 하고 있다. 그가 말한다. "이런 게 바로 자전거 사업의 백미예요." 자전거를 누군가에게 팔면 그 사람은 장차 유지와 보수를 위해 또다시 가게를 찾을 고객이 된다.

자타리의 사업가들은 원가에 늘 신경 쓰는데 그런 측면에서 몇 가지 보기 드문 이점을 가지고 있다. 이를테면 전력은 으레 본선에 불법으로 지선을 연결해 쓰며(법적으로 금지되어 있지만 성공하기만 하면 공짜로 전기를 쓸 수 있다), 또 세금을 전혀 내지 않는다. 나름의 우연이 겹치면서 자타리는 국가가 경제 활동을 촉진할 목적으로 도입하는 일종의 정부 보조 기업 지역(중국의 경제특구가 가장 유명하다)과 비슷해졌다. 장기적으로 지속 가능한 방식은 아니지만, 기업가의 비용과 진입 장벽 낮추기가 어떻게 경제 중심지를 구축할 수 있는지 보여 주는 사례다.

자타리의 사업가들은 경기가 활성화된 이후에는 어떻게 나름의 효율성을 추구했는지도 설명해 주었다. 제빵업자 하산 알 아르시Hasan Al Arsi는 자신의 성공 비결 중 하나가 규모의 경제라고 설명한다. 그는 쿠나파knafeh(견과류가 들어간 작은 페이스트리)가 잘 팔린다는 사실을 알기에 이것과 다른 제품을 본점에서 대량으로 생산한다. 이렇게 대량 생산해 원가를 낮추면 그의 직원들이 자타리 곳곳에 위치한 4개 분점으로 제빵류를 배달한다. 시리아의 맛을 재현한 전략은 큰 인기를 끌었고 그는 곧 다섯 번째 분점을 열 예정이다. 본점에서 음식을 만들어 여러 분점에서 판매하는 이 허브-앤드-스포크hub-and-spoke 방식은 최근 우버Uber의 창립자 트래비스 캘러닉Travis Kalanick이 추구하는 이른바 "다크 키친dark kitchen" 방식과 정확히 일치한다.

다른 사업가들도 잃어버린 고향에 대한 난민들의 향수를 파고들었다. 하미드 하리리Hamid Harriri의 과자점은 영국의 다국적 제과업체 캐드버리Cadbury의 제품을 모방한 "치코Chiko" 초콜릿 에클레어eclair(속에 크림을 넣고 위에는 보통 초콜릿을 바른 길쭉한 페이스트리-옮긴이) 같은 싸구려 복제품을 주로 판매한다. 하지만 그가 가장 소중하게 생각하는 사탕 제품들은 그야말로 진품이다. 믈라바스mlabbas라는 설탕 입힌 아몬드는 그가 시리아에서 직접 수입해 온 것이다. 하미드는 시리아 수도 다마스쿠스가 사탕으로 유명하며 시리아 사람들은 라마단이 끝나고 열리는 이드Eid 축제 때 사탕 선물하기를 좋아한다고 설명한다.

상인들은 입을 모아 시리아에 대한 동경이 매출을 올리는 데 도

115

움이 되지만 동시에 위험 요소라고 말한다. 내전이 다라 지역에서 북쪽으로 거의 500킬로미터 떨어진 알레포Aleppo로 옮겨 가면서 자타리의 일부 시리아인들은 자신들의 고향이 안전해졌다는 소문을 전해 들었다. 2015년부터 귀국하는 사람들이 늘면서 난민수용소 인구가 공식 발표되는 추정치보다 줄어들고 있다고 상인들은 이야기한다. 지인이 자타리를 떠날 때면 남은 난민들은 함께 기뻐한다. 초만원 상태인 자타리에 필요한 자원을 걱정해야 하는 난민수용소 관계자들 역시 인구가 감소하면 그나마 마음의 여유를 느낄 수 있다. 그렇지만 시리아인들 사이에는 이런 유동성에서 비롯되는 불안이 존재한다. 난민수용소에 남을 수밖에 없는 사람들에게 인구 감소는 고객과 일자리 감소를 암시한다는 점에서 큰 걱정거리다.

그리고 난민들의 주장에 따르면 사람들은 더 우울한 이유로 난민수용소를 떠나기도 한다. 당연한 일이지만 요르단 정부와 유엔난민기구는 샹젤리제가 붐비는 현상을 마냥 좋게만 보지 않았다. 어쨌거나 이 현상은 집을 영업장으로 전용하고 밀수를 통해 생활 지원금을 현금으로 바꾸는 행위에 기반하기 때문이다. 자타리의 무절제한 성장에 대응하기 위해 그들은 2014년 새로운 난민수용소를 만들었다. 여러 면에서 자타리를 쌍둥이처럼 빼다 박은 이 새 난민촌은 이곳 난민들의 마음속에서 어둠의 세력처럼 작용하는 것 같다. 그들은 두 번째 난민수용소를 거의 언급하지 않을뿐더러 꼭 언급해야 할 때는 목소리를 낮춘다. 나와 이야기를 나눈 몇몇 난민들은 그곳으로 보내지느니 차라리 전쟁이 한창인 시리아로 돌아가겠다고 말한다. 그곳은 아마이 기업 친화적인 자타리의 규칙 위반자들과 밀수꾼들이 직면한 가장 큰 위험 요소일 것이다. 자타리에서 규칙을 어기면 누구든 아즈라크 Azraq로 보내질 수 있다.

아즈라크, 오아시스에서 난민촌으로

시리아 난민들이 요르단에서 두 번째로 큰 난민수용소를 그토록 두려워한다는 사실은 아이러니다. 오늘날 요르단 동부에 위치한 아즈라크라는 이 작은 마을은 지난 수천 년 동안 안식처 역할을 해 왔기 때문이다. 메마른 땅에서 유일하게 오아시스가 존재하는 이 마을 이름은 아라비아어로 "푸른색"을 의미한다. 이곳의 물은 대수층(사막 지하에 다공질 암석으로 이루어진 수로)을 따라 수백 킬로미터를 흐르며 강과 만나서 곳곳에 깊은 물웅덩이를 형성했다. 야자수와 유칼립투스 숲이 있었고 이동하는 새와 물소와 야생마가 있었다. 시리아 난민들이 녹음이 우거지고 기름진 땅으로 묘사하는 고향과 같은 풍경을 가진 곳이었다.

117

　　오아시스는 아즈라크를 휴식과 회복의 장소로 만들었다. 상인들은 오늘날의 예멘에 해당하는 남아라비아에서 시리아와 터키를 거쳐 유럽으로 이어지는 향료 무역로를 따라 유향과 몰약, 향신료 등을 운반할 때 이곳에 들러 낙타에게 물을 먹이고 물자를 보충했다. 3세기에 카스르알아즈라크Qasr al-Azraq(아라비아어로 "푸른 요새")를 건설한 로마군처럼 군인들도 아즈라크에서 휴식을 취했다. 이 요새는 "아라비아의 로런스Lawrence of Arabia"라는 영웅적인 칭호를 얻은 영국군 장교 토머스 에드워드 로런스Thomas Edward Lawrence가 1917년과 1918년 사이 겨울에 다마스쿠스에 근거지를 둔 오스만제국을 상대로 한 최후의 공격을 앞두고 휴식처로 이용했다.

오늘날 아즈라크에는 오아시스가 없다. 1960년대에 요르단 정부는 건조한 암만 지역에 물을 대기 위해 아즈라크의 수원을 이용했고 20년도 지나지 않아 물은 고갈되어 버렸다. 물소와 야생마는 사라진 지 오래며 철새도 다른 곳을 기착지로 이용한다.

하지만 변하지 않은 것도 있다. 푸른 요새가 여전히 건재하고 비록 소수지만 강인한 여행자들이 아직 존재한다(아즈라크는 관광객들이 자동차로 여행할 수 있는 "요새 순환로" 코스에 포함되어 있다). 또한 아즈라크 마을의 존재 이유 역시 오늘날까지 변함없다. 즉 무역과 전쟁에 종사하는 사람들을 위한 휴식과 회복의 장소로 기능하고 있다. 운전사들이 끼니를 해결하기 위해 마을에 들르면서 하나같이 메르세데스-벤츠 로고를 단 수백 대의 유조차들이 고속도로 근처에 줄줄이 주차되어 있을 뿐 아니라, 쉬는 날을 이용해 인근 공군 기지에서 마을을 찾은 군인들 또한 거리를 배회하거나 커피를 마시며 앉아 있다.

마을에서 25킬로미터 떨어진 곳에 위치한 아즈라크난민수용소는 2018년 말 기준으로 약 4만 명의 시리아 난민이 거주했다. 아즈라크나 자타리의 난민수용소와 비교하면 시리아 난민이 들어갈 수 있는 다른 난민수용소들은 작아 보일 수밖에 없다(자타리와 가까운 곳에 약 4000명을 수용할 수 있는 므라지브알프후드난민수용소Mrajeeb Al Fhood refugee camp가 있는데 이 정도가 대다수 보조 난민수용소의 일반적인 규모다). 시리아 난민들이 주로 언급하는 곳이 바로 이 2개의 거대한 난민수용소다. 아즈라크는 쌍둥이 난민수용소인 자타리처럼 극한의 장소지만 대체로 자타리와 정반대 모습의 극한을 보여 준다.

시리아 난민들이 아즈라크를 두려워한다는 사실은 나를 어리둥절하게 만들었다. 요르단에 도착하기 전까지 읽은 아즈라크에 관한 글들이 하나같이 좋게만 들렸기 때문이다. 주도면밀한 설계를 바탕으로 건설된 이 새로운 난민수용소는 긴급 상황에서 우후죽순으로 급조된 자타리난민수용소와 달리 치밀한 계획의 산물이었다. 신문 기사들이나 공식 문서들은 관리 당국이 자타리에서 "교훈을 얻었다"라고 설명했다. 그래서 아즈라크난민수용소는 설계 단계에서부터 주거지를 한가운데로 몰아넣는(어쩌면 너무 갑갑하고 혼잡하게 보일 수 있는) 배치 대신 사이사이에 충분한 공간을 둔 일련의 개별 "마을" 형태로 분산시켰다. 이 새 난민수용소는 마을 구조로 많은 것이 이루어졌다. 그리고 자타리를 묘사할 때 사용하는 "지구"나 "마켓스트리트" 같은 엄격한 용어보다 훨씬 듣기 좋았다.

2014년 4월 문을 연 아즈라크난민수용소는 다른 면에서도 개선된 모습을 보였다. 이를테면 주택은 더욱 튼튼해졌다. 땅에 고정된 기초 위에 적절한 구조를 갖추었을 뿐 아니라 자타리의 갑갑한 이동식 주택이나 어설픈 천막보다 훨씬 넓었다. 집집마다 냉장고와 전기 조명, 선풍기를 사용하기에 충분한 전력을 공급할 수 있는 전력망이 갖추어진 덕분에 전기 사정 또한 더 좋아졌다고 했다. 이런 혜택에는 비용이 들 수밖에 없었는데(도로와 건물과 전력망에 6350만 달러가 사용되었다), 아즈라크의 투자는 시리아 난민에게 제대로 된 안식처를 제공하려는 감동적인 헌신처럼 보였다.

아즈라크와 관련해 가장 인상적인 사실은 이 난민수용소에 대한 홍보 캠페인이 성공했다는 점이다. 요르단에서 유일하게 그와 같은 직책이 필요한 지역인 아즈라크의 친절한 홍보 담당자를 만나자 실상이 명확해졌다. 홍보 담당자의 주된 임무는 난민수용소 내의 "5번 마을Village 5"로 불리는 곳으로부터 대화 방향과 우리 자동차를 멀어지도록 조정하고, 그곳에는 아무 볼 것이 없다고 우리에게 반복해서 말하는 것이었다. "5번 마을"을 제외한 모든 곳에서 인터뷰를 진행해도 된다는 내가 받은 허가증과 우리가 이 신비에 싸인 장소에 대해 묻자 현지 시리아난민사무국 국장이 버럭 화를 냈다는 사실은 우리에게 언론 보도나 공식 자료와는 매우 다른 이야기를 하고 있었다.[4]

세계 최대의 개방형 감옥

아즈라크를 둘러싼 진실은 그곳이 아주 작은 마을들이 유기적으로 연결된 네트워크가 아니라 거대한 개방형 감옥에 가깝다는 사실이다. 별개의 독립된 마을들로 이루어진 구조는 원래 더 작은 집단을 바탕으로 하는 공동체를 육성하려는 의도일 터였지만 내가 방문했을 때는 격리를 강화하는 역할을 할 뿐이었다. 요컨대 5번 마을은 피난처가 아니었다. 튼튼한 울타리에 둘러싸인 채 무장 단체인 이슬람국가ISIS의 근거지로 알려진 마을 출신의 난민들을 어린아이까지 포함해 붙잡아 놓기 위한 용도로 사용되는 거대한 개방형 교도소였다. 화제가 된 전력 공급은 전혀 기대에 미치지 못했다. 전기가 아예 연결되지 않은 집이 수천 가구에 달했고 수시로 정전되는 까닭에 그나마 전기가 연결된 집들마저 사정은 별반 나을 것이 없었다. 아즈라크에서는 다음과 같은 단순한 경험 법칙을 따르는 것이 최선이라는 사실은 금방 명확해졌다. 즉 어떤 공식 발표가 나오면 실제로는 그 반대로 일이 진행되기 쉽다는 것이다.

아즈라크난민수용소가 난민들에게 훨씬 좋은 곳이라는 생각은 난민수용소 정문을 보자마자 순식간에 증발해 버린다. 자타리로 들어가는 길도 그다지 화기애애하지는 않다. 하지만 소총을 든 자타리의 경비대원들은 딱 농기구 대신 총을 든 농부의 모습이고 그나마도 소총은 자기들끼리 잡담을 나누거나 담배를 피우는 10대 소년이나 젊은 청년의 어깨에 느슨하게 걸쳐 있을 뿐이다. 반면에 아즈라크의 정문은 군부대 정문이다. 경비대원들은 기관단총을 가슴 앞에 바짝 당겨 메고 완벽하게 광을 낸 군화를 신고 있다. 잡담을 나누거나 담배를 피우는 사람은 전혀 없고 높은 담장은 대충 봐도 튼튼해 보이며 정문 옆에는 장갑차가 그늘막 아래 대기하고 있다.

90분을 기다린 끝에 홍보 담당자가 나와 우리를 난민수용소 안으로 안내한다. 비탈진 언덕을 가로질러 거의 2킬로미터를 더 달리자 마침내 정착지가 보이기 시작한다. 정착지는 얕은 접시처럼 생긴 방대한 부지에 건설되었다. 완만한 경사면에 주택들이 배치되어 있고 접시 중앙의 바닥에 해당하는 부분에 각종 병원과 큰 사원이 위치해 있다. 멀리서 보면 엄밀한 도시 계획을 바탕으로 정확히 오와 열을 맞추어 배치된 집들이 완벽한 격자무늬를 이룬다. 오렌지색과 붉은색을 띤 사막과 대비되어 시리아 난민들의 집이 은백색으로 빛난다. 멀리서 바라보는 기하학적 대칭과 질서가 일종의 절제된 아름다움을 더한다.

난민수용소가 가까워질수록 기대감은 반감한다. 격자무늬 구조는 시리아뿐 아니라 세계 어디에도 없는 비현실적인 마을을 탄생시켰고, 이곳의 다른 많은 것과 마찬가지로 도시 설계에서도 난민들의 삶을 통제하려는 욕망이 승리한 듯 보였다. 인위적인 경제가 활기 넘치는 비공식 경제로 대체된 자타리에서는 상점들이 온갖 종류의 DIY용품과 원예용품을 판매한다. 난민들은 자기네 집을 밝은색으로 칠했고 벽에는 벽화를 그려 넣었다. 자그마한 정원을 가꾸는 사람도 많다. 반면에 이곳 아즈라크난민수용소에는 그런 것이 전혀 없다. 벽은 하나같이 맨 처음 칠해진 흰색과 회색 그대로며 마당은 너무 메말라 식물이 전혀 자랄 수 없다. 여유로운 공간과 청결함, 질서가 이내 불편해지면서 꺼림칙한 느낌을 자아낸다. 아즈라크 역시 순환도로와 비슷한 것이 존재하지만 이 도로를 넘어가 봤자 단 한 그루의 나무도 없고 베두인 천막도 없으며 농장도 집도 없다. 한 어린 소녀가 사막 안으로 약 1킬로미터 들어간 곳에서 건설용 대형 철제 수레에 갓난아이를 태운 채 혼자 밀고 있다. 그 모습이 마치 사막에서 길을 잃은 것처럼 보인다. 자타리에서 자동차로 불과 1시간 반 거리지만 이 황량한 곳은 완전히 다른 세상이다.

같은 극한, 다른 경제

나스린 알라와드Nasreen Alawad는 부드럽고 친절한 눈을 가진 서른아홉 살의 난민이다. 그녀는 검은색 긴 겉옷에 담청색 머리쓰개를 하고 있다. 높은 가성의 목소리가 독특하며 영어에 능통하고 대다수 시리아 난민처럼 수니파 이슬람교도다. 많은 여성 난민과 달리 악수를 선호하지 않는 그녀는 첫 만남에서 여성한테 하는 이곳의 가장 적절한 인사법을 내게 알려 준다. 손바닥을 천천히 목 바로 아래로 가져가 자기 가슴 한가운데 대는 방식이다. 항상 쾌활한 그녀는 웃거나 수다 떨기를 좋아하며 방문객을 상대로 그들의 가족이나 애정 생활에 대해 캐묻기를 좋아한다. 그녀는 2013년 새해 첫날에 시리아를 탈출했다.

시리아에서 나스린은 학교 선생님이었다. 다마스쿠스대학교에서 영문학 석사 학위 과정을 공부한 뒤 남쪽으로 내려가서 다라에서 북쪽으로 23킬로미터 떨어진 작은 위성 마을 알샤이크마스킨Al-Shaykh Maskin에 정착했고 그곳에서 10년 동안 학생들을 가르쳤다. 다마스쿠스와 다라를 잇는 고속도로의 중간 전략적 요지인 그 마을은 내전의 또 다른 중심지였다. 나르신과 남편 사미르Samir, 열네 살 아들 모하메드Mohammed는 현명했고 늦기 전에 마을을 떠났다. 그들이 살던 마을은 2014년 수천 명의 병력이 충돌해 약 200명의 사상자를 낸 알샤이크마스킨전투의 무대가 되었다. 2016년에도 그곳에서 다시 격렬한 전투가 벌어졌다.

나스린이 나를 데려간 곳은 비교적 최근에 생긴 시장으로 아즈라크의 유일한 쇼핑 중심지였다. 처음에 관계 당국은 어떠한 형태의 시장도 허가해 주기를 거부했다. 종합 기본 계획에 포함되어 있지 않다는 이유에서였다. 하지만 강력한 불만에 맞닥뜨리자 어쩔 수 없이 한 발 뒤로 물러섰다. 자타리의 상업적 성공 소문이 요르단에 이미 빠르게 퍼진 상황에서 지역 사업가들은 시리아 난민에게 물건을 공급할 자격을 획득하고자 로비를 벌였다. 그렇지만 시장이 유기적으로 조성되도록 하기보다는 딱 100개의 상점만 허가한 채 다른 주택들처럼 철저하게 오와 열을 맞추어 격자 형태를 유지하도록 했다. 공정한 일 처리를 위해 상점으로 사용할 각 오두막은 번호가 매겨져 평등하게 분배되었다. 그 결과 홀수인 오두막은 시리아인 사업가들만 쓸 수 있었고 짝수는 오롯이 요르단인의 몫이 되었다.

우리는 아즈라크에서 가장 최근에 문을 연 반려동물 가게를 방문했다. 젊은 시리아인 주인 모하예드 마라바Mohayed Maraba는 새를 판매하고 있었다. 모하예드는 지금 가게가 문을 연 지는 고작 일주일밖에 되지 않았지만 자신이 시리아의 고향 도시인 홈스Homs에서 10년 동안이나 반려동물 가게를 운영했다고 설명한다. 그리고 카나리아가 특유의 기분 좋은 노랫소리 때문에 가장 인기 있으며 그래서 이 새들을 암만에서 난민수용소까지 가져다줄 공급자들을 수배했다고 말한다. 그는 1마리를 새장까지 포함해 18디나르에 파는데, 자타리의 사업가들처럼 한 번 팔면 반복 구매로 이어지기를 희망한다. "새를 구매한 고객은 새 모이를 사기 위해 또 가게를 찾을 거예요." 작은 새가 계속 지저귀자 나르신의 얼굴에 미소가 가득 번진다. 나르신은 모하예드의 설명을 듣고 좋은 방법이라고 말한다(그녀는 자신이 가게를 차릴 때를 대비해 이 전략을 기억해 둘 것이다). 하지만 전망은 밝아 보이지 않는다. 이곳 시장을 찾는 손님 숫자가 끔찍할 만큼 적기 때문이다. 우리를 제외하면 시장에는 샤와르마 파는 가게에 들른 통통한 WHO(세계보건기구) 직원 하나가 전부였다.

　　나중에 그녀의 집으로 가는 차 안에서 나르신은 아즈라크의 지극히 계획적인 방식에도 분명한 장점들이 존재하며 그녀의 가족이 좋은 예라고 설명했다. 남편이 전쟁 중에 부상을 당해 잘 걷지 못하는 까닭에 그들은 도로에서 가까운 집을 배정받았기 때문이다. 우리는 현관 앞에서 매트리스를 깔고 앉아 있는 사미르를 만났다. 그는 그 정도가 자신이 할 수 있는 전부라고 말하면서 자기가 어떻게 다쳤는지 설명했다.

　　사미르는 나르신과 모하메드를 데리고 시리아를 탈출했다. 하지만 며칠 뒤 아내와 아들이 이웃 마을에 안전하게 몸을 숨기고 나자 옷가지와 귀중품 등을 가지러 다시 알샤이크마스킨으로 돌아갔다. 그가 미처 떠나지 못한 사이에 마을이 공습을 당했고 이웃집 중 11채가 파괴되었다. 사미르의 집도 폭발로 한쪽 벽이 무너졌는데 이 과정에서 벽에 고정되어 있던 철제 대들보가 쓰러지며 그의 다리를 박살 냈다. 그가 자신의 헐렁한 트레이닝 바지를 걷어 올리자 반질반질한 흉터와 그동안 받은 여러 번의 수술로 생긴 어지러운 실밥 자국들로 뒤덮인 다리가 드러났다. 그는 걸을 때 다리를 절뚝거리며 체중 대부분을 지팡이에 의지한다. 나르신에 따르면 체계적으로 집을 배정하는 방식이 그토록 중요한 건 이 때문이다. 자타리의 통제되지 않는 경제 체제 속에서도 주거 시장은 성장했지만 그 성장 동력은 필요가 아닌 돈과 권력이었다.

125

하지만 이 같은 거래의 이면에는 비용 즉 대가가 따른다. 경제가 중앙의 감독을 받고 인위적으로 나뉜다는 점이다. 아즈라크의 규칙은 경제 세력들이 난민수용소 밖으로 완전히 밀려날 정도로 너무 경직되어 있다. 시장은 단지 잘못 배치되고, 획일적이고, 침체되어 있을 뿐 아니라 황량하고, 비어 있으며, 우중충하다. 100개 상점을 50 대 50으로 나누어 시리아 상인과 요르단 상인에게 배정한다는 규칙은 당국이 예상한 공정하고 조화로운 상업 중심지를 건설하는 데 실패했다. 상대적으로 느슨하게 통제되는 시장에서 하듯이 사업 형편에 맞추어 가게를 합치거나 줄이거나 확장하는 일을 못 하도록 방해만 했을 뿐이다. 자타리의 중심 번화가에는 아무리 작은 땅이든 놀리는 법이 없다. 비교적 큰 상점 사이에 존재하는 손바닥만 한 공간에도 빠짐없이 작은 상점이 들어서 있다. 반면에 아즈라크에서 가게를 얻으려면 정식으로 신청서를 작성해 제출해야 한다. 더 높은 수준의 교육을 받은 사람들만 이 문턱을 넘을 수 있다는 뜻이다. 대다수 상점 건물은 텅 빈 채 사용되지 않으며 사막에서 불어오는 바람에 모래만 쌓여 간다.

이곳에는 비공식 시장이나 지하 시장도 없다. 아즈라크난민수용소는 가장 가까운 요르단 마을조차 몇 킬로미터나 떨어져 있을 정도로 외진 탓에 외부 세계와 단절되어 있어 합법으로든 불법으로든 물건을 들여오고 내가기가 특히 어렵다. 자타리에서는 불필요한 물건은 무엇이든 비공식적이지만 활발한 수출의 원료가 된다. 공급이 달리는 제품은 무엇이든 빠르게 수입된다. 자타리 같은 시장 세력이 없는 아즈라크는 일부 품목에서 엄청난 공급 과잉 현상을 보이고 일부 품목에서는 정반대 현상을 보인다. 매트리스가 대표적인 경우다. 사미르와 나르신의 집은 일종의 매트리스 궁전 같다. 그들은 최소한 50장의 매트리스를 갖고 있으며 안방 삼면에 매트리스를 쌓아 거대한 말굽 모양의 발포 고무 소파를 만들어 놓았다. 모든 사람이 엄청나게 많은 매트리스를 보유하고 있는데 난민수용소에 새로운 가족이 올 때마다 식구 수에 맞추어 매트리스가 제공되기 때문이다. 반면에 난민수용소를 떠나는 가족도 있다. 그런데 불필요한 물건을 팔 수 있는 비공식 시장이 없으므로 대개 지인에게 매트리스를 증여한다. 난민들이 들어오고 나가면서 아즈라크의 매트리스 숫자는 꾸준히 늘어나고 있다.

가장 중요한 점은 난민수용소의 엄격한 보안 체계 때문에 고가품을 밀반출하기가 너무 어렵다는 사실이다. 설령 가능하더라도 너무 외진 탓에 근처를 지나다니는 사람이 없어 팔 수가 없다. 슈퍼마켓에서 사용할 수 있는 지원금을 현금으로 바꾸기 위해 자타리에서 쓰는 수법은 이곳에서 전혀 통하지 않는다. 전자 카드 시스템은 원래 의도된 대로 작동하며 난민수용소 안에서는 현금이 필요 없다.

음식과 집이 무료로 제공되고 비공식 상거래가 설 곳을 잃은 세상에서 그로 인한 결과는 유의미한 직업의 현저한 부족 현상으로 나타났다. 일부 성인들은 당국이 "인센티브에 근거한 자원봉사incentive-based volunteering"라고 일컫는 일을 함으로써 소득을 늘릴 수 있다. 물론 이런 직무(유급 업무)가 흔한 것은 아니다. 2016년 기준으로 아즈라크난민수용소에 거주하는 총 2만 2000명의 취업 연령 성인 중 직업을 가진 사람은 고작 1980명이었다. 고용률이 9퍼센트에 불과한 셈이었다. 시장에서 만난 한 무리의 남자들은 난민수용소 당국에 고용되어 시장을 깨끗하게 유지하는 대신 1시간에 1~2디나르의 공식 일당을 받고 있었다. 하지만 시장에서 상거래가 일어나지 않는 까닭에 시장을 청소할 필요가 없었다. 재활용할 포장지도 없었고 쓸어야 할 버려진 말푸프 잎도 없었다. 결국 아무 할 일이 없는 그들은 비어 있는 여러 상점 건물 중 하나의 그늘 속으로 들어가 바닥에 앉아 오후 시간을 보내고 있었다. 두 사람 정도가 서로 대화를 나누고 있었지만 대다수는 마냥 저 멀리 사막 너머를 응시하고 있을 뿐이었다.

인간다운 삶에 필요한 것들

에이브러햄 매슬로Abraham Maslow는 아즈라크와 자타리 두 난민수용소 중에서 전쟁으로 잃은 삶의 터전을 재건하기에 어느 쪽이 더 나은지에 대해 확고한 견해를 보여 주었다. 매슬로는 1908년 브루클린에서 키예프 이민 가정의 맏아들로 태어났다. 초라한 시작과 달리 그는 뉴욕시 컬럼비아대학교에서 학생들을 가르치고 미국심리학회American Psychological Association, APA 회장을 맡을 정도로 심리학 분야에서 유력한 인물로 성장했다. 매슬로는 가장 대표적인 논문 〈인간 동기의 이론A Theory of Human Motivation〉을 서른다섯 살이던 1943년 발표했다. 그는 이 논문에서 아즈라크의 많은 난민이 왜 그토록 불우한지, 자타리의 많은 난민이 아즈라크로 이주하기를 왜 그토록 두려워하는지를 설명하는 데 유용한 개념을 제시한다.

매슬로의 이론에 따르면 모든 인간에게는 생리적 욕구(음식과 물과 집으로 대변되는), 안전 욕구, 애정/소속 욕구, 존중 욕구, 자아실

[2-2] 매슬로의 욕구 단계
(인간의 5가지 기본 욕구)

자아실현 욕구

존중 욕구

애정/소속 욕구

안전 욕구

생리적 욕구

현 욕구라는 5가지 기본 욕구가 존재한다. 그는 이 5가지 욕구가 인간을 움직이는 많은 것을 결정한다고 설명했다. 아울러 5가지 욕구를 비타민에 비유하면서 건강하고 행복한 삶을 영위하기 위해서는 이 욕구들 모두가 필요하다고 주장했다.[5]

매슬로가 밝힌 5가지 욕구는 하나하나가 그의 이론에서 매우 중요하지만 전체 욕구는 하나의 위계(단계)를 따른다. 도형을 사용하지 않은 그와 달리 심리학 서적들은 대체로 5가지 욕구를 피라미드 형태로 정리해 가장 기본적인 욕구일수록 아래쪽에 배치한다.

내가 자타리에서 만난 많은 사람은 매슬로의 피라미드 중 아래쪽 영역에서 극심한 충격을 경험했다. 어떤 이들에게는 음식이 문제였다. 자타리에서 만난 쌍둥이 아기들의 엄마 사마헤르는 시리아를 탈출하기 전날 밤 덜 익은 토마토 6개를 샀다고 설명했다. 토마토는 그녀와 당시 두 살이던 큰아이가 탈출하는 2주 동안 먹은 음식의 전부였다. 하지만 대다수 난민에게 가장 중요한 동기는 피라미드의 밑에서 두 번째 요소인 안전이었다. 매슬로의 주장에 따르면 극도의 위험에 처한 인간은 "거의 안전 하나만을 위해 살고 있다"라고 말할 수 있다. 그는 아마 약간 부드럽게 표현하고자 했을 것이다. 자타리와 아즈라크의 난민들은 오로지 안전에 초점이 맞추어져 있었다. 즉 그들이 자녀를 데리고 시리아를 탈출한 건 그렇게 하지 않으면 자신을 비롯한 가족이 모두 죽으리라는 사실을 알았기 때문이다.

난민들이 겪은 이 굶주림과 극단적인 공포의 시기는 짧은 시간이었다. 난민수용소에 도착한 뒤로 그들은 안전해졌고 식생활은 비록이상적인 수준까지는 아니더라도 최소한 굶주리지는 않게 되었다. 가장 기본적인 욕구가 충족되자 그들은 곧장 욕구 피라미드의 위쪽 단계로 이동하고자 했고, 시리아에 있을 때 같은 마을이나 도시에서 알고 지내던 친구나 가족이나 이웃을 찾으면서 애정과 소속감을 추구했다. 그들은 이 단계에서 이미 극심한 상처를 입은 터였다. 너 나 할 것없이 모든 가족이 누군가를 잃었기 때문이다. 연로한 부모님이나 어린 자녀를 잃은 경우도 있었지만 대체로 남편을 잃은 경우가 많았다. 난민수용소에는 남편 잃은 미망인이 수천 명에 이를 정도다. 그렇지만 생존자들은 지인을 찾아 더 상위 단계의 욕구를 충족하며, 지진해일을 겪고 난 아체 사람들이 그랬듯이 이내 경제를 포함해 그들의 소중한 삶을 재건하기 시작한다. 그런데 바로 이 지점에서 아즈라크의

130

많은 난민들은 옴짝달싹하지 못하는 신세다. 반면에 자타리는 특유의 혼돈과 부조리에도 불구하고 인간적인 곳처럼 비친다.

　　매슬로는 만족이란 "실제 능력과 성취 그리고 다른 사람들의 존경에 확실하게 근거한" 존중에서 나온다고 썼다. 따라서 고용률이 9퍼센트에 불과한 고립된 도시 아즈라크는 행복한 곳이나 존중 욕구를 충족하는 데 도움이 되는 곳과 거리가 멀다. 같은 맥락에서 직업이 없는 시리아 난민들은 소외감, 권태감, 자존감 결핍, 정체성 상실 등의 문제를 호소한다.[6]

가족의 생계를 책임진 아이들

물론 수천 개의 사업체와 견실한 직업 문화를 보유했다고 해서 자타리가 이상적인 모습에 가깝다고 이야기하는 것은 아니다. 그토록 많은 일자리가 제공되는 곳이지만 어떤 사람들, 특히 아이들과 청년들은 단지 아주 열심히 일하는 것으로 끝나고 만다.

　　자타리에서 보낸 마지막 날 나는 체류 기간 내내 안내를 맡았던 스물여덟 살의 난민 아마드 샤바나Ahmad Shabana와 함께 난민수용소를 거닐었다. 우리는 간단히 커피를 마시기 위해 샹젤리제에 있는 첫 번째 가게에 들렀다. 가게는 폭이 3미터가 되지 않는 작은 오두막이었고 민트색으로 칠해져 있었다. 주인은 미소를 띤 2명의 난민 청년들이었는데 스물한 살인 칼레드 알 하리리Khaled Al Harriri와 그의 친구이자 열여섯 살인 모아스 샤리프Moath Sherif였다. '쿠슈크 카와Kushk Qahwah'라는 가게 이름은 대략 "작은 커피 가게"라는 뜻이었다. 모아스가 내게 커피를 건네면서 돈 받기를 거부했다. 그들은 터키 커피가 가장 품질이 뛰어나기 때문에 터키 커피만 사용하고 여기에 건강에 좋은 향신료인 "헬hel"(카다몬)을 섞었다고 말한다.

내가 학교에 다니는지 묻자 즐겁게 일하던 모아스의 표정이 어두워진다. 그는 시리아를 떠난 이후로 학교에 다닌 적이 없다. 학교에 다니고는 싶지만 친구와 함께 가게를 운영해야 하기 때문이다. 칼레드가 동의하고 나선다. 전쟁이 시작될 즈음에 학교를 졸업한 그는 원래 공부를 계속해 영어 실력도 늘리고 대학 학위도 받을 생각이었다. 하지만 자타리의 삶은 고향에서 살 때보다 고되고 가족에게는 돈이 필요하므로 학업을 이어 갈 여유가 없었다.

이곳에서는 많은 아이들이 일을 한다. 열두 살인 알리Ali처럼 수습생으로 가업을 배우면서(알리는 제빵업자가 될 것이다) 학교에 다니는 아이들도 있고, 더 거친 환경에서 농장 일꾼으로 일하는 아이들도 있다. 자타리에서는 취업 허가증을 받는 데 성공할 경우 성인은 최장 보름의 단기 취업을 위해 난민수용소를 벗어날 수 있다. 하지만 허가증이 발급될 때까지 기다릴 수 없는 사람도 있다. 그래서 매일 아침 새벽이 되면 불법을 무릅쓰고 인근 농장에서 일하려는 수백 명이 난민수용소 밖으로 향한다. 도중에 잡히는 사람은 시리아로 추방되거나 아즈라크로 보내질 수 있다. 일반적으로 한 집안의 맏아들들은 아버지를 따라 몰래 난민수용소를 빠져나가 불법으로 일하는 경우가 많다. 이외에 많은 소년들이 전쟁 통에 아버지를 잃고 유일한 부양자가 되어 홀로 들판으로 향한다.

열네 살인 아흐메드Ahmed는 2년째 농장에서 일하고 있다. 그의 가족은 다라 인근 마을에 살다가 2012년 라마단 이틀째에 떨어진 폭탄 파편이 여동생 에스라Esra의 가슴을 직격해 심장을 꿰뚫은 뒤로 고향을 떠나왔다. 에스라는 당시 겨우 아홉 살이었다. 이제 아흐메드는 아버지와 함께 땅을 일구고 씨앗을 심고 토마토를 수확하는 일을 하며 하루하루를 보낸다. 그들 부자는 새벽 5시에 자타리 근처에 있는 농장으로 출발한다. 추위가 가시기도 전인 이른 시간에 일을 시작하는 까닭에 아흐메드가 자주 아프다고 그의 어머니는 말한다. 부자는 둘이 합쳐서 하루에 10디나르를 번다. 유엔 지원금보다 훨씬 많은 돈이며 나머지 가족들이 정상에 근접한 삶을 살기에 충분한 돈이다. 아흐메드의 열일곱 살 난 누나 와드Waad와 열 살짜리 여동생 알리아Alia는 둘 다 난민수용소 안에 생긴 학교에 다닌다. 반면에 칼레드와 마찬가지로 아흐메드는 밀수 조직의 핵심 인물이다. 학교는 이제 그들에게 딴 세상 이야기가 되었으며 그들은 남들보다 빨리 어른이 되도록 강요당하고 있다.[7]

롤스로이스와 이슬람사원

하지만 숱한 단점에도 불구하고 자타리는 이곳 난민들이 중시하는 활기가 가득하다. 거리를 걸으면서 우리는 난민들의 집을 장식하고 있는 다채로운 삽화와 하나같이 밝은색으로 칠해진 상점들에 대해 이야기를 나누었다. 아흐메드가 이곳에서는 자기표현이 중요하다면서 시리아인에게는 각각의 색상이 나름의 의미를 갖는다고 설명했다. 어떤 난민들은 자타리난민수용소가 제공할 수 있는 고용과 자원을 이용해 매슬로의 마지막 욕구인 "자아실현" 욕구를 충족시켰고 자신만의 잠재력과 재능과 개성을 발휘했다. 나는 밝은 노란색 바탕에 각종 스티커와 벨, 줄무늬로 장식된 카심의 오토바이 모양 자전거를 언급했다. "좋은 자전거죠, 맞아요. 하지만 최고의 자전거는 아니에요"라고 아흐메드가 말했다. "자타리에서 최고의 자전거는 롤스로이스예요."

20분 동안 찾아 헤맨 끝에 우리는 뒷골목에서 갓 태어난 손자 칼릴Khalil을 돌보는 유세프 알마스리Youssef al-Masri를 만날 수 있었다. 40대 후반의 나이에 긴 잿빛 머리카락을 포니테일 형태로 묶은 유세프는 자타리에서 유일하게 머리에 반다나bandana를 두른 남자다. 그는 시리아의 한 외과 병원에서 마취과 의사로 일하던 중 군대에 차출되어 군 병원에서 일하게 되자 시리아를 탈출했다. 그의 "롤스로이스"는 다수의 자전거 본체로 제작된 거대한 장치다. 크기와 모양이 정말 자동차와 유사해 약간 1921년형 포드 T 자동차처럼 보이기도 하며 금색으로 도색했다. 페달을 밟아 동력을 얻는 방식으로 운전자가 페달을 밟으면 길이를 연장한 자전거 체인이 앞바퀴에 동력을 전달한다. 자세히 보면 차축과 틀을 구성하는 서로 다른 자전거들의 흔적이 남아 있다. 그렇지만 뒤로 물러나 붉은 가죽을 씌운 좌석과 조절 가능한 사이드미러, 햇빛가리개에 주목하면 왜 사람들이 롤스로이스라고 부르는지 알 수 있다.

그날은 금요일이었고 유세프와 앉아서 이야기를 나누는 사이 갑자기 기도 시간을 알리는 소리가 들린다. 아흐메드가 "이제 가야 합니다"라고 이야기한다. 우리는 마시던 음료를 내려놓고 거리를 뚫고 나아가기 시작한다. 이번 방문은 원래 계획에 없었고 나는 우리가 안전한 상황인지 확실하지 않다. 시리아인 난민수용소에 이슬람 극단주의 무장 세력이 활동한다는 소문이 돌고 있는 까닭이다. 하지만 우리는 이미 사람들 행렬에 휩쓸린 터라 되돌아가기에는 너무 늦었다. 작은 이슬람사원(자타리에는 120개의 이슬람사원이 존재한다)은 지붕이 평평하고 내부가 가로로 긴 직사각형의 단일 공간으로 된 건물이다. 바닥에는 양탄자가 깔렸고 가장자리에는 나이 지긋한 난민들이 벽에 등을 기대고 앉아 있다. 신발을 벗고 안으로 들어가는 사이 아흐메드의 얼굴이 굳기 시작한다. "카메라는 집어넣고 내게 바짝 붙어 있어요."

이슬람사원에서 나오자 마치 자타리의 규칙이 한순간에 바뀐 것 같다. 아흐메드와 나는 더 이상 누군가의 가게나 집에 들어가기 전에 허락을 구하거나 대가를 지불할 필요가 없어진다. 오히려 우리와 대화를 나누고자 하는 난민들이 먼저 우리를 이끈다. 불과 몇 시간 사이에 나는 그동안 한 번도 볼 수 없었던 숨겨진 장소까지 알게 된다. 바로 당구장과 미국식 이발소다. 심지어 어느 집에 붙잡혀서 교사인 아버지와 그의 아들들과 함께 영어 사전을 뒤적이며 1시간을 보낸다. 그들은 자신들이 어려움을 느끼는 단어들을 나와 함께 확인하는 데 열정적이다. 우리는 알파벳 순서로 단어들을 검토하다가 번역하기가 매우 까다로운 "dweeb" 즉 "샌님"이라는 단어에서 한참을 헤매고 "주거"를 의미하는 "dwelling"이라는 단어를 마지막으로 자리를 정리한다. 기자와 영화제작자는 밤에 난민수용소 내부에 묵는 것이 금지되어 있다. 너무 위험하다는 판단 때문이다. 하지만 그들은 다음에 또 자타리를 방문하면 자기네 집에서 지내라고 이야기한다.

전망 좋은 곳

이제는 시간이 빠듯한 상황에서(방문객은 오후 3시 전까지 난민수용소에서 나와야 한다) 새로 알게 된 몇몇 친구들이 자타리에서 가장 맛있는 음식과 가장 멋진 장소를 소개하겠다고 한다. 우리는 다시 샹젤리제로 나와서 매운 닭고기구이 랩wrap과 거품이 나는 오렌지맛 탄산음료를 구매한다. 그러고는 난민수용소에 있는 유일한 언덕을 올라가 자타리에서 가장 높은 집을 찾는다. 이슬람사원에서 만난 소년들 중 하나가 그 집에 들어가 집주인에게 허락을 받아 낸다. 우리는 집 한쪽 담을 기어올라 양철 지붕에 앉아서 닭고기구이 랩을 먹으며 난민수용소를 내려다본다.

그곳은 외부인들이 좀처럼 보지 못하는 난민수용소의 또 다른 모습을 보여 준다. 인터넷에 돌아다니는 자타리 사진들은 보통 항공기에서 찍은 것들이다. 하늘 위에서 내려다보는 자타리난민수용소는 지저분한 갈색 황무지처럼 보일 뿐이다. 저 아래 보이는 난민수용소의 중심부 역시 무질서하기 그지없다. 도로는 중구난방으로 뻗어 있고 담장은 하나같이 삐뚤빼뚤하다.

하지만 지붕 위에서, 더 가까운 거리에서 난민수용소를 내려다보면 도시를 둘러싼 순환도로에서부터 도시 안을 가로지르는 주요 도로들, 일정한 간격으로 자리한 이슬람사원들과 구멍가게들에 이르기

136

까지 그 안에 존재하는 질서가 명확해진다. 과일과 야채를 실은 수레들이 외곽 쪽 거리를 돌아다니며 너무 나이가 많거나 다쳐서 시장에 갈 수 없는 사람들에게 물건을 파는 모습이 보인다. 조금 떨어진 뒷골목에서는 한 남성이 음식 자루를 들고 다니면서 시리아로 돌아가기로 결정한 사람들에게 불필요한 자잘한 물건들을 팔라고 외친다. 또 다른 골목에서는 한 신혼부부가 픽업트럭의 화물칸에 올라 서 있고 트럭이 출발하자 아이들이 환호성을 지르며 그 뒤를 쫓는다.

자타리는 아무것도 없는 곳에 들어선 뒤로 믿을 수 없을 만큼 짧은 기간에 세계에서 가장 큰 난민수용소로 성장했다. 내부에서 보면 자타리는 그 자체로 도시가 되었음이 분명하다. 여느 도시처럼 자타리는 때때로 곤란을 겪고 격변을 겪는다. 자타리는 난민들이 과거에 시리아에 있을 때 가졌던 것들을 다시 창조함으로써 삶을 재건하고 적응할 수 있는 곳이다. 물론 그들의 삶은 그들이 꿈꾸었던 것과 많은 차이가 있다.

모하메드 젠디는 원래 옷 가게를 할 생각이 없었다(그는 시리아에서 식료품 가게를 운영했다). 카심 알 아에아시는 자전거를 주문 제작하는 사람이 될 계획이 없었다(그는 자동차 정비공이었다). 하지만 이 사업가들과 그들의 직원들과 고객들, 경쟁자들은 자신들이 지금 하는 일에 자부심을 느낀다. 그리고 자타리의 비공식 경제는 전체의 60퍼센트가 넘는 난민에게 일자리를 제공한다. 때로는 일이 고되고 혹독할 수 있다. 또한 누군가는 일 때문에 학업을 포기한다. 그렇지만 직업은 많은 사람에게 존중심과 자존감을 불러일으키고 즐거움을 선사한다.

아체의 교훈은 튼튼한 경제를 소중히 여겨야 한다는 것이다. 경

137

제는 모든 사람에게 중요한 활동이자 근본적으로 인간적인 활동(생산하고, 소득을 올리고, 소비하는 행위)에 의지해 성장하기 때문이다. 자타리 역시 비슷한 교훈을 제공한다. 번영하는 시장의 가치를 더 심오하고 더 인간적인 차원에서 생각해야 한다는 것이다.

경제학자들은 시장을 도구나 "분배 메커니즘allocation mechanism"으로, 즉 소비자가 공급자로부터 적정 가격에 재화나 서비스를 얻는 수단이라고 흔히 설명한다. 바꾸어 말하면 시장은 의식주에 관련된 우리의 기본 욕구를 충족하기 위해 존재한다는 것이다. 따라서 시장이 실패하거나 변하면 우리의 기본 욕구, 특히 매슬로의 욕구 피라미드에서 아래쪽에 위치하는 더 기본적인 욕구들이 위협받는다.

상거래나 물물 교환을 바라보는 이런 피상적인 관점은 위험하다. 아즈라크의 시장 같은 인위적인 시장을 합리적인 것처럼 보이게 만들뿐더러, 경제와 시장의 변화를 유발하는 흐름을 쫓는 데 뒤따르는 진정한 비용을 잘못 판단하게 만들기 때문이다. 아즈라크의 중앙통제 방식은 중요한 재원의 공정한 분배를 보장해 공평한 결과를 보증한다. 그럼에도 아즈라크 난민들은 더 이상 추위에 떨거나 굶주림에 시달리지 않을 뿐 여전히 부족함을 느낀다. 그들이 아쉬움을 느끼는 것은 하나같이 더 상위 단계의 욕구다. 이런 욕구는 상거래가 유기적으로 이루어지고, 개인의 선택에 따라 상점이 들어서고, 개인의 취향을 바탕으로 구매가 이루어질 때 충족될 수 있다. 따라서 더 깊은 의미에서 시장은 단지 어떤 목적을 위한 수단이 아니라 자주성과 직업과 삶의 만족을 제공하는 목적 그 자체다.

두 난민수용소 사례에서 보듯이 이런 관점은 자주 무시된다. 예컨대 자타리난민수용소는 전혀 완벽하지 않지만 활기가 넘친다. 반면에 아즈라크난민수용소는 대재앙 이후에 등장한 악몽처럼 취급된다. 하지만 요르단의 시리아난민사무국이나 유엔난민기구처럼 난민수용소들을 바꿀 권한을 가진 같은 공식 기관들은 통제되지 않고 무질서한 자타리의 출현을 이례적인 것으로 보았다. 그래서 자타리의 실수를 교훈 삼아 아즈라크난민수용소를 아주 모범적이고 이상적인 난민수용소처럼 만들었다.

그러나 이 난민수용소들을 방문하고, 그곳에서 살아가는 사람들과 이야기를 나누고, 매슬로가 제시한 인간의 욕구라는 측면에서 그들을 관찰한 결과는 그들의 공식 결론이 잘못되었음을 암시한다. 두 난민수용소는 이 책 2부에서 소개할 세 지역의 경제적 실패를 관통하는 중심 화두를 미리 엿볼 기회를 제공한다. 즉 아무리 호의적인 정책 입안자라도 지극히 잘못된 경제 계획을 내놓을 수 있다.

자타리에서 보낸 마지막 날 오후 4시 30분까지 머무른 나는 제한 시간을 어겼다. 서둘러 난민수용소를 나섰지만 이미 해가 지고 있었다. 기온이 점점 내려갔고 난민들은 사막의 혹독한 겨울밤에 대비해 널판자로 문을 고정하고 있었다. 정문이 가까워지자 소년들 10여 명이 철조망에 빼곡하게 달라붙어 있는 모습이 보였다. 왠지 불안한 광경이었다. 그들은 철조망에 얼굴을 들이밀고 구멍 사이로 양팔을 내민 채 안간힘을 쓰고 있었다. 안내원 아흐메드가 무슨 상황인지 설명해 주었다. 역시나 간절한 욕구를 충족하기 위한 또 다른 비공식 경제의 현장이었다.

어린 소년들이 사이사이로 손을 내밀고 있는 철조망은 그들을

139

가두어 두기 위한 울타리가 아니라 그들이 그 이상 들어가지 못하도록 막기 위한 방벽이었다. 그 철조망 반대편은 난민수용소 내 복합 단지로 원조 기관들의 사무실이 있다. 그리고 그곳에는 와이파이가 지원된다. 원조 기관 직원들은 수시로 와이파이 비밀번호를 바꾸어 보안을 유지하려고 애쓴다. 하지만 아이들은 어떻게든 비밀번호를 알아낸다. 그런 다음에는 인터넷을 사용하려는 사람들에게 이 정보가 판매되면서 활발한 거래가 이어진다. 시세는 1디나르였다.

열네 살쯤 되어 보이는 10대 2명이 건물에 최대한 접근시켜 와이파이 신호를 잡기 위해 철조망 사이로 그들의 전화기를 들이밀고 있었다. 그들은 우리에게 페이스북과 왓츠앱WhatsApp을 이용해 시리아에 있는 친구들이나 친척들과 메시지를 주고받는다고 말했다. 우리는 조금 더 어려 보이는 몇몇 소년들에게 그들도 마찬가지냐고 물었다. 그들은 마치 바보 보듯이 우리를 쳐다보면서 아니라고 대답했다. 그 아이들은 비디오 게임을 하고 있었다. 최근에 아이들에게 가장 인기 있는 건 마을 건설과 전쟁 게임인 〈클래시 오브 클랜Clash of Clans〉이었다.

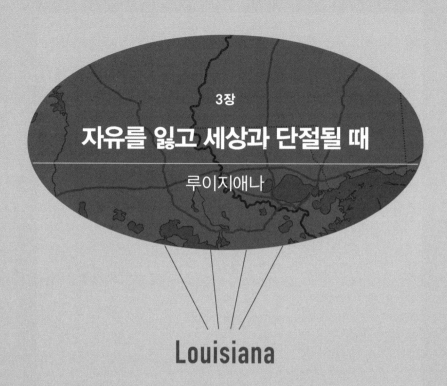

3장

자유를 잃고 세상과 단절될 때

루이지애나

Louisiana

경제학에서 통화는 기하학에서 원이나 역학에서 영구 운동과 같다.
윌리엄 스탠리 제번스, 《통화와 거래의 메커니즘》, 1875

앙골라로 가는 길

뉴올리언스는 여행을 시작하기에 좋은 곳처럼 보인다. 미시시피강이 이곳에서 북쪽으로 꼬불꼬불 거슬러 올라가며 끝없이 이어진다. 미국에서 가장 큰 이 강의 굽이들이 남쪽으로는 루이지애나주부터 북쪽으로는 미네소타주까지 10개 주의 들쭉날쭉한 경계를 만든다. 또 미시시피주 클라크스데일의 로버트 존슨Robert Johnson, 테네시주 멤피스의 조니 캐시Johnny Cash나 엘비스Elvis처럼 부와 명성을 쫓던 뮤지션들이 지나다닌 전설의 61번 고속도로가 뉴올리언스에서 시작해 저 멀리 캐나다 국경까지 이어진다. 이 같은 상징적인 강과 고속도로는 루이지애나주에서 가장 큰 도시인 뉴올리언스를 자유와 기회의 땅처럼 보이게 만든다.

뉴올리언스에서 태어난 사람들의 인생길은 대체로 훨씬 짧은 편이다. 61번 고속도로를 타고 북쪽으로 2시간 정도 달리면 구릉 지대로 접어들면서 길이 오르락내리락하기 시작하고 루이지애나 저지대에 분포하는 늪과 사이프러스 나무가 자취를 감춘다. 여기서 오른쪽으로 방향을 돌리면 골동품 상점과 깔끔한 잔디밭과 새하얀 말뚝 울타리로 유명한 멋진 마을 잭슨Jackson으로 이어진다. 반대로 왼쪽으로 방향을 돌려서 66번 국도를 타면 길이 갑자기 내리막으로 변하며 침례 교회들을 지나게 되는데 교회에 내걸린 간판의 플라스틱 글씨가 예수는 부활했으며 신은 죽지 않았다고 지나가는 차량들에 또박또박 이야기한다.

얼마 뒤 돌연 국도가 끝나고 막다른 길에 다다른다. 그와 동시에

143

눈앞에 커다란 철조망 문과 감시탑이 등장한다. 바로 루이지애나주립 교도소Louisiana State Penitentiary의 정문이다. "남부의 앨커트래즈Alcatraz of the South"이자 재소자들과 교도관들, 주민들 사이에서 "앙골라Angola"로 알려진 곳이다.(샌프란시스코만 앞바다의 앨커트래즈섬 교도소는 1963년 폐쇄될 때까지 미국 최악의 교도소로 악명을 떨쳤다-옮긴이) 만약 당신이 뉴올리언스에서 태어난 흑인이라면 14분의 1 확률로 감옥에 가게 될 것이다. 여기에 더해 앙골라교도소에 수감된다면 아주 높은 확률로 그곳에 영원히 뼈를 묻게 될 것이다.

미국의 교도소 수감자 수는 210만 명에 이른다. 단연코 전 세계 그 어떤 나라보다 많은 숫자다. 수감자가 이렇게나 많은 건 절대로 미국 인구가 많기 때문이 아니라(중국은 미국보다 인구가 4배나 많지만 수감자 수는 훨씬 적다) 수감률이 매우 높기 때문이다. 2017년 미국은 인구 10만 명당 수감자가 568명으로 다른 큰 나라들에 비해 수감률이 월등히 높았다. 인구가 영국의 절반에 불과한 텍사스주는 수감자 수가 영국과 프랑스와 독일을 전부 합친 것보다 많다.

그렇지만 가장 독보적인 주는 따로 있다. 바로 루이지애나주다. 루이지애나주 수감자는 거의 3만 4000명에 달하는데 그들 중 94퍼센트가 남성이다. 그래서 인구 10만 명당 1387명이라는 전국 평균의 2배가 넘는 놀라운 남성 수감률을 보여 준다. 수감률만 놓고 보면 미국의 수도나 마찬가지인 루이지애나주에서 앙골라교도소는 유일한 최고 보안 시설 교도소다. 또한 부지가 맨해튼보다 넓은 1만 8000에이커로 미국에서 가장 큰 교도소다. 이곳에는 항상 5200명 수준의 남성 재소자들이 수감되어 있다. 그리고 그들 대부분은 영원히 이곳에서 지내야 할 것이다. 앙골라교도소에 갇힌 죄수들은 형기가 평균 92년이다. 즉 그들 중 70퍼센트가 넘는 사람들이 다시는 사회로 돌아가지 못할 것이다.[1]

재해 지역이나 난민수용소와 마찬가지로 교도소는 개인의 과거가 증발한 곳이다. 재소자들은 그들의 사회적 지위는 물론이고 이전까지의 모든 경제적 삶을 잃는다. 결정적인 차이는 그들과 달리 지진해일 생존자들이나 시리아 난민들이 받은 정신적 충격은 외부인의 도움을 받아 신속하게 관리되었다는 점이다. 가끔은 잘못 설계되거나 대상을 잘못 파악하는 경우가 있지만 그들이 미래를 위해 삶을 재건하고 준비하도록 돕는 지원과 보조가 존재한다. 하지만 미국의 종신형은 이와 다르다. 유죄 판결을 받고 기결수가 된다는 것은 삶이 의도적으로 제한되고 통제된다는 사실을 의미한다. 루이지애나주립교도소에 수감된 남성 중 상당수는 평생 교도소를 나갈 수 없을 것이다. 자유인으로서 그들의 미래는 끝장난 셈이다.

145

이론상 교도소는 아즈라크난민수용소 같은 곳이어야 한다. 즉 물건을 사고팔면서 비공식 경제를 건설하려는 인간적인 욕구가 억압되는 인위적인 사회여야 한다. 하지만 세계 어디서나 교도소에는 으레 지하 경제가 번창하고 있으며 역사를 보더라도 언제나 그랬던 것 같다.

1850년대에 런던 중심가에 위치한 한 교도소의 소장 조지 라발 체스터턴George Laval Chesterton은 교도소 생활을 최초로 공개한 책을 출간했다. "교도소 이쪽 끝에서 저쪽 끝까지 방대한 규모로 불법 거래가 이루어졌으며 재소자들은 와인과 증류주, 차와 커피, 담배와 파이

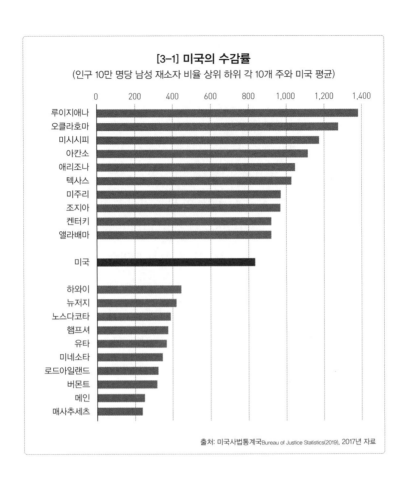

[3-1] 미국의 수감률

(인구 10만 명당 남성 재소자 비율 상위 하위 각 10개 주와 미국 평균)

출처: 미국사법통계국Bureau of Justice Statistics(2019), 2017년 자료

프 등은 물론이고 피클과 각종 잼, 생선 소스까지 거래했다"라고 그는 썼다.[2] 모든 교도소에는 각각의 숨은 극한 경제가, 즉 재소자들이 온 갖 어려움에도 불구하고 물건을 사고팔거나 거래하는 암시장이 존재 하는 경향이 있다. 그래서 나는 현재 앙골라교도소에 수감되어 있는 재소자와 앙골라교도소에서 형기를 마치고 출소한 예전 재소자, 다른 주에서 수감된 적 있는 사람들을 만나기 위해 루이지애나주로 향했다.

나는 주립교도소 내에 정말 비공식 밀거래가 있는지 그리고 만약 그렇다면 자신의 삶에 대한 자주성과 지배력과 선택권이 거의 없는 재소자들이 어떻게 경제 체제를 구축할 수 있었는지 알고 싶었다. 그토록 척박한 토양에서 탄생한 경제생활을 연구함으로써 경제적 회복탄력성의 DNA에 대해 더 많은 것을 배우고 싶었다. 하나의 경제 체제를 구축하는 데 꼭 필요한 요소들과 없어도 되는 요소들이 무엇인지 듣고 싶었다. 나는 재소자들이 기본적인 물품과 서비스를 서로 교환하는 과정에서 지하 물물 교환 경제가 등장했다는 말을 듣게 될 것으로 기대했다. 그런데 뜻밖에도 재소자들의 요구에 완벽하게 부합하는 비공식 통화를 바탕으로 운영되는 현대적이고 혁신적이며 정교한 한 쌍의 평행 시장 경제에 대해 알게 되었다.

첫 번째로 할 일은 뉴올리언스에서 북서쪽으로 향해 루이지애나주의 주도 배턴루지로 가 앙골라교도소에서 가장 유명한 예전 재소자를 찾는 것이었다.

C-18번 수감자 이야기

윌버트 리도Wilbert Rideau는 약 170센티미터의 키에 가냘픈 체구를 가진 왜소한 남자다. 이제는 70대 후반의 나이임에도 아직 60대처럼 보인다. 모르는 사람이 본다면 물 빠진 회색 데님 바지와 체크무늬 남방 차림에 소매를 약간 걷어 올리고 뉴발란스 운동화를 신은 그를 이 일대에서 가장 큰 대학인 루이지애나주립대학교의 교수 정도로 여길 터였다. 우리는 부근에서 가장 인기 있는 커피콜Coffee Call이라는 카페에서 만났다. 그는 그곳이 설탕을 입힌 도넛의 한 종류인 루이지애나 간식으로 유명하다면서 나에게 도넛을 사 오라고 했다. 우리는 자리에 앉아 도넛을 나누어 먹으며 그가 앙골라교도소에서 죄수로 보낸 42년에 대해 이야기하기 시작했다.

월버트는 열아홉 살 때 살인죄를 저질렀다. 루이지애나주와 텍사스주 경계에 인접한 작은 도시 레이크찰스Lake Charles에서 자란 그는 10대 초반부터 좀도둑질에 맛을 들였다. 그리고 열일곱 살 때 형이 강도질한 돈에 손을 댔다가 붙잡혀서 5개월 동안 소년원에 보내졌다. 소년원을 나온 뒤에는 학교를 중퇴하고 동네 원단 가게에 짐꾼으로 취직했다. 회고록《정의의 장소에서: 벌과 구원의 이야기In the Place of Justice: A Story of Punishment and Deliverance》에서 그는 자신의 꿈이 캘리포니아에 가는 것이었다고 이야기한다.

오늘날의 그는 강인한 외모지만 1961년에 경찰에게 체포되어 찍힌 사진은 뼈만 앙상한 청년을 보여 준다. 그는 계속된 괴롭힘과 트집에 시달렸다. 참다못한 그는 칼과 권총을 구매하기에 이르렀다. 그리고 단지 자신을 방어하는 것에 만족하지 않았다. 원단 가게 근처에는 은행이 하나 있었는데 그는 이 은행을 털 생각으로 마감 시간에 맞추어 안으로 들어갔다. 하지만 관리자가 경찰에 신고하면서 일을 망쳤다. 도주하는 과정에서 문제의 관리자와 2명의 직원을 인질로 잡아 그들에게 운전을 시켰다. 그의 계획은 인근 시골에서 인질을 풀어 주고 서쪽으로 도주해 주 경계선을 넘어 텍사스주로 가는 것이었다. 하지만 도중에 인질들이 탈출하자 그중 2명을 총으로 쏘고 나머지 1명을 칼로 찔렀는데 칼에 찔린 줄리아 퍼거슨Julia Ferguson이 얼마 뒤 사망했다. 살인에 대한 유죄가 인정되어 사형 선고를 받은 그는 C-18이라고 적힌 수감 번호와 함께 앙골라교도소에 투옥되었다. 수감 번호의 첫 글자 "C"는 사형수condemned라는 의미였고 숫자 "18"은 그가 사형수 명단의 열여덟 번째라는 의미였다.

결과적으로 윌버트에 대한 사형은 집행되지 않았다. 그는 10년 동안 사형이 집행되기를 기다리며 독방에서 생활했다. 이 기간 동안 닥치는 대로 책을 읽으면서 저널리즘에 관심을 갖게 되었고 직접 글을 쓰기 시작했다.[3] 1970년대 중반부터 일반 수감동에서 지내게 되었으며《앙골라이트The Angolite》라는 교도소 내에서 발간되는 월간지에 글을 썼다. 그가 편집자로 일한 20년 동안《앙골라이트》는 수많은 전국 규모의 상을 수상했다. 윌버트는 그가 "정글The Jungle"이라고 부른 칼럼을 통해 교도소 기자로서 처음 자신의 이름을 알렸다. 그가 선택한 최초의 주제이자 이후로 그가 편집자를 맡는 동안 앙골라교도소 월간지가 반복해서 다룬 주제는 교도소 경제의 작동 방식이었다.[4]

교도소 경제학 입문

교도소 경제학의 첫 번째 규칙은 충족되지 않는 수요와 이런 수요가 자극하는 혁신이라고 현재 복역 중인 수감자들과 예전 재소자들은 말한다. 외부와 단절된 수감자들은 꼭 필요한 기본 물품들이 부족하며 이전에는 당연하게 여긴 것들(이를테면 옷이나 세면도구)에 대한 선택권이 없음을 알게 된다. 비록 단순한 물품들이지만 원하는 욕구는 강렬한 까닭에 내가 만난 수감자들은 교도소 생활 처음 몇 주를 충격의 시간으로 묘사한다. 그들은 이 기간 동안 새로운 세상의 규칙을 배우고 자유는 물론이고 소유권마저 박탈당한 자신의 현실에 적응해야 했다. 오늘날 루이지애나주의 새로운 수감자들은 표준 의류와 비누, 약간의 로션 등 기본 물품을 제공받는다. 그럼에도 예컨대 탈취제나 제대로 된 청바지, 더 질 좋은 신발 등 많은 일상 용품이 부족하거나 필요하다. 윌버트에 따르면 1960년대에도 사정은 마찬가지였다. 간단한 물건들이야 교도소에서 제공되지만 더 편안한 생활을 위해서는 많은 노력을 기울여야 했다.

일부 물품은 공식적인 경로를 통해 구할 수 있지만 이런 물품조차 직접 손에 넣기까지는 엄청나게 오랜 시간이 걸린다. 이를테면 책이 그렇다. 앙골라교도소의 많은 재소자가, 특히 30대 이상이 나에게 독서를 좋아한다고 말했다. 그들은 합법적으로 책을 구입하거나 지인이나 가족에게서 새 책을 받아 볼 수 있다. 하지만 검열관이 사전에 책 내용을 확인해야 하기에 그들이 주문하거나 외부에서 보내 준 책을 실제로 수령하기까지는 6개월이나 그 이상 걸릴 수 있다. 이 같은 지연은 루이지애나 교도소 경제를 둘러싼 한 가지 일반적인 화두를 보여 준다. 교도소 경제가 시간이 왜곡된 방식으로 작동한다는 사실이다.

루이지애나의 교도소에서 시간이 다르게 작동하는 데는 재소자 대부분이 장기수라는 점이 한몫한다. 앙골라교도소 재소자들의 평균 92년에 달하는 형기는 가까운 미시시피주립교도소는 물론이고 캘리포니아에서 가장 거친 범죄자와 사형수가 모여 있다는 샌퀜틴주립교도소의 평균 형기보다 길다. 심지어 콜로라도의 최고 보안 시설 교도소이자 미국에서 가장 위험한 범죄자들이 모여 있어서 "록키산맥의 앨커트래즈"라고 불리는 플로렌스교도소조차 평균 형기는 고작 36년에 불과하다.

엄청난 숫자의 재소자와 이례적으로 긴 형기는 아마 미국에서 가장 뒤숭숭한 주일 루이지애나주가 극한 지역임을 말해 준다. 루이지애나주는 가난하다. 평균 소득은 전국 평균보다 낮은 반면 빈곤율과 비만율은 전국에서 가장 높은 편이다. 교육 제도 또한 실패해 전체 학생 중 26퍼센트(전체 흑인 학생 중 34퍼센트)가 고등학교를 졸업하지 못한다. 루이지애나주의 삶은 폭력적이다. FBI(미국연방수사국)가 가장 최근에 자료를 공개한 2014년을 기준으로 살인 사건이 477건이나 발생했다. 인구 10만 명당 10명이 넘어서 미국 평균보다 2배 높은 살인율은 루이지애나주를 미국의 살인 수도로 만들었고 1989년 이래로 루이지애나주는 단 한 번도 이 자리를 놓친 적이 없다.[5]

루이지애나주의 살인 사건은 대부분 총기가 동원되며 종국에는 마약으로 귀결된다. 유죄 판결을 받은 살인범은 모두 법정 종신형을 선고받으며 범행 현장에 함께 있다가 2급 살인죄로 기소되는 공모자나 동조자도 마찬가지다. 루이지애나에서는 비폭력 범죄 역시 중형이 선고되곤 한다. 주 정부는 재범자의 법정 형량을 이례적인 비율로 가중하는데 재범자가 유죄 판결을 받을 때마다 형량 제한을 2배로 늘려 간다. 예컨대 차량 절도죄는 초범인 경우 최대 징역 12년 형이 선고되지만 재범에게는 24년 형까지 선고될 수 있다. 게다가 이런 과정의 끝에는 이를테면 "스트라이크 네 번이면 아웃"이라는 또 다른 규칙이 존재해 네 번째로 법을 위반한 범죄자에게는 법정 최소형인 징역 20년부터 최고형인 종신형까지 선고될 수 있다. 나는 마약 관련 범죄로 앙골라교도소에서 20년을 복역하고 나온 루이스Louis를 만났다. 그는 자신의 사례가 최악이 아니라고 설명한다. 일례로 티머시 잭슨Timothy Jackson이라는 남자는 20여 년 전 상점에서 재킷 한 벌을 훔치다가 체포된 뒤로 이제는 앙골라교도소에서 여생을 보내야 했다.

밖에서는 저렴하고 하찮은 단순한 물건들이 많은 교도소 안에서 엄청난 가치를 갖는다. 그리고 앙골라 같은 교도소에서는 이런 현상이 재소자들의 너무나 긴 형기와 맞물려 또 다른 차원의 현상을 빚는다. 윌버트 리도는 회고록에서 작은 개선이 재소자들의 생활을 어떻게 바꿀 수 있는지 설명한다. 사형수 수감동의 다른 재소자들과 마찬가지로 그는 작은 독방에서 갇혀 지냈다. 삼면(뒤쪽과 양옆)이 벽돌 벽이었다. 전면은 전체가 쇠창살로 이루어져 교도관이나 다른 재소자가 앞을 지날 때마다 사생활이 전혀 보호되지 않았고 겨울에는 찬바람이 들이쳤다. 쇠창살을 가릴 담요나 커튼을 구할 수만 있다면 그 안의 재소자 생활은 혁신적으로 바뀔 터였다. 만약 당신의 세상이 삼면이 막힌 골방으로 축소된다면 당신은 사생활과 온기를 지킬 천 한 조각이 절실해질 것이고, 이런 기본 욕구를 충족하기 위해 뭐든지 하게 될 것이다.

152

교도소 농업
: 노예 플랜테이션에서 국영 기업 농장으로

수감자가 앙골라교도소에서 자신의 운명을 개척할 수 있는 한 가지 방법은 공식 노동이다. 교도소의 또 다른 별명은 "농장the Farm"이다. 이유는 정문을 통과하고 얼마 지나지 않아 명확해진다. 직원들 차량으로 가득 찬 주차장과 여성 재소자들이 지내는 회색의 작은 외곽 건물을 지나는 순간 숲이 사라지면서 농작물을 심은 들판 사이로 반듯하게 뻗은 긴 진입로가 쭉 이어진다. 때는 4월이었고 한창 목화를 심을 시기였으며 재소자들은 9월 말이나 10월 초에 목화를 수확하게 될 터였다. 그들은 기온이 38도까지 올라가는 8월을 포함해 1년 내내 힘들게 일한다. 이곳 농지는 매우 비옥하다(교도소 공식 보고서는 루이지애나주에서 가장 비옥하다고 주장한다).

　"앙골라"라는 별명은 과거 이 지역에서 성행한 노예 플랜테이션slave plantation에서 이름을 따 왔다. 땅 주인은 미국에서 가장 큰 노예 무역 회사 중 하나였던 프랭클린앤드암필드Franklin and Armfield의 아이작 프랭클린Isaac Franklin이었다. 프랭클린은 포르투갈 상인과 주로 거래했고 그래서 그가 소유한 노예들은 서아프리카에서 노예로 잡힌 콩고인이 많았다.[6] 그들은 포르투갈의 식민지였던 앙골라의 주요 항구이자 대규모 노예 시장이 있던 루안다Luanda를 거쳐 미국으로 실려 왔다. 프랭클린은 루이지애나 일대에 4개의 거대한 노예 농장을 소유했고 그중 하나인 이곳 이름을 노예를 실은 배들이 출항하는 식민지의 이름을 따서 앙골라라고 지었다. 그리고 이 이름은 남북전쟁 이후 루이지애나의 죄수들을 수용하기로 수의 계약을 체결한 한 남부연합군 Confederate Army 소령이 부지를 매입해 교도소로 바꾸는 과정에서 그대로 유지되었다.[7]

오늘날 2500~3000에이커에 달하는 앙골라교도소 농장에서는 주로 옥수수, 밀 같은 곡물을 동물 사료와 에탄올 연료로 사용되는 사탕수수와 함께 재배한다. 콩도 기르는데 콩기름과 콩 단백질은 동물 사료부터 두부까지 다양한 식품에 이용된다. 물론 지난 200년간 그랬듯이 목화 또한 재배한다. 교도소들을 감독하는 루이지애나주 정부 기관인 공공안전교정국Department of Public Safety and Corrections에 앙골라교도소 농장의 농산물은 루이지애나주 재소자들을 위한 중요한 식량 자원이다. 앙골라교도소에서는 주요 작물 외에 과일과 토마토, 양배추, 오크라, 양파, 강낭콩, 후추 같은 야채가 생산된다. 그리고 이 농산물은 모든 루이지애나주 교도소의 식비를 절감해 준다.

농장 운영은 주 정부의 수익도 늘려 준다. 미국의 다른 많은 주처럼 루이지애나주는 프리즌엔터프라이지스Prison Enterprises라는 국영 기업을 소유하고 있으며 이 기업을 통해 재소자들이 생산한 상품을 판매한다. 프리즌엔터프라이지스는 2016년을 기준으로 거의 2900만 달러를 벌어들여 앙골라교도소 농장에서 생산한 농산품 매출이 교도소 수입의 상당 부분을 차지했다. 수익금은 한 해 예산이 거의 1억 2000만 달러에 육박하는 앙골라교도소를 운영하는 과정에서 루이지애나 정부가 직면하고 있는 비용 부담을 다소 완화하는 데 사용된다.[8]

일은 고되고 돈은 안 되는
공식 작업

수감자들의 공식 작업 일정은 하루 대부분을 차지하도록 설계되었다. 재소자는 노동을 거부할 수 없으며 대다수가 이런저런 직업에 종사한다(사형수나 독방에 감금된 죄수, 질병이나 기타 의료상 이유로 면제된 죄수는 예외다). 재소자들의 선호도에 따라 직업 간에는 명확한 서열이 존재하는데 들일은 가장 기피하는 대상이다. 한 재소자에 따르면 들판에 나가 "농작물을 수확하는 일"이 교도소에서 최악의 직업으로 꼽히는 건 꼬박 8시간 근무에 무덥고 힘들기 때문이다. 그들은 나란히 늘어서서 일하면서 식물 쓰레기를 옆으로 던진다. 이 과정에서 누군가가 던진 식물 줄기에 우연히 다른 죄수가 맞으면 싸움이 벌어지기도 한다. 또한 수확 도중에 손을 베이면 자해 시도로 간주되어 지루한 조사로 이어질 수 있다. 규칙을 위반하지 않고 만 10년을 채운 재소자들은 "모범수"의 지위를 얻는다(싸움이나 자해를 하는 경우에는 다시 원점으로 돌아간다). 그리고 보상으로 교도관 전용 골프장에서 캐디로 일하거나 정문을 나서면 바로 지척에 위치한 작은 교도소 박물관에서 일할 수 있는 자격을 얻는다.

앙골라교도소의 공식 급여 지불 총액은 외부 세계와 다른 기준으로 적용된다. 앙골라교도소의 급여는 시간당 2센트부터 20센트까지 다양하다. 농작물 수확이나 그 밖의 기본적인 밭일을 하는 사람들이 받는 임금은 대부분 시간당 4센트로 주급으로 치면 1달러 60센트 정도 되는 것 같다. 이 임금률을 기준으로 재소자 1명이 미국에서 연

155

방 최저 시급인 7.25달러를 벌려면 181시간을 일해야 한다. 가장 높은 시급인 20센트를 받는 재소자들이 금방 강등되기도 한다. 자신은 절대로 그러지 않았는데 작업장에서 렌치를 훔쳤다고 고발당했고 그 결과 모범수 지위를 잃고 급여도 최저 수준으로 떨어졌다고 한 무기수가 주장했다. 진실이 무엇이든 계속 모범적인 수감 생활을 이어 간다면 그는 1년에 4센트의 임금 인상을 기대할 수 있고 2021년이 되면 다시 시급 20센트를 받을 수 있을 것이다. 앙골라교도소에서 노동은 고되고 피할 수 없으며 돈벌이는 되지 않는다.

일단 돈이 생기면 재소자는 매점에서 돈을 쓸 수 있다. 앙골라교도소에는 7개의 매점이 있다. 매점은 물질적 위안을 찾는 재소자들에게 생명줄이나 마찬가지다. 앙골라교도소의 공식 매점들은 러셀애슬레틱Russell Athletic 운동복 상의, 프룻오브더룸Fruit of the Loom 티셔츠와 반바지, 프로그토그스Frogg Toggs 스포츠 타월 등을 판매한다. 신발은 라이노Rhino 작업용 부츠를 비롯해 뉴발란스 테니스화와 2가지 형태의 리복 스니커즈까지 다양한 제품을 구비하고 있다. 식품은 별도의 큰 범주를 이룬다. 재소자들은 하루에 세 끼 식사를 제공받지만 맛이 형편없다고 불평한다. 그리고 매점은 이런 문제를 보완하기 위해 예컨대 달고 매운 아시아 소스와 텍사스티토스Texas Tito's의 딜dill허브 통오이 점보 피클, 멕시코 고추 맛이 가미된 치즈볼 같은 간식을 판매한다. 앙골라교도소의 주문량은 이런 사업의 규모를 보여 주는데 최근 서류에 따르면 '쿨랜치'맛 도리토스"Cool Ranch"-flavour Doritos 스낵이 3000상자 즉 31만 2000봉지나 주문되었음을 알 수 있다. 매점 장사가 아주 잘 되고 있음이 분명하다.

공식 매점이 짜증의 원인으로 둔갑하기도 한다. 어떤 재소자들은 물건이 부족하다고 불만을 터뜨리는가 하면 어떤 재소자들은 품질이 조악하다고 이야기한다. 그들은 공급자를 절대로 바꿀 수 없는 전속 시장에 자신들이 속해 있음을 안다. 프리즌엔터프라이지스에서는 제품이 새것이고 하자가 없어야 한다고 명시하고 있다. 하지만 재소자들은 제품에 문제가 있으며 자신들이 부당한 대우를 받는다고 의심한다. 가장 큰 불만은 가격이다. 그들은 바깥세상에 있었다면 지불했을 금액보다 더 많은 돈을 매점에 지불하면서 바가지를 쓰고 있으며 자신들이 받는 임금보다 생활비가 더 빨리 오른다고 확신한다.

그들의 주장은 일리가 있는데 물건값과 재소자들이 받는 임금 차이가 갈수록 심해지고 있기 때문이다. 오늘날 앙골라교도소에서 적용되는 급여 기준은 비용적인 효율성과 정치적 편의에 따라 최소한 1970년대와 동일한 수준으로 유지되어 왔다. 이 같은 정책으로 인한 영향은 지속적인 임금 인상이 없으면 시간이 흐를수록 인플레이션이 거듭되면서 노동자의 구매력이 크게 떨어진다는 사실을 상기시켜 줄 뿐이다. 재소자들이 선호하는 말아 피우는 독한 담배인 버글러Bugler가 좋은 예다. 이 담배는 1970년대에 50센트가 되지 않는 가격에 판매되었기 때문에 시급 20센트를 받는 모범수는 반나절 동안 일해 한 봉지를 구매할 수 있었다. 오늘날에는 똑같은 하늘색 포장에 똑같이 나팔 부는 젊은이 로고로 장식된 담배 한 봉지가 약 8달러에 판매된다. 시급 20센트를 받는 누군가가 이 담배 한 봉지를 사기 위해서는 일주일을 꼬박 일해야 할 것이다.

재소자들에게 그들이 구매하기를 원하는 물건들의 시세와 무관한 급여 기준으로 일할 것을 요구하는 주는 루이지애나주만이 아니다. 법률적으로 말하면 재소자에게는 임금을 지불할 필요가 전혀 없다(수정 헌법 13조는 "범죄 행위에 대한 처벌이 아닌 한" 모든 형태의 노역과 비자발적인 노동을 금지한다). 조지아주의 재소자들은 아무런 보수 없이 가구와 도로 표지판을 만든다. 앨라배마주에서는 차량 번호판이 재소자들에게 25센트에서 75센트의 시급을 지급하는 교정 산업체로 불리는 기업에서 제작된다. 미주리주의 재소자들은 한 달 내내 일하고 7.50달러를 받는다. 시급으로 치면 약 4센트인 셈이다. 영국의 사정 역시 상대적으로 덜 열악할 뿐 유사하다. 임금 수준은 일주일에 35시간을 일하는 조건으로 약 10파운드(13달러)부터 시작되는데 똑같은 불만이 제기된다. 즉 매점에서 가장 인기 있는 구매품인 소금에 절인 견과류나 면류, 아침 식사용 시리얼 등은 모두 2파운드가 넘는 가격에 거래된다. 교도소에서 돈을 벌어 이런 제품 중 하나를 구입하려면 거의 하루를 꼬박 일해야 한다.[9]

경제적 아마겟돈의 경고이자 본보기

교도소의 공식 경제는 여러 가지로 일반 도시의 그것과 비슷하다. 앙골라교도소에는 직장과 급여, 승진과 좌천이 있는 직업 세계가 존재한다. 쇼핑의 세계도 존재하며 소비재와 소비재를 구입할 수 있는 상점이 있다. 정상적인 경제 체제에서 이 두 세계는 물가로 서로 연결되어 있다. 부자가 많은 뉴욕 맨해튼이나 런던 메이페어에는 물가가 비싸고 가난한 사람이 많은 뉴욕 브롱크스나 런던 브릭스턴에는 물가가 저렴하다. 달리 말해 물가는 지역 경제에 대한 정보를 알려 준다. 그런데 앙골라를 비롯한 교도소에서는 공정 가격 제도가 의도적으로 고장나 있다. 즉 교도소는 물가가 노동자의 임금이나 구매력과 무관한 경제 체제다.

재소자들이 직면한 경제적 도전은 아체나 자타리 사람들과 다르다. 2곳의 경제는 완전히 무너진 상태였으며 그들의 과제는 외부인의 지원과 비공식 거래를 활용해 그곳에 새로운 경제를 건설하는 것이었다. 재소자들 역시 이전까지 누린 경제적 삶이 사라지기는 마찬가지다. 하지만 그들의 삶은 이내 새로운 인위적이고 계획적인 삶으로 대체되었고 이 과정에서 가장 중요한 시장 경제와 연결 고리(일과 급여, 수요와 공급을 연결하는 물가)가 제외되었다. 교도소에는 공식 경제가 존재하지만 차라리 없는 편이 나을 정도며 결국 재소자들은 그들만의 지하 시장을 구축하기에 이르렀다.

루이지애나의 지하 교도소 시장은, 앞으로 닥칠지 모를 경제적 아마겟돈의 가능성에 대한 경고인 동시에, 수많은 난관을 극복하고 경제적으로 생존한 또 하나의 본보기로 유용한 사례 연구가 될 것이다. 최고 보안 시설 교도소는 성장과 혁신을 추구하기에 아마 가장 척박한 환경일 것이다. 따라서 이런 곳에서 일어나는 상행위는 아무것도 없이 처음부터 경제를 건설할 때 무엇이 반드시 필요하고 필요하지 않은지를 밝히는 데 도움이 될 것이다. 앙골라교도소에서 재화와 역할, 정체성을 제공하는 제대로 된 시장을 구축하고자 하는 열망은,

159

루이지애나의 장기수들이 "허슬hustle"이라고 부르는 많은 다양한 직업이 존재하는 번창하는 숨은 경제의 뿌리다.

금지된 물건
: 껌, 베이비 오일, 그리고 현금

교도소 지하 경제에서는 단순해 보이는 물건이 비싸며, 반입 불가능해 보이는 물건을 비교적 흔히 볼 수 있다. 존 굿로John Goodlow와 그의 피칸pecan(미국산 호두) 사례가 왜 그런지 설명해 준다. 윌버트 리도에 따르면 굿로는 20년 동안 앙골라교도소의 피칸왕으로 군립했다. 피칸은 미국 남부에서 널리 재배되는 견과류 식물의 열매다. 쿠키와 약간 비슷해 보이는 수제 피칸 과자는 루이지애나주에서 인기 있는 간식 중 하나다. 요리법은 연유를 저온으로 졸여 걸쭉한 시럽을 만드는 것으로 시작한다. 이렇게 만든 연유에 버터와 피칸을 섞어 잘 저어 주고 설탕 결정이 생길 때까지 가열한 다음 쟁반에 부어 식힌다. 과자가 식으면 굿로는 이를 큼지막한 크기로 잘랐다. 윌버트는 "밖에서 파는 것보다 나았어요"라면서 이 과자를 최고의 피칸 프랄린praline(설탕에 견과류를 넣고 졸여 만든 과자-옮긴이)이었다고 말한다. 존 굿로가 만든 커다란 정사각형 모양의 과자는 앙골라교도소에서 2달러에 거래되었다. 윌버트는 어쩌면 굿로가 가격을 올릴 수도 있었다고 이야기한다. 수요가 많아 과자가 채 완성되기 전에 전량 매진되는 경우가 비일비재했기 때문이다.

최고 보안 시설 교도소에서 프랄린을 만드는 것이 가능하다는 사실은 놀랍다. 프랄린을 만들려면 각종 재료는 물론이고 냄비와 요리용 철판, 오븐 등이 필요하다. 교도소 밖에서는 단지 복잡할 뿐이지만 교도소 안에서는 불가능한 작업처럼 보일 터였다. "재소자라고 절대로 무력하지 않습니다"라면서 윌버트 리도가 외부인들은 알지 못하는 수감 생활의 한 단면을 설명한다. "그들에게는 언제든 폭동과 폭력 사태를 일으킬 능력이 있으며 교도소 운영을 엉망으로 만들고 관리 당국을 괴롭히기 위해 비협조적으로 행동할 수 있는 힘이 있습니다." 그의 설명에 따르면 재소자들이 가진 이런 힘은 교도소 당국이 특정 요구에 대해 자주 협조적인 태도를 취하고 편의를 제공한다는 사실을 의미한다. 즉 교도소는 사소한 문제에 대한 권한이 공유되고 간단한 거래 정도는 용인될 여지가 있는 곳이다. 협조적인 관리가 이루어지는 이런 곳에서 냄비 하나를 손에 넣기란 그다지 어려운 일이 아닐 수 있다.

하지만 외부에서는 평범하고 흔한 것이 교도소 안에서는 금지 물품이 된다. "보안과 안전"은 교도관에게 반복적으로 주입되는 구호며 탈옥이나 폭력을 유발할 가능성이 높은 물건은 무엇이든 모두 금지된다. 직관적으로 명백한 금지 물품은 많다. 무기, 마약, 라이터, 마약 유통을 모의하는 데 이용될 수 있는 휴대전화가 그렇다. 하지만 무해해 보이는데 금지 품목으로 분류된 물건도 매우 많다. 예컨대 마마이트Marmite처럼 짭짤한 맛이 나는 몇몇 스프레드는 이스트가 들어 있어 불법적으로 술을 빚는 데 이용될 수 있다. 껌이나 블루텍Blu Tack 같은 재사용 가능한 접착제는 열쇠나 자물쇠를 복사하는 용도로 쓰일 수 있다. 베이비 오일은 재소자의 팔을 미끄럽게 만들어 제압하기 어렵게 만들 목적으로 악용될 수 있다.

현금 자체 역시 금지 물품이다. 앙골라교도소의 공식 경제는 자타리난민수용소와 약간 비슷하게 작동한다. 재소자는 급여가 현금 카드에 적립되며 매점에서 물건을 구입할 때 카드를 사용한다. 재소자의 손에 현금이 들어가는 것을 막고 유력한 재소자들이 교도관을 돈으로 매수하지 못하도록 하기 위함이다. 이런 측면에서 현금은 최고 수준의 금지 물품으로 취급되며 혹시라도 "모범수"인 재소자가 현금을 유통하다가 걸리면 특권을 잃게 될 것이다.

교도관의 묵인 아래 비교적 무해한 사업을 운영하는 재소자들에게 현금의 부재는 문제다. 실제로 이런 사업가들은 꽤 많다. 그들은 피칸 프랄린을 굽는 것 외에 닭고기튀김까지 판매한다. 또 재소자들을 최고의 모습(가족과 면회를 앞둔 사람들에게는 매우 중요하다)으로 보이게 해 주는 이발부터 문신 새기기, 셔츠 다림질까지 다양한 몸치장 서비스도 제공한다. 이 재소자 사업가들은 재화나 서비스를 제공할 수 있지만 대가로 현금은 받을 수 없다. 앙골라교도소의 한 재소자는 완전무결한 모범 죄수라면 자신이 판매한 제품이 설령 2달러밖에 되지 않더라도 물건값으로 5달러짜리 지폐를 주면 받지 않을 거라고 말한다.

현금은 소지하기가 너무 위험해 미국 감옥은 지구상에서 달러를 받지 않는 몇 군데 되지 않는 지역 중 하나가 되었다. 현금이 통용되지 않는 까닭에 재소자들은 어쩔 수 없이 가장 원시적인 시장으로, 즉 돈으로 사고팔기보다 물건을 교환하는 물물 교환 경제로 떠밀리고 있다.

162

좋은 화폐, 나쁜 화폐

물물 교환의 문제는 적당한 교환 물품을 찾기가 어려울 수 있다는 점이다. 내 물건을 원하는 재소자에게 내가 원하는 물건이 없는 경우가 비일비재할 것이다. 영국 경제학자 윌리엄 스탠리 제번스William Stanley Jevons는 1875년 출간한 《화폐와 교환 메커니즘Money and the Mechanism of Exchange》에서 물물 교환의 문제점을 설명하고 화폐가 어떻게 이런 문제점을 해결했는지 설명했다. 그 이래로 경제학자들은 서로의 교환 물품이 꼭 맞아떨어지는 드문 상황을 "욕구의 쌍방 일치double coincidence of wants"라고 지칭해 왔다. 리버풀에서 태어나 유니버시티칼리지런던에서 수학한 제번스는 현대 경제 이론의 창시자로 통화를 경제의 혈액과 같은 존재로 여겼다. 그의 설명에 따르면 물물 교환의 문제점은 원시적인 경제뿐 아니라 더 선진화된 경제에도 그대로 적용되었다.

아마 무언가를 원하는 사람은 많고 그들이 원하는 것을 가진 사람 또한 많을 것이다. "그럼에도 실제로 물물 교환 행위가 성립되기 위해서는 좀처럼 드물게 일어나는 쌍방 일치가 필요하다." 사냥에 성공한 사냥꾼은 사냥물이 많을 것이고 다시 일을 나가기 위해서는 무기와 탄약이 필요할 것이다. 하지만 무기를 가진 사람이 어쩌면 이미 충분한 사냥물을 공급받아서 직접 교환이 불가능할 수 있다. 문명화된 사회에서 집을 소유한 누군가는 자신의 집이 적합하지 않다고 생각해 자신의 필요에 정확히 일치하는 다른 집으로 눈을 돌릴 수 있다. 하지만 두 번째 집의 주인이 설령 집을 내줄 마음이 있다고 하더라도 첫 번째 집 주인의 감정에 정확히 화답해 집을 교환하려 들 경우는 거의 없을 것이다.[10]

무슨 일이 일어나고 있는지 더 자세히 설명하기 위해 제번스는 화폐가 수행할 수 있는 4가지 서로 다른 역할을 기술했다. 첫째로 화폐는 교환의 매개이며 모든 사람이 받아들이고 "교환 행위를 매끄럽게 하는" 어떤 것이다. 둘째로 화폐는 "수단"이며 오늘날의 가격이 책정되는 방식이다. 셋째로 화폐는 하나의 "기준"이며 이 기준에 따라 미래의 가격이 정해진다. 마지막으로 화폐는 가치를 "저장"하는 방법이며 물리적 거리나 시간을 초월해 경제적 가치를 전송하는 어떤 것이다.

우리는 대체로 화폐를 공식적으로 지정된 어떤 것이라고 생각한다. 정부가 보증하고 겉에 군주나 대통령의 얼굴이 들어간 종잇조각으로 여긴다. 하지만 제번스가 정리한 특징을 가진 사물은 많으며, 따라서 얼마든지 유통 화폐가 될 수 있다. 이처럼 비공식적이고 자연 발생적인 방식으로 특정한 화폐가 등장한다면 그것은 화폐로 사용하기에 알맞은 특별한 성질을 가진 경우가 많다.

1892년 제번스의 친구이자 경쟁자인 오스트리아 경제학자 카를 멩거Carl Menger는 바람직한 화폐의 특징을 설명했다. 그는 이 특징을 "판매가능성Absatzfahigkeit"이라고 불렀는데 오늘날에는 "시장성 marketability"이라 부를 수 있다. 화폐는 거래 과정에서 몇 번이고 반복 사용될 것이다. 따라서 멩거가 생각한 핵심은 수없이 많은 사람의 손길을 거치더라도 가치가 떨어지지 않는 물건을 찾는 것이었다. 예컨대 옷이나 신발, 책 같은 소비재는 일단 한 번 구매된 다음에는 중고

164

가 되어 가치가 떨어지는 까닭에 화폐로 사용하기에 부적당하다. 소금이나 설탕, 곡물 같은 원자재는 훨씬 양질의 화폐다. 소금은 중고라도 새것과 다를 것 없기 때문이다.

여기에 더해 "분할 가능한divisible" 물건일수록 훌륭한 화폐로 기능하는 경향이 있다. 즉 쉽게 잘게 나누어져 더 작은 거래에 사용될 수 있는 것일수록 좋은 화폐가 된다. 이런 측면에서 다이아몬드는 화폐로 사용하기에 부적당하다. 큰 다이아몬드를 2개로 나누면 가치가 뚝 떨어지기 때문이다. 또 다른 핵심 기준은 "내구성"이다. 우유나 밀, 버터처럼 썩거나 부패하는 식료품은 화폐로 좋지 못하다. 끝으로 "이동의 편의성과 비용"이 중요하다. 목화는 분할 가능하고 내구성이 좋아 훌륭한 비공식 화폐처럼 보일 수 있다. 하지만 너무 저렴해 소량으로는 가치가 없다. 의미 있는 거래가 이루어지려면 엄청난 양의 면화가 필요할 것이다.

165

세상의 모든 화폐
: 딱따구리부터 고등어까지

인류 사회는 온갖 종류의 이상한 물건들을 화폐로 사용했다. 파푸아뉴기니에서 남동쪽으로 240킬로미터 거리에 위치한 로셀섬Rossel Island에서는 국화조개를 이용한 화폐가 개발되었다. 조개 화폐는 가볍고 내구성이 있으며 다양한 크기에 따라 22가지의 서로 다른 가치를 갖기 때문에 나누거나 섞어 얼마든지 다양한 값을 치를 수 있다. 북부

캘리포니아에 기반을 둔 미국 원주민인 유로크족Yurok은 딱따구리의 머리 가죽을 귀하게 여겨 머리 장식으로 사용했는데, 나중에는 일종의 화폐로 사용했다. 덩치가 큰 도가머리딱따구리는 덩치가 작은 도토리딱따구리보다 귀했고 따라서 크고 작은 액면가의 화폐로 쓰였다. 다른 지역들 역시 가볍고 내구성 있고 분할 가능한 물건을 화폐로 이용했다. 소금은 고대 로마와 중국, 근대 에티오피아에서 화폐로 이용되었고, 중앙아메리카의 아즈텍왕국은 초콜릿(카카오 콩)을 화폐로 사용했다.[11]

교도소는 비공식 화폐를 발명하는 일에서 유구한 전통을 가지고 있다. 런던의 콜드배스필즈교도소Cold Bath Fields에서는 19세기에 담배 마는 종이를 화폐로 사용함으로써 "방대한 규모의 밀무역"이 크게 성행했다. 앙골라교도소처럼 현금 사용이 금지된 오늘날의 영국 교도소에서는 재소자들이 대체로 샤워 젤 캡슐이나 묵주 구슬(둘 다 쉽게 구할 수 있다)을 비공식 화폐로 사용한다. 작고 가볍고 분할 가능하고 견고해 몇 움큼의 캡슐이나 구슬은 19세기 경제학자들이 제시한 조건에 완벽하게 부합한다.

미국에는 매우 다양한 유형의 교도소가 존재한다. 공영 교도소와 민영 교도소가 있고 장기수나 단기수를 위한 교도소가 있으며 그 안에서 일어나는 일에 적용되는 규칙도 주마다 다르다. 이런 현실은 교도소마다 유통되는 품목이 다양하고 그래서 그중 무엇이 화폐로 가장 적당한지 다 다르다는 사실을 의미한다. 우표는 작고 가볍고 내구성이 매우 좋아 미국의 많은 교도소에서 화폐로 사용되어 왔다. 다만 너무 현금에 가까운 탓에 우표를 사용하는 일 자체가 자주 금지된다. 우표 사용이 금지된 경우에는 대개 라면이 사용된다. 이 먹을 수 있는 화폐는 재소자들 사이에서 "수프soup"라는 별명으로 불린다. 최근에 인기 있는 화폐는 고등어 통조림이다. 한 통에 약 1.40달러인 고등어 통조림은 무게가 가볍고 견고하고 오래간다. "식용 고등어edible mackerel"의 준말인 "이맥EMAK" 화폐가 미국의 수많은 재소자 사이에서 너무 흔하게 사용되자 그들이 외부 세계의 통조림 가격에 영향을 주었다는 주장까지 등장했다.

가장 확실한 교도소 화폐는 언제든 판매 가능하고 더 작은 규격 단위로 쉽게 분할할 수 있는 담배다. 한 세기가 넘도록 앙골라교도소의 지하 상거래는 담배를 기준으로 운영되었다. 궐련형 담배와 말아 피우는 담배는 물물 교환의 문제점과 금지 물품인 현금 사용에 따른 위험을 해결함으로써 신뢰할 수 있는 화폐가 되었다. 이후 통화가 안정된 상태로 한 세기가 지난 뒤 모든 것이 바뀌었다. 2015년에 앙골라교도소가 흡연을 금지하면서 담뱃잎과 담배가 모두 금지 물품이 된 것이다.

거의 비슷한 시기에 모조Mojo라는 강력한 신종 합성 마약이 교도소에 스며들기 시작했고 많은 사람이 순식간에 중독되었다. 지하 경제가 흔들렸다. 이제 기존 화폐는 금지되었다. 그러나 신종 마약에 대한 수요는 엄청났다. 교도소 경제의 토대가 바뀌었다. 많은 재소자가 원하는 것이 바뀌었고 원하는 물건을 구입하기 위한 지불 방식도 바뀌었다. 앙골라교도소를 비롯한 루이지애나주 교도소 재소자들의 대응은 화폐의 주된 사용처인 합성 마약처럼 첨단 기술이 적용된 새로운 화폐를 개발함으로써 빠르게 적응하는 것이었다.

신종 마약, 교도관, 불로소득의
커넥션

두 번째 루이지애나주 방문 때 나는 앙골라교도소를 포함한 복수의 주립교도소에서 16년을 복역하고 최근에 출소한 30대 중반의 예전 재소자와 만나기로 약속을 잡았다. "교도소 재소자 대다수는 이런저런 각성제나 고양감을 느낄 수 있는 방법을 찾으려고 해요"라고 그는 말한다. "시간을 보내는 나름의 방식이죠." 그러나 합성 대마초synthetic cannabis의 일종인 모조가 급격한 인기를 얻은 데는 더 구체적인 이유가 존재한다. "모조는 많은 변형을 거쳐서 마약 검사에 잘 걸리지 않습니다. 그래서 매우 가치 있는 제품이고 많은 사람이 원하는 거죠." 합성 대마초에 사용되는 화합물의 부단한 변경과 개량은 수많은 변종이 존재한다는 뜻이고, 그래서 검사를 통해 마약을 정확히 검출하기가 지극히 어렵다.

루이지애나주에서 합성 대마초와 관련된 최초의 사망 사고는 2010년 기록되었고 그해 루이지애나 주지사는 모조에 사용된 화학 약품을 금지 물질로 지정했다. 하지만 검출의 어려움 때문에 모조는 대학교 운동선수, 군인, 재소자 등을 포함해 정기적으로 마약 검사를 받아야 하는 집단에 최고의 마약이 되었다. 모조는 대학교 미식축구 팀과 농구팀에서 금방 유행처럼 번졌고, 특히 미 해군에서 인기를 끌었다. 2011년에만 수병의 모조 사용 문제로 700건이 넘는 조사가 진행되었다. 오죽하면 기분 전환용 모조 사용에 따른 영향 연구에 해군 병원들이 앞장섰을 정도였다.

재소자들이 필요로 하고 구하기 위해 부단히 노력하게 될 새로운 상품 모조는 교도소의 비공식 경제에도 큰 충격을 주었다. 루이지애나주 재소자들은 모조가 2010년이나 2011년에 처음 등장한 것으로 기억한다. 뉴올리언스의 윌버트는 당시에 떠돌던 소문을 기억했다. "사람들은 하나같이 이랬어요. '야, 이건 합성 대마초야.' 그리고 '이건 피워도 마약 검사에 걸리지 않아'라고 말했습니다. 하지만 나는 속으로 '그들은 THC 검사를 하는데, 취하게 만드는 게 THC가 아니라면 도대체 뭐가 취하게 만든다는 거야?'라고 생각했죠."(THC는 테트라하이드로칸나비놀tetrahydrocannabinol의 약자로 대마초의 주성분이다─옮긴이) 그는 신중하기로 한 자신의 결정이 현명했다고 회상한다. "나는 싫다고 말했죠. 하지만 그들은 자기들끼리 모조를 피우기 시작했습니다. 몇몇은 발작을 일으키기 시작했고 몇몇은 동맥류 증상을 보였어요. 그들은 환각과 망상에 빠졌고 겁에 질렸죠. 벌거벗고 대형 쓰레기통에 뛰어든 작자도 봤어요. 그는 끝내 밖으로 나오기를 거부했죠. 그들은 그것 때문에 미쳐 가고 있었어요. 하지만 그들은 그걸 너무나 좋아했습니다." 교도소 경제의 첫 번째 규칙은 충족되지 않는 수요다. 이 기준에서 모조는 루이지애나주의 여러 교도소에서 왕으로 등극했다. 수요는 엄청났다. 문제는 어떻게 들키지 않고 그것을 손에 넣고 어떻게 값을 지불할 것인가 하는 것이었다.[12]

앙골라교도소의 재소자들은 교도관을 "자유인free people"이라고 부른다. 교도소 밖의 어떤 것을 묘사할 때도 "자유인의 옷"이나 "자유인의 음식"과 같은 식으로 이야기한다. 그러나 정작 밖에 나가면 무엇을 입거나 먹을 것인지 묻는 질문에는 구체적인 옷이나 요리를 언급하지는 않는다. 대신에 으레 "잘 모르겠습니다. 내가 원하는 것은 뭐든지요"라고 대답한다. 그들이 교도소 안에서 잃어버린 것은 선택할 수 있는 자유다.

이곳 루이지애나주 시골 지역에 사는 많은 자유인의 현실은 진로 선택이 제한되어 있다는 것이다. 규모가 큰 기업은 2개밖에 없다. 하나는 세인트프랜시스빌St Francisville에 기반을 두고 약 300명의 직원을 거느린 제지 공장이며 다른 하나는 전기 가스 공급 회사인 엔터지 Entergy 소유로 약 700명에 가까운 직원을 둔 리버벤드원자력발전소 River Bend Nuclear Station다. 두 기업 모두 좋은 보수를 지급한다. 예컨대 제지 공장의 평균 임금은 6만 달러를 웃돌며 기술자는 10만 달러 넘게 벌 수 있다. 하지만 이런 기업에 취직하려면 학사 이상의 학위를 소지하거나 기술 훈련을 이수해야 한다. 원자력발전소는 많은 전역 군인을 채용하는데 대부분 미 해군에서 훈련받은 사람들이다. 이 지역에서는 많은 사람이 고등학교를 제대로 마치지 못한다.

학위가 없고 기술 훈련을 받지 못한 사람들에게 주어지는 선택권은 한정되어 있다. 한때는 루이지애나주의 수많은 미숙련 노동자가 농업에 종사했지만 이제 농업 부문 일자리는 2퍼센트가 되지 않는다. 지역 구인 광고가 아직 남은 일자리를 보여 준다. 소매 업종 중에는 홈디포Home Depo와 달러제너럴Dollar General에서 약 50명 규모로 직원을 구하는 중이며 누구나 지원할 수 있다. 61번 고속도로 주변에 위치한 소닉Sonic(1960년대를 떠올리게 하는 드라이브인 체인점)이나 웬디스, 버거킹, 피자헛 같은 패스트푸드 식당에서도 직원을 모집한다. 이런 일자리들은 대부분 연방 최소 임금 기준인 7.25달러에서 시작하며 다른 보조금은 일절 지급하지 않는다.

아니면 앙골라교도소가 있다. 직원 수가 1600명에 달하는 이 교도소는 일대에서 단연코 가장 손이 큰 고용주다. 앙골라교도소는 꾸준히 직원을 채용하고 있으며 지역 기준으로 조건도 매력적이다. 2017년에 앙골라교도소의 신입 교도관은 시급 11.71달러로 시작했다. 연봉으로 치면 2만 4000달러가 조금 넘는 액수였다. 그리고 실적이 괜찮으면 6개월 뒤 경사로 진급해 시급 13.03달러를 받을 수 있었다. 부가 혜택으로는 12일의 유급 휴가와 의료 보험(교도소가 절반을 지불한다), 실적에 기초한 연 4퍼센트의 연봉 인상 기회가 주어졌다. 다른 곳과 비교하면 앙골라는 훌륭한 직장이었다.

하지만 앙골라교도소 직원이 많이 거주하는 심스포트Simmesport 마을은 교도관으로 살아가는 현실을 보여 준다. 재소자들은 이 마을에 사는 사람들을 "강 사람river people"이라는 별명으로 부른다. 자동차로 가장 가까운 다리까지 꽤 먼 거리를 돌아가야 하는 수고를 덜기 위해 매일 오전과 오후에 특별 전용선인 앙골라 페리Angola Ferry를 타고 교도소 안쪽에서 출발해 미시시피강을 가로지르기 때문이다. 심스포트는 미시시피강 동쪽에 위치한 세인트프랜시스빌이나 잭슨의 남북전쟁 전까지 거슬러 올라가는 럭셔리한 모습과는 사뭇 거리가 멀다. 집은 조립식으로 콘크리트 블록 위에 지어졌다. 더 오래된 건물들은 골 진 철판으로 지어졌으며 녹이 잔뜩 슬어 있다. 도랑에는 버려진 트럭과 트랙터가 녹슬어 가고 제멋대로 자란 잔디밭에는 부서진 배가 방치되어 있다. 그나마 수리해 상태가 양호한 건물은 교회들뿐이다.

앙골라교도소 밖의 경제 상황은 재정적 보장에 문제가 있음을 의미한다. 최근에 출소한 한 남성은 낮은 급여를 받는 젊은 신입 교도관을 언급하며 "어리고 교육 수준이 낮아요"라고 말한다. "그들은 이런저런 물건을 교도소에 반입해 급여를 3배로 늘릴 수 있죠." 교도소 안에 기본 물품이 부족하다는 것은 금지 물품을 반입하는 사람들이 큰돈을 벌 수 있다는 뜻이다. 최근의 담배 금지 조치는 수요 공급의 법칙이 얼마나 강력한지 단적으로 보여 준다. 금지 조치가 발표되자마자 재소자들은 공급 부족을 예감했고 담뱃값은 금지 조치 이후 몇 주 동안 급등해 최고조에 달했을 때 1갑에 125달러를 기록했다. 앙골라교도소에서 복역한 후 최근 출소한 한 남성은 담배를 몰래 들여올 수만 있다면 "언제든 자신이 원할 때" 1갑에 40달러나 50달러를 받을 수 있었다고 말한다.

모조의 밀반입은 경제적으로 훨씬 매력적인 기회다. 자유 세상에서 합성 대마초는 매우 저렴하다. 불법 제조 시설에서 쉽게 생산할 수 있어 공급은 많지만 기분 전환용으로 마약을 하는 사람들 대다수가 부작용을 우려해 복용을 꺼리는 탓에 수요가 적기 때문이다. 큰 봉지 하나 정도의 양을 10달러가 되지 않는 돈으로 구매할 수 있다. 그런데 교도소 안에서는 인식 자체가 다르다. 합성 대마초가 복용자를 하루 종일 나가떨어지게 만들어 줄 거라는 사실은 단점이 아닌 장점으로 간주된다. 재소자들은 대마초용 물 파이프에 채울 아주 소량의 모조를 구입하는 데 기꺼이 5달러를 지불할 것이다. 밀수꾼의 판매가는 원가의 100배까지 뛸 수 있다.

모조는 다른 마약류에 비해 밀수꾼이 감수해야 하는 위험도 적다. 마약 탐지견은 합성 대마초를 섞은 식물성 물질이 담긴 비닐봉지를 발견하지 못할 수 있다. 냄새가 대마초와 다르고 함께 사용한 화학 물질에 따라 다르기 때문이다. 최근 영국 교도소에서 드러난 또 다른 수법은 합성 대마초 액상을 재소자 가족이 보내는 편지에 분사하는 방식이다. 편지는 보기에 이상이 없고 냄새도 나지 않지만(자녀나 여자 친구가 보내는 일반 편지와 다를 게 없다) 나중에 잘게 찢어 담배처럼 피울 수 있다. 그렇다고 밀반입에 따르는 위험이 전혀 없는 것은 아니다. 2018년 초 앙골라교도소에서 일단의 젊은 신입 교도관들과 경사급 교도관들이 밀반입을 시도하다가 발각되었다. 어쨌든 불로소득을 원한다면 합성 대마초가 답이다.[13]

도트,
눈에 보이지 않는 혁신적 화폐의 출현

밀수꾼들이 돈을 지불받는 방식은 수수께끼다. 확실한 사실은 장기 복역수와 모범수가 연루된 지하 경제는 음식이나 세탁 또는 재소자들이 일하는 자동차 작업장에서 무료 차 정비 등의 형태로 교도관에게 뇌물을 제공할 수 있다는 것이다. 하지만 이런 것만으로 고액의 뇌물을 제공하기란 불가능하다. 장기 복역수들은 담배가 금지된 뒤로 그들의 비공식 화폐가 담배에서 커피를 비롯한 매점에서 구할 수 있는 품목들(교도소 밖에서는 아무런 쓸모가 없는 화폐들)로 빠르게 바뀌었다고 말한다. 달리 말하면 모조 밀반입 같은 위험도가 높은 사업을 운영하는 재소자들은 이런 평범한 화폐는 사용하지 않는다는 뜻이다. 그들의 방식을 잘 아는 이전 수감자는 다음과 같이 설명한다. "예를 들면 나는 당신에게 먹을 것으로 20달러어치를 주거나 현찰로 5달러를 줄 수 있어요. 물론 당신은 현찰을 받으려고 할 겁니다. 그래야만 집에 실제로 돈을 보낼 수 있고, 또 그 돈으로 더 많은 일을 할 수 있기 때문이죠. 다른 금지 물품을 들여오도록 교도관을 설득하는 방법이 바로 이거예요."

교도소 안에서 달러가 통용된다니 알 수 없는 노릇이다. 대규모 마약 사업을 운영하면 거액의 현금이 오갈 수밖에 없다. 그런데 달러 지폐는 마약 탐지견이 탐지할 수 있는 물품 가운데 하나다. 계좌 간 전자 결제가 추적 가능하다는 점에서 외부의 누군가에게 현금을 보낸다는 개념 역시 놀랍기는 마찬가지다. 하지만 현실에서는 마약상이나 밀수꾼 중 누구도 이런 위험에 직면하지 않는 것으로 드러났다. 루이지애나주 교도소들에서 담배나 고등어 통조림과는 비교가 무색할 정도로 혁신적이고 주목할 만한 새로운 화폐가 등장했기 때문이다. 이 새로운 화폐 덕분에 그들은 달러 지폐를 취급하거나 은행 계좌를 이용할 필요가 없다. "현금이 금지 물품이라지만 사람들은 현금을 가지고 있습니다"라고 예의 정보원이 말했다. "하지만 수중의 현금과 같은 현금은 아니에요. 이 현금은 추적이 불가능하죠. 그리고 하나같이 숫자에 기반을 두고 있죠. 사람들은 도트dot를 이용해 서로 돈을 주고받습니다."

새로운 "도트" 결제 방식은 내내 진화해 온 교도소 화폐 시스템의 최종판이다. 모조의 경우와 마찬가지로 도트 방식은 기술 혁신과 함께 시작되었다. 1985년 텍사스에서 처음 문을 연 영화와 비디오 게임 대여 서비스 업체 블록버스터비디오Blockbuster Video가 1990년대 중반에 들고나온 개념이다. 다른 소매점처럼 블록버스터비디오는 도서 상품권과 유사한 상품권 제도를 운용해 부모나 친구가 자사 비디오 대여점의 상품권을 선물하도록 했다. 하지만 상품권은 짜증스러웠다. 고객이 상품권을 잃어버리는 경우도 있었다. 하지만 대여점 입장에서 더 심각한 문제는 상품권으로 구매가 이루어지고 나면 아주 애매한 액수(대체로 2달러나 그보다 작은 액수)의 끝돈이 남고 이 잔돈을 현금으로 돌려주어야 한다는 것이었다. 즉 부모가 20달러짜리 상품권을 구매하더라도 정작 상품권을 사용하는 아이는 대여점에 18달러의 매출만 일으킨다는 뜻이다.

결국 1995년 블록버스터비디오는 최초로 회원제 카드를 도입했다. 플라스틱 재질에 신용 카드와 똑같이 생긴 회원제 카드에는 달러를 적립할 수 있었다. 종이 상품권과 달리 내구성이 좋아 주기적으로 부모나 친척이 용돈처럼 현금을 적립해 줄 수 있었다. 이 카드는 포인트를 적립해 주는 사람(부모)과 재화를 공급하는 기업(블록버스터비디오), 재화를 소비하는 사람 사이에 이른바 "폐쇄 고리closed loop"를 형성했다. 대형 백화점 체인 케이마트Kmart가 1997년 비슷한 카드를 도입하는 등 다른 가게들이 곧바로 이 방식을 따라 했다. 1990년대 말에 이르러서는 대부분의 소매점이 플라스틱 카드를 이용한 일종의 선불 카드제를 도입했다.

가능성을 발견한 금융 회사들은 서둘러 자사 카드를 발행했다. 이 2세대 카드들 역시 동일한 핵심 원칙을 따랐다. 즉 카드를 이용해 무언가를 구매하려면 미리 현금을 충전해야 했다. 그런데 결정적인 변화가 있었다. 새로운 카드는 이를테면 "개방형 고리open-loop" 방식이었다. 카드를 가진 사람은 특정 가게에 한정되지 않고 어디에서든 카드를 쓸 수 있었고 심지어 현금을 인출할 수도 있었다. 처음에는 부모가 다달이 용돈을 주듯이 대학생 자녀의 카드를 충전해 줄 것이므로 이제 막 성인이 된 젊은이들이 주로 카드를 사용할 거라고 예상했다. 또는 카드가 여행자 수표의 현대적인 대안처럼 사용될 거라고 예상했다.

미국의 선불 카드 이용량은 지난 20년 동안 급증했다. 2000년대 들어 가장 급성장한 결제 수단이 되면서 2006년 33억 건이던 거래량은 2015년 3배로 늘어나 99억 건에 이르렀다. 혁신적인 이 결제 수단은 큰 성공을 거두었다. 하지만 금융업자들이 당초 염두에 두었던 고객층(부유한 부모들이나 베네치아를 여행하는 은퇴한 현금 부자들) 예상은 완전히 빗나갔다. 선불 카드는 주로 채무를 연체하거나 갓 이민 온 탓에 신용 등급이 나쁜 사람들이 선호한다. 선불 카드 이용자는 아프리카계 미국인, 여성, 실직자 또는 대학을 나오지 못한 사람인 경우가 많다. 선불 카드는 대부분 남부에서 사용되며 그 중심에 루이지애나주와 이웃한 텍사스주가 있다.[14]

재소자들의 새로운 화폐 이름은 이 카드들 중에서 대중에게 널리 알려진 그린도트Green Dot 상표에서 따왔다. 이 카드는 비자나 마스터카드 로고가 들어가 있으며 일반적인 신용 카드나 직불 카드를 받는 곳이면 어디에서나 사용할 수 있다. 사용자는 카드와 연동할 계정 이름을 설정해야 하지만 주소나 신분을 증명할 어떠한 자료도 필요하지 않다. 계정을 만든 사용자는 카드를 하나 더 구입하는데 흔히 머니팩MoneyPak으로 불리는 이 카드는 긁는 일회용 카드며, 직불 카드에 20달러부터 500달러 사이의 금액을 충전하기 위해 사용된다. 두 카드 모두 월마트나 편의점, 약국 등 거의 어디에서나 구매 가능하다. 머니팩 카드의 뒷면을 긁으면 14자리 숫자가 드러난다. 이 숫자가 바로 "도트"로 최대 500달러 가치의 구매력을 갖는 중요한 연결 고리다. 사용자가 인터넷에 접속해 자신의 계정으로 로그인한 다음 예의 "도트"를 입력하면 순식간에 직불 카드에 해당 금액이 충전된다.

과정이 조금 귀찮기는 하지만 이 방식은 불법 거래를 하는 데 새롭고 강력한 수단이 될 특징들을 갖추고 있다. 그린도트 카드를 구매하는 사람은 카드를 현금으로 살 수 있으며 500달러짜리 머니팩을 구매하는 사람 역시 마찬가지다. 따라서 누가 카드를 가졌는지 절대로 흔적이 남지 않는다. 해당 잔고의 수혜자는 머니팩이 있는 곳을 알 필요가 없거니와 심지어 같은 장소에 있을 필요조차 없다. 그들이 알아야 할 것은 머니팩 뒷면에 적힌 숫자가 전부다. 밀반입한 휴대전화를 이용해 문자 메시지로 누군가에게 14자리 "도트"를 알려 주거나, 숫자가 보이도록 사진을 찍거나 손으로 적어 보내거나, 아니면 그냥 전화를 걸어 직접 숫자를 알려 주면 그것으로 충분하다. 도트는 현금에 매우 근접한 화폐다. 아무리 멀리 떨어져 있다 한들 즉석에서 간단하고 안전하게 송금할 수 있다.

거액의 현금 결제를 하기 위해 재소자는 교도소 밖에 있는 친구에게 머니팩을 구입한 다음 도트를 넘겨 달라고 부탁한다. 현금이나 다름없는 이 14자리 숫자는 이후에 마약을 비롯해 교도소에 있는 무언가를 구매하는 대가로 교도관이나 또 다른 재소자에게 넘길 수 있다. 현금 대신 도트를 교환함으로써 재소자들은 그들의 손을 깨끗하게 유지한다. 바깥세상의 자유인들은 1명이 머니팩을 구입하고 다른 1명이 머니팩의 잔고를 넘겨받아 자신의 그린도트 카드를 충전함으로써 서로 만나거나, 서로에 대해 알거나, 은행 계좌에 접속할 필요가 없다. 선불 카드를 이런 식으로 사용하면 결국 내구성 있고, 머니팩의 최소 금액인 20달러까지 결제 금액에 따라 분할 가능하며, 어디에서나 사용 가능한 비공식 화폐의 탄생을 초래한다. 그리고 이런 특징은 제번스와 멩거가 수백 년 전에 제시한 좋은 화폐의 기준과 정확히 일치한다.

교도소를 움직이는 2가지 평행 경제

이런 극단적인 화폐 발명이 주는 더 넓은 의미의 교훈이 있다. 디지털 금융은 흔적을 남기기 때문에 많은 정책 입안자들은 온라인 뱅킹을 늘리는 것이 불법 거래와 돈세탁을 막는 방법이라고 생각한다. 그들의 이론대로라면 디지털 경제가 현금 중심 경제보다 단속하기 더 쉬워야 할 것이다. 심지어 몇몇 나라는 모든 금융 업무를 온라인 방식으로 전환해 경제를 정화하기 위한 한 방편으로 종이 화폐를 전면 금지하는 방안을 검토 중이다.

그러나 화폐 발명이 어떻게 일어나는지 알면 이런 희망은 순진해 보일 수밖에 없다. 요컨대 외딴 섬부터 최고 보안 시설 교도소에 이르기까지 화폐 발명은 비공식적인 동시에 자연발생적으로 이루어지며, 루이지애나 교도소들에서 보듯이 이제는 추적하는 것조차 불가능하다. 들리는 말에 따르면 국경 지대에서는 이미 새로운 디지털 "도트" 화폐가 실제로 돈세탁에 이용되고 있다.

교도소 내의 불법 시장이 명백히 악영향을 줄 수 있음에도 30대의 한 전과자는 교도소 지하 경제를 옹호한다. "나는 안에 친구들이 있습니다. 그들은 그런 식으로 밖에 있는 가족을 부양합니다." 그는 모범수가 아닌 재소자가 주립교도소 안에서 자신의 운명을 개척할 방법이란 매우 제한적이라고 말한다. "그래서 마약을 파는 겁니다. 복권을 팔거나 도박을 하는 이유도 마찬가지죠. 그런 식으로 돈을 버는 거예요." 루이지애나주립교도소에서 수십 년째 복역 중인 장기 복역수들도 지하 거래가 교도소 내 삶을 평온하게 유지하기 위한 방법이라고 주장하면서 지하 경제를 옹호한다. 한때는 담배를, 이제는 고등어 통조림이나 면류, 커피를 화폐로 사용하는 소소한 상업 활동(이발, 피칸, 책, 셔츠 다림질, 심지어 문신까지)은 엄청나게 긴 루이지애나주의 형기를 조금이나마 수월하게 견디기 위한 방법이다.

미래를 걱정하는 사람들에게 루이지애나주 교도소 시스템의 숨은 경제는 중요한 교훈, 아체와 자타리에서 삶을 재건한 그 교훈을 제공한다. 바로 사회가 충격에서 회복할 수 있도록 돕는 비공식 경제의 힘, 그리고 자신들의 시장이 손상되고 파괴되거나 어떤 면에서 제한되어 있음에도 새로운 거래 체계를 확립하기 위해 기꺼이 헌신하는 놀라운 노력과 혁신의 힘이 그것이다.

루이지애나주 교도소들에는 2가지 평행 경제가 존재한다. 하나

179

는 추적이 불가능한 도트 화폐를 바탕으로 운영되는 불법 마약 경제,
다른 하나는 서로 합의된 어떤 물품(현재는 커피다)을 화폐처럼 사용
해 기본적인 생필품을 거래하는 더 무해한 시장이다. 두 경제에서 이
루어지는 거래의 원동력은 윌버트 리도가 주창한 가장 기본적인 교도
소 경제 법칙, 교도소는 충족되지 않는 요구와 기호, 수요로 정의되는
곳이라는 법칙이다. 두 경제는 모두 자연발생적이고 유기적이며 지극
히 혁신적이다. 또한 화폐 공급이 경제에서 국가의 궁극적인 역할처
럼 보이는 것과 별개로, 완전히 새로운 화폐가 만들어질 수 있음을 보
여 준다. 루이지애나주 교도소들은 비공식 매매와 거래에 대한 인간
의 욕구를 억누르기가 사실상 불가능함을, 따라서 앞으로 맞닥뜨릴
위기에 대한 해법이 공식 시장뿐 아니라 비공식 시장에서도 나올 수
있음을 보여 준다.

180

교도소 지하 경제의 가치

교도소 내 거래가 창출하는 가치는 이런 거래를 없애면(만일 없애는 것
이 가능하다면) 대가가 뒤따를 것임을 의미한다. 일례로 재소자들은 교
도소 지하 경제에서 익힌 기술을 출소한 이후에 활용할 수 있다.

　루이지애나주에서 보낸 마지막 날 나는 머리를 다듬기 위해 뉴
올리언스의 7번구에 위치한 리얼젠틀먼이발소Real Gentlemen Barbershop
에 들렀다. 나를 담당한 이발사는 앙골라교도소에서 두 번에 걸쳐 오
랜 기간 복역한 이제 마흔두 살의 대니얼 리도Daniel Rideau였다. 첫 번

째는 마약 범죄, 두 번째는 신분 위조 때문이었다. 그의 동업자 제롬 모건Jerome Morgan은 지역에서 유명 인사였는데, 열일곱 살 때 1급 살인죄로 기소되어 앙골라교도소에서 20년을 복역했지만 억울하게 기소되었다는 새로운 증거가 나오면서 석방되었다. 두 사람 모두 앙골라교도소의 지하 경제에서 이발 일을 처음 시작했다. 그들이 음반가게와 카페 사이에 문을 연 리얼젠틀먼이발소는 안락한 가죽 의자부터 어지럽게 돌아가는 이발소 간판 기둥까지 최고 수준을 자랑했다. 이발료는 35달러였다.

두 이발사는 앙골라교도소에서 10대 때는 몰랐던 직업 윤리를 배웠다고 말한다. 그리고 뉴올리언스의 범죄가 더 심각한 문제들에서 기인한다고 말한다. 이를테면 롤 모델의 부재와 번듯한 일거리의 부재, 젊은 흑인 남성이 성취할 수 있는 것에 대한 낮은 기대감 등이다. "열아홉 살이 되어도 취업 기회가 없어요. 특히 가난한 동네 출신일 경우에는 더 그래요"라고 대니얼이 말한다. "그래서 맥도널드에서 일하거나 호텔에서 침대 시트 교체하는 일을 자청합니다. 열아홉 살의 누군가에게는 매우 힘든 결정이죠." 이제 그들은 둘 다 일의 미덕을 칭송한다. 이발소 일에 더해 그들은 현재 자신들의 교도소 생활을 다룬 책을 집필하는 중이며 젊은 초보 이발사도 채용했다. 제롬이 말한다. "우리가 이 땅에 태어난 건 일하기 위해서죠. 그게 다예요."

비공식 거래의 가치를 보여 주는 또 다른 예는 출소 후 사회에 적응하기 어려울 수 있다는 사실이다. 오랜 교도소 생활 끝에 주어진 자유는 달콤한 동시에 쏩쓸하다. 교도소 안의 인맥과 역할, 그에 따른 목적의식이 한순간에 사라지기 때문이다.

181

뉴올리언스 시내에서 나는 정확히 이 문제를 해결하고자 하는 퍼스트72+First 72+라는 기관을 방문했다. 한때 보석금 보증보험 회사의 사무실이었던 작은 건물에 자리 잡은 이 기관은 앙골라교도소에서 출소한 사람들을 출소 직후부터 첫 사흘 동안 돕기 위해 설립된 일종의 "거쳐 가는 집"이다. 앙골라교도소에서 26년을 보낸 노리스 핸더슨Norris Henderson과 지역 변호사 켈리 오리언스Kelly Orians가 공동으로 설립한 이 집은 새 출발에 필요한 새로운 관계망과 지원을 제공함으로써 기존의 역할과 목적의식과 일상을 잃은 데 따른 상실감을 극복하도록 돕고 있다.

건물 안에서는 출소한 전과자들을 위한 사업가 모임이 진행 중이었는데 30대 초반의 남성들이 모여 새로운 사업에 대해 논의하고 있었다. 그들 중 상당수는 절도나 강도 사건으로 20대 시절을 교도소에서 통째로 날린 사람들로("열여덟 살에 들어가 서른두 살에 출소한" 경우가 대표적이었다) 이제는 삶을 재건할 방법을 논의하고 하려는 사업에 관한 의견이나 정보를 교환하고 있었다. 최근에 원예 사업을 시작한 한 사람은 다음 단계는 자기 차를 마련하는 것이라고 밝혔다. 교도소에서 승합차와 버스를 수리하며 주어진 시간 대부분을 보낸 어떤 사람은 뉴올리언스에서 자동차 수리 사업을 시작했다. 사업가 모임은 서로 이야기를 나누고 정보를 교환하는 장소일 뿐 아니라 출소자들에게 종잣돈을 제공하기도 한다. 이를테면 이 돈을 빌려 새로운 기계나 도구에 투자하고 나중에 매출이 발생했을 때 갚는 방식이다. 루이지애나주 재소자 중 3분의 1이 출소 후 3년 안에 다시 교도소로 돌아온다는 점에서 이처럼 지속 가능한 경제 기회를 제공하는 프로젝트는 이런 우울한 통계치를 떨어뜨릴 매우 중요한 방법이다.

사업가 모임에서 만난 또 다른 남성 대릴Darryl은 어린 시절에 자신이 알던 유일한 사업이 마약이었다고 말한다. 그는 교도소에서 정식 교육을 통해 안경 렌즈 만드는 법을 배웠고 안경사 자격증까지 취득했다. 그리고 출소하자마자 안경 사업을 시작했다. 그가 가공하기전 상태의 두꺼운 렌즈 원판과 각 고객의 요구에 맞추어 이 렌즈 원판을 가열해 모양을 만들 때 사용하는 기계, 그가 판매하는 다양한 안경테를 내게 보여 준다. 안경 업계의 거인 룩소티카Luxottica가 아네트, 오클리, 레이밴, 페르솔 등 많은 브랜드를 소유하고 있다는 사실은 안경사업이 도전하는 사람들에게 적합하다는 뜻이라고 그는 말한다. 안경산업에 대한 대릴의 지식은 복잡하고 정교하며 그가 만드는 제품은매끈하고 전문가의 솜씨가 느껴진다. 매출도 증가하고 있다. 대릴과동료 사업가들의 이해력과 추진력은 낙관적인 전망을 가능하게 하는동시에 교도소에서 수십 년을 날린 엄청난 낭비의 흔적을 보여 준다.

협소한 거쳐 가는 집에서 바로 길 건너편에 새로 지은 거대한 건물이 핸더슨과 오리언스 같은 개혁가들이 직면한 도전의 규모를 알려준다. 오후 햇살 속에서 선팅된 창문을 번쩍이며 스카이라인을 지배하는 외관만 보면 투자 은행이나 법률 회사의 본사처럼 보인다. 하지만 이 빛나는 육중한 건물은 총 1억 4500만 달러가 투입된 루이지애나주의 최신 교도소로 1438명의 재소자를 수용할 수 있다. 교도소가미어터질 지경이 되자 기결수들을 앙골라교도소나 다른 장기수 교도소로 이감하기 전까지 한동안 이런 지역 교도소에 수감하는 것이다.새로운 교도소에는 공중전화가 창문 근처에 위치해 바깥쪽 퍼디도스트리트Perdido Street를 내려다볼 수 있다. 바꾸어 말하면 인근 지역에 사는 가족이 차를 몰고 와 주차해 놓고 교도소 안에 있는 재소자와 통화하면서 손을 흔들어 줄 수 있다는 뜻이다. 이 같은 진풍경을 가리키는 별칭이 존재하는데 바로 "교도소 페이스타임prison FaceTime"이다.[15]

　결과적으로 루이지애나주는 놀라운 생존 능력을 특징으로 하는 3곳의 극한 경제에 대한 조사를 마무리하기에 적절한 장소였다(3곳 모두 온갖 어려움에도 시장과 화폐와 거래와 매매가 존재했다). 그런데 루이지애나주는 믿을 수 없는 회복탄력성 이야기가 존재하는 곳인 동시에, 세상에서 가장 발전한 나라들이 실패하고 있음을 상기시켜 주는 곳이기도 했다.

　나는 퍼디도스트리트에서 차를 몰아 툴레인애버뉴Tulane Avenue로 접어들었다. 이 대로가 뉴올리언스의 프렌치쿼터French Quarter 구역과 61번 고속도로를 잇는 간선도로라는 점에서 누군가는 재즈 음악이 흘러나오는 카페들이 차츰 블루스 바로 바뀌어 가는 가로수 길 풍경을 상상할지 모른다. 하지만 이곳은 경기 침체가 지속되는 우울한 곳이다. 공공 투자 또한 부족하다. 병원은 금방이라도 쓰러질 것 같고 보훈 회관 밖에 있는 버스 정류장에는 술 취한 퇴역 군인들이 자고 있으며 더럽기 짝이 없는 벽으로 둘러싸인 법원은 마치 교도소를 보는 것 같다. 민간 부문의 매출도 형편없다. 거리에는 재판을 기다리는 사람의 가족들에게 채무 구제나 보석 보증서를 홍보하는 네온사인이 내걸린 칙칙한 점포들만 보일 뿐이다. 잡초와 쓰레기로 가득 찬 버려진 땅이 많고 시내 중심가에는 아동용 물놀이장 크기로 팬 구덩이에 썩은 물이 그득하다.

184

경제가 항상 반등하는 것은 아니며 사람들이 항상 다시 일어나는 것 역시 아니다. 때로는 상황이 더욱 악화한 채 계속 그 상태로 유지되는 경우가 있다. 루이지애나주의 이런 열악한 경제 사정은 세계에서 가장 극한의 경제 실패 사례를 보여 주는 다리엔과 킨샤사, 글래스고를 방문했을 때 경험할 이야기를 미리 조금 맛본 것에 불과했다.

2부

미래를 잃어버린
실패와 몰락 이야기

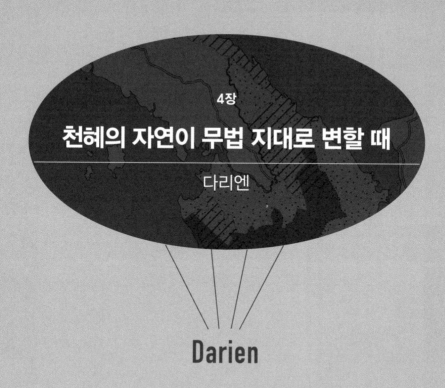

4장
천혜의 자연이 무법 지대로 변할 때

다리엔

Darien

거래는 거래를 늘리고 돈은 돈을 낳을 것이다. …
따라서 두 바다로 통하는 이 문, 세계를 여는 이 열쇠를 합리적으로 경영한다면
당연히 그 소유자는 양쪽 대양의 절대적 지배자, 상업 세계의 중재자가 될 것이다.
윌리엄 패터슨, 《다리엔 식민지 건설에 관한 제안》, 1701

다리엔, 너, 사람들을 집어삼키고 그곳에서 살아가던 사람들을 잡아먹은 땅.
프랜시스 볼랜드, 《다리엔의 역사》, 1779

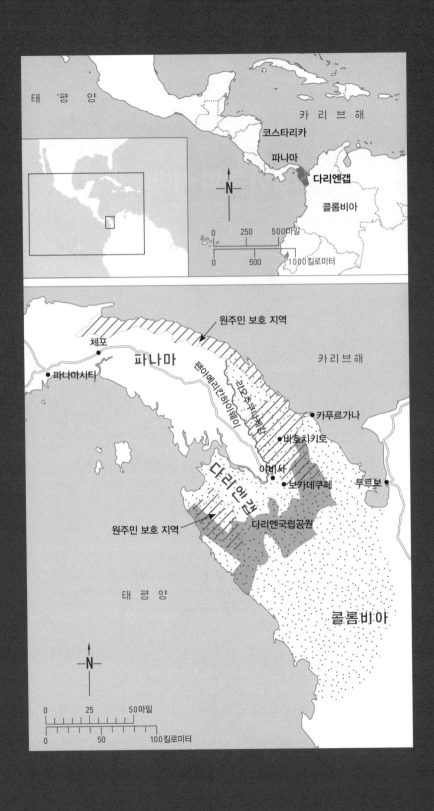

이방인을 맞는 원주민의
불안한 시선

파나마 마을인 바호치키토Bajo Chiquito는 여러 면에서 목가적인 곳이다. 무성한 녹색 정글의 한가운데 위치한 이 마을의 목재 주택은 비를 막아 주는 두꺼운 초가지붕 아래 해먹이 바람에 여유롭게 흔들리는 하나의 넓은 공용 공간을 높은 기둥들이 떠받치고 있는 구조다. 주변보다 약간 높은 작은 언덕에 자리한 바호치키토 마을은 바닥이 온통 돌에 물이 수정처럼 맑고 수심이 얕은 리오투케사강Rio Tuquesa을 굽어보고 있다. 이곳에 사는 사람들은 원주민인 엠베라Embera 부족의 일원으로, 엠베라족은 이 일대의 정글 곳곳에서 작은 부락을 이루어 살아간다. 바호치키토 마을 주민들은 강을 최대한 활용한다. 여성들과 아이들은 이 강에서 목욕과 빨래를 하고 강둑에서 왜가리가 지켜보는 가운데 수심이 얕은 곳에서 물놀이를 즐기기도 한다. 더 위쪽에서는 한 무리의 10대 아이들이 집에서 만든 작살로 물고기를 잡느라 흥분해 물속을 첨벙거린다. 하루가 끝나 갈수록 강기슭에는 꽤 많은 물고기가 쌓인다.

촌장 후안 벨라스케스Juan Velasquez가 집 밖에 앉아 바호치키토의 삶을 자세하게 설명하는 동안 그의 예비 사위가 열심히 경청하고 있다. 이 젊은 남성은 상류 쪽으로 몇 킬로미터 떨어진 이웃 마을 출신인데 후안의 딸과 결혼하면 이곳으로 이주해 새로 집을 짓고 살 예정이다. 집을 지을 재료는 마을을 둘러싼 값비싼 활엽수 중 일부를 벌목한 돈으로 구입할 것이다. 후안은 불과 넉 달 전에 촌장으로 선출되었지만 이미 마을의 경제적 운영과 안전 문제를 비롯해 책임감에 짓눌린 상태다. 강가에서 좁은 오솔길을 따라 걸으면 작은 언덕이 나타나고 바호치키토 마을로 이어진다. 후안의 집은 마을 입구에 자리하고 있다. 그가 오솔길을 가리키며 "우리는 이곳이 안전하지 않다고 생각합니다"라고 말하면서 초대받지 않은 외부인들이 거의 매일 마을을 거쳐 가기 때문이라고 설명한다.

바호치키토는 가장 가까운 도로가 걸어서 며칠이 걸릴 정도로 외진 마을이지만 외국인의 발길이 끊이지 않는다. 후안에 따르면 그들은 아무런 예고 없이 하루 중 아무 때나 마을을 찾아온다. 평소에는 하루에 겨우 몇 명 정도지만 때로는 수백 명이 한꺼번에 몰려와 주민이 300명에 불과한 마을 전체가 북적이곤 한다. 우리가 이야기를 나누는 동안 전임 촌장 넬손Nelson이 어슬렁거리며 다가온다. 그는 외국인들과 그들이 초래하는 안전 문제가 모든 엠베라족 지도자들이 직면한 가장 큰 문제라며 동의를 표한다.

때마침 후안이 눈에 힘을 주면서 한곳을 뚫어지게 쳐다본다. 눈썹을 치켜올리고 내 어깨 너머로 시선을 둔 채 내게 자신과 같은 곳을 보라고 고갯짓으로 신호한다. 방문객 6명이 마을로 걸어 들어왔는데 모습이 매우 이질적이다. 엠베라족은 키가 작고 다부진 체형이다. 남성은 150센티미터를 넘는 사람이 거의 없으며 여성은 더 작다. 대다수 남성이 이른 아침에 강에서 몸을 씻은 뒤 상의는 입지 않고 나일론 농구 반바지만 입은 채 맨발로 다니거나 발가락을 보호하기 위해 단순한 플라스틱 클로그를 신는다. 반면에 새로 도착한 사람들은 키가 크고 호리호리하며 청바지와 나이키 운동복 차림이다. 개중 1명은 프리미어리그 프로축구팀 아스널의 붉은색 유니폼 셔츠를 입고 있다. "우린 저들이 누구인지, 어디에서 왔는지 몰라요"라고 후안이 이야기한다. 거대한 정글 한가운데 작은 공간인 바호치키토에는 담장도 없고 경계도 허술하다. "사람들이 쳐들어오려고 하면 우린 스스로를 지킬 방법이 없어요."

외견상 파나마와 콜롬비아에 걸쳐 있는 다리엔갭은 북아메리카 대륙과 남아메리카대륙을 나누는 울창한 정글과 열대우림 지역이다. 나는 다리엔갭의 경제 상태를 이해하고자 한쪽에 위치한 바호치키토 마을로 여행을 떠났다. 거의 알려지지 않은 이 지역은 2부에서 소개하는 다른 지역들과 마찬가지로 놀라운 회복탄력성이 아닌 놀라운 실패 때문에 또 다른 극한의 모습을 보여 준다.

위험과 기회의 땅

다리엔과 킨샤사, 글래스고는 이론상 세계를 선도하거나 타의 추종을 불허할 만큼 번영했어야 할 지역들이다. 다리엔은 천연자원과 관련한 잠재력이 상당하다. 땅 밑에 있는 금부터 자단紫檀을 포함한 희귀하고 값비싼 각종 목재까지 천연자원이 원시 열대우림을 가득 채우고 있다. 하지만 다리엔을 더욱 빛나게 만드는 자산은 북아메리카대륙과 남아메리카대륙을 잇고 대서양과 태평양을 잇는 가교로서 위치다. 이런 전략적 위치 때문에 다리엔은 수백 년 전부터 알려졌다. 초기 모험가들은 이곳에 대륙과 바다를 연결하는 무역 중심지를 건설할 계획을 세우면서 이 땅을 "세계를 여는 열쇠"로 만들기만 하면 확실한 경제적 성공이 뒤따를 것으로 여겼다.

하지만 다리엔은 오늘날 경제적으로 미개발된 채 사람들에게 잊힌 지역이다. 기껏해야 그들이 처한 위기와 위험성만 알려져 있을 뿐이다. 다리엔의 대부분 지역은 규칙과 법규, 정부의 감시가 최소한으로 이루어지는 세상이다. 그 결과 원주민 부족에 더해 마약 밀수꾼이나 자유의 투사를 비롯한 도망자들이 사는 무법 지대다. 그들이 이곳에 머무는 이유는 진입하기가 불가능하고 금전적으로 엄청난 가치를 지닌 열대우림이 존재하기 때문이다.

열대우림은 또한 빠르게 감소하는 중이다. 전 세계에서 삼림 파괴는 빠른 속도로 진행되고 있으며 최악의 해인 2016년에는 기록적으로 많은 나무가 사라졌다. 다리엔을 감독해야 할 두 나라인 콜롬비아와 파나마에서는 이후로 삼림 파괴율이 급등했다.

나는 다리엔갭을 도보로 이동하면서, 또 잘 알려지지 않은 이곳 지리적 교차로에 살며 거래하는 사람들을 만나 보면서 이런 의문에 대한 답을 알아보고 조사했다. 왜 이 지역은 제대로 개발되지 않았을까? 상거래가 그들의 놀라운 땅을 보호하지 못하고 오히려 위험에 처하도록 만든 경제 요인은 무엇일까?

다리엔갭Darien Gap은 팬아메리칸하이웨이Pan-American Highway를 가로막는 유일한 방해물인 까닭에 갖게 된 이름이다. 팬아메리칸하이웨이는 북쪽으로는 알래스카, 남쪽으로는 아르헨티나 최남단 지역인 티에라델푸에고섬Isla Grande de Tierra del Fuego을 잇는 총연장 3만 킬로미터에 이르는 고속도로로 알려져 있다. 사실 이 고속도로는 중간에 끊어진 곳 즉 틈gap이 있기 때문에 진정한 의미로 아메리카대륙 전체를 아우르는 "팬아메리칸"은 아니다. 북쪽 구간은 파나마 야비사Yaviza에서 끝나며 남쪽 구간은 동쪽으로 약 112킬로미터 떨어진 콜롬비아 투르보Turbo에서 시작된다. 그리고 이 두 지점 사이에 다리엔갭이 위치한다. 수백 개의 강이 거의 1킬로미터 간격으로 열대우림을 수놓고 있는 이곳 풍경은 놀랄 만큼 아름답다. 카누를 타거나 걸어서만 갈 수 있는 이곳은 현지인들 사이에서 "방해자"를 뜻하는 "엘 타폰El Tapon"이라는 이름으로 알려져 있다.

공식적으로 다리엔갭은 전체 면적 중 5분의 4가 파나마 영토며 나머지는 콜롬비아 국경 안에 위치한다. 열대우림 안쪽으로 며칠만 걸으면 파나마와 콜롬비아 사이 국경이 나타나는데 일단 이곳까지 도착할 수만 있다면 국경을 통과하는 것은 자유롭다. 그럼에도 다리엔은 그 자체를 하나의 영토로 생각하는 편이 낫다. 엄밀한 의미에서 파나마를 비롯한 중앙아메리카는 이 지역의 서쪽에서 끝나고 콜롬비아와 남아메리카는 이 지역의 동쪽 가장자리에서 시작된다. 이 중간 지대는 사람들이 마음대로 드나드는 국적이 유동적인 지역이다

파나마의 국경수비대인 "세나프론트Senafront, Servicio Nacional de Fronteras"는 바호치키토처럼 작은 마을까지 포함해 대부분의 마을에 상시 주둔하지만 미개척지는 전혀 관리하지 않는다. 이곳 농장들은 코카인 운반용 경비행기가 이용하는 활주로 건설로 악명 높다. 야비사 근처 한 지역 주민이 팬아메리칸하이웨이의 직선 구간을 가리키며, 주민들은 밤이 되면 그곳을 멀리해야 한다는 사실을 잘 안다고 설명한다. 콜롬비아 마약 밀수꾼들이 때때로 그 구간에 비행기를 착륙

195

시키는 까닭이다.[1]

과거나 현재나 다리엔갭의 문제는 안전이다. 오늘날 다리엔갭을 둘러싼 무시무시한 소문 가운데 상당수는 50년 넘게 지속된 콜롬비아내전Conflicto en Colombia 중 게릴라군의 활동에서 기인한다. 콜롬비아혁명군FARC, Fuerzas Armadas Revolucionarias de Colombia은 1964년 콜롬비아 공산당에 동조하는 일단의 전사들로 결성되었는데, 2016년 체결된 평화 협정으로 그해 공식적으로 해체되었다. 내전 기간 동안 콜롬비아혁명군은 자금 조달 방식 때문에 특히 잘 알려졌다. 그들은 사람을 납치해 몸값을 받았고 "세금"이라는 명목으로 마을과 도시에서 돈을 갈취했으며 마약을 밀매했다. 1958년부터 2016년까지 이어진 콜롬비아내전은 약 26만 명의 사망자를 낳았다. 콜롬비아혁명군은 이 사망자 중 12퍼센트에 대한 책임이 있었고 많은 나라에서 테러 집단으로 지목되었다.[2]

6명의 외부인이 아무런 예고 없이 바호치키토 마을을 방문했을 때 촌장 후안이 그처럼 우려를 표한 이유가 바로 여기에 있다. 엠베라족이 가장 두려워하는 불청객은 마약 거래와 연루된 콜롬비아인이다. 그들은 이런 밀수꾼을 "산사람gente de la montana"이라 부르는데, 주로 과거에 콜롬비아혁명군이었던 이들이 무장을 하고 악랄한 짓을 저지를 수 있음을 안다. 실제로 후안이 촌장으로 선출되고 겨우 2주 정도 지났을 때 다리엔의 깊은 정글에서 마약 밀수꾼과 파나마 국경수비대 사이에 총격전이 벌어져 4명이 목숨을 잃었다. 다른 마을들은 사정이 더 나빴다. 바호치키토에서 약 16킬로미터 떨어진 페냐비하괄Pena Bijagual 마을에 살던 엠베라족은 마약 밀수꾼 일당의 습격을 받아 마을을 떠나야 했다. 그러니 정체를 알 수 없는 6명이 다리엔의 이 작은 마을로 행군하듯 들어오는 모습은 심장을 벌렁거리게 만들기에 충분했다.

결론적으로 우리는 바호치키토 마을을 찾은 새로운 방문자들을 전혀 두려워할 필요가 없었다. 울창한 정글에서 나타난 그들은 콜롬비아인 마약상이 아니라 친절한 네팔 젊은이들이었다. 인도와 세네갈, 카메룬, 베네수엘라 출신의 다른 젊은 남녀와 함께 거칠고 목숨을 위협하는 경로를 따라 다리엔갭을 거쳐 파나마로 들어가 미국으로 가려는 경제 이민자들이었다. 그들과 나는 다리엔갭의 반대편에 도착해 다시 만나게 될 터였다. 이민자들과 원주민 부족들이 직면한 문제는 서로 연결되어 있으며 그 중심에 경제학이 존재한다.

이민자들을 만나서 놀라기는 했지만 역사를 돌아보면 그들의 장대한 여정은 적절한 선택이다. 다리엔은 경제적으로 새로운 기회를 모색하던, 예컨대 가난하거나 야심적이거나 노예로 끌려왔거나 재산을 모두 빼앗긴 사람들이 수백 년 동안 피난처와 위안을 얻고 새 출발을 시작한 곳이다. 오늘날의 불법 이민자는 다리엔에 모든 것을 걸었던 수많은 사람들 가운데 가장 최근 주자일 따름이다.

누군가에게는 이곳 정글의 미개척지가 위험을 의미할 뿐이지만 누군가에게는 너무나 매력적인 잠재력을 가진 땅이 될 수 있다. 그리고 한때는 바로 이 잠재력이 오랫동안 잊혀 있던 다리엔을 영국에서 가장 뜨거운 화두로 만들었다.

197

해적들의 진기한 모험담과
대단히 훌륭한 항구

1600년대까지 영국은 무역으로 점점 부유해지고 있었다. 카디프부터 런던까지, 사우샘프턴부터 글래스고까지 영국 곳곳에 활기 넘치는 항구가 존재했다. 상인들은 호화 저택을 짓기 시작했으며 외국에서 들여온 수입품 덕분에 식생활이 개선되었다. 1585년 남아메리카에서 들여온 감자는 주식으로 큰 인기를 끌었다. 1650년대에 처음 문을 연 커피 가게는 빠르게 확산되었다. 부자들이나 대담한 사람들 사이에서는 토마토와 브로콜리 같은 낯설지만 맛있는 먹거리가 부쩍 각광을 받았다.

새로운 살 것이나 먹을 것에 더해 무역은 흥미롭고 충격적인 이야기를 많이 제공했다. 그중에서 가장 인기를 끈 것은 수천 명의 사병을 거느린 채 금을 찾아다니면서 쿠바와 파나마, 베네수엘라의 여러 도시를 약탈하고, 건물을 파괴하고, 현지인을 고문한 웨일스 사람 헨리 모건Henry Morgan에 관한 이야기였다. 무역과 탐험 이야기의 인기 속에서 해적이자 친구 사이인 윌리엄 댐피어William Dampier와 라이어널 웨이퍼Lionel Wafer가 각자 쓴 2권의 책이 1690년대에 출간되었다. 이를 계기로 다리엔은 매우 유명해졌다. 다리엔을 다룬 이 두 책은 단순한 베스트셀러를 넘어서 결과적으로 유럽의 역사를 바꾸어 놓았다.

댐피어와 웨이퍼는 똑똑한 사람들이었다. 영국 시인 새뮤얼 테일러 콜리지Samuel Taylor Coleridge는 댐피어를 "훌륭한 지성을 가진 해적"이라고 불렀으며, 외과 수련의였던 웨이퍼는 고속 승진해 그가 탄

배의 수석 의사가 되었다. 두 사람 모두 다리엔을 도보로 가로질러 태평양 연안까지 가려는 한 탐험대의 일원인데 웨이퍼의 이야기는 특히 흥미진진하다. 한 어설픈 해적이 실수로 총을 발사해 웨이퍼가 무릎에 심한 부상을 당하는 재앙이 일어난다. 정글에서 낙오된 그를 한 원주민 부족이 이국적인 식물을 입으로 씹어 만든 연고로 치료해 주고, 그는 그 부족과 친구가 된다. 하지만 머지않아 원주민 부족은 얼마 전 발생한 원주민 가이드의 죽음에 그가 개입되어 있다고 의심하기 시작해 그를 산 채로 태우려고 큰 불을 피운다. 그러자 웨이퍼는 유럽의 의료 기술을 전수함으로써 죽음을 모면하고 오히려 반인반신으로 칭송받는다. 그러고는 족장에게 그의 딸과 결혼하기 위해 돌아올 것이라고 약속한 뒤(그곳을 벗어날 유일한 방법이다) 홀로 정글을 가로질러 동료 선원들이 있는 카리브해 연안에 도착해 스페인 항구 도시 카르타헤나Cartagena를 향해 출항한다. 마치 할리우드 블록버스터 영화의 대본 같은 이야기다.

유럽의 커피 가게들에서는 이 진기한 다리엔 여행담을 몹시 흥분한 목소리로 낭독하는 소리가 울려 퍼졌다. 그리고 이 이야기들은 다리엔을 낙원처럼 보이도록 만들었다. 웨이퍼의 여행담을 들은 청중들은 "개천과 마르지 않는 샘"이 넘쳐나는 땅과 "무척 기름진 토양을 고려하면" 농작물이 "매우 잘 자랄 것 같은" 대지에 대해 알게 되었다. 여러 "매력적인 나무 군락지"는 많은 가치 있는 나무들에 대한 설명과 함께 매우 세세하게 분류되었다. 웨이퍼가 먹은 음식에 관한 이야기를 듣다 보면 군침이 절로 돌 정도다. 그는 "영양이 풍부하고 맛 좋은" 돼지 바비큐에 이어 당시 최고의 사치품인 파인애플을 묘사한다. "파

199

인애플은 정말 육즙이 풍부하다. 어떤 사람들은 인간이 상상할 수 있는 가장 맛있는 과일들을 모두 섞은 맛과 비슷하다고 믿는다."

다리엔의 천연자원이 영국인들을 흥분시켰다면, 다리엔의 전략적 위치는 이 무역과 탐험의 시대에 일종의 마니아를 탄생시켰다. 속속 등장하기 시작한 설명과 지도 덕분에 다리엔이 중앙아메리카 지협의 가장 좁은 부분이며 다수의 큰 강이 흐른다는 사실이 분명해졌다. 수많은 하천의 존재는 기업가정신을 가진 상인들을 사로잡았다. 카리브해 연안 무역만이 아니었다. 아메리카대륙을 횡단해 태평양 연안을 따라 아직 스페인의 지배를 받던 오늘날 에콰도르의 과야킬Guayaquil 같은 조선업과 상업 중심지 부근까지 무역 가능성을 열어 주었기 때문이다. 다리엔에 함대를 상륙시키는 일은 골든아일랜드Golden Island라는 한 지점에 안쪽으로 움푹 들어간 작은 만이 있어 매우 쉬울 것으로 생각했다. 웨이퍼 설명에 따르면 그곳은 "대단히 훌륭한 항구"였다.

스코틀랜드의 다리엔 재앙과
영국의 탄생

다리엔을 둘러싼 이야기는 특히 한 나라에는 그냥 무시하고 넘어가기에 너무 매력적이었다. 스코틀랜드의 정재계 인사들은 해외 무역 식민지를 건설하면 자국의 침체된 경제에 활력을 불어넣어 줄 것이라고 확신하게 되었다. 그들은 발 빠르게 움직였고 더 많은 정보를 얻기 위해 서둘러 웨이퍼와 댐피어를 면담했다. 탐험을 지원하기 위해 설립한 공기업은 부유하거나 가난한 투자자들로부터 50만 파운드를 끌어모았다. 당시 기준으로 스코틀랜드가 보유한 총자본의 약 절반에 해당하는 액수였다. 마침내 1698년 7월 14일 유니콘호Unicorn와 인데버호Endeavour가 이끄는 5척의 배로 이루어진 함대가 1200명을 싣고 스코틀랜드의 첫 식민지를 건설하기 위해 골든아일랜드를 찾아 출발했다. 오늘날 남은 탐험 일지는 모험심 강한 정착민들이 다리엔의 아름다움에 넋을 잃었다고 전한다. 아직까지는 웨이퍼가 옳았던 듯 보였다. 정착민들은 새로운 땅을 뉴칼레도니아New Caledonia로 명명하고 수도가 될 뉴에든버러New Edinburgh를 건설하기 시작했다.[3]

오늘날 "다리엔 재앙Darien Disaster"으로 알려진 이 희망에 찬 탐험은 스코틀랜드에 어느 때보다 심각한 경제적 재앙을 초래했다. 스코틀랜드인들이 그토록 먼 길을 항해해 교역소에 가져와 판매한 물건은 가발과 빗, 슬리퍼와 파이프 같은 그 시절의 소비재를 비롯해 하나같이 카리브해 지역에서는 쓸모없는 것들이었다. 거래가 불가능해지자 그들은 식량을 확보하기 위해 각자 기지에 의존하는 수밖에 없었다. 바다에는 물고기가 우글거렸지만 배에는 각각 작은 그물 하나밖에 없었다. 그나마 뭍에서 잡아먹을 수 있는 게는 개체 수가 빠르게 줄어들었다. 정착민들은 금방 술에 의지하게 되었고 그 많던 브랜디가 바닥을 드러냈다. 거기다 천연두, 흑사병, 콜레라, 이질, 장티푸스, 황열병, 말라리아 같은 다양한 열병이 창궐했다. 생존자인 월터 해리스Walter Harris의 표현에 따르면 "사람들은 쓰러져 썩은 양처럼 죽어 갔다."

또 다른 함대가 보급 물자를 실은 채 파견되었지만 상황은 더욱 나빠졌다. 스코틀랜드인들은 도중에 다리엔을 포기하고 자메이카로 방향을 바꾸었다. 이 과정에서 많은 사람이 목숨을 잃었고 살아남은 사람도 굶주림을 견디지 못해 현지에서 스스로 노예가 되었다. 다리엔으로 보낸 2500명의 스코틀랜드인 가운데 2000명 이상이 목숨을 잃었고 그곳으로 보낸 16척의 배 중 끝까지 남은 배는 겨우 1척에 불과했다. 스코틀랜드의 식민지 계획은 더 이상 나빠질 수 없을 정도였다. 다리엔 탐험은 새로운 스코틀랜드제국을 건설하기는커녕 스코틀랜드를 파산 직전으로 내몰았고 1707년 종합 구제 금융 정책으로 이어졌다. 그 결과 스코틀랜드는 잉글랜드의 지배를 받기에 이르렀다.[4]

다른 식민국들(가장 유명하게는 스페인)이 이곳 다리엔에 작게나마 정착지를 건설했고 때로는 교역지가 번창하기도 했다. 그러나 오늘날 다리엔을 여행하면 너무 조용하고 한산하며 미개발된 풍경을 접하게 된다. 영국을 탄생시킨 스코틀랜드의 재앙 이후로 300년째 다리엔은 야생 그대로 남아 있다.

길의 끝에서 만나는 몰락의 흔적

파나마시티는 지저분하다. 싸구려 티가 나는 고층 아파트 단지가 가득하고 도로는 차들로 꽉 막혀 있다. 하지만 다리엔을 향해 동쪽으로 나아가면 금방 사정이 바뀐다. 대략 30분 정도가 지나면 건물이 사라지고 팬아메리칸하이웨이가 완만한 기복과 곡선이 있는 1차선 도로로 바뀌면서 풍요로운 들판을 관통한다. 빠르게 달리는 트럭에 치여 죽은 동물의 시체를 먹는 독수리 무리가 점점 더 자주 나타나고 우리가 빠른 속도로 지나칠 때마다 거대한 덩치를 이끌고 하늘로 날아오른다. 납작하게 짓눌린 거대한 뱀의 사체를 지날 때 운전사에게 무슨 종류의 뱀인지 묻자 그가 어깨를 으쓱하며 말한다. "굳이 알려고 하지 말아요. 뱀이 우리를 죽이기 전에 우리가 먼저 죽이는 것일 뿐이에요."

다리엔갭은 원래 폭이 훨씬 더 넓었다. 1960년대까지만 하더라도 팬아메리칸하이웨이는 파나마시티에서 동쪽으로 60킬로미터 떨어진 체포Chepo라는 작은 마을에서 끊겼다. 오늘날에는 이 포장도로가 더 연장되었다. 체포를 지난 이후부터는 도로 주변의 농경지가 조금씩 티크나무 숲으로 변해 가면서 티크나무의 거대한 잎이 빛조차 통과할 수 없는 진녹색 지붕을 이룬다. 밝은색으로 칠해진 버스 정류장에 앉아 있는 가족들이 보인다. 이곳에서는 모든 사람이 햇빛을 피하려고 애쓰는데 오전 10시만 되어도 타는 듯이 뜨겁다. 남자들은 하나같이 모자챙이 완전한 원형에다 전면이 자동차 보닛처럼 약간 튀어나와 있고 진한 갈색 끈으로 테두리를 장식한 연노란색 파나마풀을 엮어 만든 햇빛 차단용 모자를 쓴다(이 모자를 흔히 "파나마모자"라고 부르는데 실은 에콰도르에서 기원했다). 여자들은 노란색이나 오렌지색 양산을 들고 다닌다. 도로변에는 거의 1킬로미터마다 농부들이 바나나와 비슷하게 생긴 플랜테인plantain(요리용바나나)을 잔뜩 쌓아 놓고 앉아 팔고 있다. 다 낡은 픽업트럭들이 도로를 이리저리 부산하게 오가며 도시로 가져갈 농작물을 수집한다.

2시간을 더 달리면 티크나무 숲이 끝나고 도로 위로 커다란 아치가 나타난다. 유니폼을 말쑥하게 차려입은 파나마 국경수비대가 차량을 꼼꼼하게 검사한다. 이 지점 즉 아과프리아Agua Fria는 파나마 정부가 완전한 통제권을 보유한 영토의 끝으로 알려져 있으며 다리엔갭의 실질적인 국경이다.

아치 아래로 이 지점을 통과하는 즉시 사뭇 다른 모습이 펼쳐진다. 우선 아스팔트로 포장된 매끄러운 도로가 모래와 흙먼지로 뒤덮인 울퉁불퉁한 길로 바뀐다. 승용차나 버스는 거의 보이지 않으며 산업용 차량이 대부분이다. 거대한 진홍색 통나무를 실은 육중한 트럭들이 뒤뚱거리며 도로를 오간다. 더 큰 힘을 낼 수 있도록 편법으로 배기관을 제거한 트럭들이 많이 보이고 그런 트럭들이 지나갈 때마다 귀가 먹먹해질 정도로 엔진이 비명을 지른다. 공식적으로 아직 파나마 영토지만 주변에는 벌써 남아메리카의 흔적들이 보이기 시작한다. 남성용 모자를 장식하는 짙은 색 끈이 조금 더 두꺼워지고 모자챙이 자연스럽게 아래로 처지도록 콜롬비아식대로 모자를 쓰고 다니는 사람이 많이 보인다.

도로는 아무런 예고 없이 하천항인 야비사에서 끝난다. 고속도로 옆에 알래스카부터 이곳까지 1만 2580마일의 도로가 내내 이어져 왔음을 기념하는 나무 표지판이 세워져 있다. 나루터는 통나무배에 잔뜩 실린 플랜테인을 내려 강변에 주차된 트럭 화물칸에 꼼꼼하게 적재하는 사람들로 혼잡하다. 대략 200미터에 이르는 중심가 양쪽 길가에는 술집과 당구장이 즐비하다. 이 가게들에서는 '티피카tipica'로 알려진 파나마식 팝 음악이 밤낮으로 흘러나온다. 현지인의 설명에 따르면 티피카 가수는 전부 남성이며 가사는 사랑이나 상실감, 외로움에 관한 내용으로 언제나 대동소이하다.

야비사는 고용 불안의 어두운 그림자가 짙게 드리운 도시다. 술

204

취한 사람이 많고 매춘부가 많다. 다행히 현지인 경제학자도 있다. 고속도로와 강, 하천항이 한때 다리엔의 경제 수도였던 이 도시의 문제와 어떤 관계가 있는지 설명해 줄 사람이다.

중추에서 허드레로 전락한
다리엔의 경제 수도

"야비사의 전성기는 과거일 뿐이에요"라고 미국에서 경제학을 공부한 50대의 현지인 에르멜 로페스Hermel Lopez는 말한다. 한때 정부 고문으로 일했던 그는 쇠락한 야비사의 상황에 분개했고 현지 사업가들에게 교육과 조언을 제공하기 위해 지역 문화 센터를 열었다. 도시 한가운데에 다리엔 박물관을 세우고자 기금도 모으고 있다. 그는 유구한 역사를 가진 야비사의 쇠퇴는 다리엔이 당면한 경제적 문제들을 보여 준다고 설명한다. 그의 집 바로 옆에는 1820년대에 스페인제국이 무너지기전까지 파나마를 지배했던 스페인 사람들이 세운 요새가 폐허로 남아있다. 스페인 관리들이 야비사에 요새를 만든 건 깊은 정글에서 채굴해 배에 실어 강 하류로 보내던 황금을 지키기 위해서였다.

205

도로가 전무한 지역에서 강은 주된 운송 경로였고 1960년대까지 계속 무역의 흐름을 결정했다. 야비사의 위치는 완벽했다. 고지대에서 북동쪽으로 흐르는 강줄기들이 모두 이곳으로 모여들고, 리오추쿠나케강Rio Chucunaque이 수백 개의 소도시와 마을을 야비사와 이어주면서 일종의 고속도로와 같은 역할을 했기 때문이다. 야비사에서 무역상과 도매업자는 그런 주변 지역 사람들과 거래하면서 그들의 큰 배가 가득 찰 때까지 물건을 사들였다. 그러고는 이곳에서 배를 타고 남쪽으로 이동해 태평양까지 간 다음 다시 서쪽으로 방향을 틀어 연안을 따라 파나마시티로 갔다. 이처럼 강에 기반한 이동 경로는 다리엔이 파나마의 수도와 교역할 수 있음을 의미하는 동시에, 다리엔이 강에 기반한 별도의 경제 체제를 가졌으며 그 중심에 야비사가 있음을 의미했다.

야비사가 과거에 훨씬 강력한 경제 도시였음을 암시하는 흔적은 도시 곳곳에서 볼 수 있다. 이곳 사람들은 가난하고 고용 불안에 시달린다. 낡아빠진 옷을 입고 다니며, 많은 이들이 남는 시간을 주체하지 못해 술집을 기웃거리며 하루를 보낸다. 한편 시내 중심가에 있는 집들은 비록 색은 바랬지만 여전한 위엄을 과시한다. 2층으로 지어진 이런 저택들은 위층에 으레 도로와 강을 내려다보는 베란다가 딸려 있다. 외벽에 사용된 나무판자는 두껍고 가공 상태가 훌륭하다. 세월의 풍파를 거치면서 더욱 멋스럽게 변했고 겉에 복잡한 무늬도 새겨져 있다. 그에 비하면 최근에 지은 집들은 작고 볼품없다. 콘크리트 벽과 대충 올린 것 같은 양철 지붕은 특별한 기술이 필요 없어 보인다.

시절이 더 좋았을 때 건설된 야비사 항구는 오늘날 이 도시의 쥐꼬리만 한 경제 규모를 생각하면 지나치게 큰 편이다. 이 먼 강의 굽이에 위치한 항구는 한때 이곳에 정박했을 큰 배에 무거운 짐을 실을 수 있도록 넓은 하역 구간과 견고한 기둥을 적용한 산업적인 용도로 설계되었다. 오늘날에도 이를테면 플랜테인을 가득 실은 전통 통나무 배가 몇 시간에 한 번씩 오가는 수준으로 거래가 여전히 유지되고 있지만 이 정도 기반 시설까지 필요한 규모는 아니다. 한 현지인이 야비사에 술집이 30개가 넘는다면서 예전에는 항구가 훨씬 바쁘게 돌아갔기 때문이라고 말한다. 뒷골목을 걷다 보면 술집 대부분이 여전히 영업 중이지만 손님은 전혀 보이지 않는다.

이미 사라진 지 오래인 하상 무역의 부위에 건설된 야비사는 한 번 잃은 경제 관계망을 다시 회복하지 못한 실패한 도시로, 킨샤사나 글래스고와 비슷한 황량함을 보여 준다. 운송 혁신이 불리하게 작용했을 때부터 운명은 야비사에게 등을 돌리기 시작했다. 이제 야비사는 다리엔 경제 체제의 중심축으로 번영을 구가하던 존재에서 파나마시티의 먼발치에 놓인 허드레 바큇살 같은 존재로 전락했다.[5]

낮은 평판과 고립 탓에 치르는 값비싼 대가

로페스의 설명에 따르면 야비사는 다리엔의 낮은 평판 때문에 값비싼 대가를 치렀다. 팬아메리칸하이웨이가 완성된 방식은 여기에 딱 들어맞는 사례다. 파나마 정부가 체포와 야비사를 잇는 도로를 건설하기로 했다는 소식을 접한 야비사 사람들은 고립될 것을 우려해 새로운 도로를 2개 조로 나누어 건설할 것을 제안했다. 한 조가 야비사에서 시작하고 다른 한 조가 체포에서 시작하면 나중에 두 조가 중간에서 만나게 될 터였다. 제안은 무시되었고 고속도로는 1963년 체포에서 시작해 한 방향으로만 확장되어 마침내 1980년대에 야비사에 도달했다.

리오추쿠나케강과 나란히 놓인 도로는 모든 신생 마을과 도시를 연결하면서 파나마시티로 가는 가장 쉬운 길이 되었다. 이제는 굳이 물길을 이용할 필요가 없어졌다. 해가 바뀔수록 야비사의 접근성과 영향력은 떨어진 반면 동쪽에 있는 도시들의 역할은 늘어났다. 더 이상 대형 선박이 야비사 항구까지 올 필요가 없어졌고 그 결과 배를 만드는 기술자, 기계공, 선장, 선원, 항만 노무자 같은 일자리도 사라졌다.

커다란 통나무배를 가진 엠베라족 선장이 플랜테인을 내리는 자기 선원들(2명의 젊은 남성)을 바라보면서 왜 고립되는 것이 문제인지 또 다른 이유를 설명한다. 그들은 다리엔갭의 깊숙한 곳에 위치한 마을 보카데쿠페Boca de Cupe에서 왔는데, 2주에 한 번씩 야비사를 오가고 있다. 주민들에게서 개당 8센트에 구매한 플랜테인을 마을 소유의 배에 싣고 6시간 동안 물길을 달려 플랜테인 시세가 10센트인 야비사에 오는 것이다. 다리엔 전역에서 다른 마을들이 똑같이 하기 때문에 항구에서 경쟁이 치열해질 수밖에 없고, 결국 과일을 구매하는 트럭 소유주들이 자기네 조건을 강요하기에 이른다. 엠베라족 선장에 따르면 트럭 운전사들은 대체로 대금 지불을 유예한 채 도매업자에게 과일을 판매한 다음에만 돈을 주려고 한다. 그들은 파나마시티에 가면 개당 25센트에서 50센트를 받는다며 선장이 볼멘소리를 한다. 개당 겨우 2센트에 불과한 그의 중간 이윤은 원가에 연료비와 인건비를 보태는 순간 수고를 감수할 가치가 거의 없어진다.

선장에게 문제는 유통 구조가 너무 복잡하고 수많은 중간 상인이 개입해 각자의 몫을 챙겨 가는 것이다. 우리가 이 문제를 고민하고 있을 때 선장이 그 많은 중간 상인을 피해 파나마시티로 직행할 수 있는 길을 아는지 우리에게 묻는다. 그렇지만 야비사는 고속도로 끝에 고립된 채 갇혀 있고 나가는 길은 오직 하나뿐이다.

자연을 떼어 파는 사람들

일자리가 없는 도시 야비사에서 사람들은 그들이 할 수 있는 일을 한다. 그런 일 대부분은 어떤 식으로든 주변 환경에서 가치를 뽑아내는 것과 관련이 있다.

필요 이상으로 큰 항구에서는 2명씩 짝을 이룬 젊은 남성들이 그들의 유일한 장비인 노와 플라스틱 통을 챙겨 금방이라도 부서질 것 같은 통나무배를 타고 강으로 나간다. 그들은 강바닥에서 모래와 자갈을 채취해 비탈진 강둑으로 운반한다. 강가에서는 다양한 등급의 모래와 자갈 무더기가 지역 건설업자들에게 플라스틱 통 하나당 20센트에 판매된다. 어떤 사람들은 몰래 숲으로 들어가 비싼 자단나무를 찾아 벌목한다. 자단나무는 보호종이다. 하지만 현지인들은 마을에 있는 중국인 무역상이 그들에게서 자단나무를 구매해 수출할 것임을 안다. 국유지를 돌아다니면서 소에게 풀을 먹이고 새로운 초원으로 떠나기 전 도축한 고기를 판매하는 유목민 '캄페시노campesino'도 있다. 다리엔갭의 깊숙한 강 상류에서는 여전히 많은 사람이 무리를 이루어 물과 수은을 강둑에 쏟아부어 퇴적물에서 귀한 사금 조각을 채취하고 있다.

환경이 하나의 재산이라면 야비사 사람들이 어떻게든 삶을 이어 가기 위해서는 마치 재산을 야금야금 처분하듯 환경을 조금씩 떼어 파는 수밖에 없다.

하지만 그로 인한 피해는 재앙에 가깝고 장기적인 영향을 초래한다고 현지의 로마가톨릭 신부인 알빈 벨로린Alvin Bellorin은 말한다. 서른일곱 살의 니카라과 출신 선교사인 그는 선교 기간 10년 중 6년을 야비사에서 보내고 있다. 그는 벌목꾼들이 나무를 베고 유목민들이 숲을 목초지로 바꾸면서 정글이 빠르게 줄어들고 있다고 설명한다. 강을 따라 산책하기 좋아하는 벨로린 신부는 그가 다리엔에서 보낸 그 짧은 기간 동안에 강이 변했다고 말한다. 정글이 줄어들고 강에서 모래와 자갈을 지속적으로 채취하면서 강의 흐름이 바뀌고 강둑이 침식되고 있었다. 그의 주장을 증명이라도 하듯이 산책로에서 가까운 한때는 강둑 가장자리를 지나던 보도가 이제는 낭떠러지 너머로 강 속에 가라앉아 있다. 조금 위쪽에는 수면 위로 한때 건물의 일부였을 콘크리트 블록들이 보인다. 무너지는 강둑 근처에는 스페인 요새가 불안정하게 서 있으며 아마 다음번 희생자가 될 듯 보인다. 스페인 요새는 지금까지 그곳에서 거의 300년 가까이 자리를 지켜 왔다.

땅 위의 환경 침식은 훨씬 광범위한 지역에서 명백히 관찰된다고 사무엘 발데스는 말한다. 그는 2016년까지 전국의 11만 7000에이커에 달하는 보호 지역을 감시하면서 파나마의 국립 보호 지역 책임자로 일해 왔다. "이곳 사람들에게는 풍부한 생물 다양성이 곧 경제 자원입니다"라고 전제하면서, 그는 친환경 관광과 세심하게 관리되는 벌목 프로그램의 중요성을 강조한다. 그러나 정작 현실에서는 파

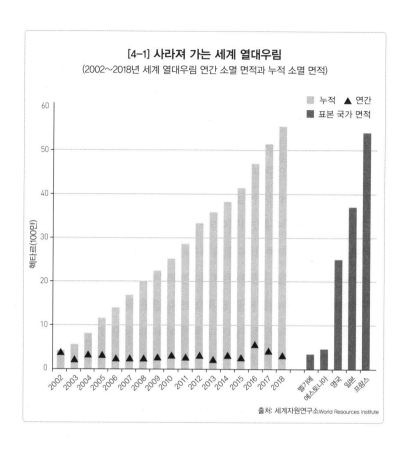

[4-1] 사라져 가는 세계 열대우림

(2002~2018년 세계 열대우림 연간 소멸 면적과 누적 소멸 면적)

누적 ▲ 연간
표본 국가 면적

헥타르(100만)

출처: 세계자원연구소World Resources Institute

괴적인 방식으로 자원이 남용되고 있다고 주장한다.

1960년대에 파나마의 이곳을 촬영한 항공 사진은 울창한 정글이 체포까지 뻗어 있고 한때는 다리엔갭이 이곳에서 시작되었음을 보여 준다. 다리엔의 더 깊숙한 지역으로 이어지는 도로가 완공되자 사람들이 더 안쪽까지 들어가면서 엄청나게 넓은 면적의 열대우림이 파괴되었다. 파나마에서는 1990년부터 2010년 사이에만 한 해 평균 2만 7050헥타르의 숲이 사라졌다. 이를 모두 합치면 축구장 75만 개가 넘

4장   천혜의 자연이 무법 지대로 변할 때
: 다리엔

는 면적이다. 발데스의 표현에 따르면 "다리엔의 자연환경은 지극히 위중한 상태"다.[6]

공유지의 비극
: 정글 수탈 경제의 문제점

1부에 소개한 지역 사회의 회복탄력성은 나름의 방식으로 최적의 경제학을 보여 주었다. 이 지역들의 사람들은 아무것도 없이 시작해 비공식 경제를 구축했고 그 안에서 혁신을 통해 그리고 흔히 비공인 화폐를 개발함으로써 시장을 처음부터 새로 건설하고 거래를 통해 서로의 이익을 추구했다. 붕괴 원인이 자연재해든 전쟁이나 수감이든 경제 붕괴에 대한 이와 같은 대응은 본능적인 것처럼 보인다. 아울러 비공식 시장이나 지하 시장이 어떻게 부족한 자원을 재분배하고 사람들이 자신의 역할과 정체성을 재규정하고 삶에 의미를 부여하도록 도울 수 있는지 보여 준다.

그러나 다리엔 같은 지역은 비공식 경제가 항상 좋은 것은 아님을 시사한다. 규칙과 규정이 없는 시장은 자원을 파괴하고 거주지의 가치를 떨어뜨려 장기적인 발전 가능성을 갉아먹을 수 있다. 한 가지 의문은 환경이 파괴되고 있다는 사실을 누구나 알면서 왜 다리엔 사람들은 더 이상 환경을 파괴하지 않는 방식으로 경제를 운영하지 못하는가 하는 점이다. 경제학자들은 이 문제를 흔히 "공유지의 비극Tragedy of the Commons"이라고 부르면서 수백 년 동안 우려를 나타내 왔다.[7]

다리엔의 정글 수탈 경제는 이런 우려에 딱 맞는 주목할 만한 현대 사례다. 동시에 경제학자들이 가치를 창조하는 시장의 힘에 으레 열광하면서도 왜 시장이 반드시 가치를 창조한다고 믿지는 않는지 그이유를 짐작하게 한다.

상거래가 파괴적일 수 있다는 사실은 1832년 옥스퍼드대학교에서 한 2번의 강연에서 윌리엄 포스터 로이드William Forster Lloyd가 최초로 주장했다. 로이드는 영국성공회 목사로 임명된 뒤 수학 문제를 연구하다가 정치경제학 분야로 전향했는데, 급격한 인구 증가가 불러올 영향에 특히 관심을 가졌다. 그는 농부들이 자유롭게 소에게 풀을 뜯게 할 수 있는 한 구획의 공유지를 예로 들면서 과도한 방목으로 목초지가 "헐벗은 땅"이 될 것이라고 말했다.

"공유지에 방목되는 소는 왜 그렇게 볼품없고 부실할까?" 로이드에게는 이 점이 수수께끼였다. 로이드는 이 문제의 근간에는 소를 들판에 풀어놓을지 말지를 결정할 때 각각의 농부들이 했던 계산이 깔려 있다고 설명했다. 만약 농부가 그 땅의 주인이라면 그는 자신의 행동이 미칠 전반적인 영향을 고려할 것이다. 소 1마리를 더 풀어놓을 때마다 추가로 풀이 소비되어 나머지 다른 소들이 먹을 풀이 줄어들 것임을 아는 까닭이다. 어느 시점에 이르러 농부는 자신의 사유지가 "포화" 상태며 그 이상으로 소를 목초지에 풀어놓으면 다른 소들이 배를 곯게 될 것이라는 사실을 깨닫는다. 그로 인한 결과는 농부가 직접 감수해야 할 비용이 되므로 그는 문제의 남은 소를 방목할 다른 초지를 찾아 나설 것이다.

"공유지"나 국유지에서는 계산이 달라진다. 초지에 소를 1마리 더 추가하는 데 따른 부정적인 측면은 단지 그 농부의 소에게만 피해가 가는 것으로 끝나지 않는다. 초지 손실은 그 농부가 소유하지 않은 소를 비롯해 해당 공유지에서 살아가는 모든 동물에게 영향을 미친다. 그로 인한 비용을 자신이 전적으로 부담하지 않기에 농부는 이 문제를 경시한 채 만약 자신의 땅이었다면 추가하지 않았을 소를 공유지에 추가로 방목할 것이다. 이 공유지를 이용하는 다른 농부들도 모두 똑같은 생각을 하기 때문에 공유지는 소가 넘쳐 나는 반면 풀밭은 줄어들고 소는 영양 결핍 상태가 된다.

가상의 농부에 관한 로이드의 이야기는 오늘날 다리엔에서 유목민들이 땅을 이용하는 방식을 완벽하게 묘사하고 있다.[8]

자원을 공동으로 보존하는 마을들

지구상에서 가장 힘들고 압박감이 심한 경제 상황에 놓인 사람들이 보여 준 회복탄력성의 핵심은 비공식적이고 규제받지 않는 경제다. 이 점을 고려할 때, 자유 시장이 너무나 많은 경우에 자기파괴적일 수 있다는 전망은 우리를 우울하게 한다.

다행스럽게 훨씬 최근의 경제학자 엘리너 오스트럼Elinor Ostrom 은 더 긍정적인 전망을 제시한다. 그녀는 수학에 충분히 강하지 않다는 이유로 UCLA에서 경제학 박사 학위가 거부되자 대신 정치학 박사학위를 취득했다. 오스트럼은 외부인이라는 자신의 위치를 이용해 아프리카와 아시아, 유럽 곳곳에 위치한 마을의 삶에 대한 상세한 현장

연구를 바탕으로 자신만의 독특한 분석을 내놓았다. 이런 업적으로 2009년 여성 최초로 노벨 경제학상을 수상했으며 2012년 세상을 떠났다.

오스트럼은 대체로 많은 지역 공동체들이 그들의 공동 자원을 고갈시키거나 공동 자원의 거래를 금지하는 법이나 제한 규정을 만드는 대신 스스로 지켜 나가고 있다고 주장했다. 그녀의 연구는 정부의 통제 밖에서 작동하는 비공식적이고 규제받지 않는 거래가 왜 어떤 마을에서는 완벽하게 작동하고 어떤 마을에서는 재앙이 되는지를 보여 준다.

스위스 알프스 지역인 퇴르벨Törbel 마을의 푸른 목초지와 울창한 숲은 오스트럼이 강조하는 한 사례다. 그녀는 겨울 연료 공급원인 숲을 보존한 이 마을의 현명한 전통에 대해 언급한다. 이 마을 주민들은 조를 이루어 공동으로 나무를 베고 운반하고 자르고 쌓아 나뭇더미를 만들고 이렇게 생겨난 각각의 나뭇더미에 번호를 매긴다. 그런 다음에는 추첨을 통해 누가 어떤 나뭇더미를 가져갈지 결정한다. 사람들은 어떤 나뭇더미든 자신의 것이 될 수 있음을 알기에 모든 나뭇더미가 겨울을 날 만큼 충분한 양이 되도록 열심히 일한다. 마찬가지로 그들은 과도한 벌목이 그들의 발목을 잡을 것을 안다. 너무 많은 나무를 벤다는 것은 이듬해 겨울에 땔나무가 부족해질 것이라는 뜻이기 때문이다. 이들의 불문율 전통은 유인을 완벽하게 조율한다. 즉 이 마을 주민들은 너무 많거나 적게 가져가지 않으면서 적절하게 공동 자원을 공유한다.

일본의 일부 시골 지역에서도 흔히 공동으로 소유한 땅을 비슷

215

한 기준으로 관리한다. 후지산 자락의 한 호수 근처에 자리 잡은 히라노 마을과 나가이케 마을, 야마나카 마을은 오스트럼이 조사한 또 다른 사례다. 이들 지역 공동체는 후지산 기슭에 펼쳐진 공동 자원인 숲을 공유하며 이곳에서 땔나무, 식량으로 사용할 수렵육, 채소 재배용 비료(숲 바닥에서 썩어 가는 식물들)를 얻는다. 이 숲은 또한 후지산 비탈에서 흘러내리는 물의 흐름을 제어해 홍수나 토양 침식을 막아 준다. 문제는 17세기 이후로 일본이 건축 부문의 수요가 증가하면서 한동안 벌목 붐을 겪었다는 사실이다(인구 증가로 새로운 집과 절이나 신사, 군사 방어 시설이 필요해졌고 이런 건물에는 으레 목재가 사용되었다). 일본 전역에서 숲이 불모지로 변하고 토양 침식이 심해지고 산사태가 빈번해졌다. 결국 주민들은 그들의 지역 환경에 특화된 자체 규제 장치를 개발하기에 이르렀다. 이 지역 전통은 어떤 날에 어떤 종류의 나무를 벌목할 수 있는지 정확히 명시함으로써 벌목 기간을 제한하고 벌목꾼 수를 언제나 일정하게 유지했다. 이제 숲은 돌아왔고, 땅은 단단해졌으며, 주민들은 안전해졌다.

다리엔 지역 공동체들의 문제는, 자유 시장을 그들에게 궁극적으로 이익이 되도록 만들어 살아남을지, 아니면 아무것도 남지 않을 때까지 천연자원을 고갈시키며 살아갈지를 결정해야 한다는 것이다. 바로 이 대목에서 오스트럼의 연구가 도움이 될 수 있다. 수십 년 동안 현장 답사를 다닌 덕분에 그녀는 자치를 유지하고 숲이나 강 같은 공동 자원을 위험에 빠뜨리는 유해한 거래를 멈추게 하는 데 도움을 줄 일단의 요소들을 정확히 알고 있었다.

예컨대 환경 자산에 대한 경계를 명확히 하는 것은 정확히 무엇이 개인 소유고 무엇이 공동 소유인지 구분해 주기 때문에 도움이 된다. 마을 회관에서 하는 정기 모임이나 토론회도 주민들이 갈등을 논의하고 문제를 평화롭게 해결하도록 도와준다. 비교적 안정되게 유지되는 인구 역시 도움이 된다. 인구가 안정적이라는 사실은 그만큼 지역 사회에서 받는 평판이 중요하다는 뜻이기 때문이다. 사람들이 오래 거주하는 경향이 있는 지역에서 지역 전통을 어기는 사람은 자신이 혹독한 대가(향후 몇 년 동안 지속될 이웃들의 분노)에 직면할 것임을 안다.

지역 공동체들이 흔히 공동 경제 자산을 보존한다는 사실은 대체로 오스트럼을 규제받지 않는 시장에 대한 낙관론자로 만들었다. 그러나 그녀는 현실주의자였고 아무리 비공식 경제라도 규칙으로부터 완전히 자유로운 경우는 드물며 당근만큼이나 채찍이 필요하다고 주장했다. 예컨대 일본 마을들은 비공인 숲 "형사들"을 운용해 일대를 순찰하고, 벌금을 부과하고(벌금은 보통 사케로 낸다), 부적절한 시간에 벌목한 사람들에게서 장비를 압수하게 한다.

그런데 오스트럼이 발견한 장소 중에는 구성원을 감시하고 처벌할 힘이 없는 외딴 지역 공동체들도 있었다. 그런 곳에서는 "만연한 기회주의적인 행동"이 지역 공동체가 지닌 잠재력의 발휘를 가로막고 있었다. 다리엔의 문제는 다리엔이 정확히 이런 장소 중 하나라는 사실이다.[9]

협력과 감시 없는 자유 시장은
실패한다

다리엔은 일견 오스트럼의 첫 번째 규칙인 자산 경계 명확히 규정하기에 부합하는 듯하다. 즉 다리엔갭의 많은 지역에 일반인의 접근을 허용하고 있지만 전 지역을 모든 사람에게 완전히 허용하지는 않는다.

파나마 정부는 "코마르카comarca"(전통 지역)로 알려진 넓은 지역을 엠베라족과 우난족Wounaan, 쿠나족Kuna이 사용하도록 지정했다. 물론 외부인도 이들 지역을 지날 권리가 있지만 도로가 없어 드나들기 힘들다. 도로가 있더라도 통행료를 걷고 검문소를 설치해 과도한 출입을 막고 혹시 이곳을 지나는 외부인이 나무나 고기 또는 그 밖의 천연자원을 취하지 못하도록 막고 있다. 나무는 이 부족들의 연료원일 뿐 아니라 자금원이다. 나무를 팔아 번 돈은 통나무배에 달 모터나 신혼집 지을 때 필요한 콘크리트 블록과 함석지붕 같은 중요한 물품을 구입하는 데 사용된다.

서로 이웃한 마을들이 공동 지역에서 나무를 고갈시키지 않도록 하기 위해 이 원주민 전용 지역들은 각 마을이 벌목해 팔 수 있는 나무 양을 명기한 허가제로 보호받는다. 여기에 더해 면적이 57만 5000헥타르에 달하고 가장 오염되지 않은 "원시" 열대우림으로 유네스코 세계 유산에 등록된 다리엔국립공원Darien National Park은 혹시 모를 혼동을 피하기 위해 보호 역할을 하는 완충 지대로 둘러싸인 채 벌목 행위가 일절 금지되어 있다. 이론상 이 같은 조치는 마을 주민들을 그들의 땅에서 원하는 일을 하면서 스스로 자제하게 하고, 일종의 환경 안전망처럼 작용하는 거래 제한을 두어 그들의 땅을 보호하도록 하면서 양쪽 세계에 최선의 대안을 제시하는 듯 보인다.

이렇듯 다리엔의 공식 경계는 잘 정해져 있을 수 있다. 하지만 실질적인 측면에서는 그렇지 않으며 오스트럼이 제시한 다른 여러 조건들도 충족되지 않는다. 이 지역 활동가 에르멜 로페스에 따르면 다리엔갭은 안정된 상태와 거리가 멀며 인구 유동과 불법 이주가 극심한 지역이다. 일종의 자석과 같아 파나마의 모든 인종 집단을 만날 수 있는 전국에서 유일한 지역이다.

에르멜은 아프리카계 다리엔인이 이곳에서 가장 오래 거주해 온 사람들이라고 말한다. 자유 신분을 얻거나 탈출한 노예의 후손인 그들은 사회적 지위가 높고 대체로 자신의 사업체를 운영한다. 도로로 연결된 다리엔 곳곳에 산재한 작은 슈퍼마켓과 구멍가게는 모두 중국계 파나마인이 운영한다. 그들은 1850년대에 철도를 건설하기 위해 왔거나 1900년대에 파나마운하를 건설하기 위해 온 노동자들의 후손이다. "원주민"으로 불리는 부족 중 두 부족도 비교적 최근 이민자들인데 엠베라족과 우난족은 18세기 말에 콜롬비아 서쪽에서 이주해 왔다. 지역적 유대가 상대적으로 느슨한 사람들에는 소를 키우는 유목민이나 북쪽에서 내려온 떠돌이 농장 노동자인 소작인 계층이 포함된다. 가장 최근에 도착한 사람들로는 고속도로 보수를 위해 대규모로 팀을 조직해 온 콜롬비아 건설 노동자들이 있다.

이 땅을 공유하는 인종 집단들 간에는 딱히 호의라고 할 것이 없다. 아프리카계 다리엔인들은 원조 구성원으로서 자부심이 대단하다. 그들을 비롯해 이곳에 확실하게 뿌리를 내린 지역민들은 장사를 저급

219

한 일로 생각해 가게를 운영하는 중국계 파나마인들을 "치니토chinito"
또는 "작은 중국인"이라고 부르며 무시한다. 하지만 이런 감정은 피차
마찬가지인 듯 보인다. 이를테면 야비사의 식료품점에서는 손님이 가
게 주인에게 돈을 던져 주고 주인도 잔돈을 아무렇게나 던져 준다. 그
들의 거래에 미소나 농담이 오가는 일은 없다. 엠베라족과 우난족은
한때 같은 부족이었다가 분리되었고 이제는 경쟁자가 되어 동일한 땅
을 놓고 서로 소유권을 주장한다. 라틴아메리카계 유목민과 소작농은
모든 사람이 싫어한다.

오스트럼은 성공한 자율 시장의 지역민들이 서로 협력한다고
주장했다. 하지만 야비사를 지나 깊은 정글로 들어가는 지역 주민들
을 상대로 자신의 4륜 트럭을 이용해 택시 영업을 하는 지역민 호세
킨타나Jose Quintana는 농업이나 임업에 종사하는 다리엔 사람들 사이
에는 어떠한 협력도 존재하지 않는다고 말한다. 최근 시장에서 발생
한 감자 비슷한 녹말 뿌리인 니아메nyame의 가격 변동이 대표적인 사
례였다. 2016년에 이 지역에서 공급 부족이 발생하면서 농부들은 이
뿌리채소를 45킬로그램당 50달러까지 받을 수 있었다. 그러자 기회
를 노린 농부들이 너 나 할 것 없이 모두 니아메를 심었고 대대적인
공급 과잉이 발생하면서 가격이 9달러까지 떨어졌다. 그렇지만 농부
가 45킬로그램의 니아메를 수확해 상품화하기까지는 2달러의 비용
이 들고 상품화된 니아메를 항구 도시인 엘레알El Real까지 운반하는
데 다시 2달러가 들며 이곳에서 야비사로 가져가 판매하는 배의 선장
에게 또 2달러가 들어간다. 농사에 필요한 각종 농기구와 농부 자신의
인건비까지 생각하면 굳이 이 모든 수고를 감수할 이유가 없었고 따

라서 한때 열대우림이었던 들판에는 수확하지 않고 버려져 썩는 니아메가 가득했다.

호세는 공동체 의식의 부재뿐 아니라 다리엔의 다양한 집단이 서로의 계획을 방해하는 것이 문제라고 말한다. 국립공원 안에 위치한 작은 엠베라족 마을인 피히바살Piji Basal로 향할 때 호세가 자신의 소유이자 직접 자단나무를 심은 들판을 향해 자랑스럽게 손을 흔들어 보인다. 15년 뒤면 자단나무를 벌목할 수 있을 테고 그는 자녀들을 교육시키기에 충분한 돈을 벌 수 있을 것이다. 물론 그때가 오기 전까지 그는 나무를 잘 지켜야 할 것이다. 그렇게 하지 않으면 혹시 근처에 사는 누군가가 나무를 베어 갈 수 있기 때문이다.

호세의 걱정은 오스트럼의 획기적인 경제학에서 지적하는 비공식 시장이 실패하는 원인 중 하나를 보여 준다. 규제를 받지 않는 자유 시장에도 방향타(일종의 공동체 의식)와 응집력을 이끌어 낼 공동의 목표가 필요하다. 이런 것들이 없다면 이를테면 비공식 감시자(예를 들어 일본의 숲 형사들)를 두어 지역의 기준을 강제할 필요가 있다. 다리엔갭에는 응집력과 감시 2가지가 모두 결여되어 있다. 즉 누군가가 잘못된 행동을 할 때 합법적인 방법으로 해결할 수 있는 기회가 거의 없으며 주변의 누군가가 나서서 도와줄 가능성도 없다. 유동 인구가 너무 많은 까닭에 나쁜 짓을 한 사람이 누구인지 주민들이 알지 못하는 경우가 많다. 게다가 이 지역에는 마약 갱단과 총기가 넘쳐나기 때문에 누군가를 비난하기보다는 나서지 않는 편이 안전하다.

221

선의의 규칙과 제도가
피해를 더 키운다

피히바살 마을 바로 밖에서 우리는 마침내 자연 그대로인 원시 열대 우림을 만났다. 풍경이 마치 최면을 걸듯 마음을 사로잡는다. 나뭇가지와 덩굴 식물에서 끊임없이 물이 떨어지고 공기는 뜨겁고 안개가 자욱하다. 한낮이지만 어두컴컴하고 여러 겹의 나뭇잎을 뚫고 들어온 얇은 햇살이 길을 밝힌다. 썩어 가는 나뭇잎이 두껍게 쌓인 숲 바닥은 미끄러워 발을 헛디디기 십상이다. 나무뿌리를 골라 밟으며 안전을 약간 확보한 듯싶었지만 우리는 이내 난생처음으로 치명적인 큰삼각머리독사와 마주친다. 이후로는 모든 나무뿌리가 위험한 비단뱀처럼 보인다.

222   그렇게 2시간을 걸은 끝에 우리는 사무엘 발데스Samuel Valdez가 이끄는 전문가 무리를 만났다. 그들은 파나마에서 가장 희귀한 몇몇 조류의 서식 환경을 조사하는 중이었다. 그는 천연자원의 무분별한 채취가 벌목 장비의 부재라는 역설적인 문제와 함께 시작되었다고 말한다. 케이폭나무 같은 종은 키가 30미터까지 자랄 수 있어 잎이 다른 나무의 수관(나무에서 가지와 잎이 달려 있는 부분-옮긴이)보다 높이 달린다. 케이폭나무를 비롯한 활엽수 종들은 엄청나게 무거워 벌목할 때 특수 장비는 물론이고 운반 트럭까지 필요한데 막상 벌목권을 가진 엠베라족 주민들이 가진 거라고는 작은 통나무배뿐이다. 엠베라족 촌장들은 이런 장비를 대여하거나 구입 비용을 함께 분담하기보다 그들에게 주어진 허가권을 전문 벌목 기업에 판매한다. 이 서류를 손에

넣어 제한 구역 내에서 합법적으로 벌목할 수 있는 권리를 갖게 된 벌목 기업은 서둘러 정글 깊은 지역에 가장 값비싼 수종들이 자라는 곳까지 도로를 건설한다. 일단 그런 곳을 찾으면 그들은 원칙상 벌목한 나무를 전부 기록하고 그루터기에 일괄 번호가 적힌 꼬리표를 남기면서 할당량을 준수해야 한다.

다리엔의 비극은 단지 실패한 비공식 시장의 교훈을 줄 뿐 아니라 선의의 규칙과 규제가 피해를 확대할 수 있음을 보여 준다는 데 있다. 지역 전문가들은 벌목 할당량이 지켜지지 않는 것이 문제라고 입을 모은다. 다리엔갭의 벌목 지역을 걸어 다니면 대략 나무 그루터기 10개 중 2개꼴로 꼬리표가 부착된 듯 보인다. 에르멜 로페스는 설령 할당량을 준수하더라도 이런 방식이 심각한 낭비를 초래한다고 설명한다. 즉 숲에서 채취할 수 있는 전체 목재의 무게 제한에 직면한 기업은 가장 좋은 목재만 취하려고 할 것이다. 결과적으로 다리엔의 합법적인 벌목꾼들은 줄기가 곧게 뻗은 목재만 취하고 벌목된 나무의 나머지 부분은 버림으로써 그들에게 주어진 할당량을 최대한 효율적으로 소비할 수밖에 없다. 전문 벌목꾼들이 이 거대한 나무들의 나뭇가지(나뭇가지 자체로 여전히 거대한 나무다)를 쓰레기로 취급하는 까닭에 숲을 보호하기 위해 도입된 할당제가 정반대 역할을 하고 있는 셈이다. 로페스가 암울한 표정으로 말한다. "숲을 다니다 보면 거대한 나뭇가지들이 바닥에 널린 광경을 보게 될 겁니다."

바로 여기서부터 목재 거래를 둘러싼 하나같이 부정적인 일련의 의도치 않은 결과가 속속 뒤따르기 시작한다. 깊은 정글 속에서 우리는 벌목 기업들이 만든 도로를 발견한다. 도로는 내가 상상했던 좁

223

은 시골길이 아니라 거대한 트럭이 목재를 싣고 다닐 수 있는 넓고 보강된 도로다. 벌목용 도로는 하나하나가 새로 놓일 때마다 숲이 가진 생명의 피를 뽑아내는 수도꼭지처럼 작용한다. 울창한 정글이 파괴되면 거래가 금지된 나무를 찾아다니는 비양심적인 지역 주민들이 픽업 트럭으로 숲을 들락거리기는 더욱 쉬워진다. 그들 다음으로는 유목민들이 등장해 이전까지 열대우림이었던 땅에 가축을 방목한다. 그렇지만 처음부터 양질의 초지가 아니었던 까닭에 그들은 계속 새로운 초지를 찾아 이동하고 가는 곳마다 숲을 최종적으로 초토화한다.

삼림 파괴 문제를 인지한 파나마 정부는 재식림 보조금 제도를 도입하고 1992년부터 시행에 들어갔다. 이제 자신이 소유한 땅에 나무를 심는 지주들은 보조금과 감세 혜택을 받음으로써 식재 행위에 따른 수익성을 늘릴 수 있게 되었다. 새로운 제도(파나마 법령 제24호)는 그들에게 모두의 이익을 위해 더 많은 나무를 심도록 장려하면서 공익과 사익을 조율할 터였다. 발데스는 이 일차원적인 경제학이 효과를 거두면서 재식림 붐이 일었다고 설명한다. 하지만 이 정책은 설계부터가 허술했고 반드시 토착종을 식재하도록 명시하기보다 어떤 나무든 심으면 무조건 보상을 지급했다. "나무를 심는다고 바로 숲이 되는 게 아니에요. 게다가 우리는 이제 끔찍한 문제에 봉착했습니다. 바로 티크나무 때문이죠"라고 발데스는 말한다.

다리엔으로 가는 길에 통과한 끝없이 펼쳐진 티크나무 조림지의 진녹색 나뭇잎은 자연스럽고, 풍성하고, 건강해 보였다. 하지만 열대우림에서 잠을 자고, 그곳 사람들을 만나고, 티크나무가 끼치는 영향을 알게 된 뒤로 나는 이 식물이 몹시 싫어졌다. '텍토나 그란디스

224

Tectona grandis' 즉 티크나무는 토착종이 아니라 동남아시아에서 들어온 외래종이다. 나뭇잎은 약간 통통하고 보들보들하며 크기가 커다란 접시만 하다. 이처럼 넓은 표면적은 티크나무가 수분 손실이 많고 그렇기에 땅에서 엄청난 양의 물을 흡수한다는 뜻이다. 원시 열대우림의 최상층을 형성하는 재래종 나무들은 키가 커도 나뭇잎이 작기 때문에 더 낮은 높이에서 수관을 형성하는 온갖 나무와 덩굴 식물과 관목이 그 아래서도 햇빛을 받아 살 수 있다. 반면에 티크나무의 커다란 잎은 숲 바닥에 완전한 그늘을 드리울 뿐 아니라 낙엽이 되어 떨어져 썩기 시작하면 곤충을 죽이는 산성 물질까지 배출한다. 티크나무 조림지로 들어가면 수관 아래에 아무것도 없고 숲 또한 쥐 죽은 듯이 조용하다는 사실을 알 수 있다. 수분이 고갈되고, 햇빛을 받지 못하고, 낙엽에서 배출된 산성 물질에 그을린 땅은 바싹 말라 있다. 마치 휘발유를 잔뜩 뿌린 뒤 불타도록 내버려 둔 땅처럼 보일 정도다.

225

파나마의 티크나무 이야기는 경제학에서 폭넓게 적용될 수 있는 한 가지 교훈을 제공한다. 이를테면 겉보기에 아무리 사소한 정책 수정일지라도 큰 영향을 미칠 수 있다는 사실이다. 인위적으로 조작된 시장은 법령 제24호에 따른 보조금 지급으로 탄력을 받은 총 7만 5000헥타르 면적의 "재식림" 지역 중 티크나무가 무려 80퍼센트를 차지하는 부자연스러운 숲을 낳았다. 즉 정부는 투자자들에게 티크나무 조림지를 구매할 유인을 제공함으로써 파나마인들이 오늘날 씨앗을 뿌리고 미래에는 환경 악화로 더욱 가중될 막대한 "외부 효과 externality"(사람들이 티크나무를 심을 때 고려하지 않은 공공 비용)를 촉발한 셈이다. 이와 같은 문제는 다리엔의 인위적인 티크나무 시장에만 국한된 일이 아니다. 화석 연료의 남용부터 은행 대차대조표상 위험 수준에 이른 채무에 이르기까지 현대 경제가 직면한 문제 중 상당수는 자유 시장이 아닌 인위적인 시장이 초래한 결과다(화석 연료 사용과 채권 발행을 통한 자금 조달 방식은 둘 다 티크나무의 경우와 마찬가지로 정부가 보조금을 주면서 독려한 사안이다). 알아서 굴러가도록 내버려 두면 자유 시장은 피해를 끼칠 수 있다. 하지만 여기에 간섭하면 피해는 더 커질 수 있다.[10]

파나마 정부는 때때로 희미한 희망의 빛을 보여 주기도 한다. 2015년에는 전국의 천연자원을 감독할 환경부를 신설했다. 하지만 환경 운동가들과 다리엔 주민들은 환경부가 아무런 실권이 없다며 우려를 표한다. "파나마"라는 단어는 원래 "수많은 나비"와 "풍부한 물고기"를 의미한다. 그러나 이 나라의 도시에 사는 일반 대중을 친환경 정책으로 유혹하는 데는 그동안 거의 도움이 되지 않았다. 오히려 최근 몇 년 동안 정치가들은 환경을 보호한답시고 개발을 방해해서는 안 된다고 주장하면서 명백히 환경을 해치는 정책들을 지속적으로 펼쳐 왔다. 현직 정치가들이 파나마를 대표하는 대규모 벌목 기업들을 소유하고 있으며 여기에 더해 이제 정부는 티크나무 숲에 기꺼이 8만 달러를 투자하려는 모든 사람에게 시민권을 팔고 있다. 나비와 물고기의 땅에서 살아가는 많은 사람에게 환경은 더 이상 그다지 중요한 문제가 아닌 것 같다.

다리엔의 최신 해적들,
무장 혁명군과 불법 이민자

내가 다리엔에서 만난 대다수 현지 주민에게 가장 큰 희망은 그들의 자연환경을 지속 가능한 방식으로 활용하고 생태 관광을 바탕으로 한 새로운 경제를 건설하는 것이었다. 이 지역의 동식물상을 상품화한다는 생각은 훌륭한 발상이다. 지구에서 가장 다양한 생물이 존재하는 곳 중 하나가 바로 다리엔이기 때문이다. 다리엔에는 최소 150종의 포유류와 99종의 토착 파충류, 50종의 물고기가 살아간다. 약 900종에 달하고 그중 상당수가 이 지역에서만 볼 수 있는 조류군은 세계적으로 타의 추종을 불허한다. 도보 여행과 가이드와 조류 관찰에 기꺼이 돈을 내려는 매년 120만 명에 달하는 생태 관광객을 유치해 10억 달러가 넘는 소득을 올리는 이웃 코스타리카는 이런 천연자원을 아무런 훼손 없이 일자리와 소득으로 바꿀 수 있음을 보여 준다.[11]

지금의 다리엔갭은 백지나 다름없는 상태에서 시작해야 한다. 나는 다리엔에서 진짜 관광객을 본 적이 한 번도 없었다. 야비사에서 고속도로가 끝나는 지점에 캠핑카를 세워 두고 눌러앉은 히피족 2명과 깊은 정글에서 희귀 조류를 찾아다니는 학계 조류학자 1명을 만났을 뿐이다. 자료 자체를 구하기 어렵지만 어쨌든 공식 자료에 따르면 2000년대 중반에 파나마를 방문한 매년 240만 명의 방문객 가운데 다리엔국립공원을 찾은 사람은 겨우 700명에 불과하다.

경제학자 에르멜은 "여전히 평판이 문제"라고 말하는데 맞는 말이다. 다리엔이 비록 아름다운 곳이기는 하지만 콜롬비아혁명군이 숨

227

어 있다고 알려진 정글은 사람들이 마음 편하게 쉴 수 있는 곳이 아니기 때문이다. 외부인을 상대로 돈을 벌려면 지역 주민들은 다리엔을 접근하기 쉽고 안전한 곳으로 만들어야 할 것이다. 다리엔의 가장 최근 모험가 집단인 걸어서 정글을 가로지르던 불법 이민자들과 마주친 일은 여전히 갈 길이 먼 현실을 보여 준다.

하나같이 미국으로 향하던 불법 이민자들은 콜롬비아 마을인 카푸르가나Capurgana에서 동쪽 경계를 통해 다리엔갭으로 들어온다. 작은 항구 마을인 카푸르가나는 콜롬비아 정규군과 혁명군의 싸움 때문에 접근 금지 구역이었지만 2016년 평화 협정이 체결된 뒤로 모험을 즐기는 여행자들이 다시 찾기 시작한 곳이다. 레게 머리에 성긴 턱수염을 기른 이삼십 대의 미국인들과 프랑스인들이 보이고 요트로 몇 주에 걸쳐 바다를 항해하느라 피부가 햇빛에 얼룩덜룩하게 그을린 소수의 베이비 붐 세대도 보인다. 이들 서양인 관광객과 지역 주민은 모두 짧은 바지와 엄지발가락과 둘째 발가락 사이로 끈을 끼워 신는 형태의 슬리퍼 차림이며 파티를 좋아한다. 레게와 하우스 뮤직을 조합한 흥겨운 레게톤Reggaeton이 끊임없이 쿵쿵거린다. 지역 어부들은 아침 일찍 바다로 나갔다가 점심때에 맞추어 늦지 않게 돌아온다.

불법 이민자들은 이런 풍경과 뚜렷하게 대조된다. 그들은 더 젊으며(대다수가 20대 초반이다) 청바지와 긴소매 셔츠 차림에 머리를 짧게 깎아서 훨씬 단정한 모습이다. 가지고 다니는 가방으로도 정체를 짐작할 수 있다. 그들은 대부분 파란색이나 검은색 작은 군용 배낭을 메고 다니는데 배낭 옆주머니에는 감자칩이나 비스킷, 음료수 캔이 잔뜩 들어 있다. 인도, 방글라데시, 세네갈, 카메룬에서 온 이 젊은이들은 햇빛을 탐하는 보헤미안들과 술독에 빠진 어부들의 마을에서 도회풍으로 오히려 시선을 끈다. 그들은 다리엔갭의 파나마 쪽 영토에 위치한 바호치키토 같은 마을로 가기 위해 이곳 카푸르가나에서 가이드도 없이 정글을 가로지르는 생사가 걸린 여행을 시작한다.

스코틀랜드인들이 이곳에서 비명횡사한 이래로 다리엔갭을 가로지르려는 시도는 일종의 자살 임무나 다름없었다. 내가 다리엔에서 깨달았듯이 이런 사정은 여전히 달라지지 않았고 그래서 나는 불법 이민자들에게 굳이 위험을 감수하려는 이유가 무엇인지 물었다. 그들은 왜 그냥 자국의 더 큰 도시로 가서 일자리를 구하지 않을까?

펀자브에서 온 한 무리의 일행이 "불가능해요"라고 입을 모은다. "너무 부패했거든요." 인도에서는 더 좋은 직업을 구하려면 카스트나 가족의 인맥이 있어야 하며 아무리 열심히 공부해도 아무 도움이 되지 않는다고 그들은 말한다. 내가 파나마 쪽 다리엔갭에서 만난 네팔 남성들은 문제가 매우 심각하다고 말했다. "내가 내일, 모레, 글피는 배를 곯지 않을 거라는 걸 알아요"라고 아심Ashim이 말한다. "하지만 다음 달이나 내년에 그럴 수 있을지는 몰라요." 그의 삼촌이자 토마토를 재배하는 농부였던 제드칸Jedkan이 동의를 표한다. 실제로 네팔에 식량 부족 사태가 일어날 수 있다는 것이다. 그들은 영국이 좋지만 들어가기가 너무 어렵다고 말한다. 그들은 영국군 산하 용병인 구르카Gurkha에 지원했지만 떨어지자 미국행을 결심했다. 라이어널 웨이퍼의 다리엔 이야기에 매료된 불운한 스코틀랜드 정착민들처럼 이 젊은이들은 경제 논리와 더 나은 삶에 대한 희망에 이끌리고 있다.

이론상 다리엔갭을 관통하는 일은 최근으로 올수록 더 안전해

져야 했다. 콜롬비아 정부와 혁명군이 2016년 평화 협정을 체결함으로써 내전은 공식적으로 종결되었다. 그에 따라 불법 무기는 자진 신고 기간을 두어 수거되었고 양측 합의를 바탕으로 전직 콜롬비아혁명군은 기소되지 않은 채 공식 정치 집단이 되어 평화적인 방식으로 공산주의를 계속 지지할 수 있게 되었다. 이제는 자유의 전사들이 정글에 숨어 지낼 이유가 전혀 없었기에 다리엔 사람들은 게릴라 대원들이 떠남과 동시에 위험도 사라질 것으로 기대했다.

하지만 콜롬비아혁명군 대원들은 그들만의 경제적 난관에 직면했고 상황은 심각했다. 혁명군으로 모집한 군인 중 40퍼센트에 달하는 여군들은 대체로 가난하고 교육 수준도 낮았다. 수년간 정글에서 산 까닭에 콜롬비아의 공식 경제에서 유용하게 쓰일 만한 기술이 없었다. 심지어 대중의 지지조차 얻지 못해 그들이 받은 전면적인 사면을 너무 관대한 조치라고 생각하는 사람이 많았다. 또 콜롬비아에서 가장 큰 불법 우익 무장 단체는 정전 선언에 따르지 않고 혁명군을 계속 사냥해 나갈 것이라고 선언했다. 상황이 이렇게 돌아가자 정글에 숨어 마약과 갈취 행위를 바탕으로 하는 예전의 불법 경제를 포기하기가 어려워졌다. 콜롬비아의 코카나무(코카인을 만들 때 사용하는 식물) 생산량은 2010년부터 2015년까지 한동안 감소하고 있었다. 하지만 평화 협정에 마약 거래를 전면 중단하겠다는 약속이 포함되고 점점 이때가 다가오자 콜롬비아혁명군의 지원을 받는 현지 농부들이 앞다투어 어쩌면 마지막이 될지 모를 환금작물 생산에 들어가면서 코카나무 식재량이 2배로 늘어났다.[12]

정전으로 초래된 경제적 파장은 다리엔갭이 이제 실제로 더 위험해졌다는 뜻이라고 킬로Kilo가 설명한다. 킬로는 우리가 정글 안으로 2시간 동안 걸어갔을 때 공원 관리소에서 만난 새 전문 가이드로 학자들과 마니아들이 매우 희귀한 새를 만날 수 있도록 돕는 일에 특화된 조류 관찰 현장의 인기 스타다. 아울러 다리엔갭에서 깊은 원시 열대우림을 며칠이고 도보로 여행할 준비가 되어 있을 뿐 아니라 정전 이후에 나타난 변화를 간파한 몇 안 되는 사람 중 하나다.

킬로가 파나마와 콜롬비아 국경에 위치한 세로타카르쿠나산 Cerro Takarcuna 기슭 풍경에 대해 설명한다. 콜롬비아혁명군은 원래 넓은 야영지에서 다 같이 생활했는데 이제는 산기슭 전역에 작은 게릴라 야영지가 생겨났다. 해체 과정에서 잘게 쪼개진 뒤로 이제는 작은 파벌들이 마약과 사람을 실어 나르는 사업을 둘러싸고 서로 경쟁한다. 그리고 이런 경쟁은 매번 무질서와 폭력으로 이어진다. 내가 야비사에서 이야기를 나눈 지역 주민들도 동의했다. 콜롬비아혁명군은 불편한 존재였지만 적어도 조직을 갖춘 범죄 집단이었고 그들의 우두머리는 지역 주민에게 잘 알려진 인물이었다. 그에 비하면 지금 정글에 포진한 "산사람들"은 기회만 생기면 약탈하고 무작위로 공격하는 해적에 더 가깝다.

한편 가장 최근 등장한 다리엔의 해적들, 새로운 삶을 찾아 미국으로 향하는 전 세계에서 모여든 젊은이들은 약탈자들의 손쉬운 먹잇감이다. "여기까지 오는 동안은 항구와 공항이 강도를 당할 위험이 가장 큰 곳이었어요. 강도를 당하면 정말 심각한 문제죠." 20대 후반의 인도 펀자브 잘란다르 출신인 시크교도 가간딥Gagandeep이 말한다. 다리엔갭의 콜롬비아 쪽 경계까지 왔다는 것은 그들이 이미 이런 터미

널을 여러 번 통과했다는 뜻이다. 첫 번째 난관은 전 세계 어느 곳에서 출발하든 남아메리카의 수많은 나라 중 출입국 관리가 느슨한 곳을 통해 아메리카대륙으로 들어오는 것이다. 네팔인들은 육로로 뉴델리까지 가서 비행기를 타고 모스크바를 거쳐 마드리드로 간 다음 볼리비아 산타크루스를 통해 아메리카대륙으로 들어온다. 펀자브 사람들은 마찬가지로 뉴델리까지 가서 먼저 에티오피아 아디스아바바행 비행기를 타고 브라질 상파울루행으로 갈아타야 한다. 카메룬에서 출발하는 경로는 나이지리아와 코트디부아르를 거쳐 세네갈의 다카르로 가는 것이다. 세네갈에서는 비행기를 타고 에콰도르의 수도인 키토까지 직행할 수 있다.

이런 식으로 이동하려면 돈이 많이 들기 때문에 이민자들은 보통 2년에서 5년 동안 돈을 저축한다. 펀자브 사람들은 여행 경비로 2만 달러를 상정하고 멕시코에서 미국으로 넘어갈 때 쓸 1만 달러를 따로 챙긴다. 그들을 약탈하는 것이 그야말로 수지맞는 장사임이 드러나는 순간이다.[13]

또 다른 시장의 실패
: 너무나 위험한 다리엔갭 통과하기

다리엔의 이 가장 최근 해적들은 카푸르가나에서 여행을 준비하는 동안 포기하지 않고 다가올 위험으로부터 스스로를 지키기 위한 조치를 취한다. 인도나 네팔 출신들은 대개 4명에서 8명까지 무리를 이루어

움직이며 며칠 빨리 출발하거나 늦게 출발하는 다른 무리의 친구들이나 친척들과 일련의 연결망을 공유한다. 이 연결망은 매우 중요하다. 그들이 스마트폰을 가지고 다니면서 메신저 앱인 왓츠앱을 이용해 수시로 경로에 관한 정보를 주고받기 때문이다. 혼자 오거나 2명이 함께 온 세네갈이나 카메룬 출신들은 대체로 더 큰 무리의 인도인이나 네팔인과 합류한다.

당연하지만 파벌 싸움 같은 것은 찾아볼 수 없다. 다리엔갭의 가장 변두리인 이곳에 도착했다는 것은 그들이 이미 6주 동안이나 함께 여행해 왔다는 뜻이다. 거리로 따지면 펀자브 사람들은 2만 1000킬로미터를 이동해 왔고 네팔 사람들은 그보다 더 먼 거리를 달려온 터다. 긴 시간을 길 위에서 생활하며 단련된 그들은 공동의 목표를 위해 똘똘 뭉쳐 있으며 여정 중에 만나는, 이를테면 언제든 기회만 생기면 그들을 약탈하려는 콜롬비아인들에게 공통으로 강한 혐오감을 내비친다.

233

불법 이민자들의 남아메리카 여정에서 마지막 단계는 다리엔갭 횡단이다. 카푸르가나에서 다리엔 반대편에 위치한 파나마령 엠베라족 마을인 바호치키토까지 약 50킬로미터에 달하는 거리를 걸어야 한다. 여기에는 4일에서 8일이 소요된다. 물론 성공했을 때 이야기다. 불법 이민자들은 고향을 떠나기 전에는 다리엔의 무시무시한 명성에 대해 전혀 몰랐다가 여행 과정에서 알게 된다. 가간딥이 자신들보다 불과 몇 주 앞서 출발한 무리가 어떻게 되었는지 나에게 알려 준다. 다리엔갭의 반대편에서 왓츠앱을 통해 들어온 소식은 그다지 좋지 못했다. "4명이 들어갔는데 3명만 나왔어요." 다리엔갭 횡단이 매우 위험하고 고된 것을 알기에 그들은 카푸르가나에서 며칠간 준비하는 시간을 갖는다. 이 시간 동안 곧 있을 여행과 크리켓, 고향 펀자브에서 살던 이야기를 하면서 즐거운 한때를 보내기도 한다. 그러나 좀처럼 긴장을 풀지는 못한다. 내가 그들을 방문했을 때도 그들은 밖에 돌아다니는 험악한 인상의 콜롬비아인들이 무서워 좁은 호텔 방에만 갇혀 있었다.

사흘째 되는 날 우리가 방에 둘러앉아 비스킷을 먹고 있을 때 갑자기 문이 쾅 하고 열린다. 가간딥의 형 메이저 싱Major Singh과 3명의 친구들이다. 30대 후반에서 40대 초반으로 비교적 나이가 많은 그들이 바지를 걷어 올리며 장딴지와 정강이에 빼곡한 큰 상처와 긁힌 상처, 벌레에게 물린 상처 등을 보여 준다. 그들은 8일간 정글을 헤매다가 방금 막 돌아온 터였다. 6일 밤을 정글에서 텐트나 방수포도 없이 잠을 잤다. 현지에서 만난 한 콜롬비아인이 150달러를 받고 정글에서 벗어날 수 있도록 안내해 주기로 했다. 그런데 마을에서 몇 킬로미터 떨어진 곳에 도착하자 그들의 돈을 빼앗으려 들었다. 그들이 저항하자 알아서 길을 찾아가라고 내팽개치고 가 버렸다. 그들은 정글에서 헤매는 동안 시신 4구를 보았다고 말한다. 시신들은 나무에 등을 기대고 똑바로 앉은 채 두 팔을 가슴에 모으고 있었다. 그들이 이집트 미라의 자세를 흉내 내며 눈을 감는다. 그 사람들이 왜 죽었냐고 묻자 "음식도 없고, 물도 없고, 길을 잃었기 때문이죠"라고 그들은 말한다.

불법 이민자들이 이용하는 경로를 따라 콜롬비아 정글을 아주 조금 직접 경험해 보자 그들이 곧 직면할 고난이 눈에 그려진다. 길은 무척 미끄럽고 뱀처럼 생긴 나무뿌리로 뒤덮여 있다. 덤불 속에서는 나중에야 정체를 알게 된 작은 정글 게들이 부산하게 움직이며 신경

234

을 긁는다. 사방의 식물 잎에서 물이 떨어지지만 정작 사람이 물을 마실 수 있는 개천이나 개울은 없다. 이곳에서 자급자족할 수 있다고 생각하는 도시인이 있다면 그냥 웃고 말 일이다. 나는 4번에 걸쳐 정글을 여행하는 동안 단 하나의 과일도 발견하지 못했다.

돈을 지불하고 안전하게 다리엔갭을 통과할 수 있는 확실한 길이 없다는 사실은 또 다른 시장의 실패다. 네팔에서 러시아와 스페인, 볼리비아를 거쳐 캘리포니아로 들어가는 노정은 확실히 지구상에서 가장 긴 경제 이민 경로다. 그 여정 한중간에 목숨을 위협하는 위험(다리엔 횡단)이 도사리고 있다.

젊은 불법 이민자들은 사명 완수에 헌신적이고 거기에 필요한 돈을 가지고 있다. 엠베라족이든 또는 전직 콜롬비아혁명군이든 상관없이 지역 주민들은 돈은 없지만 정글을 잘 안다. 만일 비공식 시장이 꽃을 피울 지점이 있다면 바로 여기일 것이다. 정글을 잘 아는 현지인 전문가들이 가이드로서 그들의 서비스를 판매하는 시장 말이다.

235

하지만 유동 인구가 많은 이 지역에서 평판은 그다지 중요하지 않고 따라서 모든 상호 작용이 일회성으로 끝난다. 다리엔에는 기회주의, 자기 이익만 생각하는 행동, 불신 등 엘리너 오스트럼이 우려를 표한 부정적인 경제 문화가 팽배해 있다. 이곳 사람들은 불법 이민자들을 다리엔의 반대편으로 데려다주고 돈을 벌기보다 그들을 약탈하고 그들 스스로 알아서 하도록 내버려 두는 편을 선호한다.

합리적 경영이란 무엇인가

스코틀랜드의 다리엔 식민지화 계획은 사람들이 "합리적 경영"으로 이 땅을 다스리면 엄청난 부를 거둘 것이라고 단언했다. 다리엔갭의 자연과 지리적 환경이 가진 잠재력은 오늘날에도 경제적으로 새로운 기회를 모색하는 사람들에게 강력한 유혹이 될 수 있다. 스코틀랜드를 몰락시켜 영국의 탄생에 일조하고 유럽 근대사를 특징지은 잊힌 땅 다리엔은 대부분의 지역이 여전히 베일에 가려 있다. 역사적으로 다리엔의 수도와 다름없는 야비사는 한때 번창한 하상 무역의 심장부였지만 이제는 다 옛날이야기에 불과하다. 이 놀라운 지역의 역사를 기념하는 박물관 하나 없고 관광객도 거의 찾지 않는다. 약속과 기회의 땅이었던 다리엔은 한 번도 제대로 개발된 적이 없다.

236   오늘날 다리엔은 다양한 경제 실패로 만신창이가 되어 있다. 열대우림을 조금씩 갉아먹는 목재 벌채 시장은 사람들이 자신들의 행위로 초래될 비용을 고려하지 않을 때 시장이 망가질 수 있다고 일찍이 경제학자들이 우려를 표했던 "외부 효과" 문제의 전형이다. 다리엔은 이런 문제를 개선하려는 시도가 얼마나 어려운 일인지 보여 준다. 즉 다리엔은 비공식적인 자체 규제가 실패하고 시장을 통제하기 위한 정부의 공식 조치(티크나무를 심는 지주에게 보조금을 지급하는 제도)가 도움이 되기는커녕 오히려 피해를 가중시키는 곳이다. 또한 다리엔은 안전한 여행을 제공함으로써 모든 참여자에게 이익이 될 수 있는 시장이 부재하는 현실을 통해 아무리 중요한 시장일지라도 꽃을 피우지 못할 수 있음을 보여 준다. 다리엔이 주는 무엇보다 중요한 교훈은 시

장을 신뢰할 수 없다는 것이다. 시장은 망가질 수 있고, 바로잡기가 극도로 어려우며, 가장 필요할 때 형성되지 않을 수 있다.

지역 경제학자 에르멜 로페스는 다리엔 경제의 벌목 의존도를 낮출 방법이 있다고 말한다. 시작은 야비사를 예전의 경제 중심지로 되돌리는 데 필요한 사회 기반 시설에 투자하는 것이다. 전력 공급이 원활해지면 이곳에 공장을 짓고 나무를 가공해 부가 가치를 높일 수 있다. 그러면 순찰대를 꾸려 숲과 정글을 감시할 자금을 마련하는 데 도움이 될 것이다. 이런 계획은 일리가 있다. 엠베라족 촌장들은 나에게 그들이 계약에 서명했다는 것은 수종에 상관없이 원목을 "평균 매수" 가격인 30센티미터당 14센트에 팔아야 한다는 뜻이라고 말했다. 하지만 제재를 거친 자단 목재는 도매가가 30센티미터당 40달러에서 70달러 사이로 500배나 비싸진다.[14] 중간의 누군가는 떼돈을 벌고 있는 셈이다. 만약 엠베라족이 생산과 공급 과정을 장악하고 가공한 목재를 판매한다면 소득이 수백 배로 늘어날 것이다. 다시 말해 현재 벌목용으로 배정받은 나무들을 더 적게 벌목하면서 지금과 동일한 소득을 올릴 수 있을 것이다.

하지만 내가 정글 깊숙한 곳에 위치한 바호치키토 마을을 떠날 때까지 이런 경제적 도약은 먼 미래의 일처럼 보였다. 딸과 예비 사위에게 집을 지어 주어야 하는 엠베라족 촌장 후안은 건축비를 마련하기 위해 30센티미터당 겨우 몇 센트의 가격에 좀 더 많은 목재를 벌목해야 할 터였다. 조금 떨어진 곳에서는 네팔과 카메룬에서 온 불법 이민자들이 하얀 방수포 아래 옹기종기 모여 어정쩡하게 대기하는 중이었다. 그들 가운데 스페인어를 할 줄 아는 사람도 없고 그들을 도와줄

만한 다른 사람도 보이지 않아 우리는 그들이 가장 궁금해하는 단어
들을 알려 주었다. "음식" "가격" "버스 정류장" 그리고 "위험"이었다.
이다음부터 어떤 일이 일어날지는 불확실했다. 하지만 그들은 적어도
다리엔갭에서 가장 위험한 구간에서 살아남았고 강 하류 쪽으로 며칠
만 더 걸어가면 팬아메리칸하이웨이를 만날 수 있을 터였다.

　다리엔갭의 반대변 카푸르가나 마을에서는 펀자브에서 온 일행
이 여전히 대기하는 중이었다. 나는 그들에게 고향의 가족에 대해 묻
는다. "우리 어머니들은 우리가 이 여행에 나선 걸 좋아하세요"라고
가간딥이 대답한다. 그의 친구들도 동조하면서 캘리포니아와 텍사스,
뉴욕에서 앞으로 어떤 삶을 꾸려 나가려고 하는지 계획을 설명한다.
가간딥이 자기 스마트폰에 저장된 두 살짜리 딸 사진을 보여 주면서
미국에 도착하면 아내가 간호 학위를 마칠 수 있도록 고향으로 돈을
보낼 거라고 말한다. 그는 아내가 자격증을 따서 합법적으로 딸을 데
리고 미국에 올 수 있기를 희망한다.

　다리엔에서 같이 시간을 보낸 다른 불법 이민자들처럼 그들은
자기네 나라를 방문하겠다는 약속을 나한테서 받아 낸다. 자스민데르
Jasminder가 "나라도 아름답고 사람들도 친절하지만 정부는 썩었어요"
라면서 암리차르에 있는 황금사원Golden Temple에 꼭 가 보라고 조언한
다. 고향에 경제적 기회가 없어 목숨을 위협하는 정글로 떠밀려 왔지
만 그들은 여전히 애국자며 전문 관광 가이드처럼 말한다. 그러나 이
곳 다리엔에서는 초심자에 불과하다. 그들이 다리엔갭 횡단에 성공했
을 때 만날 수 있는 파나마 마을들의 이름을 묻는다. 나는 내 지도를
그들에게 주고 우리는 작별을 고한다.

238

자원의 보고가 극빈 도시로 전락할 때

킨샤사

Kinshasa

이 놀라운 땅에서 나오는 채소와 광물은 다양성과 가치와 양에서
지구상에서 가장 각광받는 지역들과 동일하다.
버니 러벳 캐머런, 《아프리카 횡단》, 1877

콩고에서는 더 이상 아무도 일하지 않는다. 콩고에서는 더 이상
아무도 뭔가를 생산하지 않는다. … 콩고는 더 이상
자기네 나라 아이들을 먹이거나 입힐 수 없다.
조제프데지레 모부투, 1965

세계에서 가장 가난한 동시에
가장 많은 것을 가진 도시

"우리 사회에는 세 계층이 존재합니다"라고 50대 초반의 로마가톨릭 사제인 실뱅 몽감보Sylvain Mongambo 신부는 말한다. 우리가 킨샤사의 대표적인 주택가 중 하나인 봉마르셰Bon-Marché에 있는 생폴성당 구내의 작은 카페에 앉아 있을 때였다.

그의 설명에 따르면 상위층은 성직자들과 정부 고위 관료들이다. 그들은 외국 대사관들이 모여 있고 녹음이 우거진 곰베Gombe 구역의 관공서에서 일하며 부유한 나라에서도 높은 수준에 해당하는 월급을 받는다(콩고의 하원 의원은 한 달에 1만 달러를 받으며 다른 특전도 많다). 중위층은 민간 부문에서 안정된 직업을 가진 사람들이나 자기 회사를 소유한 사람들, 경찰이나 교사처럼 공공 부문에서 일하는 사람들이다. "이런 사람들은 그럭저럭 먹고살 수 있지만 안전을 보장받진 못해요. 그래서 이 점을 보완하기 위해 비공식 경제를 이용하죠."

하위층은 공식 직업이 없는 사람들로 구성된다. "셋 중에서 이 계층이 단연코 제일 많아요"라고 신부는 말한다. 콩고의 충격적인 통계 역시 이런 사실을 뒷받침한다. 콩고의 실업률은 지난 20년 동안 한 번도 44퍼센트 밑으로 떨어진 적이 없다. 이 기간 중 대부분은 60퍼센트가 넘었고 심할 때는 80퍼센트가 직장이 없던 적도 있다. 킨샤사에 사는 사람들 대부분에게 안정된 직업을 구하기란 거의 불가능에 가까운 일이다. "그래서 이들은 길거리 경제에 의존하죠. 그들이 생각할 수 있는 모든 종류의 거래를 하고 그들이 할 수 있는 모든 종류의 사

241

업을 해요." 실업 수당은 존재하지 않으며 무직자에 대한 주택 지원도 없다. "그들이 살아남아 있다는 사실 자체가 정말이지 기적입니다"라 며 신부는 말을 맺는다.(킨샤사에서 만난 사람들은 하나같이 자기네 나라 를 콩고민주공화국Democratic Republic of the Congo이라는 정식 명칭 대신 콩고 라고 불렀고 스스로를 콩고인으로 지칭했다. 이 책에서는 현지인이 사용하는 명칭에 따른다. 또 다른 콩고인 콩고공화국Republic of the Congo은 콩고강을 경 계로 위쪽에 위치하며 콩고브라자빌Congo-Brazzaville이라 불린다.)

1000만 명의 인구가 모여 사는 킨샤사는 직업이 없다면 살고 싶 지 않을 도시다. 최근 집계에 따르면 콩고인 중 77퍼센트는 국제 빈곤 선인 하루에 1.90달러보다 적은 돈으로 살아간다. 이곳에서는 세계 어느 나라보다 많은 사람이 극한의 빈곤에 시달리며 빈곤한 현실이 적나라하게 드러나 있다.[1]

킨샤사에 도착한 첫날, 시내의 중앙시장Marché Central(마르셰상트 랄)을 향해 걸어갈 때였다. 열 살 정도 되었을 소녀가 몸에 너무 커 보 이는 후줄근한 드레스 차림으로 한쪽 발에는 샌들을 신고 다른 쪽 발 에는 슬리퍼를 신은 채 마주 오고 있었다. 소녀가 도시 바닥에 쌓인 색 바랜 플라스틱 더미 속에서 버려진 옥수수 토막을 발견했다. 순간 소녀는 그쪽으로 후다닥 달려가 몇 알 남아 있지 않은 옥수수 알갱이 를 게걸스럽게 먹어 치웠다. 킨샤사에는 거리를 배회하는 아이들과 쓰레기 더미를 뒤지는 사람들이 사방에 널려 있었다. 이 도시의 많은 사람들에게 하루 1.90달러는 꿈같은 이야기라는 사실을 나는 이내 깨 닫게 되었다. 그들 대다수는 그야말로 아무것도 없이 살고 있었다. 킨 샤사의 가난은 이 도시가 세상에서 유례를 찾아보기 힘든 경제적 실패 사례임을 알려 준다.

다리엔이 어쩌면 육상 무역과 해상 무역이 만나는 거점으로 발전할 수 있었다면, 킨샤사는 어쩌면 그런 무역에서 세계 전역에 식량과 제조품과 자원을 공급하는 원산지가 될 수 있었을 것이다. 잉글랜드 도싯에서 태어난 탐험가 버니 러벳 캐머런Verney Lovett Cameron이 1870년대에 중앙아프리카를 횡단한 이래로 사람들은 콩고가 독보적인 잠재력을 가진 곳이라는 사실을 알게 되었다. 캐머런은 사탕수수와 팜유, "품질이 매우 뛰어난" 담배에 대해 이야기했고 "거의 사방에 널려 있다시피 한" 고무나무를 기본으로 석탄과 구리, 황금이 풍부하다고 설명했다.[2] 콩고는 다이아몬드와 주석, 그 밖의 희귀 금속을 비롯해 세계에서 두 번째로 큰 열대우림과 아마존강에 이어 두 번째로 수량이 많은 콩고강을 보유한 나라다. 킨샤사는 이런 천연자원에 더해 현대 경제가 번창하는 데 도움이 되었을 많은 특징 또한 가지고 있다. 이를테면 이 도시는 파리와 표준 시간대를 공유하고, 이곳 사람들은 대표적인 유럽 언어인 프랑스어를 사용하며, 인구는 젊은 층이 많고 계속 늘어나는 중이다. 킨샤사는 세계에서 가장 가난한 동시에 가장 많은 것을 가진 도시 중 하나임이 분명하다.

오늘날 전 세계적으로 도시화가 급속히 진행 중이다. 이런 현실에서 미래를 걱정하는 우리는 도시를 실패하게 만드는 요인이 무엇인지 반드시 알 필요가 있다. 하지만 실패한 도시의 극한 사례인 킨샤사에 대해서는 거의 알려진 것이 없다. 콩고 문제에 관한 논의 대부분은 동쪽 고마Goma 일대의 내전이나 남쪽 카탕가Katanga 인근 광산들에서 벌어지는 사기와 부패에 초점을 맞춘다. 이 나라의 모든 것이 그렇듯이 이런 문제들 역시 비교가 불가능한 것들이다. 그렇지만 킨샤사는 그런 지역들과 전혀 동떨어진, 그러나 대단히 중요한 문제를 안고 있다. 나는 이 도시의 시민들을 둘러싼 일상생활의 경제학을 이해하고 싶었다. 무엇이 그들의 발목을 붙잡고 있는지, 그들이 잘살기 위해서는 무엇이 필요한지 알고 싶었다.

킨샤사에 도착하고 불과 몇 분 지나지 않아 나는 아즈라크와 재키챈빌리지의 허약한 시장이나 야비사의 침체된 상거래에서 목격했던 빈사 상태가 킨샤사와는 전혀 무관한 이야기임을 또렷이 실감했다. 킨샤사의 가난과 더불어 절대로 잊을 수 없는 것이 바로 킨샤사의 활기다.

대사관과 관공서가 밀집한 곰베의 남쪽으로 나아가다 보면 도시 전체가 떠들썩하다. 중심 지역에 가까운 반달과 킨탐보부터 가장 가난한 사람들이 모여 사는 더 외곽 구역인 메시나와 은질리에 이르기까지 똑같은 풍경이 펼쳐진다. 눈 닿는 모든 곳에서 사람들이 생계 활동에 여념이 없다. 이곳의 오후는 특별하다. 화려한 맞춤 정장을 입은 사람들의 생동감 넘치는 모습이나 시끄러운 음악, 지글지글 소리를 내며 익어 가는 고기는 세계에서 가장 시끌벅적한 도시들이 오히려 진부하게 보일 정도다. 아마 세계에서 가장 살기 힘든 도시일 이곳에서 사람들은 그럭저럭 살아가고 있으며 그중 일부는 잘살고 있다.

킨샤사 사람들이 겉으로 보이는 활기처럼 회복탄력성을 가졌고 혁신적이라면 그들의 경제가 그토록 무기력한 이유는 대체 무엇일까?

부패한 도시의 황금률
: 우두머리의 아들이 되어라

킨샤사의 중앙시장에서 수십 년째 장사를 하고 있는 서른세 살의 크리스티앙 음퐁고Christian Mpongo는 일에 능숙해 보인다. 그는 가슴 쪽에 불꽃과 덩굴 모양의 붉은색과 녹색 천 조각을 덧대어 주문 제작한 검정 폴로 셔츠를 자랑스럽게 입은 채 자기 가게 앞 플라스틱 의자에 앉아 있다. 이곳 시장의 진열대 대부분이 텅 비어 있는 것과 달리 식품 도매업을 하는 크리스티앙의 가게는 손님들로 붐빈다. 아르헨티나와 태국, 터키 등지에서 수입한 20킬로그램짜리 쌀이나 옥수수, 설탕을 주문하는 손님들의 발길이 끊이지 않는다. 고객의 자동차나 버스 정류장까지 짐을 옮기는 젊은 직원들에게 크리스티앙이 모국어인 키콩고어Kikongo로 젊잖게 이런저런 지시를 내린다.

크리스티앙의 성공은 킨샤사의 거친 삶이 기회가 될 수 있음을 보여 주는 첫 번째 교훈이다. 그는 열한 살 때 처음 시장에 발을 들였고 곧바로 돈을 벌 방법을 찾았다. 거대한 강에 인접해 있음에도 킨샤사에는 깨끗한 식수가 제대로 공급되지 않는다. 부유한 주택 지역인 곰베는 도시의 극히 일부에 불과하며 이곳을 제외하면 안전하게 마실 수 있는 수도가 연결된 집이 거의 없다. 작은 비닐봉지에 깨끗한 물을 담아 판매하는 것은 이곳의 주요 산업이었고 10대 소년이던 크리스티앙은 대량으로 더 저렴하게 깨끗한 물을 구입하는 전략을 사용함으로써 20봉지의 물을 판매할 때마다 약 1000콩고프랑Congolese franc(60센트)을 벌었다. 그의 설명에 따르면 시장 짐꾼으로 시작해 다음에는 소매점을 열고 마침내 훨씬 돈이 되고 더 안정된 도매업에 진출하기까지 그는 승승장구했다. 여기에 도시 한복판에서 쌓아 온 22년의 경험까지 더해진 그가 이곳 킨샤사에서 성공하는 법을 기꺼이 설명한다. "킨샤사 경제의 첫 번째 규칙은 부패입니다."

그의 주된 관심사는 세금이고 이는 내가 만난 모든 사람이 비슷했다. 소규모 가게부터 슈퍼마켓을 소유한 거물까지 또는 육체노동자부터 대학교수까지 킨샤사의 모든 사람이 세금 제도에 강한 혐오감을 드러낸다. 공식적으로 콩고의 사업체들은 한 달에 1번 세금을 내야 한다. 하지만 킨샤사에서는 사실상 하루에 최소한 1번 이상 세금을 내야 하며 아침저녁으로 하루에 2번씩 세금을 내는 곳이 수두룩하다. 높은 세율(공식적으로 이익의 54퍼센트)도 문제지만 진짜 문제는 아무런 근거 없이 부과되는 온갖 추가 납입금이다. 카페와 슈퍼마켓을 운영하는 한 요식업자에 따르면 이렇다. "나는 매일 세금을 내고 방금 낸 세금의 영수증을 받는 대가로 또 뇌물을 주어야 합니다. 그런 다음에 다시 세금 징수원에게 '염가'로 점심을 제공해야 하죠." 그는 하루에 3번씩 1년에 1000번 넘게 세금을 내는 셈이다.[3]

"살아남기 위해서는 우두머리의 아들이 되어야 합니다"라면서 크리스티앙이 자신의 대처법을 소개한다. "시장을 감독하는 관리가 새로 부임한다는 소식을 알아내자마자 나는 그의 이름을 수소문하고 그를 만나러 가죠. 그가 어떤 음식을 좋아하고 그의 아내가 어떤 옷을 좋아하는지 알아내려는 겁니다. 물론 그의 자녀들이 좋아하는 것도 파악하고요. 그런 다음 그걸 전부 그에게 선물합니다." 고위층의 누군가를 안다는 사실은 매우 중요하다. 이곳의 징세가 일종의 피라미드 방식 비슷하게 이루어지고 그 정점에 우두머리인 지역 관료가 위치하기 때문이다. 피라미드의 모든 구성원은 세금이 그들의 손을 거칠 때마다 그중 일부를 자기 몫으로 떼어먹는다. 납세자들이 피라미드의 가장 아래쪽에서 세금을 납부하면 수백 명의 하급 세무 공무원들이 서로 이 돈을 차지하려고 경쟁하는 형국이다. 크리스티앙의 전략은 정점에 있는 사람과 인맥을 구축해 중간 공무원을 배제함으로써 자신의 시간과 돈과 번거로운 수고를 아끼는 것이다. "계획이 성공하면 내 사업은 계속 살아남을 겁니다"라고 크리스티앙은 말한다. "하지만 우두머리를 만족시키지 못하면 나는 며칠 안으로 끝장날 겁니다."

헌법 제15조: 각자도생하라

이런 이야기는 문젯거리다. 오늘날 킨샤사에서 살아가는 사람들은 일종의 안전망으로 그들의 지역 경제에, 주로 비공식 경제에 의존하고 있음이 곧 명백해질 것이기 때문이다. 원래 이곳 사람들의 자력구제 self-reliance(거래와 물물 교환, 교역을 통한 회복탄력성) 철학은 너무 유명해 이런 특징을 가리키는 별도의 표현이 존재할 정도다. 바로 "헌법 제15조"로, 콩고 헌법에 실제로는 존재하지 않는 가상의 조항을 풍자적으로 일컫는 표현이다. 이런 문화를 대변하는 구호도 존재한다. "각자도생하라débrouillez-vous pour vivre"라는 말로, 보통은 줄여서 "각자도생 débrouillez-vous" 또는 "시스템 DSystème D"라고 한다. 이곳에서 살아남기를 원한다면 스스로 알아서 하고 자신을 믿어야 한다. 국가는 절대로

도와주지 않을 것이기 때문에 스스로 해결하라는 뜻이다. 수십 년 전 대중화된 이 같은 사고방식은 여전히 킨샤사를 규정하는 풍조다.

피피 베이엘로Fifi Beyelo가 운영하는 작은 노점은 이런 문화가 어떻게 작용하는지 보여 준다. 도심의 중앙시장 변두리에 위치한 그녀의 사업장은 단출하다. 판매할 신선한 달걀 2판이 올려진 가대식 탁자 2개, 베이엘로 자신과 유일한 직원이 사용할 플라스틱 의자 2개, 가게 안의 모든 것에 그늘을 드리워 줄 밝은색 파라솔 2개가 전부다. 베이엘로는 40대로 옷차림이 세련되었다. 검은색 실크 상의에 흰색 면바지를 입고 금목걸이를 하고 있다. 이곳에서 15년째 달걀을 판매하고 있으며 슬하의 두 아이 아버지인 남편과 이혼한 뒤로 노점을 시작했다. 중앙시장은 관리가 엄격하지만 이곳 변두리에서는 쉽게 노점을 차리거나 직원으로 일해 약간의 돈을 벌 수 있다. 킨샤사에서는 거래가 일종의 안전망이라고 그녀는 말한다. "먹고살기 힘들어졌을 때 시장에 장사를 하러 나왔죠."

많은 유동 인구(우리가 이야기를 나누는 동안에도 수백 명이 지나간다)가 이곳을 장사하기에 최적인 장소로 만들어 주지만 그럼에도 힘들다고 베이엘로는 말한다. "이 장사로는 근근이 먹고살 뿐이에요." 10년 전에는 하루에 600개씩 달걀을 팔았지만 이제는 수요가 절반으로 줄었기 때문이다. 지속적인 인플레이션이 원인 중 하나다. 2016년부터 2018년 사이에 킨샤사의 물가는 50퍼센트 이상 상승했다. 최근에는 30개짜리 달걀 1판의 도매가가 5000콩고프랑에서 7000콩고프랑으로(약 3달러에서 4.50달러로) 오르면서 노점 판매상의 달걀 1개당 원가가 200콩고프랑을 넘어섰다. "이곳을 찾는 사람들은 생각하는 예상치가 있어요. 달걀 하나가 대략 200콩고프랑 정도 해야 한다고 생각하죠." 하지만 이 가격에 팔면 그녀는 적자를 보게 될 것이다.

"세금도 문제예요"라면서 베이엘로가 자신이 하루에 내야 하는 납부금에 대해 설명한다. 노점 수수료가 300프랑이고, 담당 세금 징수원에 따라 매일 달라지는 판매세가 200에서 500프랑이며, "살롱고salongo" 요금(청소비와 위생 설비 이용료)이 100프랑이다. 달걀 하나를 팔아서 발생하는 수익이 이처럼 너무 적은 까닭에 조금이나마 자기 몫을 챙기려면 하루에 1판이나 2판 이상을 팔아야 한다. 그야말로 하루 벌어 하루 먹고사는 생계형 장사로 그녀는 시간이 지나도 돈을 모을 수가 없다. "돈을 벌려고 이 일을 하는 게 아니에요." 베이엘로가 말한다. "그저 입에 풀칠이라도 하기 위해서죠."

판매세와 "살롱고" 청소비를 내는 대가로 시장 상인들이 받는 서비스는 거의 없다. 베이엘로의 노점과 같은 가게들은 영구 구조물이 아니라 조악한 이동식이다. 실제로 그들이 돈을 내고 장사하는 자리는 지저분한 길의 가장자리다. 청소비는 우스갯소리에 불과하다. 그들 뒤로 보이는 도로는 킨샤사 중심부에 위치하고 있음에도 겨울철 농가 마당을 연상시킬 정도로 바닥이 온통 진창이며 진창 두께는 거의 50센티미터에 이른다. 1000만 명의 인구가 살아가는 도시에서 진창은 각종 플라스틱과 종이, 철사, 음식 찌꺼기, 인간의 배설물 등과 뒤섞여 있고 그 위에서 삐쩍 마른 수탉 한 마리가 연신 이런 오물을 쪼아 대고 있다. 사람들이 길을 건널 수 있도록 90미터쯤 간격으로 진창 위에 나무판자가 놓여 있다.

나는 베이엘로와 그녀의 직원에게 서비스가 그처럼 엉망이라면 청소비 등의 납부를 거부할 수 있는 것 아니냐고 물었다. 예컨대 협상을 통해 세금을 낮추거나 시장을 관리하는 측에서 그곳을 청소해 줄 때까지 납부를 미룰 수 있을 터였다. 그들이 고개를 젓는다. "세무 공무원에게 이의를 제기할 만한 가치가 없어요"라고 베이엘로가 말한다. "일일 요금이 매우 낮게 책정되어 있기 때문에 돈이 없어서 못 낸다고 할 수가 없죠. 굳이 귀한 시간을 쪼개 그들과 논쟁할 가치가 없어요." 내가 이야기를 나눈 모든 콩고인이 똑같이 이야기하고 이곳의 외국인 상인들(레바논인 요식업자들과 전화기 가게를 운영하는 인도인들, 중국인 재단사들)도 모두 동감한다. 순순히 응하지 않으면 세무 공무원이 매일 전화해 괴롭힐 것이기에 차라리 그냥 돈을 주어 보내는 편이 낫다.

이곳 정부의 역할을 제대로 이해하려면 약간 시간이 필요하다. 이 나라 정부는 전형적인 "실패한 정부"로 여겨지는 경향이 있다. 서양의 언론 보도를 보면 유명무실하거나 소극적인 정부가 떠오를뿐더러 콩고 수도를 관공서 건물은 다 무너져 가고 공무원 숫자도 절대적으로 부족한 곳처럼 상상하게 되기 때문이다. 그러나 킨샤사는 전혀 그렇지 않다. 정부는 번창하고 있으며 퇴근 무렵이 되면 수많은 부처의 사무실이 들어서 있는 대로에 수천 명의 공무원이 쏟아져 나온다. 콩고 정부는 적극적이지만 기생적이며 자국민의 이익에 정면으로 반하는 일을 자주 하는 부패의 상부 구조다. 스스로 알아서 해결하라는 "헌법 제15조" 문화를 바탕으로 탄생한 거대한 비공식 경제는 그런 정부에 대한 직접적인 대응의 결과물인 셈이다.

다리엔의 실패는 궁극적으로 경제적인 문화 때문이었다. 즉 단기 이익만 생각하는 사고방식과 기회주의, 협력의 부재 때문이었다. 킨샤사는 내용이 다르다. 대중은 그들끼리는 서로 신뢰한다. 하지만 교사와 경찰관을 비롯한 공무원들을 차등적으로 불신하며 그중에서 세무 공무원을 가장 불신한다. 킨샤사에는 콩고를 식민지로 만든 외국인 지배자와 자국인 독재자, 이 두 사람의 유산에서 비롯된 경제적 불신과 자력구제의 뿌리가 여전히 굳건하게 자리 잡고 있다.

식민지 이야기
ː 거짓말쟁이 왕의 약탈과 살육

킨샤사 역사의 밑바탕에는 거짓과 속임수가 존재한다. 이 도시를 건설한 사람은 웨일스에서 태어난 언론인이자 탐험가 헨리 모턴 스탠리 Henry Morton Stanley였다. 그는 1871년 오늘날의 탄자니아 국경 근처에서 오랫동안 죽었다고 여겨지던 스코틀랜드인 탐험가 데이비드 리빙스턴David Livingstone을 발견하고는 "리빙스턴 박사님, 맞으시죠?"라고 말했다는 일화로 가장 유명하다. 1874년 중앙아프리카로 다시 탐험을 떠난 스탠리는 이 여행담을 책으로 출간했으며 이 책은 유럽 전역에서 인기를 얻었다. 영국 안에서는 세 번째 여행 자금을 조달할 수 없었지만 그럼에도 그는 1879년 또다시 아프리카를 향해 출발했다. 이번에는 벨기에 국왕 레오폴 2세Léopold II가 돈을 대고 관리하는 회사인 국제아프리카협회Association Internationale Africaine로부터 자금 지원을 받았다. 국제아프리카협회가 명시한 목표는 박애주의와 과학적 발견이었고, 스탠리는 콩고를 횡단하며 도로를 건설하고 강을 따라 증기선이 정박할 수 있는 항구를 건설했다. 사람의 발길을 허락하지 않는 땅을 헤치고 나아가는 그의 투지에 키콩고 부족들은 그를 "불라 마타리Bula Matari" 즉 "돌을 깨부수는 사람"이라고 불렀다. 1881년 스탠리는 오늘날의 킨샤사에 해당하는 곳에 교역소를 설치하고 이 지역을 레오폴빌Léopoldville이라 이름 지었다.[4]

벨기에 왕은 지역민들과 자유롭게 교역하고, 그들의 땅을 개발하고, 교육을 제공하고, 궁극적으로는 독립시켜 주겠다고 유럽 강대국들에 약속함으로써 거대한 콩고독립국État indépendant du Congo(1885년 레오폴 2세가 자신이 차지한 지역에 붙인 이름-옮긴이)을 손에 넣게 되었다. 심지어 벨기에의 소유지라기보다 그의 개인 소유지에 가까웠다.

스탠리가 레오폴의 콩고에 대한 비전을 믿었듯이 영국의 또 다른 선도적인 중앙아프리카 전문가 버니 러벳 캐머런도 그랬던 것 같다. 캐머런은 노예 제도와 상아 무역의 폐해를 지적하는 장문의 글을 발표했다. 그리고 사람들을 규합하기 위한 목소리를 높이면서 레오폴의 "박애주의적 노력"에 지지를 표명했다. "과학적 탐사에 관심 있는 사람들은 앞으로 나와 통일되고 체계적인 탐사를 위한 숭고한 계획을 세운 벨기에 국왕을 지지하자." 물론 스탠리는 성인聖人이 아니었다. 그는 자신의 여행담에서 현지 촌장들과 싸울 때 악랄한 전술을 사용한 일과 부하들을 잔인하게 다룬 일을 자랑했다. 그럼에도 이 웨일스 남자는 아프리카의 독립 국가들 간 자유 무역을 한결같이 지지했으며 나중에는 노예 제도 폐지를 주장하는 운동가가 되었다.[5]

하지만 레오폴은 박애주의적인 발전이나 과학적 발견, 자유 무역에 하등의 관심이 없는 거짓말쟁이 나르시시스트였다. 그는 상아 무역으로 서둘러 콩고인들과 그들의 자연환경을 착취하기 위해 나섰다. 결국에는 새로운 산업용 자재에 대한 수요가 그보다 훨씬 큰 수익을 가져왔다. 바로 고무였다. 1839년 찰스 굿이어Charles Goodyear가 가황 고무를 개발한 데 이어 1887년에는 존 보이드 던롭John Boyd Dunlop이 자전거용 고무 타이어를 발명했고 1895년에는 미슐랭Michelin 형제가 자동차 타이어를 발명했다. 뒤이은 고무 수요의 급증은 그간 콩고에 투자하느라 손해를 보고 있던 레오폴을 위기에서 구해 주었다. 레오폴은 식민지의 일부를 분할해 외국 기업들에 매각했고 남은 약 3분의 2에 해당하는 땅(벨기에보다 50배 이상 큰 면적)을 자신의 "사유지Domaine Prive"로 계속 보유하면서 사병 조직 "포르스 퓌블리크Force Publique"가 지키게 했다.[6]

"포르스 퓌블리크"를 등에 업은 레오폴의 대리인들은 고무 채취에 강제 동원된 콩고인들을 표적으로 삼았다. 가장 쉽게 고무를 채취할 수 있는 나무들부터 이내 수액이 고갈되면서 할당량을 채우기가 불가능해졌다. 하지만 대리인들은 인정하지 않았고 충분히 열심히 일한다고 생각되지 않는 사람들이나 그들 자녀의 오른손이나 발목을 잘랐다. 비싼 탄환값 때문에 "포르스 퓌블리크" 장교들은 탄환이 사용된 경우 증거로 으레 죽은 사람의 손을 제출하도록 요구했다. 레오폴의 콩고에서 대량 학살이 지속되면서 사람 손이 담긴 바구니는 일종의 엽기적인 화폐처럼 되어 열심히 일한 증거로 교역소에 제출되었다.

끔찍한 소문들이 유럽에 서서히 알려지기 시작했다. 1900년에 이르러 영국 외교관 로저 케이스먼트Roger Casement는 "콩고 정부는 무엇보다 상업적인 독점 대기업이며 모든 것에서 상업적인 이익을 지향한다는 사실이 만악의 근원이다"라고 밝혔다. 최초의 인권 연구 논문 중 하나로 여겨지는 《케이스먼트 보고서Casement Report》는 1904년 발표되었다.[7]

　　1908년 국제적인 압력을 견디지 못한 레오폴이 마침내 자신의 식민지를 벨기에 정부에 양도했다. 그때까지 고무 채취 산업은 2억 2000만 프랑(2018년 달러화 기준으로 15억 달러 이상)을 벌어들였고 20년에 걸친 흥청망청한 건축 잔치판에 자금줄이 되어 주었다. 그 기간 동안 레오폴은 자신이 좋아하는 많은 궁전과 분수, 아치형 구조물 등을 연달아 지어 벨기에의 "건축왕"이라는 별명을 얻었다. 인명 피해를 둘러싼 추정치는 모두 제각각이다. 하지만 그중 가장 신뢰할 만한 자료에 따르면 당시 콩고 인구의 절반인 약 1200만 명이 목숨을 잃은 것으로 보인다.[8]

콩고 위기에서 구세주의 등장까지

벨기에의 통치는 콩고가 1960년 독립하기까지 계속되었다. 다이아몬드와 구리 채굴을 쉽게 하기 위해 벨기에 정부는 현지인을 고용해 주요 대도시를 연결하는 철도망과 대부분의 소도시를 잇는 도로망을 건설했다. 그렇지만 정작 콩고인을 위한 투자는 거의 없었다. 가톨릭교회에서 대부분의 학교 교육을 제공할 뿐이었고 1950년대 중반까지 대학은 단 하나도 설립되지 않았다.

그런 한편으로 교통 기반 시설은 전국을 하나로 연결했다. 그리고 킨샤사는 문화적으로 아프리카에서 가장 먼저 라디오 방송국이 들어서고 가장 훌륭한 녹음 스튜디오들을 갖춘 지역 중추로 발돋움했다. 가로수가 늘어선 넓은 포장도로와 맛있는 음식과 멋진 음악이 있는 이 도시는 "킨, 라벨Kin, La Belle"(아름다운 도시 킨)이라는 별명으로 유명해졌다. 한 나이 든 요식업자가 젊은 시절의 킨샤사를 떠올리며 마치 자석처럼 사람들을 끌어들이는 매력적인 도시였다고 설명한다. "돈이 있는 사람들은 남아프리카에서 병에 걸려도 이곳 병원으로 날아와 치료를 받았어요. 한때 이곳은 아프리카에서 단연 최고의 도시였습니다."

1960년 독립하고 채 1년이 지나지 않아 킨샤사는 "콩고 위기Congo Crisis"로 알려진 정치적 대혼란에 빠져들었다.[9] 광물 자원이 풍부한 지역인 카탕가와 남카사이South Kasai가 독립 국가임을 주장하면서 나라가 분열되기 시작했다. 콩고의 초대 총리 파트리스 루뭄바Patrice Lumumba와 초대 대통령 조제프 카사부부Joseph Kasa-Vubu 두 사람은 다른 정당 출신이었고 서로의 권위를 존중하기를 거부했다. 외국 열강들 역시 콩고를 와해시키기 위한 공작에 나섰다. 다이아몬드 채굴권에 홀린 벨기에 정부는 콩고에서 갈라져 나온 독립국들을 지지했다. 공산주의 국가 소련의 잠재적인 동맹자로 여겨지던 루뭄바는 1961년 체포되어 얼마 뒤 벨기에와 미국 정부로부터 돈을 받은 콩고 군인들에게 살해당했다.

5년 동안 콩고 정부는 무너지고 바뀌기를 반복했다. 지도자가 바뀔 때마다 거창한 경제 공약을 내놓았고 그 결과 세출이 세입보다 많아졌다. 그에 따른 차액을 메꾸기 위해 중앙은행이 새로 돈을 찍어 내면서 극심한 인플레이션으로 이어졌다. 1965년 11월 킨샤사가 다시 정치적 교착 상태에 빠지자 당시 육군 참모총장이던 조제프데지레 모부투Joseph-Désiré Mobutu가 무혈 쿠데타로 정권을 장악했다. 콩고의 "제1공화국"은 그렇게 종말을 맞이했고 서른다섯 살의 모부투가 국가 총책을 맡았다. 그의 부상은 위기의 종식과 공산주의에 대한 승리로 알려졌다.

하지만 모부투는 기존 이데올로기를 따르는 대신 "모부투주의 Mobutuism"라는 자신의 이데올로기를 개발했다. 시간이 지날수록 모부투주의는 독재 권력을 등에 업은 채 개인 우상화로 변질되었고 그가 경제와 사회를 더 강력하게 장악하는 데 이용되었다. 모부투는 그가 "진정성authenticité"이라고 부른 일련의 조치를 통해 콩고에서 식민지의 잔재와 서양의 영향을 지우기 위한 행보에 나섰다. 그는 "모든 강을 삼키는 강"이라는 뜻의 키콩고어 "은제르nzere"에서 가져온 "자이르Zaire"를 나라와 강의 새 이름으로 삼았고, 통화도 자이르로 바꾸었다. 도시 이름 또한 바꾸어 레오폴빌은 킨샤사가 되었고, 스탠리빌 Stanleyville은 키상가니Kisangani가 되었다. 복식은 처음에는 권유였지만 나중에 강요로 바뀐 절대명령에 따라 유럽식을 버리고 마오쩌둥이 선호한 인민복 스타일의 "아바코스트abacost"로 서서히 변했다. 유럽의 기독교식 이름 역시 금지되었는데, 대통령 스스로 자기 이름을 모부투 세세 세코 쿠쿠 응벤두 와 자 방가Mobutu Sese Seko Kuku Ngbendu Wa Za Banga로 개명했다. "인내심과 불굴의 의지로 패배를 모르는 전능한 전사이자 정복을 이어 가며 모든 것을 불태우는 전사"라는 뜻이었다.

모부투주의를 표방하고 처음 몇 년은 좋았다. 1967년 여름에 대통령의 경제 계획이 시작되었고 그 중심에는 새로운 통화가 있었다. 경제력 과시를 위해 자이르화는 이전의 1000콩고프랑에 상당하는 가치로 발행되었다. 미국 달러화의 정확히 2배 가치였다. 모부투의 새 통화를 보호하기 위해 정부는 특히 자동차와 담배 같은 사치 수입품에 대한 세금을 올림으로써 국가 재정을 관리해야 했다. 모부투의 경제 정책은 국제 사회에서 그의 계획을 칭찬했을 정도로 나름 타당했다. 1968년에 이르자 인플레이션은 불과 2.5퍼센트로 떨어졌다. 또한 모부투의 강요로 기업들이 10퍼센트 이상의 임금 인상을 수용하면서 대중의 구매력이 증가했고 그 결과 경제 규모가 1년에 8퍼센트나 늘어났다. 모부투에게 새로운 칭호들이 생겨났다. 이제 대통령은 "안내자" "지도자" 심지어 "구세주"로 불렸다.[10]

그러나 이후 30년 동안 모부투의 정책은 20세기 들어 어떤 나라도 경험하지 못한 심각한 경제 쇠퇴를 불러왔다. 대통령의 계획에서 상징적인 골자였던 자이르 통화는 1997년에 이르러 가치의 99.9퍼센트를 상실했다.[11] 자신이 도입한 화폐의 가치가 사라지자 대통령은 총탄 세례를 뚫고 겨우 이륙한 비행기를 타고 모로코로 도주했다. 전립선암을 앓던 그는 바로 얼마 뒤 그곳에서 사망했다.

모부투의 자리에는 카빌라 가문 정권이 대신 들어섰다. 로랑데지레 카빌라Laurent-Désiré Kabila는 1998년 군사 쿠데타로 정권을 장악했지만 2001년 암살당했다. 이어서 그의 아들 조제프 카빌라Joseph Kabila가 권력을 잡았다. 그는 콩고 헌법에 어긋나는 장장 18년의 통치를 끝으로 2019년 1월 권좌에서 내려왔고, 야당인 민주사회진보연합

5장　자원의 보고가 극빈 도시로 전락할 때
: 킨샤사

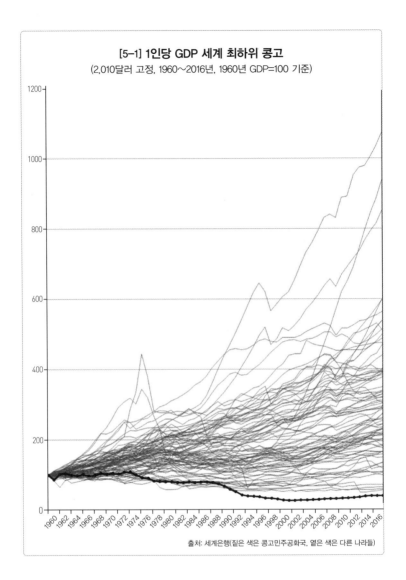

[5-1] 1인당 GDP 세계 최하위 콩고

(2,010달러 고정, 1960~2016년, 1960년 GDP=100 기준)

출처: 세계은행(짙은 색은 콩고민주공화국, 옅은 색은 다른 나라들)

Union pour la Démocratie et le Progrès Social, UDPS의 수장 펠릭스 치세케디Félix Tshisekedi가 그 뒤를 이었다. 대통령직을 잃었음에도 카빌라는 자신의

연합 세력인 콩고공동전선Front commun pour le Congo, FCC을 계속 장악한 채 상원 의석 84퍼센트와 하원 의석 3분의 2 그리고 총리직을 좌지우지한다. 카빌라 가문의 영향력이 오랜 기간 지속되고 있지만 킨샤사 시민들이 보기에 오늘날의 킨샤사를 이해하는 데 가장 중요한 인물은 단연코 모부투다. 모부투의 경제 정책은 이 도시에 2번에 걸친 극심한 파탄을 불러왔으며, 놀라운 동시에 자멸적인 자력구제 문화를 낳았다.

독재자의 경제 실책이 부른 재앙

경제에서 모부투의 첫 번째 실패는 주요 식량 수출국이 되었어야 할 콩고를 오히려 수입에 의존하게 만든 재앙에 가까운 농업 정책이었다. 그가 내놓은 계획의 골자는 정부가 농산물 가격을 통제하는 것이었다. 시골 농부들은 원래부터 가격에 크게 민감하지 않았고 이런 사고방식은 그대로 이어져 내려왔다. 따라서 내륙의 농촌에서 도시로 들어오는 주요 곡물(카사바, 옥수수, 쌀, 얌)과 공업용 농산물(면화, 팜유, 린트)에 대해 아주 낮은 가격을 매길 수 있었다. 곡물 가격을 억제하면 식료품이 저렴해질 것이고 기업 경영자는 노동자에게 낮은 임금을 지불하면서도 불안을 초래하지 않을 수 있을 터였다. 그러면 기업가의 수익은 당연히 높아지고, 나라가 산업화함에 따라 이 돈은 공장과 기계에 재투자될 수 있을 터였다.

　자원의 보고가 극빈 도시로 전락할 때
: 킨샤사

경제를 통제하려는 이런 시도는 중앙아프리카 전역에서 행해졌지만 모부투는 이를 극한까지 추구했다. 옥수수 가격이 킬로그램당 2센트 수준으로 책정되면서 1년에 625킬로그램 정도를 생산하는 몇몇 농가는 겨우 12.50달러를 벌게 되었다. 밭일에 들어간 시간을 고려하면 하루에 약 6센트의 수익을 올리는 셈이었다. 생산량이 감소하기 시작하자 모부투는 독재자의 본색을 드러냈고 할당된 생산량을 채우지 못한 농부들에게 벌금을 부과하거나 심지어 그들을 투옥시켰다. 하지만 주어진 수익으로 생활이 불가능했던 시골 농가들은 이런 곡물들의 재배를 중단했다. 면화 재배 농가 수는 1960년 80만 가구에서 1970년대 중반 35만 가구로 줄었고 그들의 연간 린트 생산량은 6만 톤에서 8500톤으로 떨어졌다. 모부투의 정책은 킨샤사의 리넨 공장들에 저렴한 원재료를 확보해 주기는커녕 외국에서 비싼 린트를 수입하도록 만들었다. 팜유와 옥수수, 쌀에서도 비슷한 현상이 나타났다. 1970년대 말에 이르자 시골 들판에서는 정부가 공시한 가격이 너무 낮아 수확할 가치를 잃은 옥수수가 그대로 썩어 갔다. 게다가 가뜩이나 부족하던 콩고의 외화 보유고를 킨샤사로 식량을 수입하는 데 사용해야 했다.[12]

모부투의 두 번째 경제 실책은 콩고 산업계의 거의 완전한 박멸을 불러왔다. 그는 수도에서 남서쪽으로 약 200킬로미터 떨어진 잉가폭포Inga Falls에 댐들을 건설해 거기서 생산되는 전기를 이용해 킨샤사를 제조업의 중심지로 만든다는 거창한 계획을 세웠다. 초당 4200만 리터의 물이 흐르는 콩고강의 수량은 아마존강 다음으로 많고 적도와 가까워 수량 변화가 적었다. 댐을 만들어 터빈을 돌린다면 킨샤사에 지구상의 어떤 대도시보다 저렴하고 안정된 재생에너지를 공급할 수 있을 터였다. 그러면 예컨대 알루미늄 제련소 같은 에너지 집약적인 외국 기업들이 킨샤사로 공장을 이전할 터였다. 또 킨샤사는 말루쿠Maluku 구역에 자체 제철소를 운영할 수 있게 될 터였다. 잘 조직된 전력망은 남동부의 샤바주Shaba(1997년까지 사용한 카탕가주의 옛 이름-옮긴이)까지 전력을 공급할 것이고 이로써 자이르의 광업 역시 번창할 터였다.

외국인(특히 이탈리아인과 일본인) 컨설턴트들이 몰려와 기반 시설 계획과 관련해 모부투에게 조언을 제공했다. 뒤따르는 사업을 진행하기 위한 외국 기업들이 계약을 낚아챘다. 모부투의 사업 자금을 대기 위해 자이르는 엄청나게 많은 돈을 빌렸다. 빚은 구리와 코발트 등을 채굴 생산하는 국영 광산 회사인 제카민Gécamines의 수익으로 차감해 나갈 계획이었다.

이번 역시 계획 자체는 나름 타당했다. 대통령은 광업이란 한 가지 자산을 담보로 제공함으로써 댐과 전력망과 공장 등 다른 많은 것들에 투자할 수 있었기 때문이다. 서구 제조사들이 킨샤사 주변에 둥지를 틀었고 르노, GM(제너럴모터스), 브리티시레이랜드British Leyland가 현지에 자동차 공장을 지었다. 한 독일 기업은 거대한 시멘트 공장을 건설했고 새로운 맥주 공장과 직물 공장, 담배 공장이 들어섰다. 모부투는 민간 투자에 발맞추어 자신의 투자를 확대했다. 그 결과 에어자이르Air Zaire가 보유한 비행기 대수가 늘어났고 공항들이 개선되었으며 국영 해운 회사에 현대적인 대형 선박들이 보급되었다. 제조업은 국가 생산량의 11퍼센트를 차지할 만큼 성장했다. 자이르의 지역 경

261

쟁자인 나이지리아는 제조업 비율이 대략 3퍼센트에 불과했다.

그런데 1970년대 중반에 상황이 모부투에게 불리하게 돌아가면서 암운이 드리우기 시작했다. 그리고 그로 인한 그의 초반 실패는 우리에게 산업 다각화의 중요성을 일깨워 준다.

과거 1950년대 후반까지 콩고는 농산물과 광물을 수출했기 때문에 외화 수입원이 나름 몇 가지에 달했다. 하지만 모부투의 농업 정책 실패로 이제는 자이르의 성공이 정확히 구리 하나에 달려 있었다. 기본적으로 그의 계획은 광업 수익이 계속 안정적으로 유지될 것이고 이를 바탕으로 모든 새로운 투자금을 충당할 수 있을 것이라는 도박에 가까웠다. 그의 도박은 결국 성공하지 못했다. 세계 구리 가격이 1974년 1파운드(0.45킬로그램)당 2.20달러에서 1980년대 중반 1달러 이하로 곤두박질치면서 제카민의 수익을 갉아먹었기 때문이다. 잉가 1Inga I 댐은 1973년에 완공되었다. 1982년에는 잉가2Inga II 댐과 광산에 전력을 공급할 전력망이 완공되었다. 하지만 정부가 유지 관리에 필요한 자금이 부족해지면서 이 댐들의 전력 생산량은 원래 예정했던 용량보다 빠르게 줄어들었다.

1975년에는 2억 5000만 달러를 들인 킨샤사의 말루쿠제철소가 완공되었다(공장 건설에 투입된 돈은 이탈리아 기업과 독일 기업의 주머니로 들어갔다). 제철소는 25만 톤에 달하는 생산력을 갖춘 터였고 내수가 겨우 3만 톤 남짓했기에 상당한 물량을 수출할 수 있을 것으로 기대를 모았다. 하지만 원자재인 철광석을 어디에서 충당할지는 모부투나 그의 외국인 자문단 중 누구도 미처 생각하지 못했다. 가장 중요한 원자재가 부족하자 공장에서는 대안으로 고철을 녹여 사용했고 이는

262

조악한 품질과 원가 상승으로 이어졌다. 1975년 말루쿠제철소의 최대 산출량은 생산력의 7퍼센트에 그쳤고 1980년에는 3퍼센트로 떨어졌으며 1986년에 이르러서는 전력과 원자재 부족으로 생산량이 아예 전무했다.[13]

킨샤사는 원래 저렴한 전기를 이용하는 강변의 공업 중심지가 되었어야 했다. 심지어 독일 최대 산업 지역인 루르강 유역과 비교하는 사람들까지 생겨났을 정도였다. 결과적으로 킨샤사는 다수의 실패한 투자 계획에 둘러싸인 도시, 수시로 반복되는 정전 속에서 생산력의 10퍼센트로 공장을 운영하는 것이 표준이 된 메트로폴리스로 남았다. 모부투가 내놓은 농업과 산업 계획의 실패는 이 도시에 파괴적인 흔적을 남겼다. 1980년대 중반에 이르자 이곳의 생활 수준은 모부투가 정권을 잡았을 때와 비교해 4분의 3 수준으로 떨어졌다. 이제 킨샤사는 언제든 한순간에 무너질 준비가 되어 있었다.

킨샤사 사람들에게 이 도시에 살면서 겪은 최악의 시기가 언제였는지 물으면 매번 동일한 대답이 돌아온다. 바로 "약탈 사태les pillages"였다. 1990년대 초에 킨샤사는 두 차례나 대규모 약탈을 겪으면서 혼란에 휩싸여 수많은 사람이 목숨을 잃고 가뜩이나 녹슬어 가던 산업 기반이 완전히 무너졌다. 얼마나 무자비했던지 이 약탈 사태와 비교하면 다른 사건들은 하나같이 수위가 낮아 보일 정도다. 2번의 약탈 사태에서 도시 곳곳을 파괴한 당사자는 공무원, 특히 군인이었다.

킨샤사의 첫 번째 약탈 사태는 1991년 9월 이틀에 걸쳐 일어났다. 군인과 경찰관을 비롯한 공무원들은 정부가 그들의 급료를 체불하면서 생활고에 시달려 온 터였다. 폭동은 시내에서 남동쪽으로 25

263

킬로미터 떨어진 은질리국제공항N'Djili International Airport에서 시작되어 주요 군 기지인 캠프 코콜로Camp Kokolo로 확산되었다. 3000명의 낙하산 부대원들이 유리창을 부수고 약탈하면서 마구 날뛰었고 많은 그리스, 레바논, 포르투갈 상인들의 가게가 표적이 되었다. 대중이 가담하기 시작했고 사흘째를 맞이했을 때는 이미 약 10억 달러 규모의 자산이 훼손되거나 파괴되었다. 킨샤사가 무정부 상태에 빠지자 프랑스와 벨기에 군대가 개입해 도시를 진정시키고 외국인을 대피시켰다.

현지인들 말에 따르면 두 번째는 훨씬 심각했다. 발단은 대통령의 경제 계획에서 상징적인 골자였던 자이르 통화가 마침내 실패로 드러나면서였다. 도입 초기에 모부투의 화폐 가치는 1달러가 0.5자이르에 불과할 만큼 강세를 보였다. 하지만 돈이 필요할 때마다 계속 새 돈을 찍어 내자 인플레이션과 가치 하락이 지속되면서 자이르화의 가치는 바닥까지 떨어졌다. 1993년 초에 들어서자 1달러로 달랑 250만 자이르를 살 수 있었다.

또다시 급료를 지불할 돈이 부족해지자 모부투는 중앙은행에 새로운 500만 자이르짜리 고액권을 발행하도록, 아울러 군인들의 급료를 지불하기에 충분할 양을 찍어 내도록 지시했다. 하지만 정권 유지를 위해 화폐 가치를 절하하는 이 같은 수법이 25년 만에 처음으로 갑자기 통하지 않게 되었다. 모부투의 새로운 고액권이 인플레이션을 더욱 가중시킬 것이라고 정적 중 한 사람이 성명을 발표한 가운데 킨샤사의 상점 주인들이 동의를 표하면서 새로운 고액권을 받기를 거부했다. 자신들이 급여로 받게 될 돈이 아무 가치가 없음을 알게 된 군인들은 재차 이전보다 더욱 공격적으로 폭동을 일으켰다. 이 과정에

264

서 2000명이 목숨을 잃고 도시 곳곳에서 공장과 창고가 파괴되었다. 킨샤사 주재 프랑스 대사가 살해되었으며 외교관들과 국제기관 직원들이 해외로 도피했다.

자이르(즉 콩고)는 세계 경제 무대에서 파문당했다. 1970년 1000달러를 웃돌던 1인당 국민 소득은 모부투를 태운 비행기가 모로코를 향해 이륙했을 즈음에 이르러서는 360달러 밑으로 떨어져 있었다.[14]

훔치려면 적당히 잘 훔쳐라

한마디로 우리나라에서는 모든 것을 팔고 어떤 것이든 살 수 있다. 그리고 이런 흐름flow 속에서 공권력을 조금이라도 가진 사람은 돈, 재화, 명예를 얻거나 의무를 회피하기 위해 불법으로 공권력을 사용한다. 공무원에게 공인받을 권리, 자녀를 학교에 입학시킬 권리, 의료 서비스를 받을 권리 등 온갖 것이 눈에 보이지 않지만 모든 사람이 알고 예상하는 이 세금의 적용을 받는다. —모부투 세세 세코, 1997

모부투가 킨샤사 경제에 남긴 유물은 또 있다. 바로 부패를 바라보는 믿기 힘든 관점이다. 이 독재자는 부패를 규탄한다고 주장하면서도 약간의 부정 이득은 정당한 수입원이라고 말했다. 반대자가 없는 나라에서 그의 연설은 법률과 동등한 지위를 가졌고 그는 여러 연설을 통해 공무원들에게 공직 생활의 이런 "흐름"(모부투의 프랑스어 원문에서는 "운행traffic"이라고 표현한다) 속에서 부당 이득을 취하는 법을 조언했다. 그리고 대중의 항의를 피하는 법과 관련해 지령을 내리면서 "훔치려면 적당히 잘 훔쳐라"라고 말했다.

약 50억 달러에 이르는 개인 재산을 축적하고 한 미국 정치가의 표현을 빌리자면 "미래의 모든 세계적인 도둑들이 비교당할 새로운 기준"을 제시한 그가 진심으로 마음에 새겼던 조언은 분명히 아닐 터였다. 그가 보여 준 낭비의 정점은 자이르 북동쪽 자신의 출생지 근처에 건설한 대통령 마을 그바돌리테Gbadolite였다. "정글의 베르사유궁전"으로 알려진 이 마을은 궁전만 3개에 달했으며 에어프랑스로부터 전세를 낸 그의 콩코드기가 이착륙할 수 있는 긴 활주로가 있었다. 그는 파리에서 쇼핑을 즐기며 돈을 흥청망청 썼고 치과를 갈 때도 파리에 있는 병원으로 예약했다. 그의 생일이 되면 유명한 제빵사들이 직접 케이크를 구워 외국에서 날아왔다. 1982년에는 자신의 패거리를 플로리다에 있는 월트디즈니월드에 데려갔는데 들리는 말로는 이 여행 기간에만 200만 달러를 썼다고 한다(심지어 이 돈 중 일부는 국제 원조 단체의 기부금이었다). 뉴욕에 거주하던 모부투의 이발사는 2주에 한 번씩 일등석을 타고 킨샤사로 날아왔고 여기에만 1년에 약 13만 달러의 비용이 소모되었다.

모부투가 언급한 공직 생활의 "흐름"을 돈으로 바꾸는 장인들은 도시의 경찰이다. 그들은 사방에 존재한다. 모든 길모퉁이와 교차로는 물론이고 모든 슈퍼마켓 앞에 존재한다. 말쑥한 차림의 그들은 감청색 베레모와 같은 색의 바지, 견장이 달린 하늘색 셔츠를 입고 왼쪽 팔에 커다란 방패 모양 배지를 찬다. 배지 중앙에는 국기에 있는 것과 같은 금별이 들어 있다. 제복 위에 당당히 밝은 오렌지색 조끼를 입은

266

교통경찰은 단연 눈에 띈다. 직급이 높은 교통경찰들은 여기에 피스 헬멧pith helmet(사파리헬멧)을 착용한다. 킨샤사의 운전자들에게는 실제로 경찰의 감시가 필요하다. 이곳에는 이른바 까마귀가 날듯이 운전하는 문화가 있는데 자동차 전용 도로에서 역주행을 하거나 도시의 4차선 환형 교차로에서 반대 반향으로 회전하는 운전자들을 심심치 않게 볼 수 있다. 그러나 경찰 급여는 매우 적고(한 달에 대략 50달러에 불과한 그들의 월급은 국제 빈곤선보다 낮다) 그래서 수입을 늘릴 방법을 모색하면서 많은 시간을 보낸다. 그들은 이런 행위를 "말 먹이 주기feeding the horse"라고 부른다.

기본 요령은 도로를 봉쇄하는 것이다. 이 도시를 다니다 보면 매번 최소 1번이나 경우에 따라서는 여러 번 바리케이드를 만난다(곰베에서 킨샤사대학교까지 차를 타고 이동하는 잠깐 동안 우리는 4번이나 차를 세워야 했다). 특별히 중요한 이유는 없는 비공식 행사다. 보통 대여섯 명의 건장한 경찰이 한 조로 움직인다. 그들은 조잡한 철제 바리케이드로 대로를 가로막아 자동차가 일렬로 천천히 1대씩 지나가게 만든다. 준비 작업이 끝나면 검문을 핑계로 만만해 보이는 차를 세우고 차 상태를 살피면서 관련 서류를 요구한다. 이 게임에서 운전자가 승리할 방법은 없다. 운전자가 아무리 모든 서류를 적법하게 갖추고 있더라도 그들은 얼마든지 또 다른 서류를 요구할 수 있다. 한 택시 기사는 나에게 자동차 상태가 아무리 좋아도 이를테면 전조등이나 거울이 "금방 고장 날 것처럼 보인다"라는 설명과 함께 벌금이 부과된다고 말한다.

벌금이나 수수료는 즉석에서 산정되며 1달러가 채 되지 않는

267

1000프랑부터 적신호일 때 지나갔다고 억지를 부리면서 요구하는 20 달러에 이르기까지 다양하다. 대화는 대체로 부드러운 분위기에서 진행되지만 양측 다 상황이 얼마나 험악하게 변할 수 있는지 안다. 예컨대 한번은 한 경찰이 건장한 남자들 여러 명을 끌어들여 대대적인 도로 봉쇄에 나선 적이 있었다. 그 남자들 상당수는 술에 취한 듯 보였고 몇몇은 소총까지 들고 있었다. 다행스럽게 이런 상황은 킨샤사 사람들이 용인할 수 있는 수준을 넘어선 듯 보였다. 사람들은 경찰에게 그 남자들이 경찰이라면 제복은 어디 있냐고 소리를 지르기 시작했고 모두 통제를 무시한 채 그냥 지나갔다.

이런 관행이 초래하는 비용은 킨샤사의 운전자들이 지불해야 하는 푼돈 수준을 한참 넘어선다. 교통경찰 직무가 워낙에 돈이 되자 다른 경찰들도 여기에 끼고 싶은 유혹을 느낀 것이다. 2018년 여름 모든 택시에 국기를 대표하는 색인 빨간색과 노란색, 파란색 줄무늬를 넣도록 하고 이 표지가 없는 택시의 영업을 금지하는 새로운 법이 제정되었다. 이 법은 교통경찰에게 또 다른 기회를 제공했다. 법이 발효되고 며칠 뒤부터 나를 비롯해 소형차를 운전하는 사람들이 전부 도로 위에서 경찰에게 붙잡혀 불법 택시 영업을 한 혐의를 받았다 (경찰은 도요타 랜드 크루저를 타고 다니는 외교관이나 국제 원조 단체 직원은 보고도 못 본 체했다). 택시 영업을 하는 것이 아니라고 명확하게 증명하기가 불가능한 탓에 대부분 가던 길을 계속 가기 위해 소액의 벌금을 냈다. 방탄조끼를 입고 기관총으로 무장한 경찰 특공대도 이 소중한 기회를 알아보았고 동참해 새로운 법 시행을 지원하기로 결정했다. 그들을 움직인 동기는 도로 위 안전이 아닌 부수입이었고 이는 그들이 복장을 갖추고 훈련한 목적인 자기네 책무를 저버렸음을 의미했다. 교통경찰의 직무가 킨샤사 경찰에게 미친 자석 효과는 하급 공무원의 부패가 공공 자원의 비효율적 분배를 부추겨 얼마나 심각한 비용을 초래할 수 있는지 보여 준다.[15]

부패와 세금, 그리고 자력구제의 도시

킨샤사 사람들에게 일상의 도전은 세무 공무원과 교통경찰을 비롯한 공무원이 부과하는 비용을 피해 가는 것이다. 이 도전에서 성공은 개인적인 인사를 건네는 일부터 시작되는데, 공무원을 상대할 때는 반드시 수천 킬로미터나 떨어진 동아프리카에 뿌리를 둔 언어인 스와힐리어Swahili로 인사해야 한다.

269

킨샤사에서 스와힐리어를 사용한다는 것은 일종의 신호다. 요컨대 링갈라어Lingála 사용자를 선호했다고 알려진 모부투가 사망한 뒤로 콩고 극동 지역 출신인 카빌라 일가가 탄자니아나 르완다와 연결 고리가 있는 사람들을 장관이나 경호원, 고문으로 임명하면서 편애가 동쪽으로 옮겨갔다. 20여 년의 세월 동안 이런 동쪽 편애는 전국 구석구석에 스며들었고 그 결과 정부 부처의 하급 공무원이나 항구의 경비원까지 스와힐리어를 사용하려 하거나 스와힐리어로 말하는 것을 대통령과 가까운 관계임을 암시하는 신호로 받아들이는 경향이 있다. 대화는 으레 형식적인 인사말인 "살라마Salama"(안녕하세요)로 시작하고 공무원은 보통 "폴레 폴레Pole pole"라고, 즉 글자 그대로 해석하면 "천천히, 천천히"라고 대답한다. 하지만 킨샤사에서 이 말은 "당신이 뭘 하려는지 설명하고 나한테 현금을 좀 줘요"라는 뜻이다.

탐욕스러운 세금 징수원을 피하는 방법은 다양하다. 자유시장 Marché de la Liberté(마르셰드라리베르테)은 로랑데지레 카빌라에게 경의를 표하고 모부투의 독재가 종식된 것을 축하하기 위해 지어진 킨샤사에서 가장 큰 공식 시장이다. 세금이 좌판을 만드는 방식에도 영향을 끼쳤다고 30대 재단사 장크리스토프 부카사Jean-Christophe Bukasa는 설명한다. 그의 재봉틀은 아래쪽 작업대 상판을 직사각형으로 자른 판자 부위에 볼트로 고정되어 있다. 이렇게 만든 건 셔츠나 드레스를 바느질하지 않을 때 재봉틀을 작업대에서 들어 올려 뺀 다음 90도로 돌려놓아 작업대와 같은 평면상에 있지 않을뿐더러 제자리에 단단히 고정되지도 않은 상태로 유지하기 위해서다. "장사가 잘 안 될 때는 우리가 놀고 있다는 사실을 증명해야 해요"라고 말하면서 장크리스토프가 자기 재봉틀을 조심스럽게 들어 올려 "꺼짐" 형태로 돌려놓는다. "이렇게 안 해 놓으면 세금을 물어야 하거든요."

돈을 각출해 조합이나 협회를 결성함으로써 정부의 접근을 차단하려 시도하는 사람들도 있다. 도심에서 가까운 번화한 구역 반달 Bandal에서는 버스 기사 노조의 지도부가 그들의 고충을 토로한다. 콩고 통화가 약세에 머물면서 지난 한 해 동안 수입 연료 가격이 폭등한 탓에 그들은 경찰에게 벌금을 가장한 뇌물을 줄 수 없는 형편이 되었다. 그래서 킨샤사 교통을 멈춰 세운 채 항의하면서 경찰이 뒤로 물러날 때까지 파업에 나섰다.

더 외곽의 마타디로드Matadi Road는 킨샤사에 새로 도착하는 배

270

들이 대체로 제일 먼저 들르는 기항지다. 젊은 사업가 겔로드 남베카 Guelord Nambeka에 따르면 이곳에서 가장 성업 중인 사업 중 하나는 매트리스 판매업이다(갓 도착한 사람들은 깔고 잘 것이 필요하기 때문이다). 남베카는 더블베드 크기의 폼 블록을 10만 8000프랑(약 7달러)에 판매한다. 매트리스 상인들은 서로 치열하게 경쟁하지만 다 같이 협력해 세무 공무원과 싸울 때만큼은 예외다. "우리는 서로 경쟁하지만 세금에는 누구도 이길 수 없어요." 남베카의 설명이다. "협동조합을 만들었다는 건 우리가 세금 폭탄의 희생양이 될 일이 없다는 뜻이죠."

이런 혁신 전략들은 궁극적으로 손님을 실어 나르거나 고객에게 물건을 판매하기보다 세금 징수원을 피할 방법을 궁리하느라 시간을 썼음을 보여 주는 경제적 왜곡이다.

가난한 도시를 움직이는 해적 시장

킨샤사에서 2주일 정도 지내면 이곳 전체가 하나의 거대한 시장이라는 사실을 깨닫기 시작한다. 이 도시에는 모든 거리와 구역마다 상인들이 모여 있으며 모든 마을이 서로 연결된다. 늦은 오후가 되면 모든 거리에 낯익은 풍경이 펼쳐진다. 해가 저물기 시작하면 하늘이 짙은 오렌지색으로 변하고 순식간에 온갖 종류의 노점이 등장해 퇴근길 손님 맞을 준비를 완료한다. 부족한 포장도로와 신뢰할 수 있는 대중교통의 부재, 경찰의 도로 봉쇄로 인한 끝없는 소란은 퇴근길을 험난하게 만든다. 하지만 이런 문제들은 비공식 경제가 거리를 슈퍼마켓 통로처럼 바꾸어 놓음으로써 해결되고 도시는 그렇게 돌아간다. 사람들은 이 도시 어디에 살든 어디에서 일하든 가족을 먹이고 입히는 데 필요한 모든 상상 가능한 물건을 귀갓길에 굳이 멀리 돌아가지 않고 구입할 수 있다.

오후 장사에는 조금의 땅도 낭비되지 않는다. 모든 길마다 식물 잎으로 감싼 카사바를 요리해 만든 빵인 '치크왕그chikwangue'와 더불어 커다란 카사바 덩이뿌리를 판매하는 여성들이 펴 놓은 담요들이 빼곡하다. 은은한 흰색의 염장한 생선과 새까맣게 훈제한 물고기, 종류가 엄청나게 다양한 과일도 보인다. 자동차와 보행자 사이를 오가면서 양말이나 넥타이, 유명 디자이너 짝퉁 진, 스리피스 정장 등을 판매하는 사람들도 있다. 구두닦이 소년이 수천 명에 이르고 물을 파는 소년은 더 많다. 감염 예방을 위해 씹는 약초나 뿌리로 가득 찬 바구니를 들고 다니면서 이동 약사 역할을 하는 소년들도 있다. 유심 카드나 전화기, 은 장신구 같은 더 고가의 물건을 판매하는 사람들은 진열대이자 사무실인 동시에 금전등록기 역할을 하는 작은 나무 상자들을 놓고 장사한다.

원래 정부는 이런 식의 영업 현장을 "해적 시장marchés pirates"으로 규정하고 이 모든 행위를 금지하고 있다. 하지만 자타리난민수용소의 비공식 시장과 루이지애나주립교도소의 지하 거래처럼 킨샤사의 노점상들은 그들의 기본 욕구를 제한하는 경제 규칙에 맞서 무시하는 방식으로 대응한다. 노점을 금방 접거나 펼칠 수 있는 형태로 설계하는 것이 중요한 이유가 바로 여기에 있다. 경찰이나 다른 공무원이 나타나면 노점상은 순식간에 장사를 접고 사라짐으로써 공식 세금과 비공식 세금을 모두 피할 수 있다. 이 팽팽한 쥐와 고양이 게임에서 경찰이 수천 명이라면 상인은 수백만 명이다. 결국 게임의 승자는 상인들이었고 킨샤사는 하나의 거대한 해적 시장이 되었다.

니콜 브왕가Nicole Bwanga와 샬린 마타도Charlene Matado가 해적 상인으로서 살아가는 삶을 설명한다. 장사하기에 가장 좋은 장소는 공식 시장과 가깝거나 안쪽에 위치해 그곳을 찾는 고객을 최대한 활용할 수 있는 곳이다. 내가 그들과 만났을 때 그들은 둘 다 20대 후반이었고 자유시장 안쪽에 노점을 차려 놓고 있었다. 그들의 영업 장비는 큰 원형 플라스틱 설거지통 3개와 큰 봉지 3개가 전부다. 각각의 봉지에는 거무스레한 토탄이 가득하고 토탄 속에는 무수히 많은 벌레가 꿈틀거리고 있다. 그들이 벌레를 퍼서 진열용 설거지통에 담는다. 니콜에 따르면 이 업계에 종사하는 여성들은 그들이 판매하는 벌레 중 하나의 이름을 따서 통칭 "마마 포즈Mama Pose"로 통한다(포즈는 야자나무 바구미의 애벌레로 길이는 성인의 새끼손가락만 하지만 조금 더 통통하며 작고 검은 머리 부분과 하얗고 통통한 몸통으로 이루어져 있다). 니콜과 샬린은 엄지손가락보다 큰 거대한 애벌레 '마콜로코makoloko'와 작고 털이 많으며 화려하게 생긴 '음빈조mbinzo'도 판다. 니콜이 포즈 벌레의 머리를 잘라 내고 손으로 눌러 내장을 제거한 다음 가상의 프라이팬에 튀기는 흉내를 내면서 조리하는 법을 보여 준다. 그녀가 다치게 하지 않으려고 조심하면서 꿈틀거리는 애벌레를 수많은 벌레가 꼼지락거리는 플라스틱 통으로 도로 넣는다.

벌레 장사는 훌륭한 사업이라고 니콜과 샬린은 설명한다. 양파

273

와 토마토, 향신료를 넣어 볶은 벌레는 별미이자 훌륭한 요리다. 이 사실을 증명하듯이 그리고 그 희귀성 때문에 벌레는 비싸게 거래된다. 작은 국자로 하나 분량이 4000프랑(약 2.20달러)이다. 포즈 사업 관련 지식(유충과 애벌레의 가장 좋은 공급처)은 가족끼리만 전승된다. 니콜은 "아버지에게 이 사업이 어떻게 돌아가는지 배웠어요"라고 설명한다. 하지만 이 사업도 충분한 돈이 되지 않기는 마찬가지다. 니콜과 샬린은 더 고수익을 기대하며 반두두Bandudu에서 킨샤사로 왔지만 이 도시에서 가장 가난한 동네 중 하나인 마시나Masina에 산다. 그들에게는 먹이고 입혀야 할 9명의 아이들이 있다. 옆에서 그들을 돕고 있는 니콜의 아들 피스Fils도 그중 하나다. "우린 사는 게 더 수월해질 거라고 생각해 도시로 왔죠"라고 니콜이 말한다. "하지만 마마 포즈로 먹고살기는 쉽지 않아요."

274   니콜과 샬린이 직면한 문제 중 일부는 모든 경제에 공통으로 존재하는 것이다. 이를테면 경쟁을 들 수 있다. 우리가 이야기를 나누는 중에 또 다른 무리의 더 나이 든 여성들이 니콜에게 험악한 말을 퍼부으면서 이 시장이 자기네 구역이라고 주장한다. 장사가 계절을 타는 것도 문제다. 우리가 만난 것은 1년 중 가장 건조한 6월 하순으로 장사가 특히 힘들 때였다. 니콜과 샬린은 그들에게 벌레를 납품하는 공급자들이 반두두에 있는 나무에서 벌레를 채취한다고 설명한다. 반두두는 킨샤사에서 약 400킬로미터 떨어진 곳으로 카사이강Kasai River과 가깝다. 하지만 이 시기에는 땅이 바싹 말라 벌레를 찾기가 매우 어렵고 결국 도매가격이 상승하면서 그들의 수익은 더욱 줄어든다.

나머지 문제들은 킨샤사에만 한정되는데 이 도시의 뒤틀린 경제 규정집에서 기인한다. 니콜과 샬린이 "여름은 모든 상인에게 힘든 시기예요. 학교 시험 때문이죠"라고 말한다. 학사 일정은 졸업증명서를 둘러싼 비공식 시장 때문에 킨샤사의 경제에 영향을 미친다. 이를테면 학교는 부모들이 자식의 졸업장을 원한다는 사실을 이용해 돈을 요구하고 가족의 수입이 이 졸업장을 사는 데 지출되면서 연쇄 효과로 시장으로 흘러들어 가는 돈이 줄어든다. 니콜이 어깨를 으쓱해 보인다. "포즈가 그냥 너무 비싸게 보이는 거죠. 부모들은 졸업장 값을 치를 때까지 아이들에게 쌀과 콩을 먹여요."

해적 상인은 시장 안에서 장사할 경우 큰 벌금을 물 수 있고 그래서 니콜과 샬린은 계속 경계를 늦추지 않는다. 나와 대화를 나누는 순간에도 샬린의 눈은 혹시 공무원이 나타나는지 통로를 감시하면서 빠르게 주위를 살핀다. 벌금을 피하려면 그들은 기동력 있게 움직여야 한다. 플라스틱 통에 있는 유충을 잽싸게 봉지에 담고 새로운 장소를 향해 떠나야 한다. 이런 식으로 장사하는 것은 불안정하고 불확실할 수밖에 없다. 나는 그들에게 시장에 제대로 된 자리를 구해 정식으로 장사할 수는 없는지 물었다. 그들이 동시에 고개를 저었다. 그들은 장사할 손바닥만 한 장소만 있으면 되지만 1제곱미터당 연간 300달러의 비용을 내야 할 터였다(공시가는 100달러에 가까웠지만 뒷돈이 더해졌다). 여기에 더해 날마다 내야 할 공식 세금과 세금 징수원의 비위를 맞추기 위한 비공식 추가 납부금이 있었고 시장 공무원들은 그들에게 벌레를 염가로 달라고 요구할 터였다.

장사에 필요한 전문 교육을 받지 못했거나 지식이 없는 사람들이 가장 쉽게 할 수 있는 일은 통근자들에게 어떤 식으로든 서비스

275

를 제공하는 것이다. 킨샤사에서는 매일 수백만 명이 시내로 출근하기 때문에 링갈라어 사용자들이 "코 테카 은담부 은담부ko teka ndambu-ndambu" 즉 "분할 장사break-up business"라고 부르는 일을 하면서 생계를 유지하는 사람들이 수천 명에 이른다. 이른바 행상인 그들은 도매상에게 대량으로 구매한 물이나 땅콩, 휴지, 담배 같은 주요 상품을 작은 단위로 분할해 통근자들에게 판매한다. 전적으로 여성들 차지인 듯 보이는 행상 업계의 말단에서는 큰 침낭 크기의 거대한 자루에 든 숯을 꼼꼼하게 추려 요리용 연료로 판매할 더 작은 500그램짜리 비닐봉지로 분할한다. 시장 주변 해적 상인과 마찬가지로 이런 행상들은 킨샤사 어디에서나 볼 수 있다. 그들은 어떤 면에서 행상이라는 큰 무리의 일원인 동시에 혼자 일하는 노동자로 이 비공식 산업은 80퍼센트 이상이 1인 상인들로 이루어져 있다.

위험한 거래, 외환 상인

조금 더 진보한 해적들은 킨샤사에서 공식 콩고 화폐의 변동성을 상쇄하는 일을 도움으로써 돈을 번다. 이곳에는 외환 상인이 물 상인과 구두닦이 소년보다 많다. 합법적인 사업장 밖에는 으레 일단의 외환 상인들이 플라스틱 의자에 앉아 있는 모습을 발견 수 있다.

번화한 마타디로드에서 외환 거래를 장악한 우두머리는 30대 초반에 "대통령"으로 알려진 쿠타미사 파피초Kutamisa Papitsho라는 남성이다. 다른 사람들과 마찬가지로 그는 길거리에서 휴지를 팔면서

"분할" 거래를 시작했고 돈을 모아 자신의 첫 전화기를 장만했다. 15달러짜리 에릭슨 전화기였다. 그가 웃으면서 "벽돌 전화기였죠"라고 말한다. 그런데 한 이웃이 그의 전화기를 좋아해 25달러에 사겠다고 제안했다. 머지않아 쿠타미사는 중고 전화기를 구입해 판매하는 사업으로 자리를 잡았다. 이후 그는 계속 승승장구했고 그동안 번 돈으로 대학에 입학할 수 있었다. "하지만 학업을 중단해야 했어요." 그가 말했다. "내가 수업을 듣는 사이에 직원이 돈을 빼돌렸거든요." 그는 길거리 장사를 접고 외환 사업에 뛰어들었다.

깨끗한 물을 봉지에 담아 판매하는 사업과 마찬가지로 외환 사업은 극심한 부족, 즉 안정된 통화의 부재에서 시작되었다. 모부투 시대에 끝없이 치솟던 인플레이션과 환율 급락은 오늘날에도 여전하다. 2016년 중반에는 1달러로 900콩고프랑을 살 수 있었다. 2018년 여름에 이르자 콩고프랑의 거의 절반에 가까운 가치가 증발해 1달러로 1650콩고프랑을 살 수 있었다. 이 같은 현상은 킨샤사 주민들에게 한 가지 문제를 초래한다. 세금을 비롯해 공식 거래에서 돈을 납부하려면 콩고프랑이 필요하지만 시간이 지날수록 자국 통화가 빠르게 가치를 잃을 거라는 사실을 알기 때문이다. 수천 명의 외환 상인들은 비공식적인 이중 통화 체계의 운영을 가능케 한다. 사람들은 그들의 지갑에 달러와 콩고프랑을 둘 다 넣고 다닌다. 달러는 시간의 경과에 따른 가치를 저장하기 위함이고 콩고프랑은 일상에서 소규모 거래에 사용하기 위함이다. 그들이 시장이나 식당에 가고자 할 때 가장 먼저 하는 일은 외환 상인에게 들러 약간의 콩고프랑을 구매하는 것이다.

외환 상인은 대중의 통화 문제를 해결하는 동시에 유리한 환율로 사고팔아 자신들의 생계를 유지한다(2018년 여름에는 대부분 달러당 1620콩고프랑에 사서 달러당 1650콩고프랑에 팔았다). 그들의 일이 불안정한 통화를 대량으로 보유해야 하는 위험한 직업인 까닭에 그들은 자본을 신중하게 관리한다. 쿠타미사가 말한다. "우리는 자본의 약 60퍼센트를 달러화로 유지하려고 노력해요. 일종의 완충 장치인 셈이죠." 통화를 둘러싼 수요를 정확히 파악하기 위해 그는 인접한 시장을 찾아가 달러로 물건을 구매하려는 손님으로 가장한 채 은밀한 조사를 벌인다. "가게 주인이 적극적으로 달려들거나 달러로 지불하면 물건값을 깎아 준다고 하면 달러가 부족하다는 뜻이죠." 이 기발한 속임수는 그가 통화 수요를 예측하고 어느 정도의 달러와 콩고프랑을 보유해야 하는지 계산하는 데 도움을 주어서 오후에 손님들이 몰리는 시간을 최대한 효율적으로 활용할 수 있게 해 준다.

278

부업 전선에 뛰어든 공무원들

"사회 말단에서 비공식 거래는 쉽게 볼 수 있어요. 이런 거래를 하는 사람들이 거리에 있기 때문이죠"라고 실뱅 몽감보 신부는 말한다. "그렇지만 비공식 시장은 중산층의 삶을 떠받치기도 합니다." 설명 삼아서 그가 철도와 하천 운송을 담당하는 국유 기업인 교통공사 건물을 가리킨다. 이 기업의 본사는 킨샤사에서 가장 큰 건물 중 하나인 동시에 곰베의 간선도로와 인접한 가장 번화한 곳에 위치하며 말쑥한 차림으로 출근하는 수천 명의 직원을 고용하고 있다. 신부는 "중요한 것

은 저곳에서 일하는 사람들이 월급을 받지 못하고 있다는 사실이에
요"라면서 그의 신도들이 때로는 11개월이나 임금을 받지 못한다고
설명한다. 사회 각계각층에 만연한 비리 때문에 세금이 줄줄 새고 여
기에 세금을 내지 않는 거대한 비공식 경제까지 존재하는 탓에 콩고
정부는 재정난에 허덕이고 있다. 비단 교통공사 직원뿐 아니라 교사
와 의사, 경찰 등이 동일한 문제를 겪고 있으며 그들에게 지급되어야
할 월급이 몇 개월, 경우에 따라서는 몇 년씩 체불되고 있다.

그에 따른 결과는 공공 부문의 상근직 근로자들이 만일의 사태
에 대비해 부업을 갖는 추세로 나타난다. 킨샤사대학교의 한 강사가
학계에서는 이런 추세가 어떤 식으로 반영되는지 설명한다. 요컨대
임금이 나오지 않으면 강의는 취소된다. 조교수들이 학교에 출근하지
않기 때문이다. 그렇다고 젊은 조교수들이 정규 경제에 속한 근로자
들처럼 임금 지불을 요구하며 파업을 하는 건 아니다. 다만 집세를 내
고 식비를 벌기 위해 학교가 아닌 다른 곳에서 부업에 종사한다. 원조
단체의 통역사나 기사는 킨샤사의 고급 인력에게 인기 있는 부업 중
하나다.

이처럼 복수의 직업을 갖는 데 따른 편익과 비용은 명확하다. 긍
정적인 측면은 부업이 정규 공무원직도 믿을 수 없는 도시에서 가장
중요한 일종의 소득 보장을 제공한다는 점이다. 부정적인 측면은 기
술과 재능의 잘못된 분배를 보여 주는 또 다른 사례라는 점이다. 대학
강사들이 학생을 가르치는 대신 운전대를 잡는다는 사실은 그 나라가
인적 자본을 제대로 활용하지 못하고 있음을 보여 준다.

뇌물을 요구하는 경찰이나 부업으로 택시를 운전하는 대학 강

279

사, 간단한 시험 증명서를 대가로 부모에게 돈을 요구하는 교사가 사기꾼이나 적어도 믿을 수 없는 인물로 간주되리란 것은 얼마든지 예측 가능하다. 킨샤사 사람들은 그런 일이 일어나지 말아야 한다고 생각하면서도 그들 도시의 경제 환경이 더 유연한 도덕률을 요구한다는 사실을 인정한다. 이 도시 어디든 상관없이 혼잡한 교차로에 서 있으면 이 유연한 도덕률이 어떻게 작동하는지 볼 수 있다. 도로를 지나다니는 자동차를 향해 오렌지색 조끼를 입은 교통경찰이 미묘한 신호를 보낸다. 누군가는 다섯 손가락 끝을 모아 천천히 입에 가져가면서 '우갈리ugali'(옥수숫가루로 만든 주식-옮긴이)나 쌀밥을 먹는 시늉을 하고 누군가는 병에 든 음료를 홀짝이는 흉내를 낸다. 이런 신호들이 의미하는 바는 명확하다. "나는 배가 고프다" "나는 목이 마르다"라는 뜻이다.

그들이 보내오는 신호를 무시하는 운전자도 있지만 대다수는 미소를 지으며 500콩고프랑짜리 지폐를 꺼내 든다. 현지인들은 으레 자동차 계기판 근처에 500콩고프랑짜리 지폐 뭉치를 쟁여 놓은 채 필요한 순간에 2장씩 창문으로 건네준다. 자동차를 주차한 곳으로 돌아가면 난데없이 경찰이 나타나 차를 빼거나 유턴하기 쉽도록 다른 차량을 막아 주거나 한다. 킨샤사의 혼잡한 도로에서 도움을 받지 않고는 그처럼 움직이기가 불가능한 까닭에 이런 서비스는 최소한 1000콩고프랑짜리다. 대중은 경찰이 아주 적은 월급으로 힘들게 산다는 사실을 알기에 도로를 봉쇄하고 강요하는 대신 이처럼 정중하게 요구하면 대체로 선뜻 돈을 내준다.[16]

동일한 현상(공공 부문의 비공식적 민영화)이 킨샤사의 학교들에서도 관찰된다. 헌법상 초등 교육의 무료 제공은 "무상 교육"으로 불리는 보편적인 권리다. 하지만 교사는 항상 경찰이나 군인보다 월급이 쉽게 삭감되었고 "약탈 사태"의 시기를 거치면서 상황은 더욱 악화되었다. 1992년 계속된 임금 체불에 지친 교사들이 결국 파업에 나섰다. 뒤이은 2년은 이곳 교육자들 사이에서 "백색의 해annees blanches"로 알려졌다. 학교가 문을 닫으면서 시험도 없고 고등학교 졸업생도 없었다.

전국 학부모회가 교사 월급 인상에 합의하면서 상황은 일단락되었으며, 부모들이 자발적으로 돈을 모아 교사에게 보너스를 지급하는 이른바 "동기부여비frais de motivation"가 도입되었다. 킨샤사 교사들의 월급은 원래 한 달에 80달러 정도로 경찰과 마찬가지로 국제 빈곤선에 가까운 수준이었다(국가는 "무급non-payés"으로 알려진 범주의 교사들에게 단 한 푼의 보수도 지급하지 않았다). 이제는 부모들이 지급하는 동기 부여 보너스 덕분에 무급 교사 역시 일정 수준의 보수를 받게 되었고 정식 교사의 수입은 한 달에 80달러에서 약 250달러로 늘어났다. 동기부여비는 무너진 공공 서비스의 또 다른 비공식적 민영화 사례로 킨샤사에서 어떤 식으로 규칙이 작동하는지 보여 준다. 부모들 사이에서 불평이 많았던 동기부여비는 2004년 공식적으로 금지되었지만 실제로는 여전히 모든 학교에 존재하며 강제로 부과되고 있다.[17]

공공 서비스에 대한 이 같은 직접적인 납부금은 원래 경찰 월급과 학교 운영 자금으로 이용되어야 할 정규 세금을 킨샤사 사람들이 왜 그토록 내기 싫어하는지 설명해 준다. 그에 따른 부담은 절대로 작지 않다. 심지어 메시나처럼 가장 가난한 구역의 이를테면 벌레를 팔아 근근이 살아가는 해적 상인인 니콜과 샬린 같은 부모들은 아이를 학교에 보내기 위해 아이 1명당 매년 100달러가 넘는 돈을 지불한다. 그들은 9명의 아이 중 8명이 학교에 다닐 수 있도록 어떻게든 이 돈을 내고 있다. 몽감보 신부의 말을 빌리자면 그들이 그처럼 많은 돈을 감당할 수 있다는 것 자체가 기적이다.

자멸적 회복탄력성
: 무능한 정부 탓에 치르는 비용

스스로 해결하라는 킨샤사의 문화는 내가 다른 극한 지역에서 목격한 비공식 경제의 수준을 한참 뛰어넘는다. 요컨대 킨샤사의 자력구제 문화는 이 도시 전체를 지탱하는 유일한 안전망이다. 이곳의 비공식 경제는 정부가 하지 못하는 교육, 보건, 치안(심지어 깨끗한 물까지)과 관련된 공공 서비스를 제공한다. 그럼에도 킨샤사는 다리엔과 마찬가지로 비공식적 수단에 의존하는 인간 회복탄력성의 한계를 보여 준다. 오직 제대로 기능하는 정부만이 제공할 수 있는 것들이 존재하며 정부가 그런 것들을 제공하지 못할 때 일반인이 얼마나 엄청난 비용을 떠안는지 이 도시는 보여 준다.

가장 기본적인 공공 기반 시설인 도로가 가장 극명한 예다. 1950년대에는 14만 킬로미터에 달하던 가용 도로가 킨샤사를 다른 주요 도시들과 안정적으로 연결해 주었다. 하지만 1970년대 중반에 도로청은 "도로구멍청Office des Trous"이라는 별명을 얻기에 이르렀고 가용

도로는 2만 킬로미터로 줄어들었다. 2명의 카빌라 대통령을 거치는 동안 가용 도로는 계속 감소했고 별명은 그대로였다. 외국의 원조 덕분에 주요 간선도로는 멀쩡했다. 일례로 공항과 연결되는 고속도로는 일본에서 돈을 댔다. 이런 도로들을 제외하면 가장 부유한 동네라는 곰베의 중심부조차 뒷길은 흙길이다. 오늘날 콩고는 포장도로가 2250킬로미터에 불과해 덩치가 훨씬 작은 다른 인접 국가들보다 성긴 도로망을 보유하고 있다.

도로 연결망의 부재가 경제에 미치는 영향은 막대하다. "해외 무역과 관련해 이곳은 세계 어느 나라보다 큰 잠재력을 가졌어요"라고 킨샤사에 본사를 둔 물류 대기업의 상무이사 세바스티앙 쿠체Sebastian Cuche는 말한다. "그렇지만 이 나라는 아직 내부가 다 연결되어 있지 않아요." 콩고에서 두 번째로 큰 도시인 루붐바시Lubumbashi까지 육로로 무거운 화물을 보낸다는 것은 먼저 화물을 앙골라로 수출해 더 상태가 나은 그곳 도로를 이용해 앙골라를 관통한 다음 목적지와 가까운 국경에서 다시 화물을 수입해야 한다는 뜻이다. 만약 콩고의 도로가 충분히 믿고 사용할 만하고 그래서 콩고의 도로를 이용한다면 이동 거리는 2250킬로미터가 될 것이다. 하지만 화물이 실제로 이동하는 거리는 5600킬로미터가 넘는다. 기간만 한 달이 걸리며 비용은 컨테이너 하나당 1만 8000달러가 든다. 키상가니 같은 몇몇 도시는 킨샤사와 강으로 연결되어 있다. 따라서 이 도시들로 화물을 운송하는 비용은 더 저렴하다. 하지만 물살을 거슬러 올라가야 하기에 기간은 똑같이 한 달이 소요된다.

결국 콩고는 전례 없는 치욕 중 하나인 단순한 경제 문제에 직면

283

해 있다. 현대 무역의 짐말들이라 할 수 있는 화물선이 전에 없이 거대해지고 트럭이 연비가 개선되면서 전 세계에서 화물 운송 비용은 매년 감소해 왔다. 하지만 쿠체의 설명에 따르면 콩고는 이런 짐말들을 수용할 수 있는 항구나 도로망이 부족한 탓에 대신 항공 화물 수송 체계에 의존하고 있다. 그 결과 치약이나 샴푸부터 과일과 채소에 이르기까지 가치는 낮지만 무거운 수입품들이 콩고에 들어오면 항공 수송을 통해 주변 지역으로 유통되는 과정에서 가격이 치솟는다. 세계에서 가장 낮은 소득과 가장 높은 빈곤율에 시달리는 한 도시가 아프리카에서 가장 물가가 비싼 지역 중 하나라는 악명을 얻게 된 배경이다. 게다가 값비싼 경로를 이용해야 하는 콩고의 수출품이 경쟁력을 상실하면서 콩고의 외화 보유고는 갈수록 바닥을 드러내는 중이다. 정부의 실패와 그로 인해 경직된 수송 체계가 킨샤사를 빈곤하게 만들고 있다.[18]

부실한 전국 연결망이 초래하는 비용은 경제 문제에서 정치 사회 문제로 번진다. 최근 킨샤사에서 국제 원조 단체들이 후원한 사업가 회의가 개최되었다. 이 회의에는 새로운 기업식 농업을 둘러싼 계획을 논의하기 위해 전국에서 여성 농부들이 모였다. 그들은 자리에 앉아 각자의 생각과 투자금 유치 방법을 논의했다. 가장 먼저 나선 사람은 마시시Masisi에서 작은 낙농장을 운영하는 여성이었다. 그녀는 자신의 치즈 제조 사업을 확장하고 싶다고 제안했다. 마시시는 동부 고마 근처 고원 지대로 초지가 발달해 소를 키우기에 유리한 환경이어서 치즈 장인들이 콩고식 고다치즈를 만드는 곳이다. 하지만 발표를 마친 그녀를 맞이한 것은 사람들의 멍한 시선이었다. 그녀와 인접한 지역의 농부들까지 포함해 다른 농부들은 치즈를 보거나 들어 본 적이 없었기 때문이다. 비행기를 이용하는 사람들을 제외하면 콩고는 아무리 가까운 거리라도 지역 생산품이 내부에서 전혀 유통되지 않을 정도로 지역 간 단절이 너무 심해, 국민 대다수가 다른 사람들은 어떻게 살고 어떻게 일하는지 모르는 나라로 변해 가고 있다.

수입품의 살인적인 가격에 더해 물가 변동은 킨샤사 사람들을, 특히 가난한 사람들을 힘들게 한다. 도시 변두리에서 나는 소아마비 장애를 가진 사람들이 모여 사는 공동체를 만났다. 정부는 이들에게 좁고 길쭉한 땅을 내주어 살도록 했다. 그들이 사는 구역은 폭이 약 5미터에 길이가 100미터 정도 되는 좁은 골목으로 옆 건물의 벽에 비스듬히 기대어 함석지붕을 올린 집들이 쭉 늘어서 있다. 각각의 집은 겨우 침대 하나 남짓한 크기며 이 집들과 나란히 개방 하수가 흐른다. 킨샤사의 다른 모든 사람과 마찬가지로 이곳 사람들도 남자들은 재단사로 일하고 여자들은 숯을 포장하면서 자력구제로 생활을 꾸려 나간다. 그들의 생활을 개선하기 위해 정부가 무엇을 해 주기를 바라는지 묻자 그들은 다른 무엇보다 물가 안정을 꼽는다.

이곳에서 사는 샤를로트 마탈리Charlotte Matalie가 바닥에 앉아 잔뜩 쌓인 숯을 추려내면서 인플레이션의 폐해를 설명한다. 그녀가 자신이 매주 구입하는 거대한 숯 자루를 보여 준다. 이 숯을 수백 개의 작은 봉지로 나눈 다음 거리에서 취사용 연료로 판다. "갑자기 가격이 오를 수 있어요." 그녀의 설명이다. "그래서 종종 뒤늦게 우리가 너무 싸게 숯을 판 사실을 알게 되기도 하죠." 숯 행상으로 남는 이윤이 너무 적은 까닭에 이런 일이 발생하면 샤를로트는 자신의 공급자를 찾아간 다음에야 가격이 올랐음을 깨닫고 결국 새로운 숯을 구입할 수 없게 된다. 인플레이션은 거의 무일푼에 가까운 사람들의 영업 자본을 잔인하게 갉아먹는다. 우리가 만난 것은 평일이었고, 우리가 이곳 사람들이 부딪치는 문제에 대해 이야기를 나누는 동안 한 무리의 아이들이 학교에 가지 않은 채 장난치고 떠들면서 우리 주위를 뛰어다니고 있었다.

현대의 극한 경제 재앙을 대하는 2가지 관점

오늘날의 킨샤사는 하나의 재앙이며 우리 모두는 이 재앙에 대해 알아야 한다. 1960년 콩고가 독립한 이래로 경제 발전을 평가하는 최고의 단일 척도인 1인당 GDP에서 이 나라보다 처참한 성적을 기록한 나라는 단연코 없다. 이 나라와 이 도시의 잠재력을 생각하면 이런 결과는 현대 들어 가장 극한의 경제적 실패가 분명하다. 그럼에도 킨샤사는 침체에 빠진 도시와 거리가 먼 활기찬 곳이며 우리가 저마다 불확실한 경제의 미래를 고민할 때 도움이 될 수 있는 2가지 관점을 제공한다.

첫 번째는 비공식 경제나 지하 경제 또는 해적 경제의 능력을 바라보는 낙천적인 시각이다. 킨샤사는 인간이 가진 거래와 교환에 대한 욕구와 시장을 건설하려는 욕구가 작은 마을이나 난민수용소, 교도소를 뛰어넘을 수 있음을 보여 준다. 즉 런던 크기만 한 메트로폴리스를 장악할 수도 있음을 보여 준다. 규모가 완전히 다르기는 하지만 내가 방문한 곳 중에서 킨샤사와 가장 비슷한 곳은 자타리난민수용소였다. 처음에는 식민국, 나중에는 모부투와 카빌라 가문[19]에 의해 곤란을 겪은 킨샤사 사람들은 행상과 부업으로 대변되는 자체 구축 경제에 의지하게 되었다. 자연재해를 당하거나 전쟁을 피해 도망친 사람들과 마찬가지로 킨샤사 사람들은 먹거리와 주거에 관련된 기본 욕구를 위협받는다. 이곳의 위협 요소는 가난이며 콩고인들은 당연한 방어의 일환으로 불법 해적 시장을 이용한다. 차이라면 무능한 정부가 너무나 오랫동안 지속되면서 시민과 공무원 간의 직접적이고 미시적인 거래를 통해 일종의 민영화가 일어났다는 점이다. 킨샤사의 자연발생적이고 비공식적인 경제는 가장 시장 지향적인 국가들조차 공공 부문이거나 정부 역할이라고 여기는 경찰 업무를 비롯해 생활의 다양한 영역에 침투해 있다. 비공식 경제는 그 범위와 깊이에서 우리가 인식하는 것보다 훨씬 대단하다.

두 번째는 그럼에도 이 도시는 다리엔갭과 마찬가지로 이 모든 비공식 해법의 한계를 경고한다는 것이다. 경찰이나 교사 같은 공무원들이 직접 돈을 요구하는 곳에서 스스로를 돌보고, 비공식적으로 장사하고, 부패와 걸신들린 세금 징수원을 피하는 등 스스로 알아서 해결하는 각자도생 문화는 충분히 합리적이다. 같은 이유로 임금이 장기간 체불되는 상황에서 자신이 치안을 담당하는 동네 주민들에게 소정의 수수료를 요구하거나, 자신이 가르치는 학생의 부모에게 자기 월급을 올려 달라고 요구하는 것은 당연한 현상이다. 하지만 이런 식의 결정은 킨샤사를 진퇴양난에 빠뜨린다. 요컨대 정부에 대한 불신은 사람들이 해적 거래에 의존한다는 뜻이다. 그리고 이런 거래에 세금을 부과하지 못한다는 사실은 어쩌면 정부에 대한 신뢰를 높일 수 있을 공익사업에 투입할 자금이 없다는 뜻이다.

더 협력하는 시스템은 분명히 더 나은 결과를 이끌어 낼 것이다. 하지만 죄수의 딜레마Prisoner's Dilemma가 암시하듯이 이런 비공식 시스템이 계속 유지되기란 불가능할 수 있고 그 결과 앞서 언급한 일련의 악순환이 무한 반복될 수 있다. 킨샤사는 자유 시장이 저절로 회복되거나 복원되는 특성을 가졌다는 개념을 무너뜨리는 본보기, 한 마을이나 도시나 국가가 관행에 매몰된 채 계속 그런 상태로 머무를 수 있음을 보여 주는 극한 사례다.[20]

그로 인한 결과는 농촌 마을 수준의 기반 시설을 보유한 메트로폴리스다. 1000만 명이 거주하고 세계에서 가장 안정된 수량을 자랑하는 강가에 위치한 킨샤사에는 깨끗한 물도 없고 관개 시설도 없으며 적절한 하수 시설도 없다. 수지맞는 자유 무역에 대한 기대와 저렴한 수력 발전을 이용하는 공업 중심지로서 잠재력 위에 건설된 도시 킨샤사. 그러나 이 도시에 실패한 정부가 남긴 것은 저조한 수출 실적, 살인적으로 비싼 수입품, 무너진 전력망과 잦은 정전뿐이다.

현대식 하천항에서 나는 아돌프 키테테Adolf Kitete와 그의 친구 파피Papy를 만났다. 깔끔한 정장 차림의 그들은 조건이 맞을 때 자신들이 "패리티parity"(내국 통화와 외국 통화의 비율 평가—옮긴이)라고 부르는 영리한 계획을 가동하는 상인들이다. "킨샤사에 심각한 부족 현상이나 정치적 소요가 발생하면 가격이 뛰죠"라고 키테테는 설명한다. 그가 예를 들기 위해 작은 물병을 들어 보인다. "이 물이 4000콩고프랑(2달러가 넘는 돈으로 정가의 약 4배)까지 오르기도 하죠." 강을 사이에 두고 이웃한 콩고공화국의 수도 브라자빌Brazzaville은 물가가 더 안정적이다(콩고공화국의 통화인 'CFA프랑'은 6개국에서 사용하는 공동 통화로 유로화와 아주 잘 연동된다). 가격 차이가 발생하면 두 사람은 달러화를 가지고 강을 건너 브라자빌로 가서 'CFA프랑'으로 환전하고 현지에서 면바지나 셔츠를 대량 구입한다. 킨샤사로 돌아온 다음에는 가져온 옷을 행상에게 판매하고 그들에게 받은 불안한 콩고 통화를 서둘러 안전한 달러화로 바꾼다.

　강을 오가는 그들은 기민한 사업가다. 킨샤사에서 20달러에 판매되는 면바지를 브라자빌에서는 8달러만 주면 구입할 수 있기에 그들은 강을 건널 때 가져간 100달러를 하루 사이에 2배로 불릴 수 있다. 2가지 통화와 강을 건너는 행위, 킨샤사의 불안정한 상태가 한데 어우러져 훌륭한 사업 기회가 탄생한 것이다. 나는 그들에게 돈을 더 벌 수도 있지 않냐고 물었다. 처음에 강을 건너갈 때 거대한 킨샤사에서 작은 브라자빌로 물건을 가져간다면 확실히 더 많은 이윤을 남길 수 있을 터였다. "아뇨. 이 사업은 언제나 편도 무역이에요." 파피가 말한다. "킨샤사에는 브라자빌에 필요한 것이 없거든요."

289

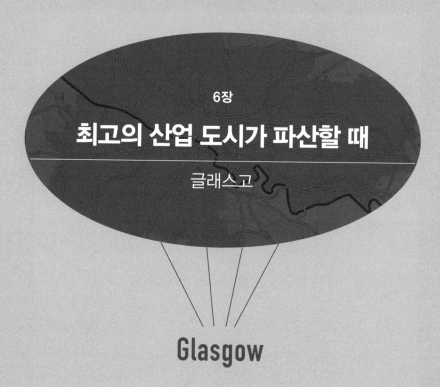

6장

최고의 산업 도시가 파산할 때

글래스고

Glasgow

글래스고는 런던의 철선鐵船 조선업을 빼앗았다. 또한
중요한 미국 무역을 리버풀과 공유한다. 글래스고가 낳은 자식들의 기운은
이곳을 영국에서 두 번째 가는 도시로 만들었다.
스펜서 월폴 경, 《잉글랜드의 역사》, 1878

스코틀랜드의 사망률은 잉글랜드나 웨일스보다 상당히 높다. … 스코틀랜드 전역이
영국의 다른 지역과 비교할 때 이런 설명되지 않은 과도한 수준의
사망률을 기록하는 것으로 나타나며 글래스고와 그 일대의 사망률이 가장 높다.
**데이비드 월시, 《역사와 정치와 취약성: 스코틀랜드와 글래스고의
과도한 사망률 설명하기》, 2016**

드럼채플

글래스고

럭헤이지

이스터하우스

거번

캘턴

고벌스

폴럭

클라이드강

캐슬밀크

이스트
킬브라이드

N

0   2.5   5마일

0   5   10킬로미터

대영제국 두 번째 도시,
현대의 로마

글래스고의 선박 기술자들은 강인한 사람들이지만 강철 같은 그들 역시 거대한 배가 진수되는 광경을 보면 복받치는 감정을 느낀다. "나는 사람들이 무슨 말을 하든 신경 쓰지 않아요." 글래스고 시내 서쪽에 위치한 한때 영국 조선업의 심장부였던 거번Govan 출신인 일흔네 살 짐 크레이그Jim Craig가 말한다. "내가 건조한 배가 클라이드강River Clyde으로 미끄러져 들어가는 광경을 보고 있노라면 엄청난 성취감을 느끼죠."

크레이그는 아버지가 보일러공으로 일하던 거번의 페어필드조선소Fairfield Shipbuilding and Engineering Company 정문에서 불과 몇백 미터 떨어진 엘더파크로드Elder Park Road에서 태어났다. 1959년 가을 어느 금요일에 그는 학교를 그만두었고 그다음 주 월요일이자 자신의 열다섯 번째 생일부터 페어필드조선소에서 일을 시작했다. 그리고 사환으로 출발해 견습공, 용접공, 현장 감독을 거쳐 종국에는 관리자로서 조선업계에서 반세기를 일하는 동안 전 세계를 돌아다녔다. 그의 마지막 직장은 피츠버그의 한 조선소였다. 그는 자신이 외국에서 일하는 것을 즐겼지만 모든 선박 기술자들이 그렇듯이 마음속에 항상 첫 직장이자 "어머니 같은" 페어필드조선소가 있었다고 말한다. "세계 어디를 가든 언제나 첫 조선소에 대한 애정이 있었죠." 그의 말이다. "기회가 됐다면 그곳으로 돌아갔을 거예요. 어머니 같은 조선소 덕분에 내 인생이 시작되었으니 애착이 클 수밖에 없어요."

당시에는 몰랐겠지만 젊은 크레이그는 글래스고의 선박 기술자로서 세계 경제에 대변혁을 일으킨 마지막 노동자 대열에 막 합류한 참이었다. 이력 면에서 페어필드조선소는 타의 추종을 불허한다. 클라이드강변에서 증기 동력을 이용하는 철선鐵船을 발명한 까닭이다. 19세기 말까지 전장이 107미터가 넘는 최첨단 증기선을 비롯해 세계 모든 선박의 5분의 1이 이곳에서 건조된 터였다. 게다가 이곳에서 건조된 거대한 선박들은 1870년에서 1910년 사이에 무역의 세계화를 주도했다. 현대 경제에 끼친 영향력의 지속성 측면에서도 글래스고와 경쟁할 수 있는 도시는 거의 없다. 예컨대 디트로이트의 자동차 산업이 수송 혁명을 이끌었을지 모르지만 글래스고의 선박들은 오늘날 우리가 살아가는 하나로 연결된 세상을 열었다.

클라이드강 상류에는 1959년 짐 크레이그가 일을 시작했을 당시 이미 1000년의 역사를 지닌 8개의 대규모 조선소가 존재했다. 그 중 대다수는 그로부터 10년이 지나지 않아 도산했다. 이제는 클라이드강변을 걸어 다녀도 건조 중인 배가 보이지 않는다. 2곳을 제외한 모든 조선소가 문을 닫았기 때문이며 그나마 남아 있는 조선소조차 소형 선박이나 군함을 건조해 모든 작업이 격납고 안에서 이루어지기 때문이다. 이 주변에서 보이는 유일한 배는 1896년 이곳에서 진수된 전장 약 75미터의 강철 선체로 된 대형 범선 글렌리호Glenlee뿐이다. 배에 올라 구경하는 관광객과 갑판에서 뛰어다니는 아이들의 놀잇감으로 전락한 글렌리호의 수수한 크기와 시대에 뒤떨어진 기술은 한때 강력했던 클라이드 조선 산업에 대한 오해를 부추긴다. 클라이드강 남쪽은 쇠락한 산업의 흉터가 유독 심하다. 한때는 부품을 채우고 장

294

비를 갖추는 동안 배가 들어앉아 있었을 독에는 해초만 무성하다. 사무실은 유리창이 깨진 채 버려졌고 붉은 벽돌로 된 벽은 낙서로 뒤덮여 있다.

글래스고는 20세기의 다른 어떤 도시보다 극심한 몰락을 경험했다는 점에서 극한 경제를 보여 준다. 이 도시를 알기 위해서는 가장 좋았을 때와 나빴을 때를 살펴볼 필요가 있다. 19세기 말에 이르자 글래스고는 "제국의 두 번째 도시"로 여겨졌다. 미술과 디자인과 건축에 더해 공학과 기술 혁신과 무역에서 런던을 앞서면서 다양한 분야에서 영국의 수도를 능가하기 시작했다. 심지어 글래스고를 "현대의 로마"라고 부르는 사람들까지 등장했다.[1] 하지만 한 세기 만에 배는 사라졌고, 실업률은 치솟았으며, 글래스고의 주택 지역 캘턴Calton에서는 남성의 평균 수명이 54세까지 떨어졌다(하물며 성인 인구 중 27퍼센트가 에이즈에 걸린 스와질란드의 평균 수명이 57세다). 글래스고는 현대의 로마에서 사하라 이남 아프리카보다 못한 곳으로, 유럽 최고의 도시에서 최악의 도시로 전락했다.

우리 중 대다수가 도시에 산다는 점에서 글래스고의 이야기, 한때 번창했던 도시의 몰락 이야기는 중요하다. 1950년에는 전 세계 인구 중 30퍼센트만이 도시에 살았는데 오늘날에는 거의 절반 이상이 도시에서 산다. 2050년이 되면 이 수치가 75퍼센트로 늘어날 예정이다. 이 점에서 도시 경제의 취약성을 이해한다는 것은 다가올 미래의 위험을 상당 부분 이해하는 것과 마찬가지다. 나는 아직 강력하던 시절의 이 도시를 기억하고 무엇이 문제였는지 직접 설명해 줄 사람들을 만나기 위해 글래스고로 찾아갔다.

모든 분야에서 혁신의 원조였던 도시

글래스고가 어떤 식으로 한때 유럽을 선도했는지 알려면 미술에 관한 취향을 살펴보는 것이 한 방법이다. 20세기 초까지만 하더라도 "인상주의impressionism"라는 용어는 그 자체로 일종의 비방이었다. 비평가들은 인상주의 그림이 세련되지 못하고 기교가 부족해 보인다고 주장했다. 인상주의 화가들이 대륙 최고의 미술 유파들에 외면당했음은 물론이다. 하지만 소수 미술상들은 그들을 후원함으로써 오늘날 많은 사람이 미술사에서 가장 중요한 변화로 생각하는 것, 아주 오래된 재현 예술에서 벗어나 현대성을 향해 내딛은 첫걸음을 탄생시켰다.

1877년에 처음으로 자신의 화랑을 연 글래스고 출신의 알렉산더 리드Alexander Reid는 이 선구적인 미술상 중에서 가장 영향력 있는 사람 가운데 하나였다. 그는 주목할 만한 미술가들에게 친구가 되어 주고 그들을 후원하면서 글래스고의 상인 계층에 많은 그림을 판매했다(반 고흐는 평생 단 2점의 영국인 초상화를 그렸는데 둘 다 리드가 모델이었다). 1902년 독일의 한 유력 비평가는 미술품에 관심 있는 사람들에게 런던을 거르고 바로 글래스고로 가라고 조언했다.[2]

미술은 통칙을 보여 주는 특수한 한 사례에 불과하다. 과학이나 공학부터 문학과 문화에 이르기까지 무엇을 선택하든 이 도시는 우리가 세상을 바라보는 방식을 바꾼 혁신의 원조로서 면모를 보여 준다. 우리가 절대 온도와 전력을 잴 때 사용하는 단위인 켈빈Kelvin과 와트Watt는 글래스고의 발명가 이름에서 따온 것이다. 최첨단 미술에 더해 이 도시의 많은 극장은 안톤 체홉(Anton Chekhov과 헨릭 입센Henrik Ibsen의 새로운 도전적인 작품을 후원한 사실로 유명했다.

글래스고는 1896년 세계에서 세 번째로 그리고 가장 진보한 지하철을 개통한 덕분에 여행하기 쉬운 촘촘하게 연결되고 밀집된 망을 갖춘 도시다. 1927년에는 이 도시의 한 발명가가 런던에 설치된 카메라와 글래스고에 있는 센트럴호텔Central Hotel의 스크린을 연결해 세계 최초로 텔레비전 방송을 진행했다.[3]

무역의 힘
: 담배부터 조선까지

글래스고가 이 정도의 위상을 갖추기까지는 국제 무역의 힘이 컸다. 글래스고의 위치는 항구 도시로 영국에서 가장 좋은 곳 가운데 하나였다. 스코틀랜드 서부 해안에서 시작되는 유리한 바람 덕분에 글래스고에서 출발해 버지니아나 메릴랜드 같은 아메리카 식민지로 항해하는 편이 런던에서 출발하는 것보다 훨씬 빨랐다. 18세기 중반에 이 지역 상인들은 각종 소비재를 매입해 외상으로 아메리카에 보냈다. 그러면 식민지 농장주들은 이 외상값을 갚기 위해 담배를 보내왔다. 커닝엄Cunningham, 글래스퍼드Glassford, 스피어스Spiers 가문으로 구성된 작은 집단은 시장을 장악하고 식민지 전역에 일련의 영업망을 구축하기에 이르렀다. 그 결과 존 글래스퍼드John Glassford와 알렉산더 스피어스Alexander Spiers 같은 사람들은 유럽에서 가장 중요한 상인으로 부상했고 "담배왕들Tobacco Lords" "버지니아 우두머리들Virginia Dons" 같은 그들의 지위에 어울리는 별명을 얻었다.

　미국이 독립하면서 담배 무역을 둘러싼 글래스고의 장악력은 끊어지고 버지니아 우두머리들은 몰락했다. 하지만 이 도시의 경제적 부상은 단지 시작에 불과했다. 담배 상인들은 클라이드강을 준설하고 정화하면서 글래스고의 기반 시설에 투자했다. 글래스고 기업가들은 다른 사업들로 업종을 다각화했고, 증기 동력을 사용하는 직기를 개발해 리넨을 더 빠르고 저렴하게 생산할 수 있게 되었다. 리넨 무역을 통해 축적한 금속 가공과 증기 기술에 관한 전문 지식은 개선된 하천 접근성과 함께 글래스고가 세계를 선도하는 두 번째 산업을 창출하는 데 일조했다. 바로 조선업이었다.[4]

　담배 사업이 초기에 글래스고를 부유하게 만들었다면 조선업은 이 도시를 산업혁명 시대의 절대 강자로 만들었다. 조선업은 그야말로 엄청나게 수지맞는 장사였다. 글래스고는 미국, 네덜란드, 터키 정부로부터 의뢰받은 해군 함정을 비롯해 매년 200척이 넘는 새로운 배를 건조했다. 1860년대 말에 이르자 클라이드강 일대에서는 2만여 명의 노동자가 일했다.

　세계를 선도하는 혁신 도시, 일자리가 넘쳐나는 도시로 글래스고의 명성이 높아지자 기업가와 투자자가 몰려들었다. 1888년 글래스고에서 개최된 국제 박람회에는 전 세계에서 찾아온 방문자들을 포함해 거의 600만 명에 가까운 사람들이 몰렸다. 스코틀랜드 전체 인구보다 20퍼센트나 많은 숫자였다. 글래스고는 20세기 들어 가장 큰 도시 중 하나로 성장할 것이 분명해 보였다.[5]

앨프리드 마셜의
집적 경제 3요소

한편 이즈음에 글래스고에서 남쪽으로 480킬로미터 떨어진 케임브리지대학교에서는 앨프리드 마셜Alfred Marshall이라는 40대 중반의 경제학자가 장차 경제학 역사에서 가장 영향력 있는 책이 될 것이 분명한《경제학 원리Principle of Economics》를 집필하고 있었다.

마셜은 전문적인 이론가였지만 경제학을 "평범한 일상생활 속 인간에 관한 학문"으로 생각했고 누구나 쉽게 자신의 주제에 접근할 수 있기를 바랐다. 그래서 자신의 주장을 수학 방정식으로 정리해 논리적인 정밀함을 확인한 다음 모든 공식에 현실의 예를 대입했다.

수많은 사람의 생활과 밀접한 관련이 있는 한 가지 중요한 의문이 존재했다. "왜 기업들은 특정 도시에 모여 있으려고 하는가?" 마셜은 역사적으로 원자재에 대한 지리적 접근성 때문에 특정 산업에 전문화된 지역들이 나타났다고 설명한다. 이를테면 셰필드가 날붙이 제조업으로 유명한 것은 숫돌 제작에 쓰는 양질의 규토 사암이 이 지역에서 출토되기 때문이다. 그런데 마셜에 따르면 더 긴밀한 운송망의 등장으로 이런 연관성이 느슨해지면서 공장들은 더 이상 원자재를 의존하는 광산이나 숲 바로 옆에 위치할 필요가 없어졌다. 이처럼 중공업 공장들은 지리적 제약에서 벗어났다. 하지만 그럼에도 대체로 특화된 공업 도시의 다른 공장들과 가까운 곳에 자리 잡는 쪽을 택했다. 마셜은 이 같은 집중 현상이 오늘날 "집적의 삼위일체Holy Trinity' of agglomeration"라고 불리는 3가지 요소에 좌우된다고 주장했다.[6]

	[6-1] 도시 경제학 (앨프리드 마셜의 집적 경제 3요소)	
노동력 풀	집적은 노동력을 구하기 쉽게 한다. 고립된 공장의 주인은 유능한 직원을 채용하기 어렵다. 특화된 공업 도시에 위치한다는 것은 "유능한 직원을 구할 수 있는 상설 시장"을 이용할 수 있다는 뜻이다.	
기술	근접성은 혁신을 부추긴다. 공업화된 도시에서는 기술이 유포되고 "다른 사람들이 새로운 아이디어를 수용해 자신들의 생각과 결합하면서" 확대된다.	
공급망	집적은 원자재에 대한 접근을 용이하게 한다. 공장 하나가 들어서서 가동을 시작하면 "주변으로 부수적인 거래가 늘어난다." 그러면 각종 도구 및 자재 공급자들과 가까이 있기 위해 다른 공장들도 근처에 자리를 잡는다.	

출처: 앨프리드 마셜, 《경제학 원리》, 1890, 221~225쪽

3가지 요소는 어떤 면에서 너무 뻔하다. 이를테면 공업 도시에 입주한 기업들이 잘 훈련된 노동력, 혁신적인 기술, 신뢰할 수 있는 공급망 등에 도움을 받는다는 것은 매우 상식적이다. 반면에 이 요소들이 한 도시에 미치는 영향은 미묘하다. 3가지 요소는 특정한 한 기업에만 도움을 주지 않으며, 또 어느 한 기업에만 이 요소들을 만들어낼 책임이 있는 것은 아니다. 3가지 요소는 보이지 않는 곳에 약간 숨어 있다. 마셜의 표현을 빌리자면 특화된 도시의 산업은 "사방에 공기처럼 존재하고" 그래서 이런 곳의 아이들은 "무의식적으로" 이 도시의 산업에 대해 배우게 된다. 어느 한 공장에 속해 있지 않은 이상 아이들은 도시 전체의 자산이다.

마셜이 언급한 3가지 요소는 경제적 측면에서 "외부 효과"가 분명하다. 하지만 이 외부 효과가 다리엔갭에서는 자유 시장이 유발하는 피해를 의미했다. 다리엔갭에서 다른 사람들에게 미칠 영향을 고려하지 않은 채 벌목꾼이 나무를 베기로 결정했을 때 외부 효과가 발생했다. 일단의 벌목꾼이 모두 똑같이 행동하면서 외부 효과는 악영향을 더욱 증폭시켰다. 그에 따른 결과는 어떤 벌목꾼도 상상하지 못한 심각한 수준의 환경 파괴였다. 물론 외부 효과가 긍정적인 경우도 있다.

다리앤갭과 달리, 글래스고의 화려한 발전 속에서는 외부 효과가 커다란 가치를 창출했다. 클라이드강변을 따라 어디에 자리를 잡을지 고민하는 조선소 주인을 생각해 보자. 그는 거번을 선택함으로써 다른 조선소들에 일련의 긍정적인 영향을 줄 수 있다. 예컨대 경쟁 기업들은 이 조선소의 일시 해고된 직원을 채용하거나 최고의 직원을 가로챌 수 있고, 새로 생긴 이 조선소의 기술을 모방해 발전시킬 수 있으며, 새로운 원자재 공급자들의 혜택을 누릴 수 있다. 다리엔갭의 각 벌목꾼이 자신이 초래한 피해를 제대로 파악하지 못하는 것처럼, 글래스고의 각 조선소 주인들은 이 같은 긍정적인 효과가 어느 정도인지 모른다.

글래스고에서 궁극적으로 나타난 결과는 모든 기업이 혜택을 누리게 될 긍정적인 것(노동력, 기술, 공급망)의 증폭이다. 혜택에 혜택이 더해지면서 글래스고 같은 도시는 한 개인이 내놓는 계획보다 훨씬 경쟁력 있는 도시로 발전할 수 있다.

사방에 공기처럼 존재했던
산업의 위력

글래스고 사람들과 이야기를 나누다 보면 마셜이 언급했던 "사방에 공기처럼 존재하는" 산업이란 표현이 무슨 뜻인지 이해된다. 조선업이 이 도시의 정체성에 깊이 뿌리내리고 있다고 거번에서 태어난 현지 역사가 콜린 퀴글리Colin Quigley는 말한다. "과거에는 이 도시의 삶을 정의하고 설명하기 쉬웠어요. 내용도 단순했죠. '글래스고에 오신 것을 환영합니다. 우리는 이곳에서 배를 만듭니다.'" 퀴글리가 나를 데리고 거번을 돌아다니면서 오래전에 사라진 조선소와 극장, 영화관 자리를 보여 주었다. 도시 한가운데에서 우리는 거번교차로라고 불리는 사거리에 도착했는데 교차로 중앙에 철제 기념물이 설치되어 있었다. 거기에 한때 영국 조선업의 중심지였던 거번의 모토가 적혀 있었다. "일이 없으면 아무것도 없다."

거번은 확실히 마셜이 언급한 노동력 풀을 보유한 곳이었고 거번 사람들은 열심히 일할 줄 알았다. 1950년대의 표준 근로 시간은 주당 6일에 48시간이었다("주말"이라는 단어는 전통적으로 토요일 점심시간을 의미했다). 거번이 종교적인 도시였던 까닭에 많은 사람이 일요일에는 일을 쉬면서 교회에 나갔지만 초과 근무 수당을 받으려고 일주일에 이레를 일하는 사람도 많았다. 소년들은 일주일에 닷새를 정식 직장에서 일하면서 금요일이 되면 주급 봉투를 열어 보지도 않고 고스란히 어머니에게 건네주었고 자신에게 허락된 만큼의 용돈을 벌기 위해 추가로 다른 일을 했다. 짐 크레이그는 주중에는 조선소에서 근무를 시작하기 전에 아침마다 우유를 배달했으며 주말에는 석탄을 배달하는 삼촌을 도왔다. 한창때 클라이드강변에는 조선업에 종사하는 근로자 수가 10만 명에 달했고 성인과 어린 소년 모두 주당 60시간씩 일하는 것이 보통이었다.

글래스고는 또한 어떻게 기술이 모방과 개량을 거쳐 확산되고 발전하는지를 보여 주는 전형적인 사례다. 1801년 클라이드강변에서 세계 최초의 증기선 '샬럿던다스호Charlotte Dundas'가 진수되었다. 목재 선체에 증기 동력으로 움직이는 외륜을 장착한 이 배는 전장 17미터에 약 시속 10킬로미터 속도로 항해했다. 증기 동력을 이용한 해상 운송 개념이 현실로 증명되자 곧이어 세계 최초의 증기 여객선 "코미트호Comet"가 세상에 첫선을 보였다. 1818년에는 토머스 윌슨Robert Wilson이 최초의 철선을 만들었는데 이 배는 최초로 선미에 프로펠러를 장착한 선박이기도 했다. 세계 무역의 판세를 바꾼 거대한 선박들의 조상인 이 작은 배에는 거기에 어울리는 거창한 이름이 붙었다. 불과 대장장이의 신을 의미하는 '벌컨Vulcan'이었다. 클라이드강변을 따라 진행된 조선 기술의 혁신적 발전은 앨프리드 마셜이 주장한 두 번째 집적 요소의 힘을 보여 준 사례였고 글래스고를 다른 도시들보다 수십 년 앞서도록 만들어 주었다. 1814년 런던에 처음 모습을 나타냈을 때 클라이드강변에서 건조된 증기선 '마저리호Margery'는 "경찰과 일반인 사이에 대소동"을 불러일으킨 "놀라운 유령"으로 묘사되었다. 템스강변에 있던 누구도 이전까지 증기선을 본 적이 없었기 때문이다.

특화된 도시들에 관한 마셜의 세 번째 설명처럼 조선업을 중심

303

으로 대단히 다양한 보조 산업이 생겨났다. 조선소는 막대한 양의 원재료가 필요했고 빠르게 팽창하는 이 조선소들에 원재료를 공급하면서 글래스고에 철강 회사와 석탄 회사가 함께 늘어났다. 조선업은 경공업도 촉진했다. 글래스고 부자들로부터 투자를 받아 1837년 회사를 설립한 캐나다 출신의 새뮤얼 커너드Samuel Cunard는 호화 유람선 여행의 선구자가 되었다. 커너드해운Cunard Line의 포스터는 글래스고에서 뉴욕과 봄베이로 연결되는 매혹적인 유람선 여행을 홍보했다. 맨해튼 사람들도 글래스고와 스코틀랜드의 "로맨스의 땅"을 경유하는 유람선 여행에 매료되었다. 유람선은 글래스고 노동자들이 이용하기에는 너무 비쌌다. 하지만 글래스고의 목수와 카펫 기술자에게 그리고 가구부터 황동 비품, 유리, 식탁용 도구까지 모든 것을 판매하는 기업들에 수천 개의 새로운 일자리를 창출했다.

304   글래스고의 선박 기술자들이 항상 고된 노동에만 시달린 것은 아니었다고 거번의 선박 기술자 짐 크레이그는 회상한다. 오후 5시 30분에 페어필드조선소의 주간 근무 종료를 알리는 기적이 울리면 거번 전체가 멈추었다. 하일랜드 출신의 체격이 건장한 지역 경찰들은 자동차와 트램을 세워야 했다. 조금 있으면 조선소에서 쏟아져 나온 오버코트와 플랫캡 차림의 노동자들이 거리를 가득 메울 터였기 때문이다. 그들 대다수가 가장 먼저 들르는 곳은 선술집이었다. 짐은 동료들이 좋아했던 술집들을 아직 기억한다. 그들이 가장 좋아한 맥스Mack's와 두 번째로 좋아한 해리스바Harry's Bar를 시작으로 그의 목록은 17번까지 이어졌다. 시내에는 영화관이 4곳 있었는데 그 앞에는 으레 사람들이 길게 줄을 서 있었다. 오늘날에는 이 모든 것이 사라지고 없다.

월급이 빠듯했기 때문에 글래스고 사람들은 돈을 절약하고 저축해 중요한 물건들을 구입했고(일례로 많은 노동자 계층이 가정에 좋은 품질의 악기를 하나씩은 소유하고 있었다) 명품을 판매하는 백화점들이 모인 거번 시내 중심가는 그 자체로 하나의 목적지가 되었다. 오늘날 이 거리는 중심가의 죽은 상권을 적나라하게 보여 준다. 두세 개에 불과한 편의점은 창문이 판자로 막혀 있고 개인이 운영하는 마권 판매소 하나와 태닝 가게 하나가 있을 뿐이다. 나머지 공간은 중고품 가게나 지역 사회 프로젝트가 차지하고 있다. 1950년대에 이곳에서 밍크 코트를 살 수 있었다는 사실이 믿기지 않는 풍경이다.

추락하는 것에는 날개가 없다

아울러 글래스고가 모든 현대 도시에 전하는 경고는 "사방에 공기처럼 존재하는" 경제 효과가 마셜의 설명처럼 정말 골치 아픈 문제를 초래한다는 것이다. 다리엔갭의 부정적인 외부 효과는 환경을 파괴함으로써 모든 사람에게 피해를 끼쳤지만 콕 집어서 누구를 탓할 수 없었다. 따라서 관련 문제들을 근절하기 위해 할 수 있는 것이 거의 없었다. 외부 효과가 긍정적인 경우에 논리는 정반대로 작용한다. 즉 도시의 모든 사람이 노동력, 기술, 공급망의 혜택을 누리지만 딱히 누구에게도 이런 혜택을 유지하고 관리할 책임이 없다. 글래스고의 잠재된 위험은 기존에 누리는 혜택을 보호하기 위한 조치가 전혀 없다는 데 있었다.

종말은 순식간에 찾아왔다. 1947년 영국 조선소들은 톤수를 기준으로 전 세계 신규 선박의 57퍼센트를 생산했다. 2차 세계대전의 종식은 커다란 선물이나 다름없었다. 경쟁 관계인 독일과 일본의 조선소들이 파괴되었고 전쟁 중에 정기선과 유조선을 잃은 동맹국들은 새로운 배가 필요했다. 평화로운 바다는 세계 무역의 번창을 의미했고 화물선에 대한 수요를 끌어올렸다. 그 결과 세계 상선대商船隊의 규모가 1948년부터 1965년 사이에 2배로 늘어났다. 하지만 클라이드 강변 조선소들은 이 기회를 잡는 데 실패했고 시장 점유율을 잃기 시작했다. 1962년 세계 조선업에서 영국이 차지한 몫은 13퍼센트로 떨어졌고 1977년에는 조선소들이 국영화되어 브리티시십빌더스British Shipbuilders라는 장차 금방 사라질 복합기업conglomerate으로 바뀌었다. 2세기에 걸쳐 세계를 선도한 조선업은 붕괴하기까지 채 20년이 걸리지 않았고 껍데기뿐인 국영 기업으로 최후를 맞이했다.

마셜이 주장한 집적의 3가지 요소가 주는 교훈은 도시에 새로운 기업이 생길 때마다 나머지 모두에게 눈에 보이지 않는 혜택이 돌아간다는 것이다. 이 사실을 반대로 해석하면 도시에서 기업이 하나씩 사라질 때마다 인적 자본이 감소하고, 기술 혁신이 줄어들고, 공급망이 얇아진다는 뜻이 된다. 그리고 그로 인한 결과는 나머지 모두에게 영향을 미친다. 따라서 도시들이 그곳에 자리를 잡은 기업들에 조금이라도 해를 끼치는 모든 요소(해외 경쟁을 포함해)를 매우 진지하게 생각해야 하는 것은 당연한 귀결이다.

글래스고를 비롯한 영국은 해외의 위협을 너무나 과소평가했다. 부분적으로는 자체가 더 최근에 보여 준 것, 즉 물리적 기반 시설이 빠르게 재건될 수 있으며 이 과정에서 종종 이전보다 더 좋게 개선되기도 한다는 사실을 인지하지 못했기 때문이다. 함부르크와 브레멘의 조선소는 영국의 "무수한 폭격기" 공격에 10분의 1로 줄었고 일본 나가사키의 주요 조선소들 역시 괴멸적 피해를 입은 터였다. 하지만 이 경쟁자들은 빠르게 재건에 나섰고 그 과정에서 자기네 조선소를 엄청나게 발전시켰다.

새로 건설된 일본 조선소는 드라이 독dry dock을 채택했다. 드라이 독은 강 옆에 땅을 파 만든 선대船臺에서 배를 건조하고 배가 완성되면 독에 물을 채워 진수하는 방식이었다. 글래스고에서는 여전히 강가의 경사진 선대에서 배를 건조했고 따라서 글래스고의 선박 기술자들은 거품수준기spirit level 대신 배의 "선대 경사"에 맞춘 특별한 도구를 이용해 모든 것을 정렬해야 했다. 일본의 새로운 조선소는 규모 또한 월등해 더 큰 선박을 건조할 수 있을 뿐 아니라 비용도 절감할 수 있었다. 일본이 계약을 따내면서 글래스고의 시장 점유율을 잠식하기 시작했다.

한때 혁신의 중심지였던 클라이드강변에서 노동자들은 낡은 기술을 사용하며 시대에 뒤처질 수밖에 없었다. 외국 경쟁자들이 선체를 조립하는 새로운 용접 방식을 개발한 순간에도 클라이드강변의 조선소들은 대개 시간이 오래 걸리고 비용이 많이 드는(게다가 무거운) 리벳 방식을 벗어나지 못하고 있었다. 1965년 영국 정부는 각료들을 일본에 파견해 새로운 시설을 시찰하도록 했다. 그들은 분명 큰 충격을 받았을 터였다. 오사카에서 서쪽으로 100킬로미터 떨어진 도시 아이오이相生의 조선소 근로자들이 그해에 182톤의 1인당 선박 건조량

307

을 기록했기 때문이다. 이 수치는 전형적인 영국 조선소의 22배가 넘었다.

한때는 현장 감독들이 그들의 경쟁자가 어떻게 하고 있는지 살피기 위해 클라이드강변을 방문하면서 글래스고에는 자연스럽게 조선업을 둘러싼 최고의 아이디어들이 넘쳐났다. 하지만 이 무렵 조선업은 국제 산업으로 변했고 클라이드강변 조선소들은 이런 중대한 변화를 따라잡지 못했다. 고객의 수요는 글래스고가 유명세를 얻은 석탄을 때는 증기선에서 디젤 엔진과 프로펠러를 장착한 장거리 화물선과 유조선으로 옮겨 갔다. 항공 여행의 등장과 대량 이민 제한 정책은 글래스고의 또 다른 장기인 대규모 여객선에 대한 수요 감소를 불러왔다. 이 모든 추세는 이미 몇 년 전부터 조짐을 보였지만 전문 경영인을 보유한 외국 기업과 달리 글래스고의 조선장造船匠은 대체로 현장 출신이 많았다. 그들은 현재 하는 일에는 뛰어났지만 해외의 최신 기술이나 신개발품을 추적하고 분석하는 전문가는 아니었다.

조선소 주인들 역시 상당한 배당금을 주로 인출하기만 했을 뿐, 그중 5퍼센트가 되지 않는 돈을 새로운 기계와 기술에 재투자함으로써 투자에 실패했다(반면에 자동차 제조업체들은 배당금의 12퍼센트를 재투자했다). 이처럼 영국 조선소들은 선진 기술을 유지하기 위해 투자해야 할 시기에 단물만 빨리고 있었다. 클라이드강변을 따라 공기처럼 사방에 존재하던 아이디어는 한때 세계를 선도했다. 그러나 이제는 도시 전체가 시대에 뒤처졌다.[7]

형편없는 정부 대책

뒤이어 들어선 영국 정부들 또한 잘못된 경제 인식에 근거한 형편없는 산업 정책을 시행해 한몫을 거들었다. 조선업은 마치 뜨거운 감자처럼 정부의 여러 부처를 떠돌았고 그 과정에서 수많은 연구 논문과 보고서가 쏟아져 나왔지만 혁신적인 아이디어는 전무했다. 어떻게 해야 할지 결정할 수 없자 정치가들은 1965년 레이 게디스Reay Geddes를 위원장으로 하는 별도 위원회를 구성했다. 위원회에는 조선업 전문가가 전혀 포함되지 않았으며(게디스는 타이어 제조업체인 던롭Dunlop의 상무이사였다) 조선소 방문도 전혀 이루어지지 않았다.

수개월의 논의 끝에 그들이 내놓은 야심 찬 아이디어는 "집단화grouping"라고 불린 정책을 이용해 일본 조선소를 모방하는 것이었다. 게디스는 클라이드강처럼 영국의 강 주변에 개별 조선소가 너무 많으며 강제 합병을 통해 이 조선소들을 더 큰 단위로 묶어야 한다고 결론 내렸다. 각 조선소는 그들의 현재 위치를 그대로 유지하면서 더 큰 집단의 일부처럼 움직여야 할 터였다.[8]

이 계획은 심지어 그 자체로 이치에 맞지 않았다. 요컨대 영국의 의회와 정부 관료들이 홀딱 반해 버린 일본 조선소는 거대한 단일 기업이었다. 반면에 게디스의 계획은 기존에 있는 시설을 복합기업이라고 부르며 이름만 바꾸어 놓았을 뿐이다. 1967년 11월 페어필드, 알렉산더스티븐Alexander Stephen, 찰스코넬Charles Connell, 존브라운John Brown, 애로Yarrow 등 조선소를 하나로 묶어 어퍼클라이드십빌더스Upper Clyde Shipbuilders, UCS로 편제를 바꾼 글래스고가 가장 극단적인 예였다. 이름을 바꾼 하부 조직은 전혀 일본의 거대 조선소처럼 보이지 않았다(각 조선소가 크지 않았을뿐더러 여전히 서로 몇 킬로미터씩 떨어져 있었다). 상식에 비추어 보더라도 이런 식으로는 절대 규모의 경제를 달성할 수 없다.

일본의 거대 조선소와 경쟁할 수 있는 유일한 방법은 이를테면 공공 시설물의 형태로 새로운 조선소를 지어 각 조선소에 그들이 수주한 계약에 따라 필요한 경우에 이를 대여하도록 하는 것일 터였다. 여기에 더해 성공한 도시에서는 기업들 간에 기술이 전이된다는 마셜의 이론에 따라 글래스고에는 이 도시의 고갈된 긍정적인 외부 효과를 재점화할 정책이 필요했다. 다시 조선 기술의 최전선에서 일하게 될 숙련된 노동력을 갖추어 줄 훈련과 도구에 대한 대규모 투자 계획이 바로 그것이다.

이 일련의 투자 중 어떠한 것도 이루어지지 않은 채 4년의 세월을 보내는 동안 어퍼클라이드십빌더스는 7000만 파운드에 달하는 납세자들의 돈을 집어삼켰고 그럼에도 게디스가 당초 약속했던 능률을 찾는 데 실패했다. 1969년 여름 파산 직전까지 내몰렸던 어퍼클라이드십빌더스는 정부 지원금으로 겨우겨우 버티다가 1972년 결국 파산했다.[9]

조선업이 무너지면서 글래스고의 실업자 수는 1947년 사실상 제로에서 1966년 1만 8000명, 1983년 9만 6000명으로 치솟았다. 오늘날 글래스고에는 직장을 가진 성인이 아예 없는 가구가 전체의 4분의 1에 해당하는 5만 9000가구에 달하며 이는 영국 전체 평균보다 훨씬 높은 비율이다.

글래스고의 암울한 미스터리
: 죽음과 산업 붕괴의 연관성

50대 중반인 크레이기Cragie는 "캘턴Calton에서 태어나고 자란" 사람이
다. 캘턴은 글래스고의 이스트엔드East End 지역으로 이 도시에서 가장
낮은 평균 수명을 기록한 곳 가운데 하나다. 이스트엔드 구역의 정중
앙에 해당하며 런던로드London Road가 웰시스트리트Welsh Street와 만나
는 교차로 부근 집에서 자란 그는 실직이 이곳에 어떤 식으로 영향을
끼쳤는지 기억한다.

그가 어릴 때만 하더라도 이스트엔드는 떠들썩한 곳이었다. "사
람들은 바쁘다는 말을 입에 달고 살았죠. 가난했지만 직장이 있었
고 어머니나 아버지가 자식에게 직장을 구해 주었어요." 크레이기는
1972년 과일 시장인 바라스The Barras에서 일을 시작했고 지역 술집에
서 장작과 석간신문을 팔다가 나중에 동네 빵집에서 일했다. 그의 친
구들 역시 아주 어리거나 10대 때부터 일을 했는데, 어떤 친구들은 제
이컵스 크림 크래커스Jacob's Cream Crackers 만드는 일을 하고 어떤 친구
들은 피클 통조림 만드는 일을 했다.

1978년 크레이기와 그의 친구들은 열여섯 살이 되었고 그때는
이미 모든 것이 변해 있었다. 마셜의 세 번째 요소인 기업들이 도시
공급망과 관련 산업에 미치는 효과는 글래스고 전역에 조선업 붕괴에
따른 고통스러운 파장을 불러왔다. 원래라면 크레이기는 자연스럽게
이스트엔드의 파크헤드포지Parkhead Forge 공장에 취직했을 터였다. 한
창때 그곳에는 2만 명에 달하는 직원이 근무했으며 그중 상당수가 배

311

에 들어가는 철제 부품을 생산했다. 하지만 조선소가 사라지면서 단조 공장도 1976년 문을 닫았다. 한편 1872년 윌리엄 애럴 경Sir William Arrol이 이스트엔드에 설립한 댈마넉철공소Dalmarnock Iron Works는 기반 시설 공사의 선구 업체로 기관차를 들어 올려 배에 싣는 데 이용되는 거대한 "타이탄" 기중기를 제작해 왔다. 그들은 짧은 몇 년 동안 철제 다리를 생산하면서 분투했지만 결국 1986년 파산했다. 이 지역의 젊은이들을 고용해 온 역사적으로 유명한 이런 고용주들이 사라지면서 크레이기와 그의 많은 친구들에게 1980년대와 1990년대 대부분은 실업, 술, 헤로인으로 규정되었다.

10년째 마약을 끊은 크레이기는 이제 클라이드강 바로 남쪽에 위치한 또 다른 낙후 지역 고블스Gorbals의 한 상담 센터에서 마약 문제 상담사로 일한다. 내가 방문했을 때 상담 센터는 글래스고에 중증 마약 중독자가 많을뿐더러 점점 늘어나는 추세임을 반영하듯 매우 분주했다. 자신이 어떻게 마약 중독에 빠졌는지 회상하면서 크레이기가 캘턴에 사는 사람들의 낮은 평균 수명을 돌아본다. 지붕 수리하는 일을 한 그의 아버지는 크레이기에 따르면 "열심히 일하고, 열심히 마시고, 열심히 싸우고, 쉽게 죽은" 거칠고 어쩌면 폭력적인 남자였다. 그의 아버지와 삼촌은 똑같이 쉰다섯 살에 세상을 떠났고 그의 숙모는 쉰여섯 살에 세상을 등졌다. "중요한 건 캘턴에서는 사망 연령이 낮다는 사실을 다들 알고 있었다는 겁니다."

음주와 흡연, 나쁜 식습관, 운동 부족(전문가들이 안 좋은 "건강 행태health behaviours"라고 부르는 만성적 요소들)은 하나같이 글래스고 사람들의 수명을 단축한다. 글래스고는 담배를 기반으로 한 도시다. 파크헤드와 댈마넉(이스트엔드에서 캘턴 옆에 위치한 주택 지역)에 관한 최근 자료는 임신부 중 36퍼센트를 포함해 주민의 44퍼센트가 흡연자임을 보여 준다. 알코올 남용으로 인한 사망률은 유럽 기준에 따르면 이미 높은 수준인 스코틀랜드 평균보다 몇 배나 더 높다. 글래스고는 구릉과 녹지가 많으며 수 킬로미터에 달하는 자전거 도로가 멋진 경관을 뽐낸다. 그러나 가난한 지역에서는 전체 성인 중 4분의 1 이상이 장애 때문에 행동 제약을 받는다. 평일 오후에도 갤로게이트Gallowgate(도시 중심부에서 동쪽으로 뻗은 역사적인 도로)에는 모퉁이마다 실직자들이 상당수는 목발이나 보행 보조기에 의지한 채 술집 밖에서 담배를 피우며 서 있다.[10]

마약과 폭력, 자살 같은 더 심각한 두 번째 요소는 글래스고 사람들이 50세 이전에 사망하는 주된 원인이다. 2016년 글래스고의 마약 관련 사망자 수는 257명을 기록했는데 이는 인구 비율로 따졌을 때 영국의 다른 어느 곳보다 훨씬 높은 수치였다. 마약 중독자의 사망 통계 수치와 함께 글래스고의 자살률과 살인율은 스코틀랜드 전체 평균을 훨씬 웃돈다. 자살 사건의 69퍼센트, 마약 관련 사망 사고의 70퍼센트, 살인 사건의 75퍼센트를 차지하는 남성들이 위험에 가장 크게 노출되어 있다. 크레이기는 헤로인 중독에서 살아남았지만 다른 많은 글래스고 남성들에게 마약과 폭력, 자해는 치명적이다.[11]

이 모든 요소들은 경제적 빈곤과 관련 있다. 빈곤이 건강에 미치는 영향에 관한 통계학적 분석은 글래스고가 이룬 또 다른 혁신이자 1843년 이곳에서 발생한 콜레라 전염병을 둘러싼 획기적인 연구로 거슬러 올라간다. 오늘날 글래스고는 61개에 달하는 소규모 권역에 관한 상세한 자료를 보유하고 있다. 그리고 이 통계 자료는 캘턴이나 고블스, 거번처럼 산업 붕괴의 직격탄을 맞은 곳에 거주하는 사람들의 소득이 상대적으로 낮고, 직업이 없을 가능성이 높다는 사실을 보여 준다. 아울러 이런 곳의 주민들은 담배를 피우고, 술을 마시고, 마약에 중독되고, 젊은 나이에 사망할 가능성이 더 높은 것으로 나타난다. 다시 말해 글래스고 사람들이 그토록 젊은 나이에 사망하는 이유와 산업 자체의 죽음(결국에는 경제적 실패) 사이에 깊은 관련이 있다는 뜻이다.

하지만 단지 경제적인 요인만으로 글래스고의 단명 문제를 완벽하게 설명하기에는 부족하다. 글래스고의 미스터리에 접근하는 한 가지 방법은 리버풀과 맨체스터를 살펴보는 것이다. 현지에서는 에든버러가 아닌 이 두 도시를 글래스고와 비슷한 도시로 여긴다. 셋 다 서부 해안에 위치한 대도시로 산업 역사, 아일랜드의 유산과 종교 유산, 유서 깊은 축구팀을 보유하고 있다. 세 도시가 비슷하다는 느낌은 더 엄격한 통계학적 비교를 통해 더욱 두드러진다. 고용부터 식습관, 낮은 소득 수준, 마약에 이르기까지 모든 것을 다룬 통계 자료는 탈산업화의 직격탄을 맞은 세 도시가 매우 비슷하다고 말한다.

그러나 한 가지 통계에서만큼은 명백한 차이를 보인다. 바로 젊은 나이에 사망하는 비율로, 글래스고가 리버풀과 맨체스터보다 30퍼센트 더 높다. 경제적 빈곤과 사회적 박탈을 모두 고려한 상세한 연구 역시 결국은 글래스고의 미스터리를 밝혀내지 못한 셈이다. 이 모든 요소를 고려하더라도 글래스고 사람들은 여전히 너무 이른 나이에 사망한다.

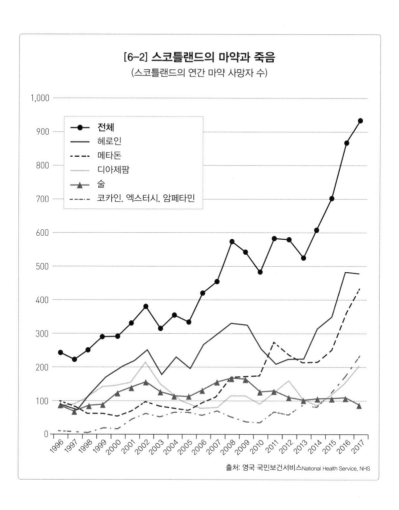

[6-2] 스코틀랜드의 마약과 죽음
(스코틀랜드의 연간 마약 사망자 수)

출처: 영국 국민보건서비스National Health Service, NHS

보건 전문가들이 설명할 수 있는 죽음을 넘어선 이 "과도한" 죽음에 처음 주목한 것은 2010년이었다. "글래스고 효과Glasgow effect"로 알려진 이런 사망 사례는 1년에 약 5000건에 이른다.[12] 대략 50년 전부터 나타나기 시작한 현상으로 생각하며 시간이 지날수록 점점 심해지고 있다. 이른 나이의 죽음을 둘러싼 미스터리는 대부분의 연구가 놓친 숨은 요인(글래스고에 해를 끼친 어떤 것)이 있음을 암시한다. 논리적으로 생각하면 문제의 유해 요인은 글래스고 사람들을 취약하게 만들면서 상대적으로 맨체스터나 리버풀 사람들에게는 해를 덜 끼친 어떤 것이어야 한다. 숨은 요인이 무엇이든 그것은 1970년대부터 해를 끼치기 시작했다.

뒤르켐과 퍼트넘의 통찰
: 사회 통합과 사회적 자본의 중요성

나는 글래스고의 쇠락을 경험한 사람들과 대화를 나누면서 글래스고의 미스터리를 풀 열쇠가 이 도시의 한창때 출간된 어떤 책에 있음을 점점 확신하게 되었다. 바로 가난한 프랑스인 학자 에밀 뒤르켐Émile Durkheim의 저서로, 경제학자들에게는 외면받은 책이다. 사랑하는 친구가 스스로 목숨을 끊은 뒤로 뒤르켐은 프랑스의 높은 자살률을 연구하기로 결심했다. 프랑스는 예술과 과학에서 비약적인 발전을 이루고 수십 년에 걸친 전쟁 이후에 경제가 급성장하고 사회가 빠르게 안정되면서 19세기 후반에 꽃을 활짝 피웠다. 하지만 이 아름다운 시대, 벨 에포크Belle Époque와 함께 좀처럼 이해하기 어려운 또 다른 통계 수치가 나타났다. 자살 급증이었다. 뒤르켐은 그 이유를 조사하기 시작했고 연구 결과를 1897년 《자살론Le suicide》이라는 책으로 출간했다. 사회학의 토대가 된 이 책은 그동안 간과되어 왔지만 글래스고의 무엇이 잘못되었는지 설명하는 데 유용한 핵심 내용을 담고 있다.

뒤르켐이 발견한 패턴은 개인 환경에만 초점을 맞춘 우울증이나 빚 같은 전형적인 원인의 탓으로 돌리기에는 차이가 너무 뚜렷했다. 자료에 따르면 자살률은 한 나라의 우울하거나 빚을 진 사람들의 단순한 합계를 넘어선 어떤 것인 동시에 뒤르켐이 사회적 "질병"이나 "감염"이라고 지칭한 더 심오한 문제들에서 기인하는 사회 현상이었다. 이런 사회적 질병은 대개 "사회 통합social integration"의 부재가 원인이었다. 즉 사람들은 개별적으로 목표를 설정하고 그 결과 주변의 무관심 속에서 자신의 계획이 잘못되면 절망할 수밖에 없는 환경에서 높은 자살률을 보였다. 반대로 뒤르켐의 주장에 따르면 하나의 팀 윤리로 묶인 사회는 목표를 공유하기 때문에 더 단단한 모습을 보였다. 이런 환경에서는 일이 잘못되더라도 모든 사람에게 도움이 되는 "정신적 상호 지원mutual moral support"이 존재한다. 앨프리드 마셜이 언급한 유익한 경제 요소들이 "사방에 공기처럼 존재"할 수 있는 것과 마찬가지로, 뒤르켐이 보기에 이 안전망은 한 도시의 모든 시민이 공유해야 하는 것이었다.[13]

이런 안전망이 글래스고의 몰락과 어떤 관련이 있는지 알아보기 위해서는 뒤르켐의 연구에 기초한 혁신적인 최근 연구를 매개로 이탈리아를 잠깐 살펴볼 필요가 있다. 1970년에 이탈리아는 보건과 교육에서부터 공공사업과 경제 개발에 이르기까지 모든 것을 통제할 수 있는 20개의 새로운 지방 정부 의회를 설립해 중앙 정부의 권력을 이양했다. 추적해 볼 가치가 있는 흥미로운 실험임을 감지한 미국 사회학자 로버트 퍼트넘Robert Putnam은 이탈리아를 위아래로 오가는 긴 여정을 시작했고 이 과정에서 수많은 공무원과 유권자를 인터뷰했다.

새로운 지방 정부들의 실적은 천차만별이었다. 에밀리아로마냐Emilia-Romagna의 정치인들과 공무원들은 상공업을 촉진하고 환경을 보호할 새로운 혁신적인 법을 선보이며 모든 사람이 기대했던 모습을 보여 주었다. 시민들은 그들의 정치인들에게 만족했고 경제는 번창했다. 반면에 부츠 모양인 이탈리아의 발가락 쪽에 해당하는 남부 칼라브리아Calabria는 정반대 모습을 보여 주었다. 이곳 공무원들은 월급을 가져가는 일 말고는 궁극적으로 아무것도 하지 않았다(관리들이 얼마나 태만한지 퍼트넘은 그들을 인터뷰하고 싶어도 도무지 만날 수 없을 때가 많았다). 칼라브리아는 유럽연합EU의 다른 어느 지역보다 낮은 수준의 발전을 보이며 경제적으로 쇠퇴했다(몇몇 마을에서는 주민들이 여전히 돌로 지어진 오두막에서 생활했다). 1990년에 이르자 이탈리아는 산산이 분열되었다. 잘사는 지역은 독일과 경쟁할 정도로 잘나갔으며 못사는 지역은 빈곤에 허덕였다.

이탈리아의 양극화 현상을 이해하기 위해 퍼트넘은 뒤르켐의 선례를 따라 자신이 이탈리아 전국을 돌아다니며 들은 개인적인 설명과 이야기를 보완해 줄 방대한 양의 자료를 수집했다. 그리고 사회적 상호 작용의 수준에서 커다란 차이를 발견했다. 북부의 에밀리아로마냐를 비롯한 주변 지역은 사회생활이 활발하게 이루어졌다. 축구나 하이킹, 사냥 클럽이 수천 개에 달했고, 새를 관찰하러 다니거나 함께 책을 읽는 모임이 다양했으며, 지역 합창단이나 밴드 활동이 활성화되어 있었다. 활발한 사회생활에 더해 사람들은 시민 활동에 적극적이어서 국민 투표에서 높은 투표율을 기록했고, 정치인에 관한 기사가 실린 지역 신문을 구독했으며, 신용조합을 설립해 현금이 필요한 사람들에게 돈을 빌려주었다. 이탈리아 북부에 사는 사람들은 자신들이 더 큰 집단과 연결된 것처럼 느낀다고 말했다. 뒤르켐의 "사회 통합" 레이더를 통해 본다면 이 지역들은 확연하게 도드라져 보일 터였다.

칼라브리아를 비롯해 캄파니아Campania와 시칠리아Sicilia 등 이탈리아 남부는 바위투성이인 구불구불한 해안선, 친절한 어부, 올리브나무 숲에서 담소를 나누는 농부 등 낭만적인 모습을 떠올리게 하는 지역이다. 하지만 퍼트넘이 막상 이곳에서 발견한 것은 추악하고 취약한 이면을 지닌 도시와 마을이었다. 시민 활동은 종잇장처럼 얇은 수준이었다. 예컨대 사교 클럽이나 스포츠 팀이 거의 없고, 사람들은 대부분 지역 뉴스를 꾸준히 챙겨 보지 않으며 투표를 하지 않았다. 그들은 지극히 근시안적이고 이기적인 결정을 내렸고 종종 비도덕적인 결정조차 서슴지 않았다. 퍼트넘은 칼라브리아 사람들 사이에서 통용되는 우울한 격언에 충격을 받았다. "정직하게 행동하는 사람은 끝이 비참하다." 불신에 휩싸인 남부 마을에서 북부의 신용조합 같은 비공식 경제 지원 장치에 관한 이야기는 당연히 들을 수 없었다.

이 모든 사실로부터 퍼트넘이 내린 결론은 한 지역 사회의 행복과 민주주의와 경제는 그가 "사회적 자본social capital"이라고 부르는 것에 기초한다는 것이었다. 이탈리아 북부의 각종 클럽과 모임, 공동체는 신뢰의 규범과 호의를 주고받는 문화, 시민 생활에 참여하는 전통을 가져왔고 구현했다. 이런 전통과 비공식 기구와 문화 규범(북부의 사회적 자본)이 모두 합쳐져 무역과 정치 발전에 도움을 주었으며 돈이 필요한 사람들을 위한 긴급 대출 같은 특별한 지원 계획을 가능하게 했다. 반면에 남부에는 사회적 자본이 전무하다시피 했다. 이웃이야 어떻게 되든 말든 내 가족을 위해 취할 수 있는 것을 취하라고 말하는 행동 강령인 이른바 "도덕관념 없는 가족주의amoral familism"라는 유해한 문화 규범이 만연했다. 사회 통합에 반하는 현상이었다. 남부 사람들은 그들이 착취당하고, 무력하고, 자신들의 삶이 중요하지 않은 것처럼 느껴진다는 말을 되풀이했다.[14]

방향성을 잃은 느낌, 사회 통합의 부재, 더 큰 집단이나 프로젝트에 소속되지 못한 것에서 비롯되는 무력감과 외로움. 뒤르켐과 퍼트넘이 지적한 이런 문제는 많은 글래스고 사람들이 도시의 몰락과 관련된 질문을 받았을 때 이야기하는 내용과 정확히 일치한다. 가장 놀라운 사실은 이런 이야기가 산업의 몰락이 아닌 오래된 공동주택 tenement 철거 이야기를 할 때 나왔다는 점이다.

공동주택 이야기
: 글래스고가 잃어버린 자본

거번에서 공동주택 전문가를 찾고 있다면 모든 길은 진 멜빈Jean Melvin에게로 이어지는 듯하다. 도서관은 물론이고 현지 박물관과 현지 역사 모임에서도 그녀의 이름이 언급된다. 아흔세 살의 진은 평생을 거번에서 살았으며 명석한 기억력을 지녔다. 그녀는 하얗게 센 부스스한 머리에 브로치나 막대 모양의 장식 단추로 고정하는 실크 스카프를 즐겨 착용한다. "나는 배를 만드는 일에 대해서는 아는 게 없어요." 처음 만난 자리에서 그녀가 말했다. "하지만 공동주택 생활에 대해서는 모르는 것이 없답니다."

영국 내에서도 독특한 글래스고의 주택은 이 도시의 특이한 위치를 보여 주는 또 다른 지표다. 1707년부터 1901년 사이에 글래스고 인구는 영국에서 가장 빠른 성장세를 보이며 1만 3000명에서 96만 명으로 불어났고 그에 따른 맞춤형 건축이 필요해졌다. 글래스고의 전통 공동주택은 사암沙巖으로 지은 3층 또는 4층 건물로 현관과 계단, 화장실을 공유하는 아파트 형태. 온 가족이 하나의 방에서 요리하고 식사하고 잠자는 "1인실single-end"이나 약간 더 넓은 "거실-주방room-and-kitchen"으로 이루어진 집들은 대부분 매우 좁았다. 어른들은 구멍 침대cavity bed(일종의 접이식 벽장 침대)에서 잠을 잤고 아이들은 바닥에서 잤다. 공동주택 생활은 글래스고의 인구 밀도가 믿을 수 없을 정도로 높았음을 의미했다. 1860년 기준으로 대략 4000제곱미터당 330명의 인구 밀도는 오늘날 가장 비좁고 답답한 도시라는 방글라데시의 다카보다 거의 2배나 높았다.

글래스고의 공동주택 건물은 무시무시한 악명을 가졌다. 혼잡하고 지저분하기로 유명하며 특유의 공용 화장실이 유명세를 더한다. 그런데 도시를 직접 방문해 보면 이런 공용 주택 이야기에 또 다른 측면이 있을지 모른다는 점을 암시하는 단서가 튀어나온다. 바로 일부 공동주택들이 원래 모습 그대로 남아 있다는 사실이다. 이런 건물들은 일단 외관이 멋지고, 비싼 사암으로 지어졌으며, 천장이 높고, 창문이 크다. 공동주택 생활을 기억하는 글래스고 사람들은 너무 혼잡해 문제였다고 입을 모아 말하지만 말투에서는 자신들이 살던 집에 대한 여전한 애정이 느껴진다.

공동주택은 초만원이었지만 동시에 밴드, 축구팀, 소년단Boys' Brigade, 사진과 자전거 동호회 등 온갖 클럽과 모임, 공동체의 온상이었다. 6월 첫째 주 금요일에 열리는 거번의 여름 축제에는 많은 군중이 모여들었고 화려하게 장식한 차량들이 경찰 백파이프 악대를 따라 시내 중심가까지 행진했다. "행렬이 영원히 계속될 것 같았죠"라고 현지 역사가 콜린 퀴글리는 회상했다. 도시 곳곳에서 저마다 독특한 행사와 기념식이 열렸다.

진 멜빈은 서로의 삶에 일조하도록 이웃들을 부추기는 전통에 따라 인생의 중요한 사건들이 기념되었다고 설명한다. 공동주택에 아기가 새로 태어나면 다른 어린아이들은 계단에서 서성거리며 "세례 과자christening piece"를 간절히 기다렸다. 새로 부모가 된 사람들이 자기네 아기와 성별이 다른 가장 먼저 만나는 아이에게 주는 과자였다. "보통은 버터를 바른 애버네시Abernethy 비스킷(캐러웨이 씨앗을 넣어 구운 딱딱한 비스킷-옮긴이) 2개와 그 사이에 기름종이로 감싸 넣은 1실링을 받죠"라고 한 거번 사람이 포상을 떠올리며 말한다. 이웃 사람이 결혼하는 경우에는 포상이 더욱 좋았는데 신랑 아버지가 거리에서 1페니짜리와 3페니짜리 동전을 뿌려댔다. 그러면 아이들이 서로 동전을 주우려고 달려들어 이른바 "결혼 쟁탈전wedding scramble"이 벌어졌다.

그들은 이웃집에 무슨 일이 있는지 알았을 뿐 아니라 공동주택 건물의 이웃들이 자신에게 무엇을 기대하는지 알았다. 다시 말해 모든 사람이 충실히 지켜야 하는 역할과 책임이 존재했다. 많은 공동주택 건물에서 청결은 집착에 가까웠다. 여성들은 정해진 순번에 따라 건물 타일 바닥을 청소했고 모든 집이 대청소를 하는 날인 금요일 저녁에는 온 가족이 다 함께 나섰다. 또한 엄격한 빨래 순번표에 따라 건물 뒤쪽에 위치한 공용 공간인 "뒤뜰the backs"의 공동 세탁실을 이용할 사람이 정해졌다. 여성들은 보통 다른 사람이 빨래하는 날에 함께 나와 거들면서 서로 도움을 주고받았다. 그리고 오늘날에는 화장실 공유를 매우 끔찍하게 여기지만 글래스고 사람들은 대체로 이런 공유 시설들이 티끌 하나 없이 매우 깨끗했던 것으로 기억한다.[15]

신뢰와 호혜의 경제 효과

글래스고 공동주택의 삶은 왜 사회적 자본이 실질적인 경제 효과를 갖는지 보여 준다. 진 멜빈의 설명은 신뢰와 호혜를 주요한 특징으로 한다. 진은 공동주택에 사는 집들의 현관에는 보통 2개의 자물쇠가 있었다고 설명한다. 무거운 열쇠로 작동하는 커다란 이중 자물쇠와 더 작은 "싸구려 자물쇠"(아주 작은 열쇠로 여는 작은 빗장)였다. 하지만 커다란 자물쇠는 거의 사용되지 않았다고 진은 말한다. "큰 자물쇠는 서랍 속에 방치된 채 녹슬어 갔어요." 진이 살던 건물을 포함해 대다수 공동주택 건물에서는 집에 아무도 없을 때 빗장 열쇠가 문 앞에 놓여 있었다. 그렇지 않은 건물들은 우편함에 연결된 줄에 열쇠가 매달려 있어서 누구나 줄을 잡아당겨 열쇠를 사용할 수 있었다. 영국에서는 한때 문을 잠그지 않고 나가는 것이 일반적이었는데 글래스고 사람들은 거기에서 좀 더 나아간 셈이었다. 잠기지 않은 문은 이웃을 신뢰한다는 뜻이고 빗장 열쇠를 걸어 두는 것은 그들의 방문을 환영한다는

323

뜻이다.

이웃끼리 문이 열려 있었기 때문에 그들은 서로의 부엌에 획획 들어가 밀가루나 소금, 버터 같은 기본 식료품을 빌려 가면서 자신이 가져갔다는 메모를 남겨 놓았다. 정확히 일대일로 변제가 이루어지지는 않겠지만 어떤 식으로든 보답이 있을 거라 기대했다. 이런 문화는 공동주택 건물의 경제적인 구성 방식에 근본 변화를 불러온다. 각각의 가족들은 단지 "1인실"이나 하나의 "거실-주방" 공간을 임대했지만 필요한 경우 대개는 건물 전체 어디든 갈 수 있다. 공식적으로는 좁은 개인 공간의 집합체였던 곳이 실제로는 훨씬 넓은 반半공용 공간이 된 것이다.

짐 크레이그 같은 선박 기술자들과 이야기할 때 놀라운 것 중 하나는 시절이 좋았을 때조차 고용이 얼마나 불안정했는가 하는 것이다. 오늘날에는 서비스 분야의 "온콜on-call" 또는 "제로 아워zero-hours" 계약(정해진 노동 시간 없이 임시직 계약을 한 뒤 일한 만큼 시급을 받는 노동 계약-옮긴이)을 안타까워하면서, 이런 계약직을 제조업체들이 한때 제공했던 꾸준한 직장과 비교하는 것이 유행이다. 하지만 이런 시각은 너무 낭만적이다. 드물게 "정규직"(짐에 따르면 아마 전체 노동자 중 5분의 1에 불과할 터였다)으로 일하지 않는 한 선박 기술자들은 건조할 배가 있을 때만 고용되는 이른바 온콜 노동자였다. 그로 인한 결과는 건조된 배를 진수하는 날 가장 가혹하게 나타났다. 조선소 직원들과 지역 주민들은 다 함께 모여 클라이드강으로 미끄러져 들어가는 배를 축하했지만 축하는 짧았고 쓸쓸함이 그 자리를 대신했다. 진수식이 아침에 열렸다면 운이 좋은 사람들은 오후부터 다른 배를 건조하는 일에 투입되었고 운이 좋지 못한 사람들은 일시적으로 실직 상태가 되었다.

조선소 바로 옆에 공동주택 건물이 밀집해 있어 많은 노동자들은 통근 거리가 거의 없다시피 했고 그래서 점심시간이 되면 집에 가서 끼니를 해결했다. 이웃 간의 광범위한 비공식 관계망은 일거리를 구할 때 도움이 되었다. 짐을 포함해 많은 사람들은 이를테면 아들이 아버지 밑에서 견습공으로 일하는 식으로 "부자"가 같은 직장에서 일했다. 그런 까닭에 계약이 종료되면 적어도 두 사람의 수입이 사라지면서 가정에 큰 타격을 주었다. 하지만 그들은 "계단에서" 이웃들에게 금방 다른 조선소에 관한 정보를 수집할 수 있었다. 짐의 설명에 따르면 페어필드조선소에서 일시적으로 실직한 사람은 머지않아 클라이드강을 따라 더 하류 쪽의 스티븐조선소나 더 상류 쪽의 할랜드조선소와 울프조선소에 일거리가 있다는 소식을 접하게 될 터였다. 숙련된 노동력을 둘러싼 이 같은 유동적인 공동 관리, 즉 "유능한 직원을 구할 수 있는 상설 시장"의 존재는 앨프리드 마셜이 주장한 도시 발전의 첫 번째 요소가 제대로 작동했을 뿐 아니라 이 요소가 사회적 자본에 직접 기초하고 있음을 의미했다.

가계 예산 운영을 책임지던 여성들은 불안정한 가족의 수입을 관리하기 위해 다른 규범에 의존했다. 어떤 것들은 매우 단순했다. 예컨대 실직했다고 알려진 남성의 아내에게 같은 공동주택에 사는 이웃들이 빵과 수프를 담은 사려 깊은 음식 꾸러미를 건네는 식이었다. 전당 잡히기처럼 더 복잡한 방식도 존재했다고 진 멜빈은 말한다. 배를 만드는 직장의 불안정한 특성을 고려할 때 전당포 서비스(나중에 다시

325

바꾸어 주겠다는 합의를 전제로 금전적 가치가 있는 물건을 현금으로 바꾸어 주는 것)는 매우 유용했다. 따라서 전당 잡히는 일이 흔했고 그만큼 전당포가 흔했다. 하지만 여기에는 문제가 있었다. 어떤 집들은 전당포에서 담보로 받아 줄 만한 물건이 아예 없었고, 설령 있다 한들 결혼 선물이나 아이들 악기를 잡히는 모습을 보이는 것은 무척 당혹스러운 일이었다. 그래서 남편이 실직했다는 소식을 들으면 이웃들은 그 집 아내에게 잡힐 만한 물건을 빌려주었다(보통은 구입한 지 얼마 안 된 리넨 제품 세트를 내주었다). 그러면 또 다른 이웃이 그 물건을 들고 대신 전당포에 가져갔다. 대개 공동주택에는 주기적으로 전당포에 물건을 잡히고 대부업체와 사이가 좋으며 오명을 두려워하지 않는 이른바 해결사가 존재했다. 첫 번째 이웃이 담보물을 제공하면 두 번째 이웃이 전당포를 상대하며 돈을 빌렸고 세 번째 이웃(곤경에 처해 돈이 떨어진 이웃)이 돈을 받았다.

독특한 대출 시스템 전통

로버트 퍼트넘이 이탈리아 시골에서 발견했듯이 글래스고의 공동주택에 가득한 신뢰는 독특한 금융 혁신을 이끌었다. 이 또 다른 전통은 "메나주ménage"(프랑스어로 '가정' '세대世帶'라는 뜻-옮긴이)라고 알려진 대출 시스템이었다. 전형적인 메나주는 20명이 참여해 20주 동안 지속되었다. 보통 2파운드로 상금이 정해지면 회원들은 매주 이 금액의 20분의 1에 해당하는 돈을 납부했다. 그리고 매주 주말이 되면 모자를 이용해 번호를 추첨해 회원 중에서 당첨자를 선발했다. 리스크는 전혀 수반되지 않았다. 당첨은 딱 한 번만 가능했기에 결국은 모든 회원이 소정의 상금을 받을 수 있었다.

메나주는 일종의 실패 확률 없는 복권이었고 한 편의 금융 마법이었다. 초반에 당첨되는 사람은 투자를 하기 전에 일시불로 2파운드를 수령하므로 이자가 없는 대출을 받은 것이나 마찬가지였다. 나중에 당첨되는 사람 또한 잃는 돈이 전혀 없었으며, 오히려 매주 의무적으로 약간의 돈을 저축하는 유용한 약속 장치로 여겼다. 여기에 더해메나주 회원들은 필요한 경우 종종 당첨 결과를 조작했다고 진은 말한다. "사람들은 필요한 여성이 먼저 돈을 받을 수 있도록 서로 번호를 바꾸고는 했어요." 남성들도 따로 5파운드의 상금이 걸린 메나주를 운영했으며 주로 연장을 구입했다. 메나주 시스템은 빚을 지지 않고 목돈을 만들 수 있는 획기적인 방법이었다. 단 모든 사람이 충실하게 회비를 납부하고 계주契主가 돈을 갖고 도망치지 않을 거라는 믿음이 있어야만 가능한 방식이었다.

이런 규범과 전통은 글래스고의 노동 시장과 혁신적인 지역 금융 협정을 떠받쳤을 뿐 아니라 일종의 사회 안전망을 제공했다. 어나이린 베번Aneurin Bevan이 영국 의사들을 강제로 국민보건서비스National Health Service, NHS에 소속된 피고용인으로 만들기 전에는 전문 의료인을 만나려면 반드시 돈이 필요했다. "오후 6시 전까지는 1실링 9펜스였고 이후에는 2실링 6펜스였어요"라고 진 멜빈은 말한다. "그리고 의사가 가장 먼저 묻는 질문은 '돈은 있습니까?'였죠."(요즘 돈으로 1실링 9펜스는 21달러 또는 9펜스보다 조금 적은 금액이다. 2실링 6펜스는 30

달러 또는 12.5펜스다.) 각 가정에서는 병원에 가지 않을 방법을 모색했고 그 결과 여성들은 온갖 종류의 통증 치료법을 개발했다. 이런 문화는 1948년 국민보건서비스가 시행된 이후에도 오랫동안 그대로 유지되었고, 특히 아이가 태어날 때 중요한 역할을 했다. 공동주택에 사는 여성들은 이웃이 아기를 낳을 때 조산사 역할을 했다. 아이들은 대부분 집에서, 특히 주방 바닥에서 태어났다. 이 같은 안전망은 "로비 손님lobby dosser" 즉 노숙자가 묵어갈 수 있도록 계단실을 내주거나 건물 곳곳에 석탄불을 놓아 글래스고의 추운 밤을 조금은 따뜻하게 보낼 수 있도록 하는 등 흔히 외부자에게로 확대되었다.

사회적 자본이 최저치였던 남부 이탈리아에서 로버트 퍼트넘은 시민 생활이 "도덕관념 없는 가족주의"로 전락한 것을 발견했다. 그곳 사람들은 냉소적이고 근시안적으로 살았고 오로지 자신의 이익이나 직계 가족의 편익만을 추구했다. 내가 글래스고에서 이야기를 나눈 많은 사람들이 공동주택에서 살아간 이야기는 정반대였다. 이곳에는 뒤르켐이 밝혀낸 "정신적 상호 지원"과 거대한 확장 가족과 같은 안전망이 존재했다. "아이들은 공동주택에 사는 모두의 자식이었어요." 콜린 퀴글리는 당시를 회상하며 모든 어른이 마치 친부모처럼 아이들을 돕거나 혼냈다고 설명한다. 또 다른 지역 주민은 아이들이 뒷마당에서 놀다가 상처가 나거나 멍이 들면 "엄마"를 부르면서 안으로 뛰어가는데 친엄마면 가장 좋겠지만 다른 엄마라도 상관없었다고 이야기한다. 진 멜빈은 비슷한 경우를 떠올리며 "나는 우리 이모를 부르면서 뛰어갔어요"라고 말한다. "물론 진짜 이모는 아니었어요. 같은 건물에 사는 모두가 이모였죠."

글래스고에서 이웃들이 제공하는 편익은 비공식적이고, 눈에 보이지 않으며, 헤아릴 수 없었다. 그리고 눈에 보이지 않는다는 사실은 이런 장점을 심각한 위험에 빠트렸다.

급진적 공공 주택 정책이
공동체를 파괴하다

제국의 두 번째 도시가 형성되는 과정에서 담배와 조선업 다음으로 중요한 영향을 끼친 세 번째 요소는 글래스고 시 의회였다. 글래스고의 민간 주거 시장은 19세기에 실패를 경험한 터였다. 지주들이 건물을 너무 작게 지었으며, 집주인들은 집세를 낮추어 건물을 채우는 대신 열 집 가운데 한 집은 빈 채로 놔 두었기 때문이다. 이런 가운데 1895년 글래스고 시 의회 기관인 도시개발신탁City Improvement Trust이 뛰어들어 총 415가구에 거의 100개에 달하는 상점을 포함한 공동주택 46동을 지었다. 여기에 더해 최초로 비영리 임대 주택을 선보임으로써 장차 영국 사회 복지 제도의 토대가 될 공공 지원 주택 사업을 향한 첫발을 내디뎠다.

329

급진적인 조치였지만 그 정도로는 충분하지 않았다. 도시의 일부 지역에서는 1914년부터 1915년까지 불과 1년 사이에 임대료가 25퍼센트나 오른 상황이었다. 그러자 1915년 약 2만 명에 달하는 글래스고의 임차인들이 시위를 벌였다. 거번의 활동가 메리 바버Mary Barbour가 이끈 시위대는 이웃들의 긴밀한 유대 관계를 적극 활용했다.

한 여성은 종을 가지고 다니면서 경보를 울리며 파수꾼 역할을 했다. 그리고 집달관이 접근하는 기미가 보이면 어김없이 밀가루 폭탄이 쏟아졌다. 이 임차인들의 시위는 주거 혁명을 불러왔다. 1939년까지 글래스고 시 의회는 전체 주택 중 약 17퍼센트를 공급했고, 2차 세계대전 이후에는 민간 기업이 50채를 지을 때마다 2000채를 지으면서 가장 유력한 시공 주체가 되었다. 아울러 선구적이고 미래적인 분위기를 풍기는 건축 양식과 디자인도 도입하기 시작했다. 1970년대 중반까지 러시아를 제외하면 정부가 주택 공급에 이처럼 적극적으로 나선 도시는 없었다.[16]

이런 대처는 소심하고 시대에 뒤처졌던 조선업 정책과 극명하게 대조되었다. 영국의 선구적인 도시 설계자 패트릭 애버크롬비 경Sir Patrick Abercrombie과 현지 출신의 선각자 로버트 브루스Robert Bruce가 아이디어를 제공했다. 르코르뷔지에Le Corbusier가 설계한 획기적이고 새로운 고층 건물 "눈부신 도시La Cité Radieuse"를 보기 위해 마르세유로 대표단이 파견되었다. 그리고 글래스고 시 의회도 초고층 주택을 짓기로 결정했다. 1960년부터 시작해 300개가 넘는 고층 아파트가 올라갔고 1968년에 이르러 대부분의 공사가 마무리되었다. 8개의 거대한 건물로 이루어진 레드로드단지Red Road Estate는 4700명을 수용할 수 있도록 지어졌다. 30층으로 지어진 이 아파트 단지는 유럽에서 가장 높은 주거용 건물이었다. 이 시기에 새로운 집으로 이사 간 지역 주민들은 지금도 당시의 흥분을 잊지 못한다. 방이 달랑 하나뿐인 공동주택의 1인실에서 고층 아파트로 이사 가는 것은 마치 "복권에 당첨된" 기분이었다.

글래스고 시 의회는 글래스고를 고층 아파트 도시로 바꾸는 동시에 캐슬밀크Castlemilk, 드럼채플Drumchapel, 이스터하우스Easterhouse, 폴럭Pollok에 새로운 아파트 단지를 건설하며 도시를 넓혀 나갔다. 도시를 사분해 각 분면의 가장자리에 거의 15만 명을 수용할 수 있는 이 고층 아파트 단지들을 지었다. 현지인들은 4대 분면에 위치한 이 거대 아파트 단지들을 "빅포Big Four"라고 불렀다. 조선업이 아직 활황이던 1950년대 말에 이 외곽 단지들에 첫 입주가 시작되었고 고층 아파트의 등장과 함께 지역 주민들은 이곳으로 이주한 일을 감동적인 사건으로 기억한다. 새로운 아파트는 공간이 더 넓었을 뿐 아니라 집마다 정원과 화장실이 따로 있었다.[17]

조선업을 되살리기 위한 경제 계획은 당시에 주목했어야 할 경제적 결함을 내포한 채 지지부진했고 소극적이었으며 온건했다. 하지만 주택 공급 계획은 달랐다. 영국의 최고 실력자들이 급진적이고 현대적인 도시 계획을 추진하면서 최첨단 고층 건물과 외곽 아파트 단지가 들어섰고 반대로 비좁은 공동주택이 쇠락의 길을 걸었다. 고블스에서는 빅토리아 양식으로 지어진 공동주택 건물이 모두 철거되었다. 다른 곳에서도 대다수가 철거되었다. 조선업의 붕괴가 무능력 때문이었다면 공동주택의 붕괴는 의도적이었고 든든한 재정 지원을 받았으며 꼼꼼하게 계획되었다.

뒤늦은 깨달음에 따르면 주택 공급 계획이야말로 공동체 조직을 파괴하는 비결이었던 것 같다. 새집으로 이사한 사람들은 자결권이 거의 없었다. 새로운 주택의 98퍼센트가 시 의회 소유였던 까닭에 입주자가 언제든 즉흥적으로 바뀔 수 있었다. 4대 분면의 외곽 단지들은 공동체가 글래스고의 구석구석으로 분산되어 이웃 간 유대가 끊어지고 시내에서 일하는 사람들의 출퇴근 거리가 늘어났음을 의미했다. 캐슬밀크의 고층 아파트는 건물 아래에서 노는 아이들과 엄마들의 이별을 안타까워하는 유명한 민요의 주제가 되었다.[18] 여기에 더해 수년간 이런 아파트들은 버스로 시내와 연결되지 않았던 탓에 경제적으로나 사회적으로 좌초한 사람들을 양산했다.

주택 공급 계획은 지역 내 거래와 지역 상점, 비공식 경제가 한 공동체에서 수행하는 역할에 관해 첨예한 새로운 정치관을 드러내기도 했다. 초기의 글래스고 공공 주택 계획은 상거래가 중요하다는 사실을 암묵적으로 인정했고 그래서 1층에 상점들이 입점할 수 있는 공간을 확보한 공동주택이 지어졌다. 그런데 1960년대에 이르자 이런 시각이 사라졌다. 4대 분면의 외곽 단지들은 쇼핑의 불모지였다. 주변에 수많은 길이 조성되어 있었지만 중심가라고 할 만한 곳이 없었고 기본 생필품을 사려면 멀리까지 나가야 했다. 선술집을 찾기는 더욱 힘들었다. 예컨대 4만 명이 모여 살던 대표적인 공동주택 구역 고블스에는 그곳 건물들이 철거되기 전까지는 약 200개에 달하는 술집이 있었다. 반면에 3만 4000명의 철거민을 수용하기 위해 지어진 외곽 단지 드럼채플에는 술집이 단 하나도 없었다.

결말은 재앙에 가까웠다. 지속적인 투자가 이루어지지 않으면서 글래스고의 고층 아파트는 빠르게 황폐해졌다. 아파트의 인기가 시들해지면서 입주자들은 단절감과 외로움을 호소했다. 1990년대 초부터는 랜드마크 건물이 철거되기 시작했다. 외곽 단지들 역시 상태가 나쁘기는 마찬가지였다. 1991년 글래스고의 한 빈곤 지도는 4대

분면의 가장자리에 짙은 반점을 표시해 보여 주며 이 외곽 단지들을 매우 절망적인 곳으로 묘사했다. 그리고 원래부터 강했던 글래스고의 갱 문화가 더욱 기승을 부렸다. 애초에 이스터하우스 부지가 선정된 것은 녹음이 우거진 농지가 주변을 둘러싸고 있어 도시 아이들을 소풍 삼아 데려가 맑은 공기를 마시게 할 수 있다는 점 때문이었다. 하지만 1990년대에 이르자 이스터하우스는 외국 고위 관료들이 자국의 공공 지원 주택을 개발할 때 피해야 할 점을 참고하기 위해 방문할 만큼 상황이 악화되어 있었다.[19]

"그들이 우리 집을 철거할 때 울음이 터져 나왔어요." 콜린 퀴글리가 어릴 때 살던 공동주택이 철거될 당시를 회상하며 말한다. 진 멜빈의 딸 샌드라 케인Sandra Kane은 자신이 어릴 때 살던 집이 허물리던 때를 설명하면서 "좀처럼 사라지지 않던 슬픔"에 대해 이야기한다. 진 멜빈 본인은 최근에 형제자매 중 유일하게 아직 살아 있는 조지George 와 함께 예전에 살던 동네 튜크허힐Teucherhill을 방문한 일을 떠올린다. 공동주택과 거리와 상점은 모두 사라졌고 그녀의 아이들이 다녔던 학교도 흔적조차 남지 않았다. 그런데 그들은 자신들의 과거를 보여 주는 유일한 흔적을 발견했다. 한때 그들이 살던 거리의 끝을 장식했던 낡은 가로등 기둥이었다. 그들의 이전 삶을 떠올리게 할 만한 다른 것은 아무것도 없었기에 그들은 그 가로등 기둥 옆에서 함께 사진을 찍었다.

333

"글래스고 효과"가
던지는 경고

의욕적인 주택 정책이 불가사의한 "글래스고 효과"를 야기했는지는 입증하기 어렵지만 패턴은 확실히 들어맞는다. 글래스고의 최대 경쟁자인 맨체스터와 리버풀은 둘 다 급격한 탈산업화를 맞이했음에도 글래스고와 같은 수준의 강제 이주나 주택 철거는 경험하지 않았다. 한때는 문간에 열쇠를 놓고 다녔던 도시 글래스고는 최근 조사에 따르면 사람을 신뢰할 수 있다는 데 동의하는 시민이 리버풀이나 맨체스터보다 훨씬 적은 것으로 나타났다. 출산, 결혼, 죽음이 공동체 구성원 모두의 일이었던 적이 있었지만 오늘날 글래스고는 거의 10퍼센트에 가까운 시민이 단절되고 외롭다고 느낀다(잉글랜드 평균은 4퍼센트다). 이런 감정은 하나같이 치명적인 알코올이나 마약 남용을 비롯한 안 좋은 건강 행태와 관련이 있다.[20] 물론 복잡한 이야기고 적극적인 조사가 필요한 영역이지만 환경적 증거는 충분히 강력하며 지역 주민들의 이야기는 설득력이 있다.

글래스고 사례가 주는 더 일반적인 교훈은 도시 경제에 우리가 보거나, 세거나, 측정할 수 없는 많은 가치가 존재한다는 사실이다. 도시를 성공으로 이끄는 강력한 경제 요소들(앨프리드 마셜이 주장한 집적에 따른 외부 효과)은 마셜이 주장한 대로 "사방에 공기처럼 존재"한다. 그런 의미에서 이 요소들은 예컨대 에밀 뒤르켐이 주장한 경제적 성공을 떠받치고 실패로 인한 충격을 완화하는 내부적이고 비공식적인 도움인 "정신적 상호 지원" 개념과 비슷하다. 이런 것들은 어느 하나 사적으로 소유할 수 없으며 한 도시의 모든 구성원이 공유할 뿐이다. 또한 어느 것 하나 정확하게 측정할 수 없으며 한 도시의 철학이나 전통으로 존재할 뿐이다. "사랑하는 초록 땅Dear Green Place"이라는 뜻의 이름을 가진 도시 글래스고는 인류의 4분의 3이 거주하게 될 미래의 도시들을 향해 큰 소리로 경고한다. 어떤 경제 요소가 공유되고, 눈에 보이지 않고, 측정하기 어려울 때 우리가 이 요소를 보호하기 위해 거의 아무런 노력을 하지 않는 위험에 빠질 수 있다고.

영국 조선업은 글래스고에서 시작되었고 그 중심에는 거번과 선구적인 조선소인 페어필드가 존재했다. 이 도시가 일군 성취는 현대 세계를 바꾸어 놓았지만 이제는 오래전 일일 뿐이다. 그럼에도 거번의 선박 기술자 짐 크레이그는 여전한 긍지와 애정으로 무장한 채 한결같이 낙관적인 모습으로 나에게 클라이드강에 새로운 다리를 건설해 침체된 거번의 중심가를 글래스고의 부유한 웨스트엔드West End 335 와 연결하는 계획에 대해 이야기한다. 이 계획에 관해 이야기를 나누던 중 짐은 페어필드가 한창 잘나가던 시절에 노동자들을 태우고 클라이드강을 오가던 작은 여객선들 사진을 찾기 위해 자신의 스마트폰을 꺼내면서 과거에는 강을 건너기가 훨씬 쉬웠다고 설명한다.

짐의 사진 앱은 손주들 사진으로 가득했고 중간중간에 그가 작업한 거대한 선박들의 사진이 보였다. 그가 해운 회사 P&O에서 발주해 1987년 거번에서 진수식을 가진 180미터짜리 여객선 'MS 노시호 MS Norsea' 사진에서 멈춘다. 그러고는 "정말 엄청난 배였어요"라면서 좀 더 자세히 보여 주려고 사진을 확대한다. "우리는 똑같은 배를 건조하고 있던 일본 조선소를 이겼죠. 그리고 이 배를 마치 보석처럼 다루었습니다." 나는 나중에 따로 이 배를 찾아보았다. 글래스고에서 건조된 이 배는 이제 '프라이드 오브 요크Pride of York'(요크의 자존심)로 이름이 바뀐 채 여전히 잉글랜드 이스트요크셔주 헐Hull과 네덜란드 로테르담 사이를 운항하고 있었고 자동차를 850대까지 실을 수 있었다. 2021년에 퇴역할 예정인 이 배는 영국에서 건조된 마지막 대형 여객선이었다.

3부

미래를 선도하는
최첨단과 초극한 이야기

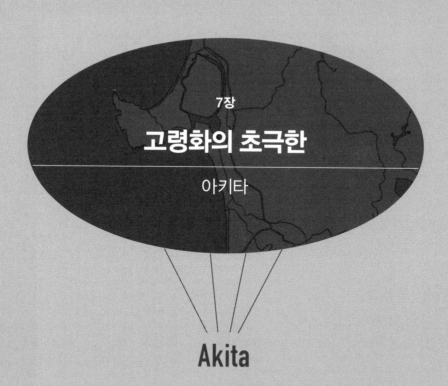

7장

고령화의 초극한

아키타

Akita

장수는 멋진 일이다.
히노하라 시게아키(1911~2017)[1]

세계 최고의 실버 도시
: 게임이 변한다

아키타의 겨울은 매서운 추위와 풍성한 눈을 몰고 와 도시 전체를 희고 두툼한 담요로 뒤덮는다. 일본축구협회JFA 본부 건물 밖에 위치한 축구 경기장들은 눈에 파묻혀 형체가 보이지 않고 녹슨 골대만 대략 90미터 간격으로 눈 위에 삐죽 튀어나와 있다. 이곳에서 축구는 여름 스포츠다. 건물 안에서는 70세 이상 선수들이 참가하는 대회인 JFA – 70리그 소속 회원들이 지난 시즌을 곰곰이 돌아보며 다음 시즌을 계획하고 있다. "축구팀을 관리하면 문자 메시지가 너무 많이 오고 이메일도 엄청나게 옵니다." 팀의 감독을 맡고 있는 여든세 살의 스가와라 이사무가 한숨을 내쉬며 말한다. "결국 휴대전화가 2대나 필요해졌어요." 그가 탁자 위에 놓인 스마트폰 2개를 가리킨다. "하나는 축구 관련 일에만 사용하고 다른 하나는 여자 친구들과 연락하는 용도로 쓰죠."

60년이 넘는 세월 동안 함께 뛰어 온 축구팀 선수들과 감독은 자신들이 나이가 들면서 축구를 하는 방식이 어떻게 달라졌는지 돌아본다. "게임이 변해요"라고 팀의 간판 공격수 스즈키 슈네츠가 말한다. 스가와라 감독이 고개를 끄덕이고는 설명을 위해 후방에서 곧장 공격수에게 찬 공이 만들어 내는 것 같은 곡선을 손가락으로 공중에 그려 보여 준다. 그런 다음 갑자기 팔로 가슴 앞에 'X'자를 만들어 보인다. "이제는 이러기가 불가능하죠"라고 그가 씁쓸한 표정으로 말한다. 스즈키 선수가 부연 설명에 나선다. JFA – 70리그에는 공을 세게 찰 수 있는 선수가 없기 때문에 롱패스를 할 수 없다는 것이다. 게다가 빠르게 달릴 수 있는 선수가 없어 자신들의 리그에서는 짧고 매우 정교한 패스가 승리의 열쇠며 그래야만 팀이 공을 오랫동안 점유하고 힘도 아낄 수 있다고 말한다.

"나이가 들면 생활도 변해요." 스가와라 감독의 말이다. "목적과 목표가 바뀌게 되죠." 감독과 스즈키 선수 모두 혼자 사는 홀아비다. "계획들이 점점 소박해지고 단순해져요. 현재 가장 주된 일이자 중요한 목표는 단순히 연명하는 거죠." 두 사람은 자신들이 리그에서 뛰고, 해마다 3개의 토너먼트에 참가하고, 일주일에 2번씩 매주 수요일과 일요일에 훈련한다고 설명하면서 일상에 규칙을 제공하는 것이라면 무엇이든 도움이 된다고 말한다. 하지만 가장 중요한 것은 연락망이라면서 스가와라 감독이 자신의 스마트폰들을 더 자세히 보여 준다. 그의 휴대전화는 4개의 커다란 버튼(이메일, 연락처, 전화, 문자)밖에 없는 노인용으로 단순하게 만들어진 기종이었다. 혹시 어떤 선수가 훈련이나 시합에 나오지 않으면 팀 동료들은 곧장 그에게 연락을 취한다. 스즈키 선수가 말한다. "축구팀은 생명줄이에요. 우리 같은 남자들에게 진짜 위험은 자살이기 때문이죠."

일본 내에서 아키타는 약간 산간벽지처럼 여겨진다. 이곳은 온천과 털이 보송보송한 하얀색 개, 그리고 풍부한 강설량이 서늘한 온도를 유지해 주는 덕분에 맛이 뛰어난 사케로 나름 유명한 농업 지역이다. 아울러 일본에서 가장 고령화된 지역이다. 평균 연령이 53세가 넘는 아키타는 일본 최초로 인구의 절반 이상이 50세가 넘고 3분의 1 이상이 65세를 넘긴 현이 되었다. 아키타를 방문해 몇 분만 지나면 통계가 거짓이 아님을 실감한다. 열차 기관사, 검표원, 여행 정보 센터 직원, 식당에서 식사하는 부부와 그들을 접대하는 종업원, 건설 노동자, 택시 운전사, 호텔 청소원, 주방장 등이 전부 현저히 나이 든 사람들이다.

인구 통계 측면에서 보면 아키타는 벽지와 거리가 멀다. 오히려 최첨단을 달리며 미래의 유행을 선도하는 도시다. 세계는 빠르게 고령화되고 있으며 많은 나라가 아키타가 선도하는 유행을 뒤따르고 있다. 예컨대 한국은 아직 일본만큼 고령화된 사회는 아니지만 더 빠른 속도로 고령화가 진행 중이다. 2050년에 이르면 이 두 나라 모두 오늘날의 아키타와 비슷한 모습이 될 것이다. 즉 평균 연령이 53세에 인구 중 3분의 1 이상이 65세를 넘길 것이다. 세계에서 인구가 가장 많은 나라인 중국은 같은 기간에 평균 연령이 35세에서 거의 50세로 늘어날 것이다. 서구에서는 이탈리아를 비롯해 스페인과 포르투갈이 선두를 달리는 중이며 마찬가지로 30년 이내에 모두 아키타와 같은 인구 통계를 보이게 될 것이다(고령화가 더 느리게 진행되는 영국과 미국도 모두 고령 경제로 나아가는 추세가 뚜렷하다). 브라질과 태국, 터키 역시 모두 빠르게 고령화되고 있다. 이런 추세를 보이지 않는 몇 안 되는 곳은 콩고를 포함한 최빈국뿐이다. 오늘날 76억 명에 달하는 세계 인구 중 85퍼센트는 평균 연령이 상승하는 국가에서 살고 있다.

우리가 아키타와 같은 세상을 향해 나아가고 있다는 사실은 상당한 불안감을 유발한다. 노령 인구의 요구는 국가가 자금을 대야 할 공적 비용(주로 연금과 의료 서비스 비용)을 발생시킨다. 그리고 이로 인해 촉발될 경제적 압박에 대해 IMF(국제통화기금)는 벌써부터 "국가가

343

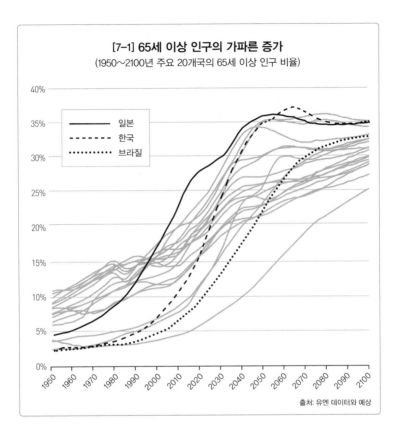

[7-1] 65세 이상 인구의 가파른 증가
(1950~2100년 주요 20개국의 65세 이상 인구 비율)

일본
한국
브라질

출처: 유엔 데이터와 예상

344

부유해지기도 전에 고령화될 위험이 있다"라고 경고하고 있다. 나는 현지의 노인과 젊은이와 이야기를 나누면서 이 고령화 사회라는 극한 경제가 삶에 어떤 영향을 끼치는지 알아보기 위해 아키타로 향했다.

나는 고령화가 정부의 재정뿐 아니라 이 책 1부와 2부에서 살펴보았던 것처럼 더 깊은 경제 구조에 어떤 부담을 주는지 확인하고 싶었다. 가까운 미래로 임박한 우리의 고령화 사회는 사람들이 경제 문제를 비공식 경제와 전통으로 해결하면서 협력하는 곳일까? 아니면

서로 생존 싸움을 벌이다가 자멸하고 결국 실패로 끝나는 곳일까?

초고령화 사회가 온다

몇몇 연구자들이 "초고령화 사회hyper-aged society"라고 부르는 것으로 세계를 몰아가는 요인은 2가지다.

첫 번째 요인은 인간의 수명 증가다. WHO에 따르면 세계 신생 아의 평균 수명은 1960년 52세에서 2016년 72세로 늘어났다. WHO는 통계를 보유한 183개국에서 최근에 평균 수명이 증가한 사실을 발견 했다. 그리고 더 장기적인 자료는 일본이 이 같은 동향을 선도해 왔음 을 보여 주었다. 1900년 일본에서 태어난 사람의 평균 수명은 45세였 고 국민 전체의 평균 연령은 27세였다. 오늘날 일본 국민의 평균 수명 은 84세, 평균 연령은 47세다.

이런 추이를 확인하는 또 다른 방법은 초고령 인구를 살펴보는 것이다. 일본 정부는 1963년부터 100세를 넘긴 사람들을 추적하기 시 작했고 그해에만 153명을 찾아냈다. 당시에는 100세가 되면 으레 지 역 언론에 보도되었고 순은으로 제작한 특별한 술잔인 사카즈키杯를 기념 선물로 받았다. 2016년 100세를 넘긴 일본인 수는 6만 5000명으 로 늘어났고 이제 일본 정부는 80대와 90대 노인들의 양호한 건강 상 태에 근거해 2040년에 이르면 100세 이상 인구가 30만 명에 달할 것 으로 예상한다. 일본에서는 이제 100세까지 살아도 지역 언론에 보도 되지 않으며 축하 선물인 사카즈키도 은도금 제품으로 바뀌었다.[2]

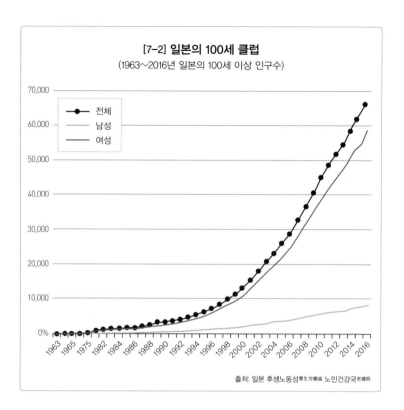

[7-2] 일본의 100세 클럽

(1963~2016년 일본의 100세 이상 인구수)

범례:
- ● 전체
- 남성
- 여성

출처: 일본 후생노동성厚生労働省 노인건강국老健局

두 번째 요인은 낮은 출생률이다. 또 다른 세계적 추세다. WHO 자료에 따르면 1960년 이후 일본의 출생률은 40퍼센트 이상 감소했다. 장기간에 걸친 자료로 보면 일본의 추세는 다음과 같다. 1900년에는 인구가 약 4400만 명이었고 5명의 자녀를 둔 가정이 보편적이었으며 1400만 명의 아기가 태어났다. 2015년에 이르러 인구는 1억 2700만 명으로 3배가 증가했지만 다자녀 가정이 줄어들면서 아기가 100만 명 남짓 더 적게 태어났다. 아키타는 노인 비율이 가장 높은 현인 동시에 15세 미만이 10명 중 1명꼴로 어린아이 비율이 일본에서 가장 낮은 현이다(전체 인구 중 약 4분의 1이 15세 미만인 뉴욕과 매우 대조적이다). 출생률이 떨어지면 평균 연령을 낮추어 주는 신생아, 유아, 아동의 수가 적어진다. 자녀 수가 줄어들면 결국 국가는 고령화된다.[3]

긴 수명이 던진 충격

아키타시 주택가에 자리한 "여가와 학습"을 위한 지역 센터인 유가쿠샤遊学舎에서 이시이 기요코와 그녀의 친구 다카스기 시즈코를 만났다. 일흔일곱 살인 이시이는 젊은 스타일 차림을 하고 있었다. 파타고니아 재킷에 등산화를 신었고 어깨에는 느슨하게 메신저백을 멨다. 센터를 안내해 주던 그녀가 각종 활동 수업이 진행되는 넓은 현대식 강당을 가리킨다. 강당 벽에는 춤과 샤쿠하치尺八(나무로 만든 전통 관악기) 연주, 시 낭송과 토론, 요리 등 다양한 수업을 수강하는 지역 주민들의 사진이 가득하다. 센터는 비단 노인뿐 아니라 모든 연령대를 위한 시설이지만 사진 속 사람들은 하나같이 나이가 많았다. 아키타의 많은 주택 지역과 마찬가지로 이곳 역시 "고레이샤" 즉 고령자가 절대적으로 많았다.

"주된 문제 중 하나는 우리에게 롤 모델이 없다는 거예요." 이시이는 고령화가 던진 도전에 대해 이렇게 설명하면서 우리를 공식 모임이 이루어지는 탑 모양의 더 오래된 건물 쪽으로 안내했다. 반투명한 미닫이 장지문에 짚으로 만든 다다미 바닥이 깔린 전통 일본식 구조였다. 아울러 노인에게 알맞은 형태로 개조되어 있었다. 작은 난로를 여기저기에 두어 따뜻했고 중앙에 있는 낮은 탁자 주변에 의자 4개가 놓여 있었다. "노인들이 더 이상 무릎을 꿇고 앉을 수 없기 때문이에요"라고 그들은 설명했다. 이시이가 자신의 인생과 더불어 은퇴가 그녀 자신과 지역 공동체에 가져다준 곤란을 돌아본다. "우린 이렇게 오래 사는 것에 대비되어 있지 않았어요. 우리 부모님 세대 중 대다수는 더 이른 나이에 돌아가셨기 때문이죠"라고 그녀가 말한다.

내가 일본에서 만난 대다수 노인이 공유하는 이런 정서는 부모보다 20년 이상 장수하는 노인이 많다는 사실을 나타낸다. 일본의 인구 통계 자료는 이처럼 긴 수명이 얼마나 큰 충격이었는지 보여 준다. 현재 일본의 100세 집단이 태어났을 때 그들의 평균 수명은 남성이 44세, 여성이 45세였다(19세기 말에 태어난 그들 부모의 경우에는 60세까지 사는 것을 대단한 일로 여길 정도였다). 하지만 위생과 의료, 소득의 대대적인 향상으로 그들의 생애 중에 평균 수명이 치솟았고 결과적으로 이 집단에 대한 예상은 형편없이 빗나갔다. 그들의 수명은 그들 자신이나 정부의 통계학자들이 예측했던 것보다 훨씬 늘어났다.

70세 이상을 대상으로 하는 지역 축구팀의 스타 공격수 스즈키 슈네츠에게 고령화의 어떤 점이 그를 놀라게 했는지 묻자 그가 간단히 대답한다. "전부죠. 내가 이렇게 오래 살 줄은 상상도 못 했어요!"

일본이 직면한 문제의 핵심인 이 고령화의 충격은 경제학에서 "생애 주기 가설life-cycle hypothesis"로 알려진 유력한 개념으로 쉽게 설명할 수 있다. 1940년대에 30대의 유대계 이탈리아인 경제학자 프랑코 모딜리아니Franco Modigliani는 저축을 둘러싼 한 개인의 성향이 일생 동안 어떻게 달라지는지에 관심을 갖기 시작했다.[4] 그는 사람들이 생활 방식이 획획 바뀌는 것을 좋아하지 않기 때문에 이를 피하기 위한 조치를 취한다는 사실을 당시 인기를 끌던 경제 이론 중 어느 것도 적절히 고려하지 못한다고 생각했다. 그래서 박사 과정 대학원생이던 리처드 브룸버그Richard Brumberg와 협력해 새로운 이론을 고안해 냈다. 그들이 내놓은 개념은 모딜리아니가 "의존dependency" "성숙maturity" "은퇴retirement"라고 이름 붙인 성인기의 각 단계를 기본 전제로 삼았다. 그들의 통찰에 따르면 각 단계마다 변동이 심한 소득과 달리 사람들의 의복과 식품, 연료, 오락에 대한 수요나 욕구는 매우 안정된 경향을 보였다. 따라서 개인이 직면하는 경제적 도전 과제는, 앞을 내다보고 혹시 소득이 들쑥날쑥하더라도 자신의 욕구를 충족하기 위한 소비가 순조롭게 이어질 수 있도록 돈을 저축하거나 빌려서 대비하는 것이었다.

개인별 적용 모델은 쉽게 예측할 수 있다. 이를테면 경제적 "의존"은 아직 학생이거나 낮은 임금을 받는 젊은이가 자신의 욕구를 충족하기 위해 돈을 빌리는 초기 성인기로 정의된다. 이후 주된 근로 시기인 "성숙" 단계에서는 소득이 소비보다 높고 매달 여분의 현금이 모인다. 이렇게 쌓인 목돈은 여유로운 은퇴기를 누리게 해 준다. 개인 소득이 급격히 줄더라도 축적해 놓은 자산을 꺼내 써서 기존의 생활 방식을 유지할 수 있기 때문이다. 소득과 소비가 이런 예상 가능한 패턴을 따르기 때문에 한 생애에 걸친 개인 재산은 경제적 자산이 증가했다가 나중에 감소하는 낙타 등과 같은 곡선을 보일 수 있다.

이와 같은 모딜리아니의 모델 자체는 상식이나 다름없어 보인다. 하지만 같은 행동을 하는 수백만 명을 모아 놓고 전체 시스템을

349

고려하면 더 미묘한 부분을 예측 가능하게 한다. 그중 중요한 통찰 하나는 국민이 긴 은퇴기를 계획하는 나라들일수록 부유해 보일 것이란 사실이다. 이런 나라들은 국민이 황혼기를 준비하는 과정에서 비롯된 높은 저축률과 방대한 비축 재산을 보유하고 있기 때문이다. 반면에 더 비관적인 교훈은 사람들의 은퇴기가 계획보다 더 길어질 경우 국가가 보유한 부의 수준이 너무 낮아질 것이란 점이다. 우리는 일반적으로 장수를 바람직한 현상으로 여긴다. 하지만 생애 주기 모델은 예상치 못한 평균 수명의 증가가 개인과 경제 전반을 충격에 빠뜨릴 수 있음을 보여 준다.

실제로 일본에서는 많은 사람의 은퇴 기간이 본인이 상상했던 것보다 훨씬 길어졌다. 오늘날 일본 근로자들은 65세에 은퇴하지만 1940년대에 국민연금이 처음 제정되었을 때의 은퇴 나이는 겨우 55세에 불과했다. 그런데 당시 이 나이는 남성들의 평균 수명보다 많았고 따라서 계획대로라면 보통 남성들은 은퇴보다 죽음을 빨리 맞이할 터였다. 1920년에 태어나 1940년부터 일을 시작한 사람들은 1975년에 은퇴해 기껏해야 몇 년쯤 은퇴 생활을 누릴 것으로 예상했을 것이다.

하지만 90세나 100세까지 사는 사람들이 늘어나면서 그들의 은퇴 기간은 사실상 35년에서 45년에 달하게 되었다. 이 집단 중 일부는 일한 기간보다 은퇴 기간이 더 길어졌으며 그들의 부모가 누린 수명보다 더 긴 은퇴 기간을 갖는 경우까지 생겼다. 일본의 노인들 대다수는 오늘날까지 살아 있을 것을 예상하지 못했고 그들을 위해 길을 닦아 놓을 이전 세대도 없었다. 그들 중 준비된 사람이 거의 없다는 사실은 전혀 놀라운 일이 아니다.

연금 제도와 노소 갈등

"국민연금만으로 살기는 어려워요"라고 다카스기가 말했다. 일본의 평균 연금 소득은 한 달에 1700달러 정도지만 평생 동안 납부한 보험료에 근거해 지급되는 까닭에 많은 노인이, 특히 여성이 받는 액수는 월 1000달러에 훨씬 못 미친다. 국제 기준으로는 양호한 금액이지만 일본의 높은 생활비를 고려하면 그리고 일본의 연금 수급자 중 절반 이상이 별도 정기 수입이 전무하다는 점을 생각하면 전혀 그렇지 않다. 복지에 의존하는 연금 수급자 수는 지난 10년 동안 거의 2배로 늘었고 연구에 따르면 1000만 명에 가까운 연금 수급자가 빈곤하게 살아가는 듯 보인다. 개인 비축 자금이 없는 사람들도 많다. 일본 노인 중 17퍼센트는 생애 주기 모델이 그들에게 필요할 것으로 예측했던 자산의 "낙타 등"을 이미 소진하고 저축이 전혀 남아 있지 않은 상태다. 다카스기는 아키타의 많은 연금 수급자가 혹독한 기후에도 불구하고 약간의 추가 소득을 얻기 위한 방편으로 판매용 채소를 재배한다고 말한다.

문제는 일본의 연금 액수가 너무 적은 동시에 너무 많다는 점이다. 아키타의 고령자들이 궁핍한 생활을 절약과 경작으로 메우며 은퇴 기간을 근근이 헤쳐 나가고 있다면 일본 정부의 재정은 장수 문제로 극심한 압박을 받고 있다. 1975년 국가 세수에서 사회 보장과 의료 서비스 항목에 대한 지출은 22퍼센트였다. 이 비율은 노인 돌봄과 연금 등이 더해지면서 2017년 55퍼센트로 상승했다. 2020년대 초에 이르면 60퍼센트에 이를 예정이다. 이는 바꾸어 말하면 1975년 세수의 거의 80퍼센트가 투입되던 교육, 교통, 사회 기반 시설, 방위, 환경, 예술과 같은 다른 모든 공공 서비스에 이제는 세수의 40퍼센트 정도만 할애할 수 있다는 뜻이다. 국가 예산 차원에서 고령화는 일본을 갉아 먹고 있다.[5]

이는 한국과 이탈리아를 비롯해 일본의 뒤를 이어 초고령화 경제로 나아가는 모든 나라가 직면하게 될 보편적 문제다. 고령화는 준비가 되지 않은 노인 세대 전체에 충격으로 다가왔고 그들은 더 많은 연금이 필요할 것이다. 결국 젊은이들이 그에 따른 비용을 지불해야 할 것이고 노인과 젊은이 사이에 갈등이 생길 가능성은 어느 때보다 높아질 것이다.

일본은 세대 간 연대를 시험할 수 있는 흥미로운 지역이다. "어른을 공경하라"는 개념이 존재해 세대 간 연대가 끈끈한 편이기 때문이다. 일본은 전통적으로 어른을 공경하는 문화다. 유교 윤리의 중심 항목인 "오야코코親孝行" 즉 효도 관념은 자식의 도리와 조상 숭배를 요구한다. 종가宗家 보호 같은 오래된 규범들이 여전히 남아 있어 부모에 대한 감사와 어른 모시는 일이 매우 중요시된다. 일본은 노인 공경이 예의뿐 아니라 고대 역사 및 철학과도 밀접하게 얽혀 있는 나라다.[6]

아키타와 같은 초고령화 지역에서는 노인에게 공경심을 보일 기회가 많다. 나는 현지 대학에서 일단의 학생들과 만나 그들이 고령화에 대해 어떤 생각을 가졌는지 이야기를 나누었다. 상당수 학생이 조부모와 함께 살거나 바쁜 대학 생활 중에도 조부모를 보살피는 데 많은 시간을 할애하고 있음을 알게 되었다. 아키타에서 버스를 이용할 때는 "시루부 시토"(실버 시트)라는 관념이 있어서 젊은이는 노인

352

에게 항상 자리를 양보해야 한다. 또 "원 코인 버스"라는 제도가 있는데 아키타의 고령자는 100엔짜리 동전(약 80센트 또는 65페니) 하나만 내면 현 내 어디든 버스를 타고 갈 수 있다.

하지만 오늘날 일본에서는 연령 집단 간 불화가 일어나기 시작했다. 일부는 낮은 수준의 불만이다. 이를테면 노인 운전자는 도로 위에서 위협적인 존재로 여겨진다. 어떤 불만은 더 심각하다. "노인들은 단지 모여 앉아 수다를 떨려고 병원에 가죠"라고 한 학생이 말한다. "거기에 드는 비용은 고려하지 않아요." 매우 보편적인 불만이라서 아키타의 학생들은 이런 농담도 있다고 말한다. "질문: 오늘 병원에 노인이 1명도 없었던 이유는? 답: 다들 아파서 집에 있었기 때문이다." 그러고는 계속 등장하는 익숙한 문구인 "세다이칸 가쿠샤世代間格差"(세대 간 격차)의 한자를 가르쳐 준다. 세대 간 불평등intergenerational inequality의 일본식 표현이다. 아키타의 젊은이들은 노인들이 부과하는 비용을 알고 있으며 자신들이 그 비용을 부담해야 한다는 사실을 알고 있다.

새롭게 등장하고 있는 신조어들은 "효도" 관념이 요구하는 공경과 한참 거리가 멀다. "보케로진呆け老人"(노망난 노인) 또는 "로진몬다이老人問題"(노인 문제) 같은 단어에는 "노인"이라는 단어가 들어가 있다. 노인 냄새를 뜻하는 "가레이슈加齢臭"는 특히 노인 남성에게 사용되는 말이며 "오진쿠사이オジン臭い"는 노인처럼 행동한다는 말이다. 젊은 사람들은 말싸움 중에 친구들을 "쇼부쿠레しょぼくれ"(굼뜬 노인네)라고 부르기도 한다. 나이 든 여성 역시 조롱 대상이다. 뻔뻔하고 부끄러움을 모르는 중년 여성을 가리키는 "오바타리안オバタリアン"은

353

백화점 할인 행사에서는 팔꿈치로 밀치며 앞쪽으로 나가지만 집으로 돌아가는 길에는 "실버 시트"의 권리를 요구하는 사람을 가리킨다. 일본에서 가족 간병은 수십 년 동안 지속되며 커다란 부담을 주기도 하는데 이런 문화 때문에 가장 큰 타격을 받는 여성들은 "가이고 지고쿠 介護地獄"(간호 지옥)를 호소한다. 대부분 최근 20년 사이에 처음 만들어지거나 대중화된 이런 용어들은 고령화가 세대 간 화합에 대한 진정한 시험이 될 것임을 보여 주는 수많은 징조 중 하나다.

연금을 바라보는 태도 또한 이런 징조 중 하나다. 일본의 국민연금 제도는 1942년에 도입되었고 대다수의 나라들과 마찬가지로 부과 방식pay-as-you-go으로 운영한다. 즉 개인의 몫으로 인정된 돈이 적립되는 방식이 아니라 현재 일하는 근로자가 낸 보험료가 곧바로 노인들의 연금으로 지급되는 방식이다. 부과 방식 연금은 일종의 세대 간 협약이다. 젊은 근로자들은 자신들도 은퇴하면 똑같은 대우를 받을 것이라는 기대 속에서 지금 연금을 납부한다.(한국의 국민연금은 적립 방식이다-옮긴이)

하지만 "세대 간 격차"(일본에서 흔한 토론 주제) 때문에 연금 제도는 점차 부실해지고 있다. 40대와 50대는 더 빠듯한 연금을 수령하게 될 것이 분명해진 상황이다. 내가 만난 젊은 근로자들은 상황이 훨씬 더 나빠질 것으로 예상된다. 막상 자신들의 은퇴 시기가 되면 받을 수 있을지 없을지조차 확신할 수 없는 연금의 기금을 마련한다는 명목으로 매달 1만 5000엔(약 140달러)을 납부하고 있다. 그들의 회의론은 타당하다.

대다수 선진국이 연금 지급 액수는 줄이고 연금 수령 나이는 높여 연금 부담을 덜고자 하기 때문이다. 유럽 국가들이 가장 먼저 행동에 나서 이탈리아와 스페인, 독일이 연금 수령액을 삭감했다. 미래 대비에 가장 적극적인 체코와 덴마크는 제일 젊은 근로자들의 연금 수령 연령을 각각 70세와 72세로 높였다. 많은 나라의 연금 제도는 이런 개혁을 통해 자국의 젊은 근로자들에게 막상 2050년이 되면 훨씬 인색해질 것임을 누구나 알고 있는 제도에 향후 30년 동안 돈을 대도록 요구할 것이다. 이런 식으로는 절대로 공공 정책에 대한 신뢰가 생길 수 없다.

일본에 대한 다수의 공식 통계에 따르면 일본 국민 중에서 3분의 2는 연금 제도가 은퇴 이후 자신들을 보호해 주지 못할 것으로 생각하며 이 같은 걱정은 젊은이들 사이에서 더 심하게 나타난다. 연금 문제는 아직 별다른 생각이 없는 영국이나 미국 학생들과 달리 내가 아키타대학교에서 만난 학생들에게는 지속적인 근심거리였다. 스무살의 사사키 가나는 "연금에 대한 생각이 뇌리에서 떠나지 않아요"라고 말한다.

위험 요소는 사람들이 연금 제도에서 탈퇴하는 것이다. 일본의 경우 보험료가 급여에서 자동으로 빠져나가는 직장인과 달리 자영업자는 보험료를 직접 납부한다. 1990년에는 자영업자 중 85퍼센트 이상이 보험료를 납부했다. 하지만 2017년에는 60퍼센트만 납부했고, 특히 젊은이들 사이에서는 이 비율이 50퍼센트 이하로 떨어졌다. 여기에 더해 사회 공헌과 세대 간 화합에 관한 질문을 통해 "사카이 렌타이社会連帯"(사회 연대) 수준을 오랜 기간에 걸쳐 추적한 정부의 여론 조사는 젊은 사람들이 나이 든 사람에 비해 일본이라는 나라에 대해 훨씬 덜 긍정적으로 느끼고 있음을 보여 준다. 의무와 집단주의 관념 위에 세워진 나라에서 이런 추세는 걱정스러운 현상이다.[7]

가정의 평화가 무너지다

일본에서 고령화는 세대 간 불화뿐 아니라 성별 간에도 새로운 갈등을 유발한다. 전후의 일본 가정에는 남성과 여성, 젊은이와 노인에게 각각 구체적인 역할이 존재했다. 예산을 관리하는 아내는 집안 살림의 유지와 개선 등에 관한 결정을 내렸고 모든 내용을 "가케이보家計簿"(가계부)라고 부르는 특별한 수첩에 기록했다. 또 자녀의 학교 성적을 관리하기 위해 예산을 쪼개 저녁에 과외를 시켰고 그래서 "교이쿠마마教育ママ"(교육 엄마)라는 별명을 얻었다.

이 모든 일에는 돈이 필요했고, 이는 완벽한 남편으로서 "샐러리맨"에 대한 기대치를 낳았다. 한없이 믿음직해야 하는 샐러리맨의 임무는 혼다, 미쓰비시, 올림푸스 같은 니케이 225日経225에 속하는 대기업 직원이나 공무원으로서 안정된 직장 생활을 유지하는 것이었다. 일단 자리를 차지하면 샐러리맨은 해당 직장에 악착같이 달라붙어 있었다. 해마다 4월 1일이 되면 회사에 대한 충성을 맹세했으며 회사를 옮기는 일은 반역으로 간주되었다. 샐러리맨은 성과보다 근무 연수에 가치를 부여하는 "넨코조레츠年功序列"(연공서열) 제도를 통해 승진했다. 이처럼 안정적인 남성들이 남편감으로 인기를 끌었다. "난 오로지 샐러리맨만 원했죠"라고 70대 후반의 한 여성이 자신의 10대 시절을

356

회상하며 설명한다.

오늘날 이런 샐러리맨 관념은 퇴색하고 있다. "우리에겐 성공한 남자의 모델이 있었어요"라고 이시이 기요코가 말한다. "열심히 일해 돈을 버는 것이 그가 해야 할 일이었죠. 여가 활동은 술을 마시거나, 골프를 치거나, 가라오케에 가서 노래를 부르는 거였고요." 내가 만난 고령자들은 하나같이 평생을 이런 생각과 함께 살아온 까닭에 샐러리맨의 의무가 일하는 것, 또는 일과 연관된 여가 활동에 참여하는 것이라는 데 동의했다. 근무 시간은 보통 하루 16시간으로 길었고 주말은 대개 동료들과 함께 가는 의무적인 "워크숍"으로 채워졌다. 일이 주어진 시간의 대부분을 차지했기에 샐러리맨의 모습을 집에서 볼 일은 거의 없었다.

샐러리맨들과 그들의 아내들은 수십 년의 은퇴 기간에 대한 준비가 되어 있지 않았다. 나는 방황하는 샐러리맨들의 이야기를 듣는다. "회사 친구들은 진정한 친구가 아니었죠"라고 한 노인 남성은 말한다. 또 다른 샐러리맨들은 관계를 나눌 사회 연결망과 소속감을 느낄 사회구성체가 없어 외로움에 시달린다. 여성들은 은퇴한 남편들이 아무런 취미 활동 없이 침울하게 집 안을 서성이고 요리를 할 줄 모르거나 하고 싶어 하지 않는다고 설명한다. 이런 모습에 몹시 짜증난 아내들이 남편을 책망하는 신조어가 등장했는데, 은퇴한 남성들은 "소다이고미粗大ごみ"(부피가 크고 처치 곤란한 쓰레기) 또는 "누레오치바濡れ落ち葉"(신발에 귀찮게 달라붙는 썩어 가는 가을 낙엽)으로 묘사된다. 아내들은 "오토 자이타쿠 스트레스夫在宅ストレス"(은퇴한 남편 스트레스)를 호소한다. 최근 25년간 황혼 이혼도 급증했다.

357

"남자들은 잘 늙기가 어려워요"라고 축구 선수 스즈키가 말한다. 그는 의지할 관계망이 없을 때 외로움은 위험 요소라고 설명한다. "내 나이대 사람들이 많이 자살하는 이유죠." 스가와라 감독은 샐러리맨이 되어 평생을 회사에 몸 바친 똑똑했던 고등학교 동창을 떠올린다. "그 친구는 너무 열심히 일만 했어요. 진정한 친구가 없었고 직장 내 경쟁에 너무 몰두했죠." 감독은 두 사무라이의 인생에 교훈이 있다고 말한다. "영리하고 대담했지만 독불장군이던 노부나가는 젊은 나이에 살해당했죠. 동맹과 친구를 만든 도쿠가와는 70대까지 살았고요." 너무나 많은 일본 남성들이 노부나가가 같았다. 독불장군인 그들은 승진을 위해 기를 쓰고 경쟁했다.[8]

고령의 나이를 견디기 위해서는 은퇴 자금을 비축하는 것 이상이 필요하다. 친구와 스포츠 조직 같은 필수 사회적 자산에 투자해야 한다. 축구팀 선수들은 80대 감독이 결론 내리는 모습을 존경스럽게 바라보았다. "남자로서 직장에 최선을 다해야 하지만 개인 생활도 필요해요. 친구들과 어울려 빈둥거리고, 우스꽝스러운 행동도 하고, 수다도 떠는 거죠."

자살과 외로움의 일상화

격식과 예절에 대한 일본인의 명성은 충분히 그럴 만한 자격이 있다. 아키타에서 모든 모임은 고개를 숙이는 인사와 악수, 명함 교환에 이은 세심한 관찰과 함께 시작하며 이어서 더 격식을 차린 소개와 이력 설명, 장황한 감사 표현, 녹차 제공 그리고 종종 선물 교환이 이어진다. 하지만 사교적인 인사를 나눈다고 하더라도 곤란한 주제가 감추어지는 것은 아니다. 그래서 노인들과 인터뷰를 시작하고 10분에서 15분 정도만 지나면 으레 "지사츠自殺"(자살)와 "고도쿠시孤独死"(고독사)라는 두 단어가 언급된다. 이 두 단어는 이곳에서 고령화 문제를 이야기할 때면 꼭 언급되는 일상적인 어휘가 되었다. 아키타에 사는 70세 이상 노인이라면 최근에 지인 중 누군가가 이 2가지 운명 중 하나를 맞이했을 가능성이 크다.

자살은 1990년대 중반에 일본에서 우려를 자아낼 만큼 흔한 일이 되었고 2000년대 중반 이후로 자살 방지는 일본 공공 보건 정책의 주요한 목표가 되었다. 정부가 기금을 대는 상담 서비스와 정신 건강 상담 전화는 자살률을 낮추는 데 도움을 주었을 뿐 아니라 자살 문제와 관련한 다량의 자료를 통해 최근의 패턴을 보여 주었다. 예를 들어 사람들이 자살하는 방식에 변화가 있었다. 연탄가스 자살 사례가 줄어들고 욕실용 화학 물질을 섞어 만든 치명적인 황화수소가스 자살 사례가 늘었다.

또 다른 새로운 경향은 높아진 노인 자살률이다. 2016년 50세 이상에서 1만 2000건 이상의 자살이 발생했는데 이는 인구 비율로 볼 때 다른 나라보다 훨씬 높은 수치다. 사례 대부분은 50세에서 69세 사이며 절대다수가 남성이다. 여기서도 아키타는 극한의 모습을 보여 준다. 아키타는 일본에서 가장 나이 든 현인 동시에 공식 자살률이 가장 높은 현이다.[9]

실제 노인 자살률은 훨씬 더 높을 수 있다. 스스로 목숨을 끊는 사람 중 상당수가 고립된 삶을 살고 그래서 시신이 몇 달, 심지어 몇 년 동안 발견되지 않을 수 있기 때문이다. 2016년 고독사 추정 사례는 4만 6000건이 접수되었다. 그중 상당수가 노인이었고 이 수치는 빠르게 증가하고 있을 것으로 짐작된다. 많은 고독사가 자살로 의심되며 이제는 이 두 현상이 너무 흔해져 사후 처리를 전문으로 하는 회사들까지 등장했을 정도다. 이런 전문 회사 중 한 곳을 운영하는 니시무라 마스라는 행정 업무(고인의 유품과 개인 서류를 모으는 것)와 특수 청소 업무(그의 회사는 냄새와 얼룩을 제거하기 위해 여러 화학 제품을 섞어 만든 비법 혼합액을 사용한다)가 결합된 복잡한 일이라고 설명한다.

한 달 평균 5~6건의 "고독사"를 처리하는 니시무라의 회사는 초여름에 가장 바쁘다. 날씨가 더워지면서 겨우내 차갑게 유지되던 시신에서 악취가 발생해 이웃 사람들이 부패 중인 시신의 존재를 알아차리기 때문이다. 고독사한 사람 중에는 자살한 사람이 끼어 있으며 50세에서 70세 사이의 으레 이혼한 독신 남성이 가장 많다고 그는 이야기한다. 이 나이대가 가장 위험하다고 니시무라는 덧붙인다. 90세 이상까지 사는 사람들이 많아지면서 70세 이하 사람들은 상대적으로 젊게 여겨지고 그래서 국가나 동료들로부터 추가 지원을 거의 받지 못하기 때문이다. 그는 유서가 발견되거나 개인 서류로 미루어 보건대 고독사의 가장 흔한 이유가 가난인 것 같다고 말한다.[10]

사라지는 마을들

세계적인 저출산 추세는 대부분의 나라가 몸집이 줄어들고 있음을 의미한다. 고령화와 달리 저출산 추세는 모든 곳에서 목격되지는 않지만(예를 들어 상대적으로 약간 높은 출생률과 이민자 유입으로 미국과 영국, 프랑스의 인구는 증가하고 있다) 전 세계 많은 국가의 구조를 바꿀 것이다. 이 부문에서 세계 유행을 선도하는 일본은 2010년 1억 2800만 명으로 최고치를 기록한 이래로 10년째 인구가 감소하면서 2019년에는 1억 2600만 명을 기록했다. 특히 남부 유럽이 그 뒤를 바짝 뒤쫓고 있는데 이탈리아와 스페인, 포르투갈은 이미 인구 감소를 겪고 있다. 독일은 2022년, 한국은 2030년 초반부터 인구가 줄어들기 시작할 전망이다. 그런 점에서 일본 고령화 경제의 최첨단에서 25년 넘게 인구 감소를 겪고 있는 아키타는 미래를 보는 귀중한 창을 제공한다.

후지사토정藤里町(아키타현 야마모토군에 속한 정. 정은 한국의 읍과 비슷하다-옮긴이)의 중심가는 일본 시골 사람들이 이른바 "셔터 스트리트shutter street"라고 부르는 곳이다. 상점들은 모두 문을 닫았고 진열대 앞쪽에는 깔끔한 철제 셔터가 내려져 있다. 출입구 위 간판의 빛바랜 한자들만이 한때 이 상점이 빵집이었고 저 상점이 신발 가게였음을 알려 준다. 길 건너편에는 폐점한 여성복 가게의 넓은 정면이 보인다. 좀 더 나아가 주요 도로와 교차로가 만나는 지점에는 폐업한 주유소와 자동차 정비소가 있다.

아키타시에서 북쪽으로 약 90킬로미터 떨어진 후지사토정은 아키타현과 이웃한 아오모리현青森県의 경계를 이루는 거대한 시라카미산지白神山地 너도밤나무 숲의 가장자리에 위치한다. 후지사토는 쇠퇴하는 지역이다. 10년 전에는 인구가 5000명에 가까웠지만 현재는 겨우 3500명뿐인, 일본에서 가장 빠르게 사라지고 있는 곳 중 하나다. 향후 20년 안에 인구의 40퍼센트 이상이 줄어들 것으로 예상된다.

상점들은 찾아오는 손님이 너무 없어 문을 닫았다. 하나같이 이미 15년 전에 한물간 물건들인 커다란 상자형 텔레비전과 녹슨 냉장고, 서류 캐비닛 등을 팔거나 재활용하는 대형 고물 가게 하나만 문을 열고 있다. 정사무소를 찾으려고 거리를 헤매고 있으려니 한 나이 지긋한 할머니가 기본 가정용품 몇 가지를 판매하는 현대식 자동차 정비소가 있는 마을 변두리 쪽으로 자전거를 타고 지나간다. 일본에는 이런 사람들을 가리키는 신조어가 존재한다. "가이모노 난민買い物難民"(쇼핑 난민)이다.

후지사토의 정장町長인 예순한 살의 사사키 후카미는 이곳에서 평생을 살아왔다. 자신의 경력 대부분을 지역 관료로 살아온 그는 2016년 말에 지방 의회를 이끄는 위치에 올랐다. 그는 후지사토의 감소하는 인구를 머릿속과 손끝에 두고 있었다. 그가 손가락을 한 번 튕기자 비서가 후지사토 인구 자료표를 가져오기 위해 급히 나간다. 비서가 가져온 인쇄 자료는 믿을 수 없을 정도로 상세해 이 작은 정의 주민들을 5년 단위 집단으로 분류해 놓았다. 사사키 정장은 자신의 최우선 목표가 관내 학교의 각 학년 학생 수가 적어도 20명에 이르고 각각의 5년 단위 집단에 100명이 분포하는 것이라고 말한다. 하지만 자료표는 그가 직면한 도전의 크기를 보여 준다. 후지사토는 위태로울 정도로 고령층의 비중이 컸다. 90세 이상 주민은 수백 명에 달했지만

5세 미만 아동은 겨우 77명에 불과했다. 사람들이 유아를 데리고 이곳으로 이주해 오지 않는 한 사사키는 자신의 목표를 이룰 수 없을 터였다.[11]

아키타의 다른 시골 지역들에도 사라질 위기에 훨씬 더 근접한 곳들이 존재한다. 한겨울의 야기사와八木沢는 사람들이 더 이상 기대할 수 없을 정도로 아름다운 풍광을 자랑한다. 산으로 둘러싸인 이 작은 마을은 졸졸 흐르는 강을 사이에 두고 나뉜 두 구역이 나무다리로 연결되어 있다. 현지 가이드 모리모토는 이 마을 인구가 한때 200명이 넘었지만 현재는 15명뿐이라고 설명한다. 많은 집들이 판자로 막혀 있고 몇몇 구조물은 비바람에 노출된 채 방치되어 있다. 마을 중앙에 위치한 커다란 건물인 학교는 강과 가까운 제일 좋은 위치에 자리하고 있지만 폐교되었다. 가장 가까운 큰 마을인 가미코아니무라 上小阿仁村의 작은 도서관에는 60년 전 야기사와의 기록 사진이 소장되어 있다. 사진 속 계절은 여름이고 마을에서 운동회가 열렸는데 적어도 17명의 아이가 참여하고 있다. 오늘날 이곳에는 어린이가 단 1명도 없다.

금가루처럼 귀한 젊은 가정

아키타에서 우울한 늙은 샐러리맨들은 놀림감이 되었다. 반면에 또다른 인구통계학 집단은 엄청난 인기를 누리게 되었다. 상점 주인이나 지역 정치인, 식당 주인 등은 한 마을이나 소도시가 생명을 유지하

는 데 자녀를 보유한 가정이 얼마나 중요한 역할을 하는지 자주 언급한다. 그러면서 하나같이 "고소다테 세다이子育て世帯"(아이를 키우는 세대)를 극찬한다. 20대나 30대의 젊은 부부는 이곳에서 금가루와 같다. 그들은 지역에서 돈을 쓰고, 상점들을 지탱해 주며, 그들의 아이들 덕분에 지역 학교가 유지될 수 있도록 해 준다.

아키타의 장수 추세를 선도하는 후지사토는 인구의 52퍼센트가 이미 65세를 넘겼다. 후지사토의 정장에게는 이런 상황이 지역에 발생시키는 비용을 상쇄하기 위한 아이디어가 존재한다. "나는 사람들이 75세까지 일하기를 바랍니다"라면서 그는 자신이 노인 고용과 소득을 높이기 위한 한 가지 방법으로 감자 가공 공장 형태의 산업을 지역에 유치했다고 설명한다.

그러나 정장으로서 그가 가장 중요하게 밀어붙이는 계획은 따로 있다. 바로 후지사토에서 사는 것이 젊은 가족들에게 최대한 매력적인 일이 되도록 만드는 것이다. 이 계획에는 유치원에 투자하고 버려진 건물을 새로운 고등학교로 용도 변경하는 등의 교육 관련 사업이 포함된다. 주택 공급 계획과 관련한 아이디어도 있다. 정장은 버려진 집들을 파악해 젊은 부부들이 저렴하게 매입하거나 무료로 배정받을 수 있도록 하고자 한다. 그는 관내에 일자리가 부족한 현실을 인정하고 원거리 근무가 가능한 사람들에게 희망을 걸고 있다. 그래서 지역에 와이파이 신호가 잡히는 곳을 늘려 그들에게 편의를 제공하려 한다.

일본의 인구통계학적 변화를 있는 그대로 보면 이 프로젝트가 실패할 운명임은 어렵지 않게 짐작할 수 있다. 물론 후지사토는 충분히 좋은 장소다. 가까운 시라카미산지는 동아시아에서 가장 큰 원시림인 동시에 세계 어느 곳에서도 볼 수 없는 희귀한 조류가 서식하는 곳이다. 도보 여행을 즐길 수 있는 아름다운 산길이 있고 관광객을 끌어모을 천연 온천이 있다. 하지만 줄어드는 인구를 막기는 역부족이다.

인구가 감소한다는 사실은 일본 전역에서 아름다운 마을들이 사라지고 있다는 것을 의미한다. 최근 보고서에 따르면 현재 추세가 지속될 경우 앞으로 21년 뒤에는 전체의 50퍼센트에 해당하는 869개 지방 소도시가 "사라질" 운명이라고 한다. 젊은이들을 끌어오려면 후지사토의 정장은 수많은 경쟁자와 싸워야 한다. 그러나 다른 지방자치단체들이 겪은 경험을 볼 때 상황은 그다지 고무적이지 않다.

혼슈 남부에 위치한 쓰와노정津和野町은 인구가 급감하자 젊은 근로자들을 끌어들이기 위해 훨씬 강력한 선제적 대책을 내놓았다. 나는 쓰와노에 관한 이야기를 듣기 위해 도쿄에서 미야구치 히데카즈와 히야시 겐지를 만났다. 50대인 미야구치는 1980년 1만 3400명이었던 쓰와노정 인구가 2015년 7600명으로 줄었음을 나타내는 통계 자료를 나에게 보여 주었다. 그는 "수년 동안 인구가 계속 11퍼센트씩 줄었어요"라고 말했다. 이에 그들은 이 지역의 장점을 홍보하기 위해 "쓰와노 허브"라고 불리는 마케팅 사무소를 도쿄에 열었다. 그리고 대도시 생활에 환멸을 느낀 젊은 사람들을 이 지역으로 끌어들일 목적으로 멋진 로고와 세련된 웹사이트, 언론 홍보에 돈을 들였다. 어느 정도는 성공했다. 서른한 살인 히야시는 갑갑한 도쿄에 싫증이 나 쓰와노로 이주했다고 설명했다. 그는 낮은 주거 비용과 긴밀하게 조직된 지역 공동체, 통근이 필요 없어진 점을 장점으로 꼽았다. "성과가 있긴 있었죠"라며 미야구치가 허탈하게 웃었다. "작년엔 인구가 8퍼센트밖에 안 떨어졌거든요!"[12]

마을 합병 정책과 걸림돌

후지사토와 쓰와노 같은 지역들의 주된 걱정거리는 학교와 병원 같은 공공 서비스를 유지하기가 점점 어려워진다는 점이다. 이 문제 때문에 일본의 시골 지방에서는 합병이 뜨거운 주제로 떠올랐고 정부는 인구가 줄어드는 곳들을 통합할 것을 권장하는 입장이다. 사람이 떠난 마을들이 사회 문제로 떠오르고 있는 이탈리아와 포르투갈에서도 조만간 주목하게 될 정책이다. 한 지역 주민은 합병이 좋은 생각이라고 설명한다. 다수의 소도시와 마을이 예컨대 버스나 학교, 도서관 같은 공공 서비스를 공유한다면 더 많은 공공 서비스가 유지될 가능성이 커지기 때문이다.

아키타가 당면한 문제는 합병 제안이 계속 무산된다는 사실이다. 가장 의견이 엇갈리는 사안 중 하나는 새로운 지역의 이름을 어떻게 지어야 하는가다. 이곳의 소도시들은 역사나 자연과 관련된 중요한 사항이 이름에 반영되어 있다. 예컨대 나는 후지사토에서 돌아오는 길에 이카와사쿠라井川さくら(벚꽃), 나가오모테長表(긴 얼굴), 고조메五城目(5개 성)를 지나왔다. 중소 도시를 병합하며 한자가 합쳐지는 과정에서 때로는 눈살이 찌푸려지거나 아무런 의미 없는 이름이 만들

어지기도 한다. 일례로 아키타시 바로 위쪽에 있는 가타가미시潟上市는 쇼와정昭和町, 이타가와정飯田川町, 덴노정天王町이 합병해 탄생했는데 가타가미라는 이름은 아무런 뜻 없이 한자를 마구잡이로 뒤섞은 합성어에 불과하다. "옛 도시들은 이름에 깊이가 있었어요. 새로 지은 이름을 보면 서글프죠"라면서 한 지역 주민은 상실감을 드러냈다.

지역 내 경쟁과 서열 또한 합병에 걸림돌로 작용한다. 전통적으로 지방에서 높은 지위를 가진 마을과 가문은 그 지방의 기반을 세웠거나 사냥과 어로로 사람들을 먹여 살리는 역할을 했다. 이를테면 곰 사냥꾼들로 유명한 마을인 야기사와는 주변 마을 주민들에게 고기를 제공하고 곰의 다양한 부위로 만든 전통적인 약을 공급하는 능력으로 많은 존경을 받았다. 이런 마을이나 가문 사람들은 비록 비공식적이기는 하지만 커다란 영향력을 발휘해, 지방자치단체의 선출직 장들과 관료들이 마련한 합병 계획을 지연시킬 수 있다.

또 다른 걸림돌은 부채다. 재정 상태가 비교적 탄탄한 마을들은 독립을 유지하기를 원하는 반면 부채가 많은 마을들은 대체로 합병을 갈망한다. 야기사와 근처의 큰 마을로 향후 20년 안에 인구의 40퍼센트가 줄어들 것으로 예상되는 가미코아니는 언제든 다른 마을과 합병할 준비가 되었다고 인근 지역에 알려졌다. 하지만 이 마을이 안고 있는 부채는 이곳을 매력적이지 않은 파트너로 만든다.

후지사토정 역시 만약 최근의 합병안이 성사되었다면 다른 소도시 5곳과 통합되어 시라카미산지의 이름을 딴 새로운 복합 정착지가 될 수 있었을 터였다. 하지만 이름과 부채, 권력 격차 외에도 아키타에서는 심지어 아무리 작은 마을조차 미묘하게 다른 나름의 다양한

367

문화와 전통을 보유하고 있으며 각각 고유한 신과 춤, 축제, 양념을 가지고 있다. 결국 후지사토정의 합병 계획은 실패했다. 이곳의 학교들은 학생 수가 너무 적어 폐쇄될 예정이고, 의사들은 하나둘씩 떠나고 있으며, 셔터를 내리는 상인들의 숫자는 갈수록 늘어나고 있다.

지방 자치와 지역 시장의 붕괴

일본에서 가장 오래된 마을들이 사라지기 시작하자 그동안 당연하게 여기던 정치 경제 구조 또한 실패하기 시작했다.

먼저 지방 정치를 예로 들어 보자. 후지사토의 정장이 제시한 야심 찬 아이디어들은 어떤 면에서 타당하다. 중앙 정부가 지방 분권화를 추진하면서 지방 정부에 과세와 지출 결정권(예컨대 교사 급여 결정 등) 일부를 넘겨주면서 일본 각 지방 당국은 지난 40년 동안 많은 자치권을 부여받았기 때문이다. 하지만 다른 의미에서 보면 이런 아이디어들은 그저 몽상에 지나지 않는다. 어떤 마을이 어차피 사라질 운명이라면 그 마을을 개혁하기 위한 원대한 비전은 당연히 무의미할 수밖에 없기 때문이다.

도시가 축소되는 마당에 정치는 중요하지 않다는 식의 발상도 지역 민주주의를 고사시키고 있다. 일본 전역에서 치러진 2015년 지방 선거는 의석 중 5분의 1이 후보자 부족으로 무경쟁 선거가 되었다. 중앙에서 지방으로 권력 이양은 열렬한 지지를 받았다. 하지만 이 사실과 별개로 이제 많은 곳에서는 적극적인 정치인이 너무 부족해 지

역 민주주의를 아예 포기하는 방안이 검토되고 있다.[13]

나아가 소멸을 앞둔 지역들에서는 필수 시장들이 작동을 멈춘다. 대표적인 예는 아마 주택일 것이다. 아키타의 텅 빈 마을들은 이 지역에만 국한된 현상이 아니다. 일본은 "아키야明家, 空家"(빈집)가 800만 채에 달하고 버려진 땅이 4만 제곱킬로미터가 넘을 것으로 추정된다. 최근의 한 연구는 2040년에 이르면 이런 버려진 땅이 2배로 늘어나 오스트리아 면적과 비슷해질 것으로 전망했다. 다른 연구에 따르면 한때 시골에만 나타나던 현상인 빈집은 이제 주요 도시들에서도 등장하기 시작했고 향후 15년 안에 전체 주택의 35퍼센트를 차지할 것으로 예상된다.

이런 결과는 10년 전 영국과 미국에서 목격된 주택 경기 침체나 하락과 완전히 다르다. 일본의 주택 가격은 추락한 것이 아니다. 거주할 사람이 없기에 아무리 가격을 낮추어 봤자 집은 팔리지 않을 것이다. 거래가 전혀 없으므로 "가격"이라는 개념 자체가 무의미해진다. 일본의 주택 시장은 곳곳에서 완전히 얼어붙었다.[14]

아키타 지역 주민들은 사라지는 마을의 셔터 스트리트와 빈집들이 비통함과 애도의 감정을 자극한다고 말한다. 아키타의 작은 해안 마을에 사는 일흔 살의 은퇴자 가네야 마사루는 "전통을 잃는다는 사실에 마음이 참 힘들어요"라고 말한다. 그는 마을에 버려진 집이 최소 5채라면서, 미래가 걱정되기는 하지만 집안 장손으로서 조상의 산소를 참배하고 관리하는 특별한 의무인 "하카마이리墓参り"(성묘)를 변함없이 수행해 나갈 것이라고 설명한다. 요컨대 엄숙한 의무를 짊어진 까닭에 마을이 빠른 속도로 줄어들고 있음에도 장손들은 떠날

수 없다는 말이다. 그러나 직장이나 학교를 찾아 결국 떠나기로 결정이 내려지면 가장은 몹시 상심한 나머지 자녀에게 가족의 원래 고향이 어디인지 알려 주기를 거부하기도 할 것이다. 자신의 뿌리와 완전히 단절되는 것이다. 가네야의 표현에 따르면 "장수 문제는 그럭저럭 견딜 만해요. 고향이 사라지는 문제가 훨씬 견디기 힘들죠."

고령화되는 아키타의 삶은 가까운 미래에 인구통계학적으로 동일한 문제를 겪게 될 지역들에 일련의 경고를 보낸다. 고령화 경제는 한국과 중국을 포함해 일본을 가장 바짝 뒤따르고 있는 나라들에 정부 예산에 대한 우려부터 남편과 아내 간 갈등과 젊은이와 노인 간 갈등에 이르기까지 새로운 갈등을 불러올 것이다. 낮은 출생률이 일부 원인으로 작용하는 고령화 경제는 이탈리아와 포르투갈에서 이미 시작되었듯이 도시가 축소되거나 소멸하면서 글래스고에서 목격한 것과 유사한 깊은 상실감을 가져올 것이다.

이런 고령화 추세가 미래 경제를 규정할 것이다. 하지만 이 모든 우려에도 불구하고 고령화 경제에는 또 다른 측면이 존재한다. 그리고 일본에서 가장 고령화된 도시들을 여행하다 보면 우리의 앞날을 밝혀 줄 새롭고, 긍정적인 시각을 가진 놀라운 세상을 만나게 될 것이다.

370

실버가 아니라 골드
: 인생은 일흔다섯부터

연금 수급자의 빈곤한 삶은 걱정스러운 문제다. 그러나 내가 아키타에서 만난 은퇴한 고령자 대다수에게 낮은 소득은 주된 걱정거리가 아니었다. "지금 이 노인들이 '마지막 전쟁 세대'라는 사실을 기억하세요"라면서 이시이 기요코는 2차 세계대전 이후에 견뎌야 했던 고난을 설명한다. "그땐 정말 가난하게 살았어요. 먹을 게 없어 배를 곯기 일쑤였죠."

아키타의 시골 지역을 여행하다 보면 무엇이든 수리해 오래 쓰는 문화가 이곳 사람들의 유전자에 각인되어 있음을 실감하게 된다. 목조 주택은 널빤지와 합판 조각으로 수리되어 있고 1990년대에 생산된 도요타가 대부분인 자동차는 소유주의 세심한 관리로 여전히 깨끗하고 반짝거리며 잘 굴러다닌다. 앞서 들었던 은퇴 노인들의 채소 재배는 중요한 사업이다. 수수한 집에도 제대로 된 밭이 딸려 있으며 대부분 거대한 철제 프레임에 두꺼운 투명 비닐을 팽팽하게 덮어 만든 상당한 크기의 비닐하우스가 우뚝 솟아 있다.

이 책 1부와 2부에서 소개한 다른 지역들과 마찬가지로 아키타는 비공식 경제가 활성화된 도시다. 이곳에 사는 많은 고령 부부들은 자급자족을 넘어 자신들이 비닐하우스에서 재배한 과일과 채소를 지역의 "미치노에키道の駅"(도로 휴게소)로 가져가 거래를 한다. 이 휴게소에서는 지역 주민들이 위탁한 농산물 상자들이 일종의 무인 매장 체제로 판매된다. 아키타의 이런 시장들에서 팔리는 지역 별미 중 하

371

나인 "고이도로보恋どろぼう"(사랑 도둑)는 토마토와 자두의 중간쯤 되는 과일이다. 단맛과 신맛이 맛을 본 사람의 마음을 훔친다고 알려져 있으며 이 과일로 만든 잼도 "호즈키잼ほおずきジャム"(꽈리잼)이라는 이름으로 함께 판매된다. 판매자들이 상자 옆에 자신들의 사진을 놓아두어 매장에는 80대에 접어든 지 한참 지난 소규모 농부 수백 명의 사진이 죽 펼쳐진다.

햐쿠모토 나쓰에는 "이제 '진짜' 노인이 된 것 같아 기뻐요"라고 말한다. 햐쿠모토는 자신이 이제 막 일흔다섯 살이 되었고 그럼으로써 오늘날 일본에서 "젠키 고레이샤"(전기 고령자)와 구별되는 이른바 "고키 고레이샤"(후기 고령자)의 일원이 되었다고 설명한다. 나는 도쿄 북쪽에 위치한 사이타마시さいたま市의 예술 센터에서 일하는 일단의 배우들을 방문하기 위해 아키타에서 남쪽으로 내려와 있었다. 그녀는 극장에서 역할 경쟁이 치열하며 자신의 친구들과 많은 경쟁자들이 자신보다 나이가 많기 때문에 후기 고령자 클럽의 회원이 되는 것은 상을 받는 것과 같다고 설명한다. "일흔다섯 이상이 된다는 건 자부심이라는 옷을 걸치는 것과 비슷해요."

사이타마에서 하는 연극은 영국의 마을 회관에서 공연하는 아마추어 노인 연극과 천양지차이다. 이 극단의 예술감독과 사이타마현예술문화진흥재단埼玉県芸術文化振興財団의 대표인 우케가와 사치코와 와타나베 히로시는 모든 단원이 공연을 진지하게 받아들인다고 설명한다. 일단 극단 이름부터 그렇다. 극단은 "사이타마골드시어터さいたまゴールドシアター"라고 불린다. 일본 노인들이 그들의 머리카락 색과 연관해 끊임없이 사용되는 "회색"과 "은색"을 지긋지긋하게 여긴다는

생각에서 극단 이름을 지을 때 깔보는 듯하거나 2류 지위를 부여하는 것 같은 말은 의도적으로 무조건 배제한 터였다. 이곳은 시설 또한 런던의 사우스뱅크South Bank를 연상시키는 빗질 마감된 콘크리트와 광택이 살아 있는 철제 부속물, 날렵한 디자인까지 모두 최고 수준이다.

가장 중요하게는 예술적 자격에서 의문의 여지가 없다. 골드시어터는 2006년 니나가와 유키오蜷川幸雄가 만들었다. 일본에서 가장 칭송받는 연극 연출가 중 한 사람으로 2016년에 사망한 그는 런던에서 수많은 연극을 무대에 올렸고 2002년에는 대영제국훈장CBE을 받았다. 니나가와는 인생 경험은 풍부하지만 신체적·정신적 쇠약함 때문에 제약을 받는 노인 배우들로 실험을 해 보기를 원했다. 모두 65세가 넘는 배우들로 구성된 연극의 탁월함이 인정받으면서 골드시어터는 최근 파리와 부쿠레슈티에서 순회공연을 가졌다. 750명 이상을 수용할 수 있는 사이타마의 대극장이 수시로 만원사례를 빚음은 물론이다.[15]

373

"나는 배우 집안에서 태어났지만 연기는 전혀 하지 않았어요." 햐쿠모토 나쓰에가 완벽한 자세를 유지하는 훈련을 잘 받은 듯 더할 나위 없이 꼿꼿하게 앉은 자세로 말한다. 유명한 가부키 배우였던 아버지가 집에서 거의 모습을 볼 수 없을 정도로 순회공연을 많이 다닌 탓에 젊은 시절의 그녀는 절대로 배우와 사귀지 않겠다고 결심했고 좋은 샐러리맨을 만나 정착하기로 마음을 정했다. "나는 꿈을 이루었어요"라고 그녀가 환하게 웃으며 말한다(햐쿠모토의 남편은 닛산의 기술자였다). 하지만 나중에 남편이 은퇴하면서 그녀는 불안해졌다. "뭔가를 놓치고 있었어요." 얼마 뒤 그녀는 무대를 찾았다.

동료 배우 다카하시 기요시는 아흔 살이다. 그는 머리 뒤쪽으로 늘어진 느슨한 검은색 비니를 쓰고 젊은이들이 입는 오리털 점퍼를 입었는데 실내에서는 이 점퍼가 무릎을 따뜻하게 덮는 담요 역할을 한다. 다카하시는 일본 육군에서 복무했고 나중에는 연합국 점령군 밑에서 일했다. 반항적인 분위기를 풍기는 그는 군대를 떠난 뒤 기술자가 되었지만 "돈은 노름판에서 벌었죠"라고 말한다. 여든한 살의 도야마 요이치 역시 개성이 강한 인물이다. 노조원이었던 그는 은퇴 전까지 한 번도 연기를 한 적이 없었지만 지금은 극단의 스타다. 그는 자신의 성공이 젊은 시절 역에서 정치 구호를 외치던 일을 비롯한 행동주의 덕분이라고 설명한다. "난 대사를 금방 외우고 항상 최고 역할을 맡죠"라고 그가 말한다.

사이타마의 배우들에게서 주목할 점은 상업적인 성공이나 평단의 극찬이 아니다. 그보다는 다양한 배경을 가진 사람들이 하나같이 인생에서 새롭고 성공적인 국면을 맞이했으며, 심지어 은퇴하고 10년 이상 지난 시점에서 새로운 인생을 시작했다는 사실이다. 다카하시는 예순다섯 살에 은퇴했고 일흔다섯 살에 연기를 시작했다. 도야마는 예순 살에 은퇴했고 70대에 연기를 시작했다. 아키타의 70세 이상 축구팀과 마찬가지로 그들의 목표는 목적을 가지고 나이 드는 것이며 새로운 취미를 만들고 도전하는 것이다. 연기는 그들이 계속 해 나가고 싶은 새로운 직업이다. 모든 나이 든 연기자들의 목표가 최대한 많은 무대에 오르는 것이라고 그들은 말한다. "난 내 한계를 알죠. 내가 연기할 수 없는 역할을 알아요"라고 다카하시가 지팡이를 짚고 천천히 걸으며 말한다. "하지만 난 대사를 외울 수 있죠. …… 그리고 연기

374

는 삶을 이어 가는 하나의 방법입니다."

나이듦의 이미지 쇄신하기

나이듦을 두려움의 대상에서 소중히 여겨야 할 대상으로 바꾸는 것이 야마모토 료가 부동산 중개 회사 R65를 설립한 취지다. 회사 명칭은 청소년 관람 불가 영화에 붙는 R18 등급을 참고했다. 야마모토는 고령자가 되는 일을 마치 10대들이 자신의 열여덟 번째 생일을 학수고대하는 것처럼 특권을 수반하는 일종의 성취로 만들고 싶어 한다.

이 스물일곱 살의 사업가는 부동산 임대 회사 직원으로 일을 시작해 곧 문제를 그리고 기회를 발견했다. 집주인들이 노인의 자살과 고독사를 매우 두려워해 은퇴자를 세입자로 받아들이기를 거부한 것이다. 그들의 우려는 진짜였다. 세입자가 죽으면 다시 새로운 세입자를 찾기까지 시간이 걸리고 고독사는 건물에 부정적인 낙인을 더해 임대를 어렵게 만들었다. 야마모토는 200명에 달하는 집주인들에게 전화를 걸었지만 80대 의뢰인에게 집을 빌려주겠다는 사람은 겨우 5명에 불과했다.

야마모토는 이런 상황이 중대한 시장 실패에 해당한다고 설명한다. 활동적이고 신뢰할 수 있는 노인들도 다양한 이유로 집을 빌리려 할 수 있기 때문이다. 이를테면 손주와 가까운 곳에 머물기 위해, 이혼 뒤에 주거 공간을 줄이기 위해, 또는 단순히 유지 보수가 필요한 전통 목조 주택에서 벗어나 관리가 필요 없는 현대식 아파트에서 살기 위해. 그래서 야마모토는 수천 명의 집주인에게 전화를 걸어 고령 세입자를 받아들일 의사가 있는 사람들의 데이터베이스를 구축했다. 그런 다음 부동산 소유주들을 대상으로 고령 세입자의 장점을 알리기 위한 세미나를 열었다.

그는 집주인들의 생각이 시대에 뒤떨어졌다고 말한다. 이제는 일흔다섯 살 노인도 임차한 주택에서 10년 이상을 독립적으로 살아갈 것이고, 따라서 4년이나 5년 뒤에 이사를 나갈 학생이나 젊은이보다 훨씬 안정적이고 덜 번거로운 임차인이 되어 줄 터였다. 야마모토가 노인에게 집을 임대하는 편이 집주인에게 이득이라고 새로운 집주인을 납득시킬 때마다 그의 데이터베이스는 확장되고 있다.

이 젊은 사업가는 고독사의 징조를 간파하기 위한 조기 경보 시스템을 구축했다. "고독사를 100퍼센트 예측할 수는 없지만 어떤 징조들이 있습니다"라고 그는 설명한다. 그의 동료들은 고객이 넘어져 다쳤거나 건강이 좋지 않음을 암시하는 단서들을 살핀다. 집 밖에 신문이 쌓이거나 현관에 낙엽이 쌓여 있으면 경고 신호가 발동된다. 그는 사람들에게 실질적인 도움이 되려면 집 안에서 일어나는 일을 알아야 한다고 말한다. 그의 회사는 임대 주택에 카메라를 설치하는 방법을 고려했지만 너무 극단적인 조치였다. 대안으로 선택된 전자 동작 감지기는 보살핌과 사생활 보호 사이에서 적당한 균형을 유지하면서 집 안에 있는 누군가가 평소와 달리 움직임이 없을 때 경고를 보낸다. 노인 세입자가 월세를 납부했을 때는 R65 팀 중 한 사람이 직접 전화를 걸어 감사하다고 말한다. 이런 통화는 예의를 표하는 제스처인 동시에 진짜 살아 있는 사람이 지불했는지 확인하는 중요한 방법이다. 연금 수령과 월세 지불이 모두 자동으로 처리되는 까닭에 세입자가 사망한 뒤 몇 달 동안이나 계속 연금이 수령되고 월세가 지불되는 경우가 많기 때문이다.

일본에서 고령화의 충격은 수요와 기호, 욕구에 급격한 변화를 초래했다. 그리고 이런 변화에 대한 자연발생적인 경제적 반응은 적응이었고 이는 아키타 곳곳에서 관찰된다. 예컨대 남성 소변기는 인생의 단계를 반영한다. 그동안은 보통 높이의 남성용 소변기 옆에 낮은 어린이용 소변기가 위치한 모습이 일반적이었다면, 이제는 노인 남성이 균형을 잡을 수 있도록 보조하는 틀에 둘러싸인 제3의 소변기가 항상 눈에 띈다. 아키타에는 현금자동입출금기 옆 벽면에 으레 작은 녹색 플라스틱 클립이 돌출되어 있다. 비밀번호를 입력할 때 지팡이를 고정시킬 수 있는 일종의 도킹 스테이션인 셈이다.

자동차 범퍼와 후드에는 각각 오렌지색과 노란색, 연녹색, 진녹색 잎으로 구성된 네잎클로버 모양의 스티커가 부착되어 있다. 사람들에게 고령자가 운전 중이라고 알려 주는 "노인 운전자 표지"다. 스티커 자체도 적응을 거쳤다. 전에는 노란색과 오렌지색만 사용되어 "단풍잎"이나 "낙엽" 표시로 알려진 터였다. 새로 추가된 2가지 녹색은 각각 봄과 여름을 가리키는데, 노인 또한 활력이 있다는 최신 주장이 반영된 결과다.

377

고령 소비자 집단의 잠재력
:캐나다 인구수, 인도네시아 경제 규모

노년층의 요구를 충족하는 데 따른 세대 간 불평등과 불공평을 둘러싼 온갖 우려가 존재한다. 그런 반면에 노인들이 직면한 문제를 해결하는 일은 막대한 경제 활동을 창출한다. 일본은 75세 이상 후기 고령자가 1300만 명으로 스웨덴(900만 명), 포르투갈(1000만 명), 그리스(1100만 명)의 전체 인구보다 많다. 여기에 더 젊은 전기 고령자(65세부터 75세 사이 노인)까지 더하면 캐나다 전체 인구에 육박하는 3300만 명으로 늘어난다. 거의 120조 엔(약 1조 달러)에 가까운 일본의 노인 소비자 지출은 멕시코나 인도네시아의 경제 규모와 맞먹는다. 만약 일본 노인들이 그들만의 나라를 세운다면 세계 경제가 운영되는 방식을 결정하는 부유하고 강력한 나라들의 모임인 G20에 당당히 한 자리를 요구할 수 있을 것이다.

이런 상황은 전문 부동산 중개 회사를 운영하는 야마모토 료처럼 일본인들이 "실버마켓シルバーマーケット"이라 부르는 현상에 주목하는 젊은이들에게 기회를 제공한다. 내가 만난 학생 중 상당수는 자신들이 노인에게 재화나 서비스를 제공하는 직장에 근무하게 될 것으로 예상하고 있다.

아키타에 사는 열아홉 살의 이시즈카 히카리는 어떤 식으로든 노인을 돕는 사업을 운영하는 사업가가 되고 싶다고 설명한다. 도쿄에서 활동하는 가지와라 겐지는 손자 손녀가 자신들의 스마트폰에서 곧장 할아버지와 할머니의 텔레비전으로 동영상을 보낼 수 있게 해

주는 치카쿠Chikaku 텔레비전 셋톱 박스를 개발했다. "치카쿠近く"는 "가까운 곳, 근처"라는 뜻이다. 이외에 많은 기업이 더 쉽게 공을 칠 수 있게 해주는 특수 골프채, 고관절 통증을 줄여 주는 특수 신발, 씹기 쉬운 노인 식품, 노인 피트니스 클럽, 동지애를 느끼기 위한 노인 인형, 노인 비디오 게임 등을 만들어 내고 있다. 일본에서 노인 인구의 지속적인 증가는 완전히 암울하기만 한 일이 아니다. 그들은 당당한 거대 소비자 집단이다.

　이 새로운 세대 간 거래를 통해 뭉친 일본의 젊은이들과 노인들은 새로운 유대를 형성하고 있다. 일본의 도시에서는 많은 독신자가 "셰어 하우스share house"에 산다. 15명 이상의 거주자가 함께 거주하는 공동 건물인 셰어 하우스는 1990년대에 일본의 복잡한 임대 규칙을 우회하려는 외국 여행자들이 처음 만들었는데 이후 지역 주민들에게 인기를 얻었다. 오늘날에는 일본 전역에 3만 개 정도가 있는 것으로 추산된다. 야마모토 료는 "각 셰어 하우스에는 저마다 콘셉트가 있어요"라면서 이 작은 공동체가 공동의 윤리나 목표 또는 미학을 공유한다고 설명한다. "사람들은 이를테면 돈 쓰는 것을 좋아하는 집이나 저축하는 것을 좋아하는 집, 예술적이고 고상한 것을 좋아하는 집, 조용한 것을 좋아하는 집 등을 얻을 수 있죠." 셰어 하우스 광고는 목표를 명확하게 제시한다. 영어 공부 하우스, 체중 감량 하우스, 창업 하우스는 언제나 인기가 많다.

　야마모토에 따르면 그 집의 콘셉트나 목표, 정신에 순응하는 것은 필수 사항이며 입주자의 나이보다 더 중요하다(그가 사는 셰어 하우스의 동거인들은 연령대가 스물일곱 살부터 예순두 살까지 다양하며 30대부

379

터 50대가 그 중간을 채우고 있다). 여러 세대의 공동생활을 적극 권장하는 새로운 유형의 셰어 하우스도 속속 등장하고 있다. 아키타에 사는 이시이 기요코는 혼자 아이를 키우는 엄마들이 수많은 공유 "할머니들"과 함께 사는 "미혼모 셰어 하우스"가 인기라고 설명한다. 공유 할머니들은 친척이 아니라 대체로 남편과 사별했거나 이혼한 사람들이다. 그들은 아이들을 돌보는 대신에 집세를 약간 적게 낸다. 일본의 고령화 사회는 확실히 세대 간 갈등을 유발하지만 동시에 새로운 형태의 유대 또한 생성하고 있다.[16]

카지노처럼 운영하는
주간 보호 시설

기쿠치 가즈코는 게임 테이블의 여왕이며 스스로 이 사실을 잘 안다. 그녀는 스모킹 재킷 모양으로 재단되고 노랑, 파랑, 빨강의 밝은색 나비들로 뒤덮인 얇은 실크 상의를 입고 있다. 머리카락은 연갈색으로 염색하고 짙은 빨간색 립스틱을 바르고 색이 들어간 안경을 쓴다. 친구 3명과 둘러앉은 그녀는 게임과 대화를 지배한다.

나는 먼저 그들의 나이를 물었다. "몰라요, 60대부터 잊어버렸어요"라는 그녀의 속사포와 같은 대답이 튀어나온다. 그녀의 친구 구마카와 요코가 수줍은 표정으로 여든일곱 살이라며 자신의 나이를 밝힌다. "우리한테는 여든둘이라고 했잖아!"라며 기쿠치가 큰 소리로 타박한다(기쿠치는 나중에 자신이 여든여섯 살이라고 털어놓았다). 나는 이번에는 그들이 얼마나 자주 모여 게임을 하는지 물었다. 그녀는 "아, 별로 자주는 아니에요. 매주 화요일과 목요일, 금요일, 토요일에 만 해요"라면서 고개를 숙인 자세 그대로 낄낄대며 웃는다.

그들 모두는 머리를 많이 써야 하는 게임인 마작에 몰두해 있었 다. 자신의 차례가 되면 도미노와 약간 비슷하지만 조금 더 작고 더 두꺼운 흰색 패를 테이블에 깔린 녹색 모직 천 위에 내려놓았다. 게임 이 끝나자 테이블 한가운데에 커다란 구멍이 자동으로 열렸고 참가 자들은 마작 패를 구멍 안으로 밀어 넣었다. 바닥의 뚜껑 문이 닫히자 테이블이 한동안 회전하더니 각 참가자 앞에 한 조의 새로운 패가 튀 어나오면서 새로운 판이 시작되었다. 벽에 있는 점수판은 이 오락 시 설이 위치한 주택 지역 아다치에서 기쿠치가 가장 점수가 높은 참가 자임을 알려 주었다.

노인 게이머들이 많은 시간을 보내는 이 방은 불법 주류 밀매점 과 네바다주 카지노가 합쳐진 시설처럼 보인다. 현관 로비는 좁고 벽 에 금속 재질의 번호 입력판이 붙어 있다. 번호를 입력하면 미닫이문 이 열리고 장식이 달라진다. 털이 긴 양탄자는 적포도주색이고, 벽지 는 황금색 이파리 무늬가 찍힌 초콜릿색이며, 게이머가 앉는 푹신한 의자는 크림색 인조 가죽이 씌워져 있다. 실내 장식에는 일본식 특징 도 엿보인다. 일자로 나란히 놓인 일본식 핀볼인 파친코 기계들 안에 서 은색 공이 이리저리 튀면서 삐 소리를 내거나 땡땡거리거나 윙윙 거린다. 방을 가로질러 반대편에 위치한 커다란 블랙잭 테이블에서는 검은색 실크 조끼를 입은 젊은 딜러가 카드를 나누어 주는 가운데 2명 의 노인 남성이 딜러를 이기기 위해 애쓰고 있다. 여자 종업원이 방을 돌면서 넓고 커다란 유리컵에 음료를 대접한다. 방 옆쪽에 약간 열린 문틈으로 마사지용 탁자와 깔끔하게 쌓아 놓은 흰 수건들이 보인다. 건물 밖에는 짙은 창문과 반짝이는 바퀴 테두리에다 측면에 "라스베이거스"라고 새긴 검은색 소형 승합차 여러 대가 주차된 채 즐거운 하루를 보낸 게이머들을 집으로 데려다주기 위해 대기하고 있다.

이곳은 정부가 지원하는 일본식 노인 주간 보호 시설이다. "이곳은 미국의 대형 카지노를 모태로 했습니다"라고 센터의 설계를 돕고 현재 관리자로 일하는 모리 가오루가 말한다. 멋진 정장 차림에 업무 처리가 효율적인 모리는 조사를 위해 라스베이거스로 출장을 가서 그곳에서 일이 진행되는 방식을 자세히 관찰했다. 그런 다음 일본의 주간 보호 시설이 법적으로 반드시 준수해야 할 사항들을 전부 확인하고 자신이 시저스 팰리스와 벨라지오에서 본 것과 결합시켰다. 이곳의 딜러들은 자격을 갖춘 보호사들이며 출납원의 책상처럼 보이는 것 뒤에 앉아 있는 직원들은 의료 기록을 작성하는 사람들이다. 주류 밀매점에서 볼 것 같은 형태의 미닫이문에 비밀번호가 필요한 이유는 종종 길을 잃는 치매 환자들의 출입을 제한하기 위함이다. 안마사는 실제로 물리 치료사며 두툼하고 보기 좋은 유리컵에 담긴 칵테일은 주스나 건강 보조제다.

취미 활동이라는 옷을 입혀 기본 의료 서비스를 제공하고 목적과 경쟁, 사회적 상호 작용을 제공하는 이런 식의 접근법은 영리하다. 이곳은 카드놀이를 하는 양로원이라기보다 진짜 카지노처럼 느껴진다. 유일한 차이는 일본에서 도박이 불법이라 모든 거래가 "라스베이거스달러"로 이루어진다는 점이다. 노인 방문객들은 이 가짜 달러를 일당처럼 받아 마작이나 블랙잭, 파친코 게임을 한다(이곳 직원들은 예산을 세우고 집행하는 행위가 좋은 두뇌 훈련이라고 말한다). 함정이라면 그들이 스트레칭을 비롯해 손가락과 어깨 운동, 두뇌 훈련 퍼즐 같은 임무를 완수해야만 게임에 필요한 일당을 벌 수 있다는 점이다. 이 점을 제외하면 모형이나 가짜 장치 같은 것은 없다. 블랙잭 테이블은 무겁고 넓은 영구 구조물이고 파친코 기계 역시 도쿄의 오락 시설에서 볼 수 있는 종류다. "이곳의 모든 장비는 전문가급이죠"라고 모리는 이야기한다.

모리의 설명에 따르면 일본에는 최소한 5만 개의 주간 보호 시설이 존재하고 사람들은 자기 지역에 있는 여러 센터 중 어느 곳으로 갈지 선택할 수 있다. 노인은 비용의 10퍼센트를 선불로 내고 나머지 90퍼센트는 정부가 지원한다. ACA넥스트ACA Next가 운영하는 이 라스베이거스 주간 보호 시설의 테마가 있는 센터라는 아이디어는 효과가 좋았다. 센터가 이용자들에게 많은 인기를 얻으면서 회사는 이 콘셉트를 일본 전역에 대대적으로 확장할 계획이다.

테마가 있는 주간 보호 시설은 라스베이거스 센터의 게이머들에게도 효과가 있는 듯 보인다. 그들은 후기 고령자 시기의 후반 단계에 깊이 진입해 있을 만큼 나이가 많다(어느 순간에 블랙잭을 하던 한 노부인이 불안정하게 몸을 떨기 시작하자 딜러 역할을 하던 보호사가 급히 그녀를 침대에 눕히고 혈압을 측정한다). 그럼에도 그들은 현저하게 정신이 초롱초롱한 상태로 게임에 집중하며 행복해 보인다. 회사는 게임에 치료 효과가 있음을 확신한다. 회사의 광고 책자에는 향상된 인지 기능과 의사소통에 관한 정확하고 자세한 정보들이 가득하다. 모리는 운동을 하면 달러를 벌 수 있는 제도가 효과를 발휘한다고 설명한다. 이곳 이용자들은 하루에 평균 40분 이상 운동하는데 이는 전국 평균을 훨씬 상회한다. 게이머들이 매우 맵시 있어 보인다는 사실 역시 확실히 중요하다. 주간 보호 시설은 잘 보이고 싶은 친구와 경쟁자가 있는 곳이고 이곳을 방문하는 일은 옷을 차려입을 가치가 있는 중요한 행사인 셈이다.

일본 전체로 볼 때 이 모든 것의 진정한 시험 대상은 바로 비용이다. 노인에 대한 장기간의 보살핌은 사회 보장 예산이 급증한 이유 중 하나며, 이런 부담이 조만간 훨씬 가중될 것이라고 우려할 충분한 이유가 존재한다. 예컨대 일본은 앞으로 수백만 명의 보호사가 필요할 전망이지만 보호사 업무는 이곳에서 사람들이 피하고 싶어 하는 "3K"로 알려진 직장 범주에 해당한다. "3K"는 기타나이汚い, kitanai, 기켄危険, kiken, 기쓰이きつい, kitsui에서 유래했는데 대략 "더럽고, 위험하고, 고되다"라는 뜻이다. 이런 "3K" 역할을 수행할 젊은 사람을 충분히 모집하려면 급여와 정부 지출이 급증할 것이다.[17]

모리는 "돌봄 노동을 더 매력적인 일자리로 만들어야 해요"라면서 어느 주간 보호 시설의 관리자든 주된 도전 과제는 직원 유지라고 설명한다. 라스베이거스 주간 보호 시설의 보호사들은 이를테면 화장실에 가야 하는 노인 고객을 돕는 일처럼 매력적이지 않은 일상 업무를 수행한다. 하지만 하루의 상당 부분을 게임을 하면서 보낼 수 있고, 특히 젊은 블랙잭 딜러는 직장에서 즐거운 시간을 보내는 듯하다. 직원이 비슷한 인지 기능을 가진 게이머들로 세심하게 짝을 지어 주고 나면 대다수 테이블에서 게이머들은 매우 열중하기 때문에 보호사가 거의 필요하지 않다. 기쿠치 가즈코의 테이블도 열기가 뜨거웠다. 내가 작별 인사를 하자 80대의 이 마작 달인은 나를 자기 테이블로 부르더니 안경 너머로 쳐다보며 물었다. "말해 봐요. 영국 노인들에게 라스베이거스가 없다면 그 사람들은 도대체 뭘 하고 지내나요?"

삶의 마지막 단계를 책임지는
로봇 간병인

일본이든 어디든 삶은 결국 마지막 단계로 진입하기 마련이다. 이 단계에 이르면 주간 보호 시설에 다니기가 불가능하며 대신에 상시 개인 간병과 관찰이 필요해진다. 여기서 일본은 또 다른 중대 상황에 직면한다. 말기 단계의 간병은 대체로 환자에게 음식을 먹이거나 그들을 침대에서 욕조로 옮기는 것 같은 일대일 업무다. 이 또한 채용 담당자들이 인력 확보에 어려움을 겪는 "3K" 직업이다. 설령 그렇지 않다고 가정하더라도 이 일에 필요한 인력의 숫자가 얼마나 늘어날지 알기는 어렵다. 일본 의사들은 2040년까지 개인 간병인 수를 4배로 늘려야 할 것이라고 예측한다.

385

다른 나라들도 비슷한 상황에 직면할 것이다. 이탈리아, 스페인, 포르투갈을 통틀어 생각하면 2020년에서 2030년 사이에 65세 이상 인구는 320만 명이 증가할 것이다. 현재 해당 연령 집단의 약 20퍼센트는 전적인 또는 부분적인 보조가 필요하다는 점을 고려하면 64만 명의 새로운 돌봄 노동자가 필요하다는 뜻이다. 반면에 이 세 나라의 노동 연령 인구는 줄어들 것이다. 따라서 말기 단계에 딱 맞춘 간병 서비스를 제공하는 사람이 매우 부족할 것이다. 오늘날 일본 전역에서 발명가, 의사, 간병인이 하는 질문은 바로 이것이다. 개인 간병을 반드시 사람이 해야 하는가? 로봇이 해결책이 될 수는 없는가?[18]

도쿄에 위치한 실버윙 シルヴァーウィング 요양원의 환자들은 골드 시어터 배우들이나 라스베이거스 주간 보호 시설 게이머들과 비슷한 연령대지만 인생의 더 후기에 이른 사람들이다. 알츠하이머병과 이런저런 형태의 치매를 비롯해 각종 질환을 앓고 있는 그들은 이곳에서 치료를 받고 있다. 휠체어에 잔뜩 웅크리고 앉은 아흔 살의 나나코 다네코는 그녀 앞에 놓인 탁자와 눈이 거의 수평을 이루고 있다. 탁자 위에는 껴안을 수 있게 만든 물개 모양의 희고 커다란 장난감이 놓여 있다. 나나코는 치아가 거의 없고 눈이 희뿌옇지만 늘 미소를 짓고 대화를 즐긴다. 나는 그녀에게 장난감을 어떻게 부르는지 물었다. 그녀가 "보이boy"라고 대답했다. "내 보이예요!" 손을 내밀어 탁자에서 물개 인형을 잡아 자기 무릎 위로 끌어당긴 그녀는 크리스마스 선물을 받은 아이처럼 표정이 밝아졌다.

보이의 진짜 이름은 파로パロ, Paro고 가격이 5000달러나 나가는 매우 비싼 장난감이다. 산업기술종합연구소産業技術総合研究所의 지능 시스템 연구 부서에서 정부 지원을 받아 개발한 파로는 2009년 치료 보조물로 분류된 최초의 로봇이 되었다. 바꾸어 말하면 파로가 환자를 치료하는 능력이 있음이 증명된 것이다. 이 물개에는 털 안쪽과 콧수염 끝, 코에 초소형 센서들이 무수히 부착되어 있고 내장된 컴퓨터가 이 센서들을 통해 장난감을 껴안은 노인의 행동을 판단하고 반응

386

한다. 로봇을 친절하게 대하면 옹알옹알 소리를 내거나 부드럽게 꿈틀거리는 등 즐거운 소리와 동작으로 반응한다. 하지만 로봇을 때리거나 바닥에 떨어뜨리면 움츠러들거나 날카로운 비명 소리를 낸다. 그럼으로써 치매의 한 증상인 갑작스러운 분노 표출을 억제하는 데 도움을 준다.[19]

나나코 옆에서 또 다른 90대 여성 2명이 각자 자신의 파로와 놀고 있다. 겉으로 보기에 다 똑같이 생긴 물개 로봇들은 주인과 하는 반복 상호 작용을 학습해 기억하고 쓰다듬거나 때리는 행동에 반응하는 방식을 미세하게 변경한다. "기계 학습machine learning"이라고 알려진 이런 인공적인 지식 축적 과정은 로봇들이 각자의 주인에게 맞추어 진화하기 때문에 일정한 시간이 지나면 2개의 똑같은 파로가 존재할 수 없음을 의미한다. 임상 실험에서 파로를 이용한 노인 환자들은 대조군에 비해 말로 의사소통하는 데 더 능숙했고 훨씬 다양한 표정을 지을 수 있었다.

환자와 로봇의 공생 관계는 명백했다. 나나코가 나에게 자신의 파로와 놀아도 된다고 허락해 주었지만 물개는 낯선 손에 전혀 반응하지 않았다. 그녀가 어떻게 해야 하는지 보여 주었고 물개는 다시 살아났다. 이곳 보호사들은 로봇이 도움이 된다는 사실에 의문의 여지가 없다고 말한다. "나나코 씨도 많은 도움을 받았어요." 한 보호사가 말한다. "처음 오셨을 때는 전혀 말씀을 하지 않으셨거든요."

간병 로봇 사용에 관한 연구의 최첨단에 있는 실버윙요양원은 다양한 전문 기계를 사용한다. 근처 한 탁자에서 신체적으로 조금 더 안정적인(도움을 받지 않고 의자에 앉을 수 있다) 세 할머니가 로봇 강아지들과 놀고 있다. 아흔 살로 동갑인 오쿠보 기사와 요시자와 도시코는 강아지 로봇들을 바라보고, 말을 걸고, 쓰다듬는 데 온통 정신이 팔려 있다. 아이보AIBO라고 불리는 이 기계들은 소니에서 생산한 것이다. 삐 소리를 내거나 짖으면서 탁자 위를 이리저리 돌아다니는 이 로봇들은 파로보다 더 큰 소리를 내고, 더 활동적이고, 더 자유롭게 움직인다.

아이보에 내장된 인공 지능은 완벽함과 약간 거리가 있다(강아지가 탁자 밖으로 떨어지는 것을 막기 위해 커다란 고무 차단막이 탁자를 둘러싸고 있다). 하지만 파로와 마찬가지로 이 로봇 반려견들은 학습 능력을 가지고 있어 주인의 억양과 방언을 배울 수 있고 접촉과 소리에 반응한다. 파로의 경우와 마찬가지로 아이보와 하는 상호 작용은 두뇌 기능을 돕는 듯 보인다. 단기 기억력이 심하게 저하된 오쿠보는 처음 센터에 왔을 때 자신이 목욕한 사실을 잊어버린 채 하루 종일 다시 씻겨 달라고 요구하면서 시간이 지날수록 점점 더 괴로워했다. 그녀의 간병인 중 한 사람은 로봇 강아지가 제공한 자극과 집중이 이런 행동을 멈추게 했다고 말한다. 99세인 고타지마 아야코는 나에게 자신이 100세 생일을 고대하고 있지만 더 이상 걷지 못한다는 사실이 슬프고 더 젊었을 때 키우던 강아지들이 그립다고 말한다. 그녀의 아이보는 불완전한 대용물이지만 도움이 된다.

간병인을 돕는 로봇 동료

"노인을 돌보는 건 육체적으로 힘든 일이에요"라고 40대 간병인 스키모토 다카시가 말한다. 그가 비어 있는 침대로 다가가 노쇠한 환자를 들어 올리는 시늉을 하면서 침대에서 안아 올리기 위해 몸을 앞으로 구부리다가 얼마나 쉽게 허리를 다칠 수 있는지 보여 준다. 이런 문제는 매우 흔하게 발생해 간병인을 보호하기 위한 온갖 다양한 기계 장치가 경쟁적으로 개발되고 있다. 신체 능력을 강화해 주는 외골격 슈트인 엑소스켈러턴exoskeleton을 기반으로 하는 장치다. 명랑하고 잘 흥분하는 스키모토는 확실히 뛰어난 간병인이다. 또한 이런 기계 장치의 열렬한 애호가며 관련 주제로 이야기하는 것을 좋아한다.

그가 처음 착용한 로봇 형태 보조 장치는 도쿄이과대학東京理科大學, Tokyo University of Science을 모태로 한 기업 이노피스イノフィス, INNOPHYS에서 제작한 "머슬 슈트マッスルスーツ, Muscle Suit"였다. 등반용 안전벨트 climbing harness처럼 생긴 외관에 압축 공기로 작동하는 이 슈트는 부풀어 오르는 관이 엉덩이 둘레를 지나 위로는 허리, 아래로는 대퇴부 사두근까지 이어진다. 간병인은 노인 환자를 들어 올리기 위해 환자의 몸 아래로 손을 넣을 때 작은 튜브에 숨을 불어 넣어 슈트에 부풀어 오르라는 신호를 보낸다. 또 다른 보조 장치로는 사이버다인주식회사 CYBERDYNE, Inc.에서 제작한 "파워드 슈트パワードスーツ, powered suit"가 있다. 엉덩이와 허리 둘레에 착용하는 이 커다란 흰색 플라스틱 엑소스켈러턴(외골격 슈트)은 수동 신호가 필요 없다. 뇌가 보내는 전자기파를 읽어 간병인이 환자를 들어 올리려고 한다는 사실을 알아차리고

389

거기에 맞추어 작동을 개시한다. 이곳에서 일하는 직원들에 따르면 두 슈트 모두 허리에 가해지는 부담의 3분의 2를 줄일 수 있다.

페퍼Pepper는 이곳에서 가장 고전적인 로봇처럼 보이는 기계다. 신장 약 120센티미터인 작은 몸집이 하얀색 플라스틱 피부로 덮여 있다. 허리 위쪽은 인간의 외모와 비슷하다. 몸통과 손가락이 달린 2개의 팔, 머리와 얼굴을 가지고 있다. 요양 병동보다는 주간 보호 시설에 가까운 실버윙요양원 2층에서 일하는 페퍼는 환자들을 중앙 휴게실에 모여 앉게 할 수 있을 정도로 매우 잘 다룬다. 다른 엑소스켈러턴 기계와 마찬가지로 페퍼의 임무는 간병인들이 시간을 절약하고 더 생산적으로 일할 수 있도록 보조하는 것이다.

실버윙요양원에서 스기모토가 페퍼의 전원을 켜자 잠시 후 로봇의 눈에 불이 들어오고 손가락이 펼쳐진다. 로봇이 말을 시작하자 재촉하지 않아도 여성 환자들이 자신들의 의자와 휠체어를 살살 밀고 와서 반원 형태로 로봇을 마주한다. 로봇은 우선 약간의 팔 동작과 스트레칭을 보여 주고 환자들에게 동작을 단계적으로 자세히 설명한다. 그런 다음에는 〈봄이 왔다春が来た〉라는 동요를 부르기 시작한다. 2절로 접어들자 페퍼는 노래를 부르는 동시에 팔 스트레칭 동작을 반복하기 시작하고 대다수 여성이 로봇을 따라 한다. 동작을 따라 하지 않는 여성들도 미소를 지으며 박수를 친다. 남성들은 대부분 설득당하지 않은 듯하고 화난 표정으로 휴게실 뒤편에 앉아 있다. 하지만 페퍼가 활동을 주도하며 환자의 절반 이상을 즐겁게 해 주는 덕분에 스기모토는 동참하지 않는 환자들 사이를 빠르게 돌아다니면서 그들의 상태를 묻고 함께 스트레칭을 하도록 권유한다.

고령화가 일본에 야기한 노동력 부족과 빠듯한 예산이라는 경제적 도전은 간병에 로봇을 이용하는 방법이 왜 시도해 볼 만한 좋은 생각이며 유럽 고령자에게 인기를 끌 가능성이 많은지 암시한다. 페퍼 로봇은 1년에 6000달러 미만의 금액으로 대여할 수 있고 새로운 경쟁자들이 시장에 진출하면서 가격은 계속 떨어지고 있다. 반면에 2019년 일본 간병인의 평균 연봉은 350만 엔(약 3만 2000달러)이었고 꾸준히 상승하는 추세다. 이처럼 큰 금액 차이는 간병인 2명을 채용하는 데 부담을 느끼는 시설 관리자가 대신 간병인 1명과 페퍼 로봇 2대를 고용할 수 있고 그렇게 하고도 1년에 2만 달러를 절약할 수 있다는 뜻이다. 유용한 일을 할 수 있는 한 페퍼와 같은 로봇들은 일본에서 노동력 부족으로 생긴 공백을 메꾸는 동시에 예산 압박을 완화할 수 있다.

고령화 경제를 선도하는 산간벽지

고령화의 최첨단을 달리는 일본의 외딴 현 아키타는 인구통계학적인 유행을 선도한다. 이곳에서 고령화를 초래한 요인(장수와 낮은 출산율)은 다른 지역들이 내일 경험할 경제를 오늘 구현하고 있다.

아키타에서 얻는 첫 번째 교훈은 고령화 경제가 역설적이라는 사실이다(우리는 고령화 시대가 다가오는 것을 알면서도 충격을 피할 수 없다). 일본에서 내가 이야기를 나눈 노인들은 자신들이 이렇게 오래 살 줄 몰랐다고 말했는데, 이런 장수는 그들의 가족이나 마을, 도시에서 이전까지 본 적이 없는 현상이기 때문이다. 한 인생 주기 안에서 평균 수명의 급상승이 일어났다는 사실은 오늘날의 고령자 집단이 그들의 90대 이후 삶을 생산적으로 살아가기 위해 참고할 수 있는 롤 모델이 없음을 의미했다. 인구 감소 문제는 많은 지역에서 아직 일어나지 않았을 정도로 매우 새로운 현상으로 고령화 유행의 첨단을 걷는 일본에서조차 겨우 10년밖에 되지 않았다. 인구가 감소하고 고령화되는 세상은 조만간 도래할 것이다. 한국은 인구 팽창이 끝나는 시기가 약 10년 남짓 남았고 독일은 겨우 몇 년 남았을 뿐이다.

두 번째 교훈은 고령화 경제는 느리게 움직이는 트렌드로, 사람들이 준비되지 않았을 때 덮칠 것이라는 점이다. 고령화 경제가 가져올 압박은 경제학의 직관적인 "생애 주기 이론"을 통해 살펴볼 수 있다. 예상치 못한 고령화는 은퇴기를 대비해 평생 모아 온 자산 비축량이 너무 부족해지면서 정부 재정에 압박을 가할 것이고, 세대 간 불평등이라는 새로운 분열을 초래할 연금 부족과 돌봄 비용을 발생시킬 것이다. 아키타의 대다수 나이 든 주민들의 이야기는 생애 주기 아이디어(고령을 살아 내기 위해 완충 장치를 구축하는 것)가 경제 외 측면에도 그대로 적용됨을 보여 준다. 일본에서 한때 잘나갔던 샐러리맨들의 고독사와 자살률 증가는 현금뿐 아니라 사람을 비축할 필요성을 지적하고, 은퇴 이후 삶을 지속하는 데서 클럽과 인간 관계망, 사교 모임이 수행하는 역할의 중요성을 암시한다.

쉽게 접할 수 있는 고령화 통계들이 불러일으키는 불안감은 아직 준비되지 않은 사람과 나라가 많을 수 있다는 우려를 더욱 심화한다. 고령자 숫자와 그들을 돌보는 데 들어가는 막대한 비용은 마치 대처가 불가능한 도전을 제시하는 듯 보인다. 하지만 나는 일본에 머물면서 우리가 희망을 가질 몇 가지 명백한 이유를 발견했다.

이 책 1부와 2부에서는 대개 한 경제의 성공과 실패를 가르는 핵심 요인이 눈에 띄지 않는 경제 조직, 즉 신뢰와 협동과 공동 목표를 토대로 세워진 비공식 시장임을 보여 주었다. 마치 전쟁이나 재난처럼 큰 충격으로 다가오는 고령화는 노소 세대 간 갈등에도 불구하고 사회의 모든 구성원에게 공동 과제를 제시한다. 극한 경제들은 이런 도전이야말로 측정할 수 없는 경제, 다시 말해 재화와 서비스를 발명하고 고안하는 인간의 타고난 기질이 가장 잘 다룰 수 있는 종류의 문제임을 보여 준다. 아키타를 여행하다 보면 더 비관적인 보고서들에서는 언급하지 않는 다채로운 경제 활동을 목격하게 된다. 채소를 맞교환하는 모습부터 보육과 월세가 암묵적으로 거래되는 "셰어 하우스"에 이르기까지 다양한 비공식 시장이 존재한다,

고령화를 둘러싼 이런 협업 위에는 인도네시아나 멕시코 전체 경제 규모만큼이나 거대한 노인 경제가 공식적으로 존재한다. 일본의 장수 현상은 나이 든 시민들이 새로운 형태의 휴대전화, 지팡이 거치대가 설치된 현금자동입출금기, 노인 친화적인 소변기가 필요해졌음을 의미한다. 인구 감소는 진보된 로봇 간병인을 개발하는 것이 매우 중요하다고 이야기한다. 젊은이들은 이런 과제들 속에서 그들의 경력을 쌓아 가고 있다. 연금 수급자의 빈곤과 삐걱거리는 복지 국가에 대한 우려가 존재하는 것은 사실이다. 하지만 일본의 고령화 이야기는 사람들이 노년 생활을 돈이 적게 들고, 즐겁고, 건강하고, 생산적으로 만들기 위해 기발한 방법을 고안해 가는 이야기다.

393

그럼에도 나는 아키타를 여행하면서 한 가지 위험이 간과되고 있다는 생각이 들었다. 인구가 감소하고 있는 나라에서 많은 마을과 중소 도시와 대도시가 사라지는 것은 어쩌면 당연한 결말일 것이다. 나는 이 같은 명제에 반박할 근거를 찾기 위해 열심히 노력했지만 이런 지역의 사람들이 느끼는 부정적인 감정과 고민을 실질적으로 뒤집을 수 있는 어떠한 것도 찾지 못했다.

장기적인 관점에서 보면 인간이 지구에서 더 작은 면적을 차지하게 될 수 있다는 사실은 좋은 소식일지 모른다. 그러나 당장 아키타의 축소되고 버려진 지역 공동체는 황량하고, 우울하고, 유령이 나올 것 같았다. 이 문제와 관련해서는 다시 경제학의 기본 전제, 인간이 미래 지향적이라는 사실로 돌아가야 할 것 같다.

한 지역이 소멸을 향해 나아가고 있음이 분명해지면 시장은(그리고 지역 민주주의는) 완전히 붕괴한다. 오늘날 일본에서 일어나고 있는 이 문제는 포르투갈과 이탈리아로 빠르게 옮겨 가고 있으며 2030년이면 독일에도 영향을 미칠 것이다.[20] 요컨대 미래의 경제학은 수많은 지역에서 도시의 축소 문제를 관리하는 경제학이 될 것이다.

8장

디지털화의 최첨단

탈린

Tallinn

수송과 농업에서 이제 기계는 사실상 인간 근력의
필요성을 없애 버렸다. 인간은 무언가를 들고 옮기는 존재에서 벗어나
주로 켜고 끄는 존재, 맞추고 조립하고 수리하는 존재가 되었다.

바실리 레온티프, 《기계와 인간》, 1952[1]

화분 하나와 씨앗 하나뿐인
미친 아저씨

텔레비전 방송의 재능 대회에 참가하는 경우 간혹 난처한 상황이 벌어질 수 있다. 모든 쇼에는 으레 어릿광대와 같은 출연자가 있기 마련이다. 음치로 판명 나는 발라드 가수나 리듬 감각이 전혀 없는 춤꾼 같은 사람들이다. 당시 서른네 살이던 마티아스 렙Mattias Lepp은 2010년 에스토니아의 인기 텔레비전 프로그램 〈아유야트Ajujaht〉 예선에서 다른 경쟁자들과 만났을 때 어쩌면 자신이 이런 역할을 맡게 될지 모른다는 끔찍한 깨달음이 스멀거리기 시작했다. "나를 제외하고는 다들 20대의 젊은 친구들이었죠"라며 그가 당시를 회상한다. "내가 바로 어릿광대 참가자라는 생각이 들기 시작했어요. '나였네, 이 미친 아저씨 같으니.' 게다가 내가 가진 거라고는 작은 화분에 든 씨앗 하나가 전부였죠." 이 정도면 악몽일 법하지만 렙은 굴하지 않았고 몇 달 뒤 〈아유야트〉 우승자로 등극했다.

    에스토니아 수도 탈린에 위치한 자신의 사무실에서 매끈하고 간소한 책상 앞에 앉아 있는 렙의 모습은 전형적인 재능 대회 참가자처럼 보이지 않는다. 늘어진 회색 셔츠와 헝클어진 머리가 너무 자연스럽다. 그의 행동도 마찬가지다. 그는 플라톤과 세네카의 작품 읽기를 좋아하고 식물에 대해 생각하기를 좋아한다. 가장 좋아하는 휴가는 시베리아 황무지를 혼자 거니는 것이고 그러면 마음을 비울 수 있다고 그가 이야기한다.

    그를 승자로 만든 요인은 그가 가진 원대한 생각(식물을 기르는 새로운 방법)과 에스토니아가 혁신가를 사랑하는 나라라는 사실이었다. 많은 발명가가 참가하는 대회 중 하나인 〈아유야트〉는 "두뇌 사냥" 정도로 번역할 수 있다. 이 대회에서 우승한 렙은 상금 3만 유로와 언론의 집중 조명을 받았다. 7년이 지난 시점에서 그의 회사 클릭앤드그로Click and Grow는 35명의 직원이 근무하고 있으며 실리콘밸리의 유력 시드 머니seed money 스타트업 액셀러레이터Startup accelerators인 와이컴비네이터Y Combinator에서 받은 투자금을 비롯해 최근에 900만 달러의 자금을 조성했다.

렙이 나에게 자신의 발명품에서 전반부에 해당하는 부분을 보여 준다. 그것은 거인용으로 만들어진 거대한 해열 진통제 포장 같았다. 한 면은 평평한 은박지로 되어 있고 뒷면에는 일련의 커다란 플라스틱 방울이 튀어나와 있다. 다만 각 캡슐 안에는 알약 대신 마른 화분을 비우면 나오는 분형근盆形根 형태의 흙덩어리가 들어 있다. 사용자는 이 "스마트 토양"을 꺼내 발명품의 후반부 안으로 집어넣으면 되는데 후반부는 장차 식물(이 경우에는 바질)이 자라게 될 매끈하게 생긴 기계 장치다. 일단 전원만 연결하면 클릭앤드그로의 인큐베이터가 알아서 모든 일을 한다. 이 발명품에서 식물의 삶은 안락하지 않다. 원하는 화학 물질을 생산하는 반응을 활성화하기 위해 기계 장치가 결정적인 순간에 물과 빛을 차단함으로써 바질이 자라는 내내 스트레스를 가하기 때문이다.

이런 최신 재배 방식이 더 나은 식품을 생산한다고 설명하면서 렙이 노트북 컴퓨터에 자신의 주장을 뒷받침하는 도표를 띄운다. 분석에는 식물 속 화학 성분을 분리하고 수치를 추적하는 기술인 크로

마토그래피 분석법이 적용되었다. 바질에서 중요한 화합물은 건강 증진 효과를 낼 수 있는 항산화 물질인 로즈마린산이다. 컴퓨터 화면에 상점에서 구매한 바질의 로즈마린산 함량을 가리키는 작은 봉우리가 보였다. 클릭앤드그로 기계로 재배한 바질의 그래프는 매우 가파른 봉우리를 보여 주었다. 렙은 자신의 발명품을 "스마트 정원Smart Garden"이라고 부르면서, 이 에스토니아산 기계에서 재배된 바질이 상점에서 구매하거나 야외의 허브 정원에서 재배된 것보다 맛과 건강 측면에서 더 뛰어나다고 주장한다.

대량 실업과 디지털 격차
: 과학기술을 둘러싼 두려움과 우려

렙과 같은 과학기술 낙관론자들과 내가 일본에서 만났던 간병 로봇 발명가들은 그들의 발명품이 미래 경제가 직면하게 될 도전을 해결할 수 있으리라 생각한다. 하지만 과학기술의 발전은 또한 전 세계에서 두려움과 불확실성을 불러일으킨다. 선거와 사생활, 윤리 문제를 둘러싼 우려와 정치적 두려움 외에도 2가지의 깊은 경제적 우려 때문이다.

첫 번째는 대량 실업의 가능성이다. 소프트웨어나 기계 같은 노동력을 절감하기 위한 기술이 인간 노동자를 정리 해고할 것이라는 우려다. 자동화가 불러올 일자리 손실을 둘러싼 추산은 다양하지만 최근 연구들에 따르면 미국 노동자의 약 25퍼센트와 영국 노동자의 약 30퍼센트가 기계로 대체될 위험에 처할 것으로 보인다. 로봇들이 몰려오고 있으며 우리 일자리를 차지할 것이라는 이야기가 들려오는 이유다.

두 번째 두려움은 과학기술의 발전이 불공평하게 이루어져 이른바 "디지털 격차digital divide"(정보 격차)라는 새로운 형태의 불평등을 초래할 것이라는 전망에서 비롯된다. 이 같은 우려의 핵심은 과학기술이 가져오는 혜택이 다른 이들의 희생 위에서 젊은이와 도시인, 교육받은 사람, 부자와 같은 일부 집단에게만 우호적으로 작용할 것이라는 점이다.[2]

과학기술이 끼칠 영향을 둘러싼 우려는 탈린을 흥미로운 실험장으로 만든다. 아키타가 조만간 우리가 경험하게 될 고령화 경제를 엿볼 기회를 제공하듯이, 탈린은 디지털 경제의 극한 미래를 보여 주는 창이다. 탈린은 과학기술의 최첨단을 걷고 있으며 우리 경제에서 이제 겨우 유행하기 시작하는 것처럼 보이는 많은 과학기술을 진작부터 채택해 왔다. 에스토니아 정부는 나름의 타당한 이유에 근거해 스카이프 본사가 있는 곳으로 유명한 이 도시를 "스타트업 천국start-up paradise"으로 만들기 위한 지원을 아끼지 않고 있다(탈린은 인구 대비 새로 설립되는 기업 수가 세계에서 가장 많은 도시 중 하나다).

하지만 정부가 기대하는 과학기술의 역할은 에스토니아를 실리콘밸리와는 다른 유형의 선도 지역으로 부각시킨다. 탈린은 세계 어느 곳보다 다양한 정부 서비스가 온라인으로 제공되는 세계 최초의 디지털 정부가 들어선 곳이며 가장 먼저 완전한 디지털 시민권을 구축한 도시다.[3]

경제와 정부 전반에서 이루어지는 과학기술의 포용은 그 자체

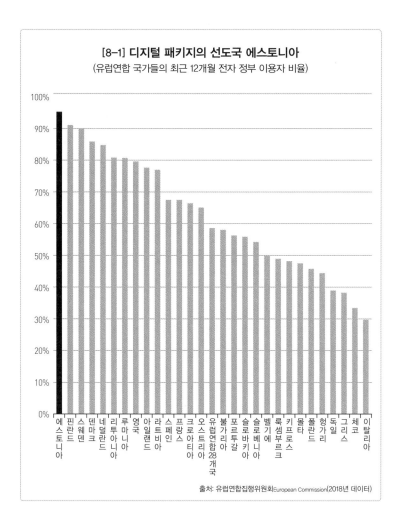

[8-1] 디지털 패키지의 선도국 에스토니아
(유럽연합 국가들의 최근 12개월 전자 정부 이용자 비율)

출처: 유럽연합집행위원회European Commission(2018년 데이터)

로 에스토니아를 연구할 가치가 있는 유행의 선도 지역으로 만든다. 그런데 이 나라를 2배로 흥미로운 대상으로 만드는 갈등이 이곳에 존재한다. 에스토니아는 최신 과학기술 분야의 전문가들에게 세계적인 핫 스폿으로 여겨진다. 하지만 동시에 비록 그보다 덜 부각되지만 세계에서 가장 분열된 국가 중 하나로 유명하다. 1944년에서 1991년까지 공산주의 소련의 수많은 위성국 중 하나였던 이 나라에는 여전히 언어와 인종, 문화에서 분열이 남아 있다.

이 작고 분열된 나라는 어떻게 그토록 거대한 과학기술의 약진을 이룰 수 있었을까? 아울러 이 나라의 가장 똑똑한 시민들이 추구하고 있는 유토피아는 정말로 에스토니아의 미래가 될 수 있을까?

스마트 농장의 꿈
: 어디든 텃밭이 된다

렙의 목표는 단지 경쟁 상대보다 더 맛있고 건강에 좋은 식자재를 생산하는 것에 그치지 않는다. 그는 여기에 더해 재배 비용을 낮추고자 한다. 그가 처음 발매한 스마트 정원은 각 가정의 창가나 책장에서 허브를 재배할 수 있도록 고안된 작은 장치였다. 장치는 하나에 60달러에 판매되고 18개 식물을 재배할 수 있는 1년 치 캡슐 가격도 동일하다.

이 다음 단계는 거대한 공장 규모의 장치인 "스마트 농장Smart Farm"을 제공하는 것이다. 새로운 장치의 청사진에 따르면 식물이 자라는 일련의 선반들이 마치 여러 층으로 된 컨베이어 벨트처럼 길게 이어지는 전등 아래를 천천히 움직인다. 기계의 한쪽 끝에는 미리 씨앗이 심어진 새 토양 캡슐들이 놓여 있다. 이 캡슐들이 반대편에 도착할 즈음에는 선반에 충분히 따 먹을 수 있을 만큼 자란 식물이 가득할 것이다.

렙은 NASA(미국항공우주국)로부터 처음 이 아이디어에 관한 영감을 얻었다. 하지만 우주에서 식물을 기르기 위해 고안된 토양 시스템을 개선할 필요가 있었다면서 3년에 걸쳐 공정을 수정한 끝에 이를 완성했다고 설명한다. 그의 장치는 조정이 가능하기 때문에 식물이 장치를 통과할 때 각 식물 종을 적합한 스트레스에 노출시킬 수 있다. 요컨대 사용자가 잎채소부터 방울토마토, 고추, 딸기에 이르기까지 다양한 식용 식물을 동시에 재배할 수 있다는 뜻이다. 클릭앤드그로에서 개발한 장치는 우주에서 사용할 목적으로 고안된 것이 아니다. 장치에 내장된 전등 덕분에 북유럽의 고층 아파트에 사는 누구든 미모사나 페퍼민트, 오레가노와 같은 지중해 식물을 재배할 수 있다.

에스토니아의 과학기술 전문가들은 하나같이 장밋빛 최종 단계를 염두에 두고 있으며 렙도 다르지 않다. 그는 부유한 나라들의 저소득층이 먹는 부실한 식단을 언급하면서 식량 낭비와 부족이 자신에게 동기를 부여했다고 말한다. 그는 개발도상국들에 막대한 양의 "가미카제 씨앗들"을 판매하는 거대 농업 회사들에 비판적이다. 이런 씨앗들은 단 하나의 식물만 생산하도록 개량되었기 때문에 다음번 경작을 위한 씨앗을 남기지 않으며, 따라서 소비자는 공급자에게 매번 씨앗을 구매할 수밖에 없다.

그는 식물 품종이 사라지고 있는 현실도 개탄한다. "우리 에스토니아 사람들은 한때 식용으로 사용할 수 있는 150가지의 야생 식물 종을 알았고 먹었지만 지금은 30가지 정도만 남아 있으며 먹는 법을 아는 식물은 겨우 15종에 불과해요." 그는 자신의 장치를 이용해 사라진 종을 복원할 수 있기를 기대하며 자신의 장치가 어느 기후에 살든 누구나 직접 건강한 식품을 재배할 수 있다는 의미라고 말한다. 그의

403

장기 목표는 최대한 큰 기계를 만들어 비용을 낮추고 종국에는 비타민이 가득한 식재료를 누구나 무료로 이용할 수 있을 만큼 지극히 효율적이고 완벽하게 자동화된 기계를 만드는 것이다.

소련 치하의 비참했던 시절

인구수로만 보면 에스토니아는 모리셔스나 키프로스와 같은 작은 섬나라와 비슷한 130만 명을 보유한 세계 155번째 나라다. 하지만 정부가 주도하는 디지털 과학기술과 혁신 측면에서 보자면 헤비급에 속한다.

세금 업무는 서류 작업의 94퍼센트가 온라인으로 처리되어 종이가 거의 사용되지 않는다. 에스토니아 사람들은 휴대용 컴퓨터로 투표를 할 수 있기 때문에 세계 어디서든 투표를 할 수 있다. 내각의 모든 문서가 전자화된 2000년 이후로 정계에서도 종이가 사용되지 않는다(영국 의회는 1년에 1000톤의 종이를 소비한다). 법률 문서 역시 스마트폰을 통해 디지털 방식으로 서명이 이루어진다. 에스토니아에서 온라인으로 처리할 수 없는 유일한 공식 업무는 결혼과 이혼, 주택 구매다.

탈린에서 나는 에스토니아의 디지털 정부를 구축하는 과정에 참여했던 정부 고문 리나르 비크Linnar Viik를 만났다. 그는 대담해 보일 만큼 적극적으로 과학기술을 채택한 에스토니아의 행보를 이해하려면 먼저 이 같은 행보를 이끌어 낸 심리를 이해하고 이런 행보가 필요에 따라 만들어졌음을 알아야 한다고 말했다.

독립 국가였던 에스토니아는 1940년에 소련(소비에트사회주의공화국연방)으로 합병되었고 이후 나치 독일에 점령되었다가 1944년에 다시 스탈린 치하로 들어갔다. 영토 크기에서 에스토니아소비에트사회주의공화국은 소련의 500분의 1(0.2퍼센트)에 불과했다. 하지만 이 작은 나라는 톱니바퀴처럼 굴러가는 소련의 경제 제도에서 이내 없어서는 안 될 톱니가 되었다.

변화 과정은 매끄럽지 않았다. 그중에서 농업은 개인 농장이 "콜호스kolkhoz"(집단농장) 체제로 바뀌면서 가장 급진적인 변화를 맞이했다. 농지가 국가에 귀속되면서 성공적으로 개인 농장을 운영하는 농부는 모두 인색하거나 이기적이라는 의미의 "쿨라크kulak"(부농)로 낙인찍혔다. 1949년 3월 들어 불과 나흘 만에 2만 명이 넘는 에스토니아인 쿨라크가 체포되었고 특별 열차에 태워져 5000킬로미터가 넘게 떨어진 하바롭스크나 크라스노야르스크 같은 시베리아 도시로 추방되었다.

북동 연안을 따라 공장들이 건설되면서 에스토니아의 산업 기지에도 변화가 일었다. 쿤다Kunda에는 거대한 시멘트 공장과 펄프 공장이 들어섰다. 풍부한 오일 셰일 매장층을 보유한 코흐틀라얘르베Kohtla-Järve는 중요한 에너지 공급원이 되었다. 한때 차이콥스키를 비롯해 러시아의 문화 엘리트들이 휴가를 보냈던 평화로운 휴양지 실라매에Sillamäe는 우라늄 농축 기지로 용도가 변경되었고 매우 비밀스러운 작업의 특성상 지도에서 자취를 감추었다.

소련 지도부가 계획한 경제 형태는 에스토니아에 재앙이었다. 농업 집산화는 원래 소규모 농가들을 더 큰 집단농장으로 묶음으로써 농장 수를 줄이고 효율성 증대를 가져왔어야 했다. 하지만 오히려 농업 생산량이 반 토막 나는 결과로 나타났다. 뒤이은 식량 부족난은 에스토니아의 공산주의를 뿌리부터 뒤흔들었다. 이 기간 동안 사람들은 오직 (불법) 개인 농장 조직을 통해서만 생존할 수 있었고 비공식 농업 생산망이 국가의 공식 농업 조직과 병행 가동되었다. 1980년대 말에 이르러 소련제국이 비틀거리기 시작하자 에스토니아소비에트사회주의공화국의 북동 지역에 건설되었던 공업 도시와 군사 도시는 방치된 채 쇠퇴하고 녹슬어 갔다.[4]

에스토니아인들은 그들의 운을 평가할 때 발트해의 좁은 만 너머 나라 핀란드와 비교하는 경향이 있다. 소련 지배 아래서 비교 결과는 처참했다. 1939년까지 비슷한 생활 수준을 보이던 두 나라의 1인당 국민 소득은 1987년에 이르자 핀란드가 1만 4000달러인 반면 에스토니아는 2000달러에 불과했다. 1991년에 독립을 쟁취했을 때 에스토니아에 남은 것은 비효율적인 농장과 가동을 멈춘 공장뿐이었다. 상점에 물건이 거의 없었고 필사적인 소비자들이 생필품 가격을 올려 부르면서 물가가 치솟았다(1992년 1000퍼센트가 넘는 인플레이션을 기록했다). 한때 상트페테르부르크의 시인과 화가, 작곡가에게 사랑받았던 실라매에의 해변은 비밀 우라늄 사업이 남긴 핵폐기물에 오염된 채 방치되었다.

젊은 정부, 과학기술에
깜깜이 베팅하다

새로 출범한 국가는 대담하고 과감했다. 아픈 과거를 잊으려는 갈망이 급진적이고 새로운 아이디어를 쉽게 포용하도록 만든 한 가지 이유였다. 에스토니아의 대다수 40대와 50대는 1991년을 "완전한 단절clean break"의 시기로 언급한다. 사람들이 구체제에 관련된 기억은 무조건 떨쳐 버리기를 원한 것이다.

옛 에스토니아소비에트사회주의공화국의 정치 계급은 모스크바로부터 선택받은 사람들이었고 KGB(소련국가보안위원회)와 접점을 가진 당원들이었다. 따라서 성공하려면 그들과 함께 일해야만 했다. "권력을 쥐었던 사람은 물론이고 구체제에서 성공한 사람은 누구나 불신의 대상이 되었다는 뜻이죠"라고 탈린에서 활동하는 한 투자자가 회상한다.

에스토니아가 보여 준 대담한 행보는 새로운 나라가 젊은 사람들의 손에 들어갔다는 사실에서도 기인했다. 에스토니아의 초대 총리인 마르트 라르Mart Laar가 정권을 잡았을 때 그의 나이는 서른두 살이었다. 역사가이자 철학자인 라르는 책을 집필하고 강의하면서 20대를 보냈다. "우리가 일을 시작했을 때 이곳 정계는 마치 동물원 같았어요. 온갖 종류의 사람들이 참여하고 있었죠"라고 정부 고문 리나르 비크가 에스토니아의 헌법을 기초한 다양한 전문가 집단을 회상하며 설명한다. "작곡가를 비롯해 미술가, 작가, 공학자, 화학자, 핵물리학자, 시인 등이 있었습니다. 정치학을 공부한 사람은 거의 없었어요."

그의 말은 오히려 멋지게 들렸다.

그들이 직면한 문제는 국민의 기대는 하늘을 찌르지만 국가는 위기에 처해 있다는 사실이었다. 에스토니아 정부의 최고정보책임자 chief information officer, CIO 심 시쿠트Siim Sikkut는 그들이 겪은 어려움을 설명하면서 이렇게 말한다. "국민들은 에스토니아가 곧장 완전한 자립 국가로 거듭나기를 기대했습니다" 하지만 소련 붕괴 이후 이 발트해 국가에는 필요한 것이 많았다. 지리적 여건상 국방은 중요했고 돈이 많이 들었다(이 점은 지금도 마찬가지다). 유권자들은 북쪽의 스칸디나비아 국가들을 보면서 탄탄한 복지 제도, 수준 높은 공교육, 양질의 의료 서비스를 요구했다. 하지만 오랜 세월 소련 통치를 겪으면서 에스토니아 사람들은 지나치게 큰 정부를 경계하게 되었고 따라서 스웨덴식 과세 제도가 대중적 지지를 얻기란 불가능했다. 게다가 에스토니아를 둘러싼 이웃 나라들은 전부 휘청거리고 있었다. 소련 치하에서 벗어난 15개 국가들은 1992년 하나같이 불황에 빠졌다. 2000년에 이르자 에스토니아와 이웃한 신생 독립 국가들은 1인당 GDP가 평균 30퍼센트 감소했다. 심지어 우크라이나는 절반까지 줄었다.

에스토니아를 운영하는 젊은 집단은 즉각적인 아이디어가 필요했다. 그들의 정책 중 일부는 정통적이고 평범한 경제적 조언을 따랐다. 새로운 과세 제도는 세계에서 가장 단순한 편에 속했고 국가의 재정 지출을 감독하기 위한 독립 감시 기구가 설치되었다. 그러나 무엇보다 놀라운 행보는 모든 정부 부처와 경제 영역에서 과학기술을 전폭적으로 수용하고자 노력한 것이었다.

리나르 비크는 정부의 초기 경제 전략을 떠올리며 "우리는 기본

408

적으로 과학기술에 깜깜이 베팅을 했죠"라고 말한다. 1990년대 말 에스토니아는 전체 학교의 97퍼센트가 인터넷에 연결되고, 초등학생들에게 코딩을 가르쳤으며, 디지털 기반 시설에 상당한 예산을 투자하고, 과학기술에 투자하는 기업을 지원하기 위한 여러 법안이 채택된 상태였다. 에스토니아는 소련 지배에서 벗어난 첫 10년 안에 경제가 성장한(14퍼센트나 성장했다) 유일한 국가가 되었고 발트해의 호랑이로서 계속 상승세를 이어 가는 중이다. 1987년 2000달러에 불과했던 1인당 GDP가 2018년에는 2만 2000달러로 늘어나 그들이 경쟁 상대로 생각하는 핀란드를 따라잡기 시작했다.[5]

에스토니아의 도박과 이 도박이 경제에 끼친 영향을 돌아보며 프로젝트의 초기 설계자 중 하나인 비크는 다음과 같이 경고한다. "과학기술은 단지 가속 장치에 불과하며, 따라서 낡은 업무 방식에 과학기술을 적용할 경우에는 비효율성을 증폭시킬 뿐이죠." 정치적·경제적 힘으로서 경제 디지털화는 미묘하고 복잡하다. "과학기술은 선하지도 악하지도 않죠. 그렇다고 절대 중립적이지도 않습니다"라고 비크는 말한다.

엑스로드 시스템
: 개인 정보를 지키는 안전장치

에스토니아 사람에게 정부에서 발행한 신분증을 보여 달라고 부탁하면 으레 미소를 지으며 선뜻 꺼내 보인다. 옅은 파란색 플라스틱 카드는 특별히 주목받을 만한 외관은 아니다(영국이나 미국의 운전면허증과 유사하지만 직불 카드처럼 전자 칩이 내장되어 있다). 하지만 모든 온라인 정부 서비스에 접속할 수 있는 이 전자 신분증의 위력은 대단하다.

그들이 미소를 짓는 건 이 신분증 덕분에 많은 시간을 절약할 수 있기 때문이다. 나이 든 사람들은 소련이 통치하던 시절과 비교한다. "모든 일에 줄을 섰던 기억이 납니다"라고 한 탈린 시민이 말한다. "몇 시간을 서서 기다리다가 나중에야 점심을 먹으러 간 정부 관리가 아직 돌아오지 않았음을 알게 되는 경우도 있었고, 빨리 처리하고 싶으면 뇌물을 달라고 요구하는 관리도 있었죠." 젊은 에스토니아인들이 진심으로 혜택을 실감하는 순간은 외국에 나갔을 때다. 다른 나라에서 차를 팔거나, 은행 계좌를 개설하거나, 임대 계약서에 서명하는 일이 종이를 기반으로 하는 괴롭고 더딘 작업이라는 사실을 깨달을 때 말이다. 그에 비해 에스토니아에서는 휴대용 컴퓨터와 전자 신분증을 이용해 이런 일을 훨씬 빠르고 간단하고 처리할 수 있다.

"에스토니아 사람들은 인내심이 없고 쉽게 지루해 하죠"라고 라이트 란트Rait Rand가 말한다. 탈린에서 활동하는 발명가인 그는 새로운 유형의 의료 장비로 2017년 〈아유아트〉 대회에서 우승했다. 그는 전자 신분증이 이런 국민 정서와 잘 맞는다고 설명한다. 전자 신분증 제도의 기본 원칙에 따르면 정부는 시민에게 단 하나의 정보(예컨대 생일이나 혈액형, 주소, 운전면허증 번호 등)를 단 한 번만 요청할 수 있다. 만약 관련 정보가 정부의 어떤 웹사이트에든 이미 입력된 적이 있다면 정부는 정보를 또 요구할 수 없고 해당 자료를 자체 기록에서 가져와야 한다.

이런 방식은 미국이나 영국의 관공서 업무 디지털화 시도와 극명한 차이를 보인다. 이들 국가에서는 관공서에 있던 긴 대기 줄이 끝없이 기입해야 하는 긴 온라인 양식으로 단순히 대체되었을 뿐이다. 에스토니아에서는 법적으로 사람을 대신해 정부 컴퓨터가 양식을 기입하도록 되어 있다. 과학기술이 이런 식으로 시간을 절약해 줄 때 사람들은 대체로 그 기술을 수용하는 경향을 보인다.

에스토니아는 또 최근 많은 논란의 중심에 있는 주제인 개인 정보를 취급하는 과학기술에 대한 신뢰를 어떻게 구축해야 하는지 보여 준다. 시스템의 광범위한 촉수들(전자 신분증은 정부와 하는 모든 상호 작용과 연결되어 있다)은 오웰식(영국 작가 조지 오웰이 소설《1984년》에서 국민을 완전히 통제하는 정부를 묘사한 데서 나온 표현-옮긴이)이고 위험해 보인다. 혹시 시스템이 고장 나거나 오남용되면 어떻게 될까? 에스토니아 사람들은 이 문제를 그다지 걱정하지 않는다. 국민의 97퍼센트가 전자 신분증을 가지고 다닐뿐더러 대부분이 다른 사람에게 설명해 줄 수 있을 만큼 시스템의 안전장치에 대해 잘 알고 있기 때문이다.

공격에 대비한 첫 번째 안전장치는 시스템이 "분해"되기 때문에 자료를 저장하는 중앙 보관소가 없다는 점이다. 각 정부 부처는 자신들이 수집한 자료만 저장할 뿐 모든 자료를 모아 놓는 중앙 허브가 없다. 대신에 어떤 기관이 누군가의 자료가 필요한 경우 해당 자료를 맨처음 수집한 정부 부처에 요청해야 한다. 자료는 요청되는 순간 "엑스로드X-Road"라고 불리는 시스템을 통해 전송되고 곧 삭제된다. 예컨대 교통부는 누군가에게 속도위반 딱지를 보내려고 할 때 우편등기소에 그 사람의 주소를 엑스로드를 통해 제공해 달라고 요청해야 하고 사용 후에는 반드시 해당 자료를 파기해야 한다. 이 모든 과정은 순식간에 진행되며 해커들이 공격할 만한 중앙의 귀중한 자료들은 아예 존재하지 않는다.

두 번째 안전장치는 시스템을 사용하는 누구든 "디지털 발자국 digital footprint"을 남긴다는 점이다. 한 사람의 자료가 검색되거나, 사용되거나, 또는 변경될 때마다 온라인으로 확인할 수 있는 개인의 "데이터 로그data log"에 기록이 생성된다. 따라서 모든 시민은 자신에 관해 조회된 사항을 전부 찾아볼 수 있고 여기에는 누가 정보를 요청했는지도 포함된다. 마지막으로 에스토니아 국민에 관한 자료를 보유한 모든 기관은 그 정보를 신분증 번호에 연결해 개인의 데이터 로그에 표시해야 한다. 탈린에 거주하는 한 젊은이의 설명이다. "이런 식으로 나는 정부를 통제할 수 있어요. 정부가 나에 대해 무엇을 알고 있는지 정확하게 알기 때문이죠."

지금에 이르기까지 초창기에는 난관이 많았다. 그중 하나는 시스템이 너무 유행했다는 것이었다. 장관들과 관료들이 시스템을 도입하는 데 너무 열의를 보이면서 때로는 왜 그래야 하는지도 모른 채 "모든 곳에서 디지털화가 진행되고 있었죠"라고 비크는 이야기한다. 그리고 그 과정에서 실수가 빚어졌다. 2000년대 초에 에스토니아 국경수비대의 컴퓨터 시스템이 고장 나는 사건이 발생했다.

가장 걱정스러운 사건은 내부에 공모자가 존재하는 경우다. 예컨대 2007년 지방 선거에서 한 후보자는 탈린 외곽에 거주하는 러시아계 연금 수급자들을 표적으로 삼아 그들에게만 홍보 우편물을 보냈

412

다. 홍보물은 특정 유형의 가정에만 발송되었고 이는 누군가가 불법으로 주소 목록과 민족 배경을 검색했음을 암시했다. 이 사건은 심각한 결함을 드러내는 한편으로 시스템의 안전장치가 작동하는 방식을 입증했다. 공무원들이 데이터 로그를 조사해 누가 해당 정보를 검색했는지 확인하기까지는 30분이 채 걸리지 않았고 경찰이 그들을 체포할 수 있었다. 비크는 그 사건을 회상하며 "디지털 세계에는 항상 흔적이 남죠"라고 말했다.[6]

하지만 이 나라의 경제와 정치 분야에서 과학기술이 수행하는 역할에 에스토니아의 모든 사람이 만족하는 것은 아니다. 에스토니아의 경제 상태에 대해 질문받으면 일부는 시큰둥한 반응을 보인다. "과학기술과 관광, 그게 다죠"라고 한 상점 주인이 대답한다. 그리고 탈린 시민들은 전자 신분증을 좋아하면서도 공공 서비스의 디지털화가 정부 역할 축소를 뜻한다는 사실 또한 알고 있다. 공공 기관 직원을 대신할 소프트웨어를 구축하거나 버스 기사를 대신할 로봇을 발명하는 과학기술 기업들은 일자리 파괴 집단처럼 보일 수밖에 없다. 조만간 사라질 일자리를 둘러싼 미국이나 영국의 적나라한 전망이 보여주듯이 이런 상황은 전 세계적인 걱정거리다.

에스토니아 정부는 과학기술에 "깜깜이 베팅"을 함으로써 자국을 과학기술이라는 급류 너머로 누구보다 먼저 파견된 일종의 희생양으로 만들었다. 그 뒤를 따르는 우리는 에스토니아가 어떻게 해 나가는지 유심히 지켜볼 필요가 있다.

413

노동의 종말
: 배달 로봇이 물류 인력을 대신할 때

탈린 구시가지 서쪽의 주택 지역 무스타매에Mustamae에 위치한 사무용 건물 외부에 주차한 나는, 과학기술이 일자리에 미치는 영향을 둘러싼 논쟁의 중심에 있는 한 로봇과 마주쳤다. 스타십테크놀로지스Starship Technologies가 제작한 이 로봇은 아이스박스와 원격 조종 자동차 사이에서 태어난 것처럼 보였다. 몸체가 사람 무릎 높이까지 오는 모서리가 곡선 처리된 하얀 용기인 로봇은 검은색 타이어로 된 6개의 바퀴로 움직인다. 오른쪽 뒤편 모서리에 달린 안테나가 사람 머리 바로 아래 높이까지 솟아 있으며 끝에는 오렌지색 작은 삼각 깃발이 달려 있다.

이 소형 자동차의 디자인은 친근한 미래상을 떠올리게 한다. 터미네이터 쪽보다는 젯슨 가족The Jetsons(미국의 애니메이션 시트콤으로 주인공들이 바퀴 달린 작은 우주선을 타고 다닌다-옮긴이) 쪽에 가깝다. 자세히 들여다보면 기계의 정교함이 드러나기 시작한다. 로봇 몸체의 앞쪽 테두리에 여러 가지 센서들이 부착되어 있다. 8대의 카메라를 비롯해 전파탐지기와 마이크 그리고 스타십테크놀로지스의 설립자 아티 헤인라Ahti Heinla가 기밀이라 밝힐 수 없다고 말한 다른 센서들이다. 이 모든 것이 필요한 건 이 로봇이 배달 로봇이기 때문이다. 다시 말해 로봇이 어디로 가고 있는지 보는 것이 매우 중요하다.

〈아유야트〉 대회에 출전한 적은 없지만 헤인라는 확실히 에스토니아에서 가장 뛰어난 두뇌를 가진 사람 중 하나다. 그는 10살에 컴퓨터 코딩을 하기 시작했고 20대에 동업자 야누스 프리스Janus Friis와 함께 카자Kazaa(냅스터Napster와 유사한 초기의 불법 파일 공유 사이트)를, 나중에는 스카이프를 공동 창립했다. 180센티미터를 훌쩍 넘는 키와 뚜렷한 이목구비에 금발까지 영락없는 북유럽 사람이다. 그는 고급 맞춤 정장 바지에 색이 바랜 티셔츠를 입고 있다. 반은 컴퓨터광처럼 보이고 반은 사업가처럼 보이는데 이는 수익성이 매우 뛰어난 조합이다. 보도 자료에 따르면 스카이프는 2005년 이베이에 26억 달러에 최초 매각되었고 이후 개인 소유주에게 매각되었다가 2011년 다시 마이크로소프트에 85억 달러에 매각되었다. 초기에 합류해 회사가 성공 가도를 달리는 내내 지분을 보유했기에 헤인라는 수백만장자일 것으로 여겨진다. 공동 투자자인 프리스는 10억 달러 이상을 소유한 자산가다.

그들의 재력은 탈린의 혁신가들이 원대한 아이디어를 추구하는 데 필요한 자원을 제공한다. 헤인라가 "이 사업의 비전은 물류가 여전히 주로 인력을 기반으로 한다는 사실에서 시작되죠"라고 말하며 인터넷을 통해 구매한 물건이 전형적으로 거치는 여정을 빠르게 살펴본다. 온라인으로 구매한 물품은 인간에 의해 창고에서 반출되어 트럭에 실리고 집하장에서 인간에 의해 분류된 다음 다시 인간이 운전하는 배달용 밴에 적재된다. "하지만 20년 뒤에는 이 연쇄 과정의 모든 단계에서 로봇이 이용될 겁니다"라고 그는 전망한다.

스타십테크놀로지스와 같은 회사들이 가장 궁금해하는 점은 연쇄 과정의 최종 연결 단계(지역 집하장에서 고객의 문 앞까지 가는 마지막 여정)가 과연 자동화될 수 있는가 하는 것이다. 물류 전문가들은 이를

"최종 단계 문제last-mile problem"라고 부르면서 해결하기 위해 서두르고 있다(최종 단계 문제는 아마존과 우버가 배달 드론에 투자하는 이유다). "이 단계는 물류 여정에서 가장 어려운 부분이에요. 최종 단계는 자동화하기가 가장 까다로운데, 단순히 길에서 발생할 수 있는 예측 불가능한 일들이 더 많기 때문이죠"라고 헤인라는 말한다. 최종 단계는 또 돈이 가장 많이 드는 단계다. 트럭을 운행하는 비용은 화물칸에 실린 수백 개의 물품으로 분산된다. 반면에 인간이 단 하나의 물품을 소비자의 문 앞까지 가져가야 하는 경우에는 비용 분산이 없다. 만약 작은 배송 로봇이 길에서 맞닥뜨릴 복잡한 상황을 해결할 수 있다면, 그리고 트럭이나 밴은 비교적 자동화하기 쉽다는 헤인라의 말이 옳다면 인간이 물건을 배달하는 시대는 곧 끝날 것이다.

배달이 자동화된 세계를 둘러싼 전망은 흥미로운 동시에 두려움을 자아낸다. 여러 연구에 따르면 자동화가 대대적인 일자리 감소를 불러올 수 있기 때문이다. 수송과 물류는 거대한 고용주다. 미국에는 현재 400만 명에 달하는 사람들이 헤인라가 가까운 미래에 자동화될 것으로 예측하는 직군의 일에 종사하고 있다. 이 수치는 미국 전체 노동자의 4퍼센트에 해당하며 트럭 수송에 관련된 150만 명을 비롯해 편지와 물품 배달원 63만 명, 학교 버스와 일반 버스 운전사 14만 명, 택시와 리무진 운전사 7만 5000명 등이 여기에 포함된다. 영국은 이보다 더 높은 비율(6퍼센트)의 노동자가 해당 직군에 종사하고 있다. 물류 자동화는 수백만 명에 달하는 사람들의 근로 생활에 근본적인 변화를 가져옴으로써 경제에 커다란 충격을 줄 것이다.

에스토니아도 예외가 아니다. 영국과 마찬가지로 에스토니아는 전체 노동자 중에서 6퍼센트에 달하는 거의 3만 9000명이 수송이나 물류 직군에 종사한다. 탈린에는 중년 택시 기사들이 가득하고 수백 명의 젊은이가 자전거로 탈린을 부산하게 오가면서 패스트푸드 주문 앱인 월트Wolt를 통해 주문한 사람들에게 음식을 배달한다. 혹시 로봇이 이런 일자리들을 차지해 밴을 운전하거나 편지나 물품을 배달할 사람이 필요 없어진다면 그들은 생계를 유지할 다른 방법을 찾아야 할 것이다.[7]

스타십테크놀로지스 사무실에서 탈린 도심으로 돌아올 때였다. 전차가 내 앞을 쌩하고 지나갔다. 운전하는 사람이 없는 자동화된 전차였다. 과학기술에 대한 에스토니아의 깜깜이 베팅은 천재적인 행동일까? 아니면 미친 짓일까?

인간 대 기계, 갈등의 역사

아키타와 같은 연금 수급자 경제로 나아가는 추세는 20세기 말에 나타난 비교적 새로운 현상이다. 반면에 과학기술과 노동력의 문제는 최소 300년 이상 된 것이다.

에스토니아가 현대의 발명품을 연구하기 위한 페트리 디시Petri dish(미생물 배양 접시)라면 영국의 밭과 공장은 과거의 페트리 디시였다. 아키타 사람들은 롤 모델이 없었다고 당연히 불만을 제기할 만했다. 반면에 과학기술과 노동력의 문제와 관련해서는 이전 세대의 경험을 통해 과학기술이 노동자에게 영향을 미치는 방식, 노동자의 분노를 유발했거나 유발하지 않은 혁신의 유형, 에스토니아에서 기대할 수 있는 것 등을 더 쉽게 파악할 수 있다.

18세기 초에 영국의 노동자는 80퍼센트 이상이 농업 관련 일에 종사했다. 식량 부족과 굶주림은 여전히 만연했고 남성들과 여성들, 아이들은 밭을 갈고 수확하고 가축을 돌보면서 하루하루를 보냈다. 그들은 연장 때문에 능력의 제약을 받았다. 일례로 18세기 사람들은 90퍼센트가 수확할 때 손잡이가 짧은 낫을 사용했다. 인체공학 측면에서 한심한 수준인 이 낫은 작물을 베는 동안 쭈그리고 앉아야 했다. 큰 낫은 비슷한 날을 가졌지만 긴 손잡이 덕분에 선 채로 작물을 벨 수 있었다. 짧은 낫에서 긴 낫으로 바꾸자 1에이커(4000제곱미터)를 수확하는 데 소요되는 시간이 절반으로 줄어들었다.

순무는 농지의 생산성을 높였고, 품종 개량은 가축의 생산성을 높였으며, 연장은 인간의 생산성을 높였다. 이와 같은 개선은 하나같이 임무를 완수하는 데 필요한 인간의 노동 시간이 점점 줄어듦을 의미했고, 이는 농장 일꾼들을 위협했다. 그러나 누구도 긴 낫이나 순무를 개발한 사람에게 분노하지 않았다. 어쩌면 그들이 너무 순박했거나 아니면 새로운 기술이 명백한 요구를 충족시켰기 때문일 것이다. 그 대신 농업 생산량이 증가했고, 식량 부족이 완화되었으며, 인구가 증가하기 시작했다.[8]

오늘날 우리가 보는 인간과 기계 사이의 갈등은 더 진보된 기계가 발명되면서 부각되기 시작했다. 1730년 조지프 폴잼브Joseph Foljambe와 디즈니 스태니포스Disney Stanyforth는 로더럼 쟁기Rotherham plough의 특허를 획득했다. 이전에 사용되던 "무거운" 쟁기보다 더 싸고, 더 가볍고, 더 튼튼한 이 신식 쟁기를 사용하는 데는 기존처럼 2명이 아닌 1명이면 충분했다. 1733년경 제스로 툴Jethro Tull이 발명한 파종기seed drill는 밭에 홈을 파고 그 안에 씨앗을 뿌린 다음 다시 흙을 덮는 다목적 기계로 정확도가 매우 높아서 밭에 뿌리는 씨앗의 양을 70퍼센트나 절약할 수 있었다. 1780년대 말에 앤드루 메이클Andrew Meikle이 발명한 증기 탈곡기는 1에이커를 추수하는 데 걸리는 시간을 반나절로 줄였다(낫을 사용하는 일꾼들을 동원할 때보다 90퍼센트나 빨라졌다). 19세기 초에 농업 공학의 급류가 급격하게 휘몰아치면서 농부들은 기계식 수확기와 건초기, 순무 절단기, 풍구, 짚 절단기 등을 잇따라 도입했다. 그리고 새로운 과학기술이 영국의 농업 지대에 퍼져 나가면서 생산성이 급증했다. 1850년에 이르러 농장의 생산량은 1세기 전보다 2.5배가 늘어났다.

하지만 많은 농장 노동자들은 새로운 노동 절약형 과학기술을 싫어했다. 1830년 그들이 켄트Kent에서 탈곡기를 파괴하기 시작하면서 폭력 사태가 발발했다. 분노가 확산되며 발생한 수백 건에 달한 폭력 사태는 "스윙 폭동Swing Riots"으로 알려졌다(탈곡기를 사용하는 농부들이 받은 협박 편지에 공통적으로 캡틴 스윙Captain Swing이라는 서명이 들어가 있던 것에서 비롯되었다). 수천 명의 폭도가 투옥되었고 거의 500명에 달하는 사람들이 호주의 유형지로 보내졌으며 수백 명이 사형 선고를 받았다(결국 16명의 폭도가 공개 교수형에 처해졌다). 스윙 폭도들은 초기에 약간의 성과를 거두었다. 임금을 올려 달라는 요구가 받아들여지고 탈곡기에 대한 투자가 주춤하는 모습을 보였다.[9]

그렇지만 폭동은 과학기술의 행진을 늦추지 못했다. 탈곡기부터 트랙터(1896년)와 콤바인(1911년), 도축장의 자동화(1960년대), 착유기(1970년), 에스토니아의 한 스타트업이 홍보하는 스마트 농장(2015년)에 이르기까지 농업 기술의 발전은 한순간도 실제로 멈춘 적이 없었다.

과학기술이 일자리에 끼치는 영향에 대한 두려움은 산업혁명 시기에도 발명가에 대한 분노와 기계에 대한 폭력의 형태로 표출되었다. 랭커셔 태생인 제임스 하그리브스James Hargreaves의 사례를 보자. 1700년대 초에 직물 생산 과정에서 가장 큰 장애물은 천연 섬유를 꼬아서 직물을 짜기 위한 실을 만드는 단계인 방적이었다. 제직 속도가 훨씬 빨랐던 까닭에 제직공 1명에게 실을 제공하기 위해서는 방적공 5명이 필요했다. 옷을 만드는 일은 노동 집약적인 산업이었고 따라서 많은 비용이 들었다. 셔츠 1벌을 만드는 데 약 580시간이 들었고 그중 500시간이 방적에 소요되었다(18세기 기술과 오늘날 미국의 최저 임금을 적용해 셔츠를 만든다면 셔츠 1벌당 생산 비용은 4000달러가 넘을 것이다). 하그리브스가 발명한 제니방적기spinning jenny(다축방적기)는 방적공 1명이 8개의 실타래를 동시에 감을 수 있게 만든 장치여서 방적공이 생산할 수 있는 실의 양을 큰 폭으로 늘려 주었다. 그러자 일자리를 잃거나 임금이 줄어들 것을 두려워한 근처 블랙번에 사는 일단의 방적공들은 하그리브스의 집을 알아냈고 그의 집에 난입해 그가 만든 기계들을 모두 박살 냈다.

방적공에 대한 수요가 줄어들 것이라는 두려움은 일리가 있었다. 초기에 제작된 제니방적기는 방추가 8개였다. 그런데 1784년에 이르자 방추의 수는 80개로 늘어났고 잉글랜드 전역에서 약 2만 대의

420

제니방적기가 사용되고 있었다. 제니방적기는 이후에 다른 발명품과 결합되는데 이렇게 탄생한 발명품인 리처드 아크라이트의 수력방적기water frame와 새뮤얼 크럼프턴Samuel Crompton의 뮬방적기spinning mule 등은 직물 1야드를 만드는 데 필요한 인력을 더욱 감소시켰다. 한때 수백만 명의 노동자들이 생산하던 양을 이제는 수천 명이 생산할 수 있게 되었다.

하지만 고용이 격감하기는커녕 오히려 급증했다. 직물 가격이 하락하면서 수요가 확대되고 수출이 호황을 누렸기 때문이다. 섬유 산업은 노동자를 밀어내기보다 되레 끌어들이는 자석과 같은 존재가 되었다. 이전에는 부업으로 방직 일을 하던 농부들이 농사를 포기하고 전업으로 직물 생산에 매달렸다. 다른 지역에서 사람들이 가족 단위로 이주해 오고 프랑스와 미국 출신 발명가들이 이곳에 터를 잡으면서 랭커셔는 당대의 실리콘밸리가 되었다.[10]

로봇을 과소평가하지 마라
: 서비스업으로 산업 전환과 인공 지능의 발달

오늘날의 농업과 제조업은 수세기에 걸친 노동 절약형 과학기술에 뿌리를 두고 있다. 이 사실은 2019년 미국과 영국에서 농업 부문 고용률이 5퍼센트 미만이고 제조 부문 고용률이 10퍼센트 미만인 이유를 설명해 준다. 높은 생산성을 가진 기계들 때문에 농장이나 공장에서 밀려난 이 80퍼센트가 넘는 사람들은 이제 서비스업에 종사한다.[11]

이른바 "서비스"의 정의는 매우 광범위하며 상점이나 호텔, 식당 관련 일, 회계나 건축 같은 전문 서비스, 교육이나 강의, 작업 치료 occupational therapy 같은 공적 서비스가 모두 포함된다. 서비스 경제에서 거래는 일반적으로 시간을 절약하거나 이를테면 요리, 청소, 운전, 세탁 같은 잔일을 피하는 것과 관련이 있다. 또는 우리가 스스로 하기에 능력이 부족한 과제(문서 번역, 건축 설계, 웹사이트 디자인 등)를 완수해 달라고 다른 사람에게 돈을 지불하는 것과 관련이 있다. 현대 경제에서 뭔가를 기르거나 만드는 사람은 매우 소수다. 즉 10명 중 8명은 시간이나 노력, 기술, 지식을 거래하며 살아간다.

기계들이 일자리를 움켜쥔 세상에서 한편으로는 이런 서비스업이 조금이나마 안정된 일자리를 제공한다고 결론 내리고 싶은 마음이 들기도 한다. 인간은 서비스를 제공하는 데 특유의 능력을 가진 듯 보이기 때문이다. 자동화와 관련해 두려움을 유발하는 연구 자료에 대한 더 낙관적인 해석도 존재한다. 요컨대 일자리 중 4분의 1이 위협을 받고 있다면 나머지 4분의 3은 그렇지 않다는 뜻이고 기술과 임금 측면에서 모든 수준의 노동자에게 비교적 고르게 기회가 있다는 뜻일 것이다. 어쨌든 우리가 쉽게 여기는 상점 주인이나 웨이터, 미용사의 일 중에는 기계들이 어렵게 생각하는 일(걷거나 보거나 고객의 감정을 헤아리는 행동)이 많다. 온갖 다양한 서비스를 제공하는 능력을 인간은 타고났다.

하지만 "로봇이 할 수 없는 일들에 대한 모든 가정은 틀렸습니다"라고 아티 헤인라는 말한다. 이제는 기계들이 계단을 올라갈 수 있고, 3차원 이미지를 처리할 수 있으며, 인간의 분위기와 감정을 인식

할 수 있다고 그는 주장한다. 로봇이 이런 일을 할 수 있는 이유는 "기계 학습"이라고 불리는 기술 덕분이다. 기계 학습은 경험을 통해 학습하고 인공 지능을 갖추어 나가는 과정을 가리키는 기술 용어다. 이를테면 컴퓨터나 로봇에게 영상을 판별하거나, 선반에서 물건을 집어 들거나, 방 안에서 장애물을 피해 길을 찾아가도록 지시해 과제를 정해 준 다음 제대로 수행한 것과 그렇지 못한 것에 대해 피드백을 제공하는 개념이다. 이런 "훈련"을 보통은 수십만 번씩 반복하는 과정에서 로봇은 이전의 실수를 피하기 위해 자신의 행동을 수정하게 되고 과제를 점점 정확히 완수할 수 있게 된다.

"기계 학습"이라는 개념은 새로운 것이 아니다. 이 개념을 처음 선보인 사람은 미국의 컴퓨터과학자 아서 새뮤얼Arthur Samuel이다. 그는 1950년대에 "기계 학습"이라는 용어를 만들었고 이 기법을 이용해 컴퓨터에게 체커 게임을 가르쳤다. 그리고 컴퓨터의 향상된 능력 덕분에 인공 지능은 최근 10년 동안 더욱더 정교해졌다. 이제 컴퓨터는 영상을 인식하는 데 훨씬 능숙해졌고 암세포를 찾아내는 시험에서 꾸준히 인간 기술자들을 능가하고 있다.

로봇의 판단 능력이 점점 발달함에 따라 단순히 사진이나 비디오를 판독하는 수준을 넘어섰다. 탈린에 본사를 둔 소프트웨어 스타트업 리얼아이스RealEyes는 웹 카메라와 기계 학습을 통해 사용자의 감정을 읽을 수 있는 인공 지능을 만들었다. 게다가 헤인라의 말에 따르면 실험실의 개발 상황은 대중에게 공개된 것보다 훨씬 많은 진척을 보이고 있다. 현재 스타십테크놀로지스의 로봇들은 탈린과 런던, 캘리포니아에서 시험 주행을 하면서 16만 킬로미터에 달하는 훈련을

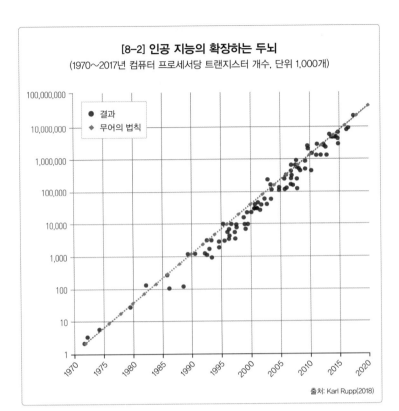

[8-2] 인공 지능의 확장하는 두뇌
(1970~2017년 컴퓨터 프로세서당 트랜지스터 개수, 단위 1,000개)

● 결과
◆ 무어의 법칙

출처: Karl Rupp(2018)

마친 상태며 각각의 훈련을 통해 얻은 자료는 에스토니아의 신경 중추에 위치한 거대한 공유 두뇌에 피드백되었다.[12]

에스토니아의 선도적 발명가들은 거짓 위안에 속지 말라고 경고한다. 인공 지능의 근간을 이루는 기본적인 과학기술은 인공 지능이 심각하게 받아들여야 할 존재임을 암시한다. 로봇의 인공두뇌는 컴퓨터의 전자 칩에 있는 트랜지스터를 통해 동력을 공급받는데 제니 방적기가 그랬듯이 전자 칩은 깜짝 놀랄 속도로 개선되고 있다.

1965년에 당시 서른여섯 살이던 고든 무어Gordon Moore는 컴퓨터 전자 칩의 성능이 2년마다 2배씩 늘어날 것이라고 예측했다. 오늘날 "무어의 법칙Moore's law"이라고 알려진 그의 예상은 대단히 정확했다.[13] 1971년부터 1989년 사이에 인텔(무어가 공동 설립한 회사)의 전자 칩에 들어가는 트랜지스터 수는 2300개에서 120만 개로 늘어났다. 최근 들어 이 같은 속도가 약간 둔화할 것임을 암시하는 증거가 있기는 하다. 그러나 가령 3년마다 성능이 2배씩 늘어난다고 하더라도 2030년에 생산될 전자 칩은 2018년에 생산된 전자 칩보다 성능이 16배나 높아질 것이다.

엄청나게 진보한 인공 지능이 다가오고 있으며 조만간 우리의 근로 생활에서 목격될 것이다. 인공 지능이 제어하는 기계들은 최소한 우리가 할 수 있는 무엇이든 할 수 있을 것이며 아마 매우 높은 확률로 그 이상을 해 보일 수 있을 것이다. 과학기술의 최첨단에서 일하는 사람들은 그들의 뒤를 따르고 있는 우리에게 한 가지 교훈을 제공한다. 기계를 과소평가하지 말라는 것이다.

에스토니아의 두 번째 세상
: 강제 이주가 낳은 유산

한편 에스토니아의 극한 경제는 또 다른 경고를 우리에게 던진다(이 책 1부와 2부에서 소개한 극한 여행들과 관련된 경고다). 바로 도시의 사회적 구조가 분열되고 손상될 가능성이다.

탈린에는 도시를 빛내고 주민들이 무한한 기회를 만날 수 있는 장소이자 과학기술의 중심 역할을 하는 지역들이 많다. "만약 과학기술 분야에 종사하고 심지어 실력까지 있는 사람이라면 이곳에서 무직 상태로 있기란 불가능하죠." 한 사업가의 말이다. 하지만 탈린의 나머지 지역들은 침체되어 있고 10년 전의 유로존 위기로 여전히 휘청거리고 있다. 그리고 과학기술을 둘러싼 정부의 도박과 IT 기업에 편중된 현상을 불평하는 사람은 비단 특이한 상점 주인만이 아니다. 젊고 고등 교육을 받은 사람들 또한 우려를 나타내고 있다. "처음에는 이곳에 쉽게 동화돼요." 최근 러시아에서 망명한 한 탈린 주민의 설명이다. "하지만 이곳에서 한동안 지내고 나면 한 나라 안에 2개의 독립된 세상이 존재한다는 사실을 깨닫게 돼죠."

탈린에서 동쪽으로 200킬로미터 떨어진 나르바Narva는 에스토니아에 존재하는 두 번째 세상의 수도다. 6만 명에 약간 못 미치는 인구가 거주하는 이 도시는 유럽연합의 동쪽 끝에 위치하며 탈린보다 상트페테르부르크에 더 가깝고 러시아의 영향력이 강한 국경 도시다.

도로에는 국경을 건너려고 기다리는 화물차들이 길게 늘어서 있는데 에스토니아 번호판을 단 화물차들조차 운전사는 러시아인이다(앞 유리에 놓인 이름표에 "미하일" "세르게이" "알렉세이"라고 쓰여 있다). 옥외 게시판 광고들은 러시아어로 되어 있으며 상점 진열대 현수막에는 러시아 방송국인 라디오 엘리Radio Eli 95.6FM을 홍보하고 있다. 도시의 미술관은 대부분 표트르 1세와 러시아 상인 세르게이 라브레소프Sergei Lavretsov가 수집한 유물들로 채워져 있다. 그림은 하나같이 러시아 화가인 이반 아이바좁스키Ivan Aivazovsky, 알렉산드르 마콥스키Aleksandr Makovsky, 이반 시시킨Ivan Shishkin의 바다 경치와 산길 풍경을 담은 작품들이 주를 이룬다. 1933년에 이 도시에서 치러진 국민 투표에서는 투표에 참여한 유권자 중 97퍼센트가 에스토니아로부터 독립하는 것을 찬성했다(에스토니아 정부는 이 같은 투표 결과를 무효로 처리했다). 오늘날 이곳에 사는 사람들은 90퍼센트 이상이 민족학적으로 러시아인이다.

팔 힘만 좋다면 나르바에서 러시아까지 돌을 던질 수도 있다. 나르바의 구도심은 물살이 빠른 나르바강 강둑에 인접해 있는데 이 강은 유럽연합의 비공식적 외부 경계를 표시하는 중간 지점이다(에스토니아가 끝나고 러시아가 시작되는 정확한 지점에 대해서는 어떠한 합의도 이루어진 적이 없다). 강 주변에는 2개의 거대한 성이 우뚝 솟아 있는데 하나는 에스토니아 쪽에 위치한 헤르만성Hermann Castle이고 다른 하나는 러시아 쪽에 위치한 이반고르드요새Ivangorod Fortress다. 에스토니아 쪽 강둑에는 추를 매단 낚싯줄을 이용해 길고 완만한 곡선을 그리며 깊은 물속으로 미끼를 던지는 낚시꾼들이 늘어서 있다. 반대편 강둑에서는 러시아 낚시꾼 3명이 각자 가슴 깊이까지 물속으로 들어가 낚싯대를 드리우고 있는데 그들 뒤로 러시아에서 가장 큰 이반고르드요새의 성벽이 가파르게 솟아 있다. 요새의 가장 동쪽에 위치한 작은 탑 꼭대기에서는 일단의 나이 든 관광객들이 바람에 흰 머리칼을 날리며 유럽을 내려다본다. 그 모든 것이 매우 평온한 모습이다.

하지만 에스토니아 "통합재단Integratsiooni Sihtasutus"의 연구 책임자 마리아나 마카로바Marianna Makarova의 설명에 따르면 에스토니아는 다수의 깊은 상처를 가진 나라다. 문제 대부분은 소련 체제에서 정

427

부의 결정에 따라 사람들을 강제로 이주시킨 것에서 비롯되었다. 그녀는 "내가 갈 곳을 스스로 선택할 수 없었죠"라고 설명한다. 가까운 상트페테르부르크에서 학위를 취득한 젊은 러시아 공학자들은 제조 공장과 오일 셰일 공장에서 일하도록 이런 시설들이 모여 있는 나르바를 비롯해서 에스토니아의 가장 동쪽에 위치한 이다비루주Ida-Viru maakond로 보내졌다. 그들 입장에서 이런 공장들은 근사한 일자리가 아니었다(당시 모스크바의 생활 수준은 에스토니아보다 훨씬 높았다). 하지만 연줄이 없는 집안의 에너지 분야 종사자들은 그들에게 주어진 일을 받아들여야 했다(북극권 한계선보다 위쪽에 위치한 카라간다 Karaganda나 보르쿠타Vorkuta의 석탄 광산에서 일하는 것보다는 그나마 나았기 때문이다).[14]

어디에도 속하지 못하는 무국적자들

소련 체제에서 정부가 사람들이 살 곳을 정해 주면서 에스토니아소비에트사회주의공화국의 민족 구성이 바뀌었다. 2차 세계대전 이후로 외부의 다른 소련 국가들에서 적어도 21만 명이 유입되었다(절대다수가 러시아 출신이었고 우크라이나와 벨라루스에서도 일부가 유입되었다). 그 결과 전체 인구 중 에스토니아에서 태어난 사람의 비율은 1945년 94퍼센트에서 1953년 72퍼센트로 감소했다.

오늘날에는 에스토니아 전체 인구의 25퍼센트에 해당하는 33만 명이 러시아 혈통이다. 그들은 나르바와 이다비루주의 주된 민족 집단이며 탈린에는 15만 5000명(탈린 인구의 40퍼센트)이 살고 있다. 수도 탈린에서 그들이 주로 거주하는 곳은 두 구역이다. 그중 라스나매에Lasnamäe는 구시가의 동쪽에 위치한 평범한 주택 지역이고 왕복 4차선 도로 양옆으로 고층 건물들이 길게 늘어서 있다. 반면에 바이케오이스매에Väike-Õismäe는 영락없는 소련이다. 이곳의 모든 구획은 완만한 곡선으로 되어 있고, 건물이 일정한 순서(3개의 낮은 회색 건물 다음에 하나의 높고 화려한 색 건물이 등장하는 형태)에 따라 배치되고 계속 반복되는 특유의 기하학적인 구조 덕분에 도로들이 거대하고 완벽한 동심원을 이루고 있다.

바이케오이스매에 같은 곳까지 진출했다는 것은 나름 성공했다는 뜻이었다. 따라서 1990년대 초에 소련이 붕괴했을 때 이곳의 이민자들은 중대한 선택에 직면했다. 러시아로 돌아간 이민자는 겨우 5퍼센트에 불과했다. 하지만 남은 사람들은 그럼에도 자신들이 에스토니아 사람이라는 느낌은 전혀 들지 않는다고 이야기한다. 내가 이야기를 나눈 사람들 상당수는 그들의 상태를 발이 묶였다고 설명한다. 한 러시아계 에스토니아인은 "내가 어디에 속하는지 정말 모르겠어요"라고 말한다. "나 자신을 뭐라고 불러야 할지 모르겠습니다." 또 다른 지역 주민은 "나는 러시아인이라고 하기에는 너무 차갑고 에스토니아인이라고 하기에는 너무 따뜻하다"라고 번역되는 문구를 설명하면서, 민족 정서에 관한 고정 관념(불같이 뜨겁고 충동적인 러시아인의 기질과 냉정하고 이성적인 에스토니아인의 기질)을 언급한다.

러시아계 사람 중 약 8만 명에게 무국적이란 그저 감정에 불과한 것이 아닌 법적인 문제다. 정식 에스토니아 시민권을 얻으려면 신

429

청을 하고 언어 시험을 치러야 하는데 많은 사람이 시험에 떨어졌다. 그리고 이런 집단에 속한 사람들에게는 에스토니아의 연보라색 유럽연합 여권이 제공되는 대신에 "VÄLISMAALASE PASS"라는 금색 글씨가 양각되어 있고 그 아래에 "외국인 여권"이라고 번역된 연회색 여권이 주어진다. 이 여권을 소유한 사람은 에스토니아 시민도 아니고 러시아 시민도 아니다. 그들은 에스토니아에서 공공 서비스를 이용할 수 있고 세금을 납부해야 하지만 총선 투표권이 없다(라트비아에도 이처럼 기이한 현상이 존재한다). 유럽연합에서 발이 묶인 러시아계 사람들은 국적이 없는 세계에서 가장 큰 민족 집단 중 하나다.

에스토니아에 사는 보통의 러시아계 사람은 삶이 고달프고 실업자일 개연성 또한 높다. 직장이 있는 경우에도 상대적으로 덜 안정적인 근무 계약을 맺으며 그래서 경기가 침체되면 직장을 잃기 쉽다. 2008년 금융 위기 때 에스토니아계 사람들은 실업률이 17퍼센트 상승한 반면에 러시아계는 27퍼센트가 늘었고 "외국인 여권" 소지자의 실업률은 30퍼센트가 넘었다. 일자리를 빼앗는 과학기술의 임박한 위협을 생각하면 이런 문제는 급박한 경고 신호를 준다.

그들은 또 하이테크 경제 전략에 열중하는 진취적인 나라에서 기회를 놓치기 쉬운 집단이다. 러시아계 사람들은 이미 여러 방면에서 뒤처졌다. 특히 남성들의 경우에는 에스토니아계보다 알코올 중독에 빠질 가능성이 높고 평균 수명이 낮다. 나르바의 강변 쪽 관광 명소에서 멀리 떨어진 지역에는 매우 낡은 소련 시대의 공동주택 건물이 가득한 뒷골목이 줄줄이 늘어서 있다. 탈린의 구시가에서 비숙련 저임금 노동을 하는 사람들(택시 운전사, 호텔의 객실 담당 종업원과 청소부, 매장의 진열대 담당자 등)은 하나같이 러시아어를 사용한다. 마리아나 마카로바에 따르면 진정한 비극은 탈린에서 가장 낮은 임금을 받는 노동자 중에는 러시아 대학에서 고급 학위를 받고 소련의 에너지 시설을 관리하도록 이곳으로 보내졌던 50대와 60대 여성들이 있다는 사실이다.[15]

놀랍게도 많은 러시아계 사람들이 체념 속에서 살아가는 듯 보인다. 한 친절한 지역 주민이 나를 바이케오이스매에의 원형 지역 한가운데에 50대 후반에서 60대의 수많은 남성들이 매일같이 모이는 거대한 연못으로 안내한다. 그들을 "낚시꾼"이라고 소개하며 그가 양손으로 검지와 중지를 이용해 따옴표를 만들어 보인다. 그러고는 눈을 찡긋하며 바위 아래 숨겨진 독한 라거 맥주가 잔뜩 담긴 가방을 슬쩍 가리킨다. 평일 오전 10시인데 이미 많은 맥주 캔이 비워진 상태였다.

첨단 정부의 일자리 대책

과학기술에 베팅한 지 25년이 지난 에스토니아 경제는 어디에 디지털화의 위협과 기회가 존재하는지 보여 준다.

과학기술 비관론자는 분명 이렇게 주장할 수 있다. 이제 국가의 "중추"로 간주되는 엑스로드 데이터 교환 시스템은 현대 경제의 탈곡기나 제니방적기와 같다. 정부 서비스의 디지털화는 이곳 생활에서 예컨대 예약과 이동, 줄서기 등을 수반하는 인간 대 인간의 상호 작용을 없앴다. 연구에 따르면 이로써 2014년까지 연간 6400년에 상당하는 노동 시간을 절감했고 이 수치는 계속 증가하는 추세를 보인다. 그리고 이런 사실은 일자리 6400개의 기반을 약화시켜 에스토니아 행정부 직원 2만 5000명 중 4분의 1 이상을 위험에 빠뜨리고 있다는 두려운 해석을 가능케 한다. 중앙 정부(엑스로드가 영향을 끼친 핵심 집단) 내 일자리 수는 2015년부터 2018년 사이에 2450개가 감소했다.

그럼에도 낙관적인 주장을 펴기가 더 쉽다. 중앙 정부 내 일자리 손실은 더 큰 계획의 일부다. 일본과 마찬가지로 에스토니아는 고령화로 인해 노동 인구가 줄어들고 있으며 정부가 매년 750명씩 중앙 정부 인력을 줄일 방법을 찾지 않으면 노동 인구 중 그들이 차지하는 고용 비율이 상승하게 될 것이다. 이런 시각에서 보자면 자동화는 위협이라기보다 필요한 일이다. 게다가 경제 전반에 과학기술이 초래하는 불경기의 징조는 거의 없다. 실업률은 단지 4.4퍼센트에 불과하고 72퍼센트에 달하는 노동 시장 참여율은 최근 20년 중 가장 높은 수준이며 미국이나 평균 유럽연합 국가의 비율을 크게 상회한다. 로봇과 소프트웨어가 일반 에스토니아인 근로자의 임금에 피해를 주는 것 같지 않다. 인플레이션을 감안하더라도 그들의 임금은 최근에 4퍼센트가 인상되었다. 한 공식 연구에 따르면 2018년을 기준으로 간호사, 교사, 컴퓨터 프로그래머, 버스와 트럭 운전사에 대한 수요가 높은 것으로 나타났다. 이런 종합적인 통계가 제공하는 조감도에 따르면 상황은 잘 흘러가고 있는 것 같다.[16]

최근에 〈아유야트〉 대회에서 우승한 발명가 라이트 란트는 에스토니아의 경제 부흥이 국가와 함께 시작한다고 말한다. 그는 연이어 들어선 에스토니아 정부들이 발명가에게 적극적으로 기회를 만들어 주는 정책을 채택해 왔다면서 실업 수당 제도를 예로 들었다. 에스토니아에서 발명가나 사업가가 되기로 결심한 사람은 누구든 자신에게 명확한 사업 계획이 있고 해당 계획이 진전을 보이고 있음을 증명할 수 있는 한 실업 수당을 받을 수 있다. 란트는 자신이 용기를 내 위험을 무릅쓰고 안정된 직장을 그만두기까지 이 제도가 중요한 역할을 했다고 말한다.

40대 초반인 란트는 직장 경력 중 상당 기간을 기계 장치 설계에 바쳤다. 전자 설계와 물리학을 공부한 그는 자동차 회사 GM의 핸들 잠금장치와 재생에너지 회사 에이비비ABB의 풍력 발전용 터빈, 통신 회사 에릭슨의 각종 전자 장비 등을 설계하면서 대기업들의 사내 발명가가 되었다. 2017년 초 란트는 모교인 타르투대학교의 의과 대학 부속 병원으로부터 전자 센서에 관한 강연 요청을 받았다. 그는 병원 시설 안내를 받던 도중에 간호사들이 환자를 보살피기보다 관찰 일지를 적느라 더 많은 시간을 소비한다는 사실을 알게 되었다. 가장 흔하게 측정하는 체온은 보통 하루에 4번 기록했고 신생아를 간호하는 경우에는 그보다 더 자주 확인해야 했다. 강연 말미에 란트는 청중에게 만약 이 과정을 자동화하면 도움이 되는지 물었다. 반응은 매우 긍정적이었고 그는 2017년 3월에 직장을 그만두고 이 문제에 매달렸다. 몇 달 뒤 란트는 해결책을 고안해 내고는 템프아이디TempID라는 이름을 붙였다.

433

라이트 란트가 웃으면서 자신의 바지 주머니에서 작은 장치를 꺼낸다. "이건 대단한 물건이에요. 내가 이전에 발명한 제품들은 한 번 움직이려면 대부분 견인차를 불러야 하거든요." 템프아이디는 분홍색의 얇은 디스크인데 환자의 피부에 붙이고 치료 기간 내내 그대로 두면 된다. 란트가 자신의 휴대폰에 디스크를 갖다 대자 분 단위로 된 차트가 나타나면서 지난 4주 동안 그의 체온 변화를 보여 준다. 경쟁 제품들이 있지만 기존의 미국산 센서들은 24시간이 지나면 배터리가 전부 방전되고 병원들이 꺼리는 블루투스 방식으로 자료를 전송한다(템프아이디는 사용자의 전화기와 직접 연결되고 배터리가 1년 동안 지속된다). 정부에서 후원하는 〈아유야트〉 대회에서 우승하고 몇 주 뒤 란트는 에스토니아의 가장 큰 제약 회사 3곳에 이 장비를 공급하기로 계약을 체결했다.

에스토니아의 디지털 민주주의는 간접적인 방식으로 발명가에 대한 지원을 돕는다. 템프아이디에서 생성되는 환자의 체온 기록 같은 자료는 매우 개인적인 자료이기는 하지만 임상의와 공유되고 논의될 때만 가치를 지닌다. 하지만 데이터 보안을 둘러싼 우려 때문에 2018년을 기점으로 환자와 담당의가 이메일로 환자의 비밀 정보를 공유하는 것조차 불법이 되었다. 이에 대응해 템프아이디 팀은 환자와 임상의가 안전하게 직접 소통할 수 있는 경로를 모색하는 중이다.

이메일보다 더 안전한 이 새로운 경로는 정부가 지원하는 "모바일 신분증Mobile-ID"을 사용할 예정인데 이를테면 에스토니아 국민들이 휴대하는 물리적인 신분증을 스마트폰에 적용하는 방식이다. "정부의 경로는 우리가 만들려는 안전한 경로의 기반이 되어 줍니다"라고 설명하면서 란트는 국가에 편승하는 데 따른 혜택을 언급한다. "에스토니아의 과학기술 개발자들에게는 대체로 이와 같은 기반이 이미 마련되어 있는 셈이죠."

434

전 세계 누구나 전자 주민이 될 수 있는
새로운 디지털 국가

에스토니아의 IT 업무를 주관하는 심 시쿠트는 디지털 신분증의 성공이 새로운 문제를 만들었다고 말한다. 에스토니아 경제가 발전함에 따라 외부에서 투자자가 몰려들고 외국인이 에스토니아 기업의 이사회에서 임원으로 활동하기 시작했다. 신분증 제도의 효율성은 많은 대기업에서 모든 이사회 서류를 디지털 방식으로 서명하고 공유하도록 만들었다. 하지만 외국인 임원들은 여기에 필요한 정부의 검증을 거친 전자 서명을 사용할 수 없었다. 심 시쿠트는 에스토니아 기업들이 과거의 방식으로 돌아가야 했다고 설명한다. "기업들은 종이로 회귀해야 했어요. 정말 번거로웠죠."

초기 해법은 에스토니아의 주요 외국 투자자에게 임시로 신분증을 발급해 이사회 서류에 디지털 방식으로 서명할 수 있게 하는 것이었다. 그런데 그때 신분증을 개발한 부서원들에게 더 원대한 아이디어가 떠올랐다. 국가가 투자자에게 신분증 제도를 개방할 수 있다면 이참에 아예 누구나 이용할 수 있도록 만들지 못할 이유가 있을까? 그들은 이런 방식이 이득이 될 수 있음을 직감했다. 새로운 "전자 거주민들e-Residents"이 에스토니아 기업의 고객이 되어 회계나 웹 디자인 같은 전문 서비스에 돈을 쓸 수 있을 터였다.

완전히 새로운 발상이었고 이를 평가할 사례 연구도 없었기에 그들은 또다시 도박을 감행했다. "우리는 이 방식이 과연 효과가 있을지 알아보기 위해 그냥 툭 던져 놓았어요." 시쿠트의 설명이다. "그로부터 24시간 뒤에 상황은 우리가 예상한 수준을 훨씬 넘어서 있었죠. 시장은 우리에게 이렇게 말하는 것 같았어요. '한번 해 보자!'" 오늘날 에스토니아는 138개국에 3만 5000명의 전자 주민을 보유하고 있다. 그들 모두는 정부의 홍보 안내문에서 "새로운 디지털 국가New Digital Nation"라고 부르는 공동체의 구성원이다.

에스토니아의 전자 주민이 되기는 쉽다. 웹사이트에 기본 정보를 입력하고 사진 한 장과 여권 스캔 파일을 업로드한 다음 수수료 100유로를 지불하고 마지막으로 신분증을 수령하고 싶은 에스토니아 대사관을 선택하기만 하면 된다. 5분 이내에 모든 과정이 끝난다. 진짜 문제는 왜 군이 수고롭게 이런 일을 하느냐다. 현재 전자 거주민 프로그램을 관리하는 스물아홉 살 오트 바터Ott Vatter에 따르면 이용자는 범주가 다양하다.

436

어떤 사람들은 단순한 팬이다. 그들은 개념 자체가 마음에 들어 약간의 재미와 국경을 초월한 연대의 상징으로 신분증을 취득한다. 또 어떤 사람들은 사업상 이유로 신분증을 취득한다. 전자 거주민은 원격으로 은행 계좌를 열고 유로로 거래할 수 있다. 일부 사람은 불안감 때문에, 그리고 비록 전자 세계지만 안정된 국가에 발판을 마련하고 싶은 욕망 때문에 이끌리는 것처럼 보인다. 유럽연합이 기금을 대는 연구 프로젝트에 참여하고 있는 영국인들도 이 제도에 관심을 보였다. 그들은 영국이 유럽연합을 탈퇴할 경우 부정적인 영향을 끼칠 것을 두려워해 그에 대한 보험으로 전자 거주증을 생각했을 것이다.[17]

과학기술이 창출하는 새로운 일자리

〈아유야트〉 대회 운영을 돕는 지역 사업가 하리 탈린Harry Tallinn은 혁신을 장려하는 정책을 둘러싼 에스토니아의 급진적 실험이 일자리를 창출하는 것처럼 보인다고 설명한다. 그는 최근 5년간의 우승자들이 어떻게 사는지 추적했다. 그 결과 이미 그들이 다 합쳐 250명을 고용하고 있으며 2017년 상반기에만 100만 유로의 세금을 납부했다는 사실을 알게 되었다. 게다가 이 수치들은 틀림없이 계속 상승할 터였다. 〈아유야트〉와 관련 있는 스타트업들은 최근 몇 년 동안 투자자들로부터 3000만 유로가 넘는 투자금을 유치했다. 이 돈이 본격적으로 풀리기 시작하면 공급자의 수입과 직원 월급, 정부가 거두어들이는 세금은 모두 증가할 것이다.

에스토니아가 새로 도입한 범주의 시민들 또한 일자리를 창출하고 있는 것처럼 보인다. 2017년 말까지 해외 전자 주민들은 에스토니아에 거의 3000개에 달하는 회사를 설립했다. 이에 따라 향후 4년 안에 GDP를 3000만 유로 이상 늘린다는 계획이 순조롭게 진행되고 있다. 오트 바터에 따르면 핵심 과제는 전자 거주증의 수요가 아니라 공급을 보장하는 일이다. 전자 거주증이 정부 공문서로 분류되는 까닭에 에스토니아 대사관을 통해서만 수령할 수 있는데 정작 대사관이 전 세계에 34곳밖에 없기 때문이다. 내가 바터의 부서원들을 만났을 때 그들은 전자 거주증을 수령할 수 있는 곳을 각국에 최소 하나씩 확보하기 위해 평판이 높은 해외 기관들과 협력하는 방안을 검토하고 있었다. 2025년까지 1000만 명의 전자 주민을 유치하겠다는 정부의 목표는 매우 야심적으로 보인다. 하지만 절반만 성공하더라도 경제적 영향은 거대할 것이다.

에스토니아의 성공에서 얻을 수 있는 한 가지 교훈은 국가가 자료를 공유하는 방식부터 실업 수당을 살짝 조정함으로써 사업가에게 유인을 제공하는 부분에 이르기까지 경제 전반을 아우르는 대담한 노력의 중요성이다. 그 중심에는 에스토니아 정부가 구축한 디지털 기반인 엑스로드가 존재하며 사기업은 이런 기반 위에서 다양한 서비스를 구축하고 있다.

시간과 공적 자금의 잠재적인 절약은 민간 부문의 새로운 일자리에 대한 전망과 맞물려 왜 에스토니아에서 나온 아이디어들이 빠르게 퍼져 나가고 있는지를 설명해 준다. 몇몇 이웃 나라들은 에스토니아 정부와 직접 제휴하고 있다. 핀란드는 2017년부터 엑스로드 시스템을 적용하기 시작했고 이어서 페로제도와 아이슬란드가 이 시스템을 적용하겠다고 발표했다. 다른 나라들은 자국의 공공 기관 직원들을 에스토니아로 파견해 디지털 신분증과 엑스로드, 인터넷 투표, 전자 거주증이 작동하는 방식을 배우도록 하고 있다. 이런 일을 전담하기 위해 설립한 기관인 전자에스토니아브리핑센터e-Estonia Briefing Centre는 2018년에만 800팀의 공식 대표단을 맞이했다.

과학기술은 경제 전반에 걸친 대규모 실업 사태를 유발하지 않았다. 대신에 선택 가능한 일자리에서 커다란 변화를 가져왔다. 노동자를 대체한다기보다 재배치한다고 말할 수 있는 이 과정은 에스토니아 곳곳에서 관찰된다. 많은 에스토니아 기업들의 계획은 어떤 일자리는 사라지고 대신에 다른 일자리가 생길 것임을 암시한다. 클릭앤드그로가 좋은 예다.

이 회사의 스마트 농장은 한편으로 인간의 노동력에 대한 수요를 감소시켰다(어른 1명이 수천 종의 식물을 재배하는 기계를 감독하는 데 일주일에 2시간이 걸리지 않는다). 하지만 이 회사의 과학기술은 동시에 기계를 설계하고, 제작하고, 마케팅하고, 판매하고, 수리 서비스를 제공할 사람들을 고용함으로써 새로운 일자리를 창출하고 있다. 요컨대 노동 시간을 늘리거나 줄이기보다 이전의 과학기술들과 마찬가지로 노동 유형에 변화를 가져온 셈이다.

또한 이 회사 설립자인 렙의 주장을 듣다 보면 그의 동기에 대해 이의를 제기하기 힘들다. 이를테면 클릭앤드그로는 최근 미국으로 사업을 확장했는데, 충격적이게도 이 나라에서는 수송과 저장 과정에서 식자재의 40퍼센트가 축나거나 버려진다. 가정에서 먹거리를 재배하면 굳이 이런 과정이 필요 없을 뿐 아니라 농장보다 물을 40배나 적게 사용할 수 있고 농약을 쓸 필요가 없다. 윤작과 탈곡기가 발명된 뒤로 수백 년이 지난 오늘날까지 농업을 올바르게 개선해 얻을 수 있는 이득은 여전히 거대하며 확실히 존재한다.

우리의 경제적 미래와 관련해 일자리가 비록 양적인 측면에서는 건재할지언정 질적인 측면에서 저하될 것이라는 우려가 존재한다. 로봇이 모든 가치 있는 일을 독점하고 인간은 반복적이고 따분하고 하찮은 업무나 하게 되리라는 것이다. 에스토니아는 여기에 대해서도 반론을 제기한다.

과학기술 기업에서 로봇과 일하는 것은 다양한 기술을 가진 사람들에게 일자리를 제공하며, 이런 일자리들은 매우 재미있어 보인다. 스타십테크놀로지스를 나서는 길에 나는 이 회사의 배달 로봇을 감독하는 부서가 일하는 층을 안내받아 둘러볼 수 있었다. 커다란 사무실 안에는 괴짜처럼 보이는 젊은이들이 자리에 앉아 죽 늘어선 컴퓨터 화면을 주시하고 있었다. 그들은 각자 1대씩 로봇을 감독하는 중이었다. 화면에는 로봇에 장착된 카메라와 레이더로 입수되는 모든 장면이 중계되었고, 로봇이 계속해서 어디로 갈 계획인지를 인간 감독자에게 보여 주는 디스플레이 위에 경로가 표시되었다. 건널목에 도착하면 로봇은 멈추고 기다렸다(이 개발 단계에서는 인간 조종자가 로봇에게 길을 건너도록 허락해 주어야 했다). 이 부서는 예정된 경로를 준수하고 로봇에게 피드백을 제공하면서 인공 두뇌를 기계 학습시키고 있었다.

로봇 제어실의 업무는 약간 지루한 게임이기는 하지만 컴퓨터 게임을 하면서 돈을 받는 것과 비슷하다. 내가 회사 정문을 나서려고 할 때였다. 바퀴가 6개 달린 로봇 중 하나가 굴러와 중앙 로비를 통과해 들어가기 위해 기다리고 있었다. 제어실에서 감독하는 사람만 있는 것이 아니라 로봇 옆에는 경호원이 동행하고 있었다(이 "훈련" 단계에서는 모든 로봇이 경호원과 동행한다). 경호원은 젊은 제임스 본드처럼 보였다. 20대 초반으로 보이는 나이에 회사가 제공하는 가죽 항공 재킷을 입고 짙은 색 선글라스를 착용했다.

에스토니아의 인력 부족(트럭과 버스 운전사를 포함해) 현상이 보여 주듯이 이 나라에는 선택할 수 있는 다른 일자리들이 있다. 스타십테크놀로지스의 직원들은 운전사가 되는 대신 로봇에게 주행을 가르친다. 그들의 업무에는 로봇을 이용해 게임 하는 일과 선글라스에 멋

440

진 재킷 차림으로 탈린을 걸어 다니는 일이 포함된다. 새로운 일자리
는 전통적인 일자리보다 분명 더 매력적이다.

언어와 민족 분열 치유하기
: 수학, 컴퓨터 코드, 영어라는 새로운 국제 언어

설령 일자리를 몰아내지 않더라도 사회에 새로운 경제적 분열을 초래
하거나 기존에 존재하는 분열을 가중시킨다면 디지털 과학기술은 해
가 될 수 있다. 탈린의 주요 과학기술 중심지 중 하나인 월레미스테시
티Ülemiste City는 민족적·언어적 단절 문제에서 에스토니아를 중요한
시험대로 만드는 곳이다.

    최근에 완성된 이 업무 지구는 러시아어 사용자들이 주로 거주
하는 라스나매에와 가깝고 탈린의 과거와 미래가 한곳에 공존하는 지
역이다. 원래 1991년까지 가동되던 국유 철도 차량 제조 공장인 레닌
국립유니언공장Lenin National Union Factory의 방대한 부지였던 이곳은 이
제는 "북유럽의 실리콘밸리"로 이미지를 쇄신했다.

    월레미스테시티에는 사무용 건물에 수백 개의 과학기술 기업이
들어와 있고 한쪽 옆에는 소련 시절에 지어진 커다란 창고들이 자리
잡고 있다. 낡은 창고 건물들의 거대한 출입구 위에는 짙은 붉은색 벽
돌로 높이가 1미터나 되는 표어들이 새겨 넣어져 있다. 러시아어 사용
자를 위한 표어인 "СЛАВА КПСС!(소련 공산당에게 영광을!)"과 에스토
니아어 사용자를 위한 표어인 "ELAGU NLKP!(비상하라 에스토니아 공산

당!)"이 있다. 직원들이 타고 다니는 반짝이는 신형 자동차들로 가득 찬 대형 주차장 한쪽 구석에는 고급 잡지를 판매하는 프랑스풍 가판대가 있고 그 뒤로 레닌공장의 철도 차량 노동자들에게 바치는 긴 비가를 담은 기념물이 숨어 있다. 새로운 사회의 디지털 격차에 관심 있는 사람이라면 주목해야 할 곳이다.

월레미스테시티에 본사를 둔 기업들의 고용 기록은 과학기술이 사람들 사이에 균열을 만들 수도 있는 동시에 균열을 치유할 수도 있음을 보여 주는 첫 번째 실마리다.

이곳에는 러시아계 혁신가들과 기업가들이 매우 많은 편이며 그들 중 상당수가 고위 관리직으로 일한다. 수많은 도박 및 게임 사이트의 소프트웨어를 제작하는 회사 플레이테크Playtech는 1999년 에스토니아에서 처음 문을 연 이래로 현재 17개국에서 5000명의 직원을 고용하고 있다. 탈린 사무실에는 특히 러시아어 사용자들이 많은데 수백 명의 프로그래머가 더 동쪽에 위치한 우크라이나 지사에 근무하고 있는 점을 감안하면 당연한 일이다. 또 다른 소프트웨어 기업인 패러렐즈Parallels는 맥과 PC 사용자들을 위한 일종의 가교를 만들어 그들의 작업이 언제나 호환 가능하도록 만들었다. 패러렐즈는 탈린 본사에 800명의 직원이 근무하고 있으며 모스크바에도 사무소가 있다. 바로 이웃한 소프트웨어 회사 헬름스Helmes는 이곳 탈린뿐 아니라 벨라루스의 민스크에서도 직원을 고용하고 있다고 말한다. 기계 학습 관련 회사들에 필요한 대규모 데이터베이스를 관리하는 회사 아스트렉데이터Astrec Data는 이곳 탈린과 상트페테르부르크에 서버를 보유하고 있다. 이 회사의 로고 아래에는 "동과 서를 연결하기"라는 문구가 달려 있다.

이곳에 있는 과학기술 기업의 일자리는 오히려 러시아를 포함한 구소련 국가 출신이나 그쪽과 관련 있는 사람들에게 편중되어 있는 것처럼 보인다. 나는 선도적인 과학기술 혁신가들에게 이유를 물었다. "일반적으로 사회에서 소외된 집단이 새로운 산업에서 일을 잘 해내지 못하는 게 확실히 맞습니까?" 한 가지 답은 교육에 있었다. 아티 헤인라는 소련 체제에서는 수학과 전문 기술이 매우 강조되었다고 말하면서 자신이 물리학 경연 대회에서 러시아 학교 학생들과 겨루었던 일을 생생하게 기억했다. 러시아 민족은 수리 계산에 아주 강하다고 정평이 나 있었다. 1990년대에 과학기술 산업이 부흥하기 시작하면서 프로그래머와 개발자로서 그들의 인기는 대단했다. 이러한 인기는 오늘날에도 마찬가지인데 러시아어를 사용하는 에스토니아인 부모들이 기술 교육을 무척 중시하고 집에서 기술의 중요성을 강조하기 때문이다.

443

다른 사람들은 수학 자체로는 열쇠가 아니며 소통 능력이 중요하다고 이야기한다. 언어 문제는 탈린에서 주요한 토론 주제고 정치적으로 뜨거운 감자다. 근본 문제는 이 두 나라의 언어가 기본적으로 호환이 불가능하다는 점이다. 두 언어는 먼 친척뻘조차 아닐뿐더러 다른 알파벳을 사용하며 겹치는 단어가 거의 없다. 정치 문제는 이곳에 2개의 유사한 학교 제도(하나는 에스토니아어 학교, 다른 하나는 러시아어 학교)가 존재하며, 따라서 양쪽의 아이들과 가족들이 서로 섞일 일이 별로 없다는 사실을 의미한다. 탈린의 한 교수는 단일 대학 제도 때문에 두 집단이 어쩔 수 없이 합쳐지기는 하지만 강의 전후에 학생들이 사용하는 언어에 따라 두 무리로 나뉘어 이야기를 나눈다고 설명한다. 과학기술 기업들은 사정이 조금 다르다. 탈린의 한 발명가가 "3가지 국제 언어"라고 부르는 수학, 컴퓨터 코드, 영어로 소통하기 때문에 회사에서 지역적 언어 장벽은 전혀 문제가 되지 않는다.

정부의 교육 정책(두 가지 방식으로 이루어지는 학교 제도)은 분열을 조장한다. 하지만 혁신을 지지하는 정부 정책들이 분열된 집단을 아우르는 데 도움이 되는 듯하다. 하리 탈린은 정부가 지원하는 〈아유야트〉 대회에 러시아어를 사용하는 팀들이 최근에 많이 출전했다고 설명한다. 2017년 대회 참가자들은 그들의 발명품을 에스토니아어와 러시아어, 영어로 발표했다. 이 대회에는 모스크바에서 온 한 팀과 러시아어를 사용하는 에스토니아인들로 구성된 푸아로시스템스Poirot Systems가 참가했다. 한때 바텐더로 일했던 푸아로시스템스 팀의 젊은 이들은 칵테일 바에 절대로 재고가 떨어지지 않도록 주문해 주는 재고 관리 자동화 장치를 고안했는데, 결승에서 라이트 란트의 템프아이디에 패했다. 엑스로드나 전자 거주증과 마찬가지로 〈아유야트〉에 관한 소문이 널리 퍼져 나갔다. 하리 탈린은 현재 유사한 프로그램을 운영하는 몰도바 정부를 돕고 있다. 에스토니아의 가장 동쪽 지역이자 러시아어를 사용하는 도시 나르바는 2014년부터 테드엑스TEDx 세미나를 개최해 오고 있다. 2017년 행사 주제는 "국경 없는"이었고 에스토니아와 러시아, 우크라이나의 과학기술 발명가와 과학자가 참가했다.

에스토니아의 과학기술에 대한 깜깜이 베팅이 이곳의 분열을 치유했다고 말하려는 것은 결코 아니다. 독립한 지 거의 30년이 지난 지금까지 에스토니아는 법률과 행정, 예술 등 많은 전문 분야의 직업이 러시아계 사람들에게 닫혀 있는 듯한 매우 민족 차별적인 노동 시장을 가지고 있다. 전문 분야의 고용 통계 자료는 이런 생각을 더욱 뒷받침해 주는데 자료에 따르면 이런 직군의 종사자는 절대다수가 에스토니아계 사람이다. 2018년 에스토니아어를 이해하지 못하는 사람들의 실업률은 에스토니아어를 모국어로 사용하는 사람들보다 2배 이상 높았다. 소외된 러시아계 사람들과 관련된 가장 최근의 우려는 만연한 헤로인과 펜타닐 중독, 그에 따른 에이즈 감염률과 약물 과용의 증가다.

그럼에도 시민의 40퍼센트가 러시아어를 사용하는 탈린은 분열된 사회에서 과학기술이 할 수 있는 역할에 대해 희망의 근거를 제공한다. 이런 낙관적인 주장은 언어와 민족으로 분열된 기존의 파벌을 없애기 위한 방법으로 에스토니아가 선택할 수 있는 최고의 수단이 직장이라는 견해와 함께 시작된다. 산업 전반에서 러시아와 에스토니아의 유산을 가진 사람들은 여가를 보낼 때보다 직장에서 서로 교류할 가능성이 더 높기 때문이다.

수학, 컴퓨터 코드, 영어라는 "국제 언어" 위에서 운영되는 과학기술 산업은 비교적 공정하다고 여겨지며 러시아계 사람들도 이 분야에서 좋은 활약을 펼치고 있다. 물론 모두가 이런 직업을 가질 수는 없다(대략 대학생 10명 중 1명만 과학기술 기업에 취업한다). 하지만 IT 분야에는 여전히 많은 인재가 필요하다. 법이나 행정과 달리 이런 분야의 산업들은 어떤 문화적 유산을 가졌든 에스토니아인라면 누구에게나 열려 있다. 이처럼 분열된 나라에서 중요한 것은 민족이나 언어보

다 능력에 따라 일자리가 주어지는 분야를 추가하는 것이다.[18]

발트 특급 열차에서 배우는
도전과 기회

에스토니아의 경제 모델과 관련된 이야기는 앞으로 더 자주 듣게 될 것이다. 비용 절감과 고용 창출을 보장하는 탈린에서 나온 아이디어들이 빠르게 퍼져 나가고 있기 때문이다.

탈린의 전자 정부 아카데미 벽에 걸린 거대한 세계 지도에는 에스토니아인이 협력하고 있는 도시들을 표시한 작은 LED 전구 수백 개가 점점이 박혀 있다. 이 부서가 차기 프로젝트로 추진하고 있는 일은 날마다 2000명씩 새로운 인구가 유입되는 라고스에서 나이지리아 정부와 협력하는 것이다. 협력 프로그램은 인구 증가세를 파악하기 위해 스마트폰 사용을 추적할 것이고 증가세에 맞추어 에너지 공급과 위생, 교통, 치안을 개선할 수 있도록 할 것이다.[19]

라이트 란트가 자신의 손바닥에 놓인 템프아이디를 만지작거리며 말한다. "발명은 결국 자유를 의미합니다. 새로운 아이디어를 고안하면 회사를 설립하고 자신이 책임자가 되는 거죠." 기업과 관련된 모든 결정 사항이 모스크바에서 하달되던 시절을 기억하는 나라에서 이는 무척 의미가 크다. 다른 이들은 과학기술이 민주주의의 기반을 뒤흔드는 존재가 아니며 오히려 민주주의를 보호하고 강화하는 중요한 방식이라고 생각한다. 에스토니아의 전자 민주주의는 투표함을 구시대의 유물로 만들어 젊은이들을 투표로 이끌었고, 정부 시스템으로 정치인의 재산을 모두 추적할 수 있게 해 뇌물 수수 가능성을 차단했다. "컴퓨터에게 뇌물을 줄 수는 없잖아요"라고 정부의 IT 업무를 이끄는 심 시쿠트는 말한다.

배달 로봇을 발명한 아티 헤인라도 인공 지능이라는 궁극적인 목표를 풀고자 하는 대다수 사람의 목적 역시 컴퓨터를 이용해 민주주의 제도를 강화하는 것이라고 말한다. 전 세계의 많은 팀이 범용 인공 지능이라고 알려진 것을 만들어 내기 위해 경주하고 있다. 이 컴퓨터화된 지성은 매우 강력해 스스로 판단할 수 있고, 인간 주인에게 어떻게 할지 배우기보다 무엇을 학습할지 전략적으로 계획하면서 자신만의 디지털 두뇌를 구축할 것이다. 이런 종류의 연구를 수행하는 사람들은 인간이 핵무기 감축 정책이나 무역 협상을 둘러싼 경제적 고려 같은 다루기 힘든 문제들을 해결해 나가는 데 범용 인공 지능이 도움을 줄 것으로 생각한다.

447

과학기술 분야의 전문가들은 더 잘 기능하는 민주주의뿐 아니라 더 평등한 경제 역시 목표로 삼고 있다. 헤인라는 우유나 칫솔 같은 필수품이 필요한 육체노동자가 온라인으로 물건을 주문하고 저렴한 비용으로 배달을 의뢰해 퇴근하고 집에 오면 물건이 도착해 있도록 할 수 있는 미래를 설명한다. 그리고 이런 삶이 평등으로 나아가는 단계일 것이라고 말한다. "왕은 언제나 하인을 고용할 수 있었지만 평민은 그렇지 않았어요. 그리고 이런 사실은 앞으로도 변하지 않을 겁니다." 인간을 고용해 물건을 운반한다는 것은 그들에게 임금을 지불해야 한다는 뜻이고 배달 비용이 마냥 내려갈 수 없도록 만드는 최저 비용을 발생시킨다. 사람이 배달하는 택배를 이용하는 행위는 하루 안에 작은 소포를 배달하는 데 항상 5달러에서 10달러가 들 거라는 사실을 의미한다. "너무 비싸요. 로봇이 답입니다"라고 아티 헤인라 는 말한다. 로봇은 임금을 받지 않기 때문에 그들의 시간은 저렴하다. 아티 헤인라의 미래상에서 배달 로봇은 이를테면 평민의 하인인 셈이 다. 로봇은 우리 모두를 왕으로 만든다.

과학기술이 조만간 우리 경제에 어떤 식으로 영향을 끼칠 것인 지에 대한 예상은 자칫 극도로 걱정스러운 해석으로 이어질 수 있다. 들리는 말에 따르면 우리는 향후 10년 안에 인간의 노동력을 대신하 도록 고안된 새로운 유형의 지능적인 기계를 마주하게 될 것이라고 한다. 수많은 사람에게 자신의 역할이 자동화되는 것을 보는 일은 극 도의 충격을 유발할 수밖에 없고 예컨대 과학기술의 엄청난 "파도"나 자동화의 "퍼펙트 스톰" 같은 용어들은 이런 점을 강조한다. 재난을 암시하는 단어들과 엄청난 수치들은 무서운 그림을 그려 보인다. 다 시 말해 자동화가 갑자기 들이닥치고, 광범위한 피해를 초래하고, 완 전히 통제 불가능할 것이라고 이야기한다.

이 책에 소개한 다른 극한 경제에서 살아가는 사람들과 나누었 던 압박감과 중압감에 관한 이야기와 더불어 에스토니아 여행을 통해 나는 확신하게 되었다. 과학기술을 둘러싼 이런 식의 이야기가 도전 과 위기를 혼동하는 것이라고 말이다.

먼저 타이밍의 문제를 살펴보자. 내가 탈린에서 마주친 가장 인 상적인 아이디어인 사람들의 집으로 농업을 옮기는 일은 어쩌면 환경 에 막대한 이익을 가져올 수 있는 급진적인 조치다. 그러나 마티아스

렙의 스마트 농장은 결국 또 다른 농업 기계에 불과하고 수 세기 전에 도입된 파종기와 탈곡기의 직계 후손에 불과하다. 산업 분야에서 자동화 기계 사용은 이미 수 세기 동안 이어져 온 일이며, 오늘날의 과학기술인 기계 학습과 인공 지능은 나이로 치면 최근에 일흔 살이 넘었다. 과학기술의 발명과 전파, 응용은 단기적이기보다 장기적이고, 갑작스럽기보다 점진적이다. 즉 과학기술은 수 세기에 걸쳐 인간이 일하는 방식을 변화시켜 왔다. 자동화 기계는 이미 옛날 뉴스다. 그리고 내일의 추세가 될 일터의 과학기술 또한 우리 생각보다 익숙한 어떤 것이다.

과학기술을 능숙하게 활용하는 에스토니아는 특유의 방식으로 과학기술에서 어디에 방점을 두어야 하는지 상기시킨다. 직장의 자동화나 중요한 직무의 자동화는 인간의 직책을 바꾼다. 아울러 인간의 본질적인 역할과 사회적인 지위에 변화를 가져온다. 역사의 교훈에 따르면 과학기술은 대량 실업을 유발한 적은 없다. 하지만 인간이 담당하는 직무에 대규모 전환(농업에서 제조업으로, 서비스업으로)을 초래했다. 과학기술의 최첨단을 걷는 에스토니아는 이런 역사가 반복되고 있음을 보여 주는 듯하다. 즉 일자리가 부족해지기보다 일의 성격이 변화하고 있음을 보여 준다.

이 책의 앞부분에서 소개한 사례들은 이런 형태의 경제적 충격 (인간의 역할과 책임과 지위에 가해지는 충격)이 중요하다고 경고한다. 에이브러햄 매슬로의 인간 욕구 5단계 중 상위를 차지하는 이런 욕구들에 변화가 생길 경우에 잔혹하게 경제를 파괴하는 자연재해만큼이나 큰 대가를 요구할 수 있기 때문이다. 심지어 성장세가 두드러지고

449

노동자가 부족한 경제에서조차 직무의 변화와 이동 같은 경제적 전환은 해를 끼칠 수 있다.[20]

이런 사실은 종래의 일하는 방식을 파괴하는 데 열중하는 과학기술 전문가들이 간과하는 부분이다. 러시아어를 사용하는 탈린의 주택 지역과 유럽연합의 동쪽 경계에 위치한 나르바의 지극히 러시아스러운 마을로 떠난 여행은 새로운 경제 패러다임에 뒤쳐진다는 것이 어떤 의미인지를 냉엄하게 상기시켰다. 과학기술 위주의 성장 방식에 "깜깜이 베팅"을 한 지 25년이 지난 시점에서 과학기술이 젊고 고도로 숙련된 러시아계 인력를 끌어들이고 있음을 보여 주는 다양한 증거에도 불구하고 에스토니아에는 여전히 많은 사람이 뒤처져 있다.

인공 지능이 모든 정치와 경제 문제를 어떻게든 해결해 줄 거라는 믿음 또한 우려를 자아낸다. 에스토니아는 국민이 전 세계 어디에서든 투표를 할 수 있는 나라고, 100유로와 5분의 시간을 들일 준비가 된 외국인에게 전자 거주증을 판매하는 나라다. 하지만 세계 최초의 디지털 민주주의는 8만 명에 달하는 사람들이 국적 없이 사는 곳이기도 하다. 회색 "외국인" 여권을 가진 러시아어 사용자들은 투표할 권리가 없는 세금 납부자들이며 그들이 처한 상황은 근본적으로 민주주의에 위배된다. 아무리 빠르고 강력한 인공 지능이라도 이런 문제에는 도움을 줄 수 없을 것이다.

에스토니아는 과학기술 변화를 둘러싼 최후의 잘못된 통념, 과학기술 변화가 통제 불가능한 어떤 외부의 힘으로부터 비롯된다는 관념을 일소한다. 탈린의 과학기술은 우리 일자리를 빼앗기 위해 로봇 부대를 파견한 얼굴 없는 기업이 가져온 결과물이 아니다. 오히려 빠듯한 예산과 노동력 부족이라는 핵심 문제를 해결할 목적으로 정부가 주도한 산업 전략의 결과물이다. 농사를 짓거나 과일을 따는 기계부터 배달 로봇과 간병 로봇에 이르기까지 사람들이 열광하는 다양한 자동화 기계는 노동력이 넘쳐나는 곳이 아닌 부족한 분야에서 고안되고 있다.

미래를 신중하게 직시한다는 것은 자동화로 인해 실업률이 급증할 수 있는 노동 시장의 위협을 심각하게 받아들인다는 뜻이다. 하지만 과학기술은 오늘날 이미 발생하고 있고 앞으로 계속될 것으로 거의 확신할 수 있는 수많은 문제에 대한 하나의 해결책이다. 로봇은 고령화 경제의 도전과 환경 파괴, 국가의 예산 부족에 도움을 줄 수 있다. 따라서 신중함은 또한 우리가 충분히 빨리 자동화하고 있지 않다는 의견을 진지하게 받아들인다는 뜻이기도 하다.

451

9장

불평등화의 초극단

산티아고

Santiago

중대한 실수 중 하나는
정책과 프로그램을 결과가 아닌 의도로 평가하는 것이다.
밀턴 프리드먼, 1975

칠레

세로-18,
라데에사

비타쿠라

렌카

라스콘데스

플라자이탈리아

산티아고

로에스페호

산베르나르도

N

0   2.5   5마일

0   5   10킬로미터

가장 급성장한,
그러나 가장 불평등한 경제 기적

산티아고의 경관을 감상하기에 세로디에시오초Cerro Dieciocho 지역만한 곳은 없다. 보통 "세로-18Cerro-18"(언덕 18)로 표기되는 이곳은 브라질 리우데자네이루의 경사진 구릉지에 형성된 유명한 빈민가 파벨라Favela 중 하나처럼 보이는 작은 주택 지역이다. 이곳의 알록달록한 임시 가옥들은 매우 가파른 언덕 경사면에 지어져 마치 건물이 층층이 얹혀 있는 것처럼 보인다. 이 비탈진 주거지와 도심을 연결하는 버스가 언덕의 중간 지점까지만 운행하는 까닭에 이후부터는 집들 사이로 구불구불하게 나 있는 좁은 계단으로 여러 층을 올라가야 한다. 언덕을 오르는 일은 지극히 힘들지만 시도해 볼 가치가 있다.

언덕 꼭대기에서 내려다보면 촘촘히 들어선 양철 지붕 오두막들이 이웃한 신흥 부자들을 위해 건설된 주택 지역이자 모든 구획이 깔끔한 사각형 모양으로 된 라데에사La Dehesa와 선명한 대조를 이루는 풍경을 볼 수 있다. 조금 더 떨어진 비타쿠라Vitacura와 라스콘데스Las Condes의 녹음이 우거진 정원들과 칠레의 기득권층 엘리트들이 거주하는 도심 주택들도 볼 수 있다. 이런 부촌 사이에 자리한 달동네 세로-18은 세계에서 경제적으로 가장 불평등한 선진국의 수도에 대한 특별한 관점을 제공한다.

이 산동네는 빈민가가 아니다. 지붕 재료가 양철이기는 하지만 벽은 대체로 벽돌로 되어 있고 드문드문 크고 인상적인 집이 보인다. 상업적으로 개발하기에는 너무 경사진 땅에 거주민이 직접 지은 집들은 하나같이 독특하며 빈 땅을 발견하기 어려울 정도로 빼곡하다. 언덕 꼭대기에 다다르면 더 이상 건물이 들어서지 않은 황폐한 땅이 나타난다. 축구 경기장으로 쓰이는 이곳에서는 지역민 2명이 임시 정비소를 차려 놓고 소형 자동차인 르노 클리오에 반짝거리는 휠과 큰 배기통을 장착하면서 개조 작업에 몰두하고 있다. 언덕의 다른 한쪽 면은 집을 짓거나, 축구를 하거나, 차를 정비하기에 너무 가파르다. 관목과 쓰레기뿐인 이곳에서 마흔세 살의 실직한 건설 노동자 크리스티안 아라베알라Christian Aravehala가 분홍색 헤센 직물hessian fabric 자루를 손에 든 채 걷고 있다.

아라베알라는 알루미늄 캔을 줍는 중인데 세로-18의 꼭대기는 이 일을 하기에 적합한 장소다. 지역 주민들이 이곳을 자동차 수리와 축구뿐 아니라 무단 쓰레기 투기장으로 이용하는 까닭에 뒤적여 볼 만한 쓰레기봉투들이 가득하다. 또한 산티아고의 가장 부유한 지역들을 내려다보는 멋진 경관이 불을 피워 놓고 술을 마시려는 10대들을 끌어들인다. 그래서 아라베알라는 이 주변을 어슬렁거리다가 가끔씩 작은 잭팟(빈 라거 캔 대여섯 개가 들어 있는 파란색 비닐봉지)을 터뜨리기도 한다.

그가 발로 캔을 찌그러뜨려 자루에 담으면서 알루미늄 캔 1킬로그램당 300페소(약 45센트 또는 35페니)를 벌 수 있다며 자신의 계획은 하루에 6킬로그램을 모으는 것이라고 설명한다. 약간의 음식을 사고 차로 약 45분 거리에 있는 프로비덴시아Providencia의 병원에 계신 노모를 보러 갈 버스비를 충당하기에 충분한 돈을 벌 수 있는 양이다. 그가 꾸준히 움직이는 만큼 자루가 채워지고 있다. 하지만 시간은 이미 정오고 기온은 섭씨 31도에서 계속 상승하고 있다. 그가 목표를 달성하려면 하나의 무게가 겨우 15그램에 불과한 캔 400개를 모아야 한다. 기승을 부리는 무더위 속에서 일하는 그는 손톱이 떨어져 나가고 손가락 끝이 심하게 부풀어 있다.

아키타와 탈린과 마찬가지로 산티아고는 미래를 엿볼 수 있는 창을 제공하는 극한 경제다. 칠레의 수도인 이 도시는 칠레에서 단연코 가장 큰 경제 중심지다. 520만 명의 인구는 칠레 전체 인구의 3분의 1에 달하고, 칠레에서 두 번째로 큰 도시 안토파가스타Antofagasta보다 10배나 크며, 국가 경제 생산량의 거의 절반을 생산한다. 한창 가난한 시절이던 1970년대에 칠레의 1인당 국민 소득은 아르헨티나의 절반밖에 되지 않았다. 오늘날에는 1인당 국민 소득이 거의 1만 4000달러로 라틴아메리카에서 가장 높고 그리스나 포르투갈과 비교해도 크게 뒤지지 않는다. 이 같은 이례적인 성과에 힘입어 칠레는 2010년 OECD(경제협력개발기구)에 가입했고, 공식적으로 "신흥국" 지위를 졸업하고 "선진국" 대열에 합류한 최초의 남아메리카 국가가 되었다. 이즈음 급속한 성장과 빈곤 퇴치를 이룩한 칠레는 "경제 기적"으로 간주되었다. 유력한 국제기구들은 앞다투어 모범적인 발전 사례로 꼽으면서 "칠레 방식"을 그대로 따라 할 것을 다른 나라들에 강력하게 권유했다.

이 성공 이야기에서 한 가지 오점은 칠레의 기적 같은 성공이 극심한 불평등 속에서 이루어졌다는 사실이었다. 칠레는 가장 신입이자 가장 성과가 높은 OECD 회원국인 동시에 거대한 빈부 격차 때문에 이 부자 클럽 내에서 가장 불평등한 경제를 가진 나라다. 일반적인 불평

457

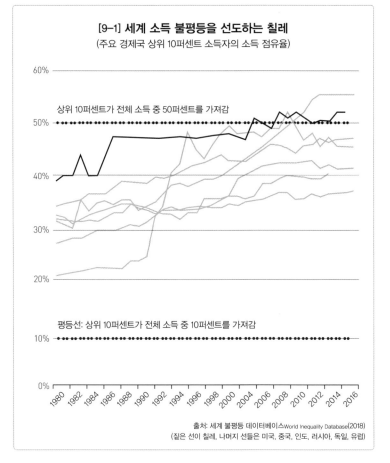

[9-1] 세계 소득 불평등을 선도하는 칠레

(주요 경제국 상위 10퍼센트 소득자의 소득 점유율)

상위 10퍼센트가 전체 소득 중 50퍼센트를 가져감

평등선: 상위 10퍼센트가 전체 소득 중 10퍼센트를 가져감

출처: 세계 불평등 데이터베이스World Inequality Database(2018)
(짙은 선이 칠레, 나머지 선들은 미국, 중국, 인도, 러시아, 독일, 유럽)

등 척도 중 하나인 상위 10분의 1 근로자의 소득 점유율은 1970년대 초 30퍼센트에서 1990년대 말 거의 50퍼센트로 증가했으며 이후 약간 더 증가했다. 이는 이제 상위 10분의 1에 해당하지 않는 사람들(칠레 국민 10명 중 9명)이 전체의 절반이 되지 않는 국가 소득을 나누어 가져야 한다는 것을 의미했다.

불평등의 급격한 증가를 동반한 빠른 성장이라는 산티아고가 앞서 걸은 길은 오늘날 발전으로 나아가는 가장 보편적인 경로가 되고 있으며 칠레 수준의 불평등은 빠르게 국제 표준이 되어 가고 있다. 합쳐서 세계 인구의 3분의 1 이상을 차지하는 인도와 중국 역시 지난 30년간 경제 규모가 확대되면서 모두 이전보다 더 불평등한 나라가 되었다. 칠레와 이웃한 페루의 리마부터 나이지리아의 라고스와 말레이시아의 쿠알라룸푸르에 이르기까지 세계에서 가장 빠르게 커지는 도시들은 지구상에서 가장 불평등한 곳이 되어 가고 있다.[1]

미래 경제는 아키타처럼 고령화되고, 탈린처럼 디지털화되고, 산티아고처럼 불평등해질 것이다.

나는 소득을 기준으로 산티아고의 꼭대기와 밑바닥에 있는 사람들, 그리고 이러한 형태의 극한 경제를 설계한 논란 많은 정책 입안자들을 만나러 칠레로 향했다. 칠레식 경제는 찬사의 대상이 되었고 다른 나라들에 적극 권장되었다. 나는 칠레의 일반인이 이런 자국의 발전에 대해 어떻게 생각하는지 알고 싶었다.

성장을 통해 빈곤을 퇴치할 수 있다면 불평등이 과연 문제가 될까? 만약 그렇다면 아키타와 탈린처럼 또 다른 세계적 추세의 최첨단에 있는 이 도시에도 낙관적일 수 있는 이유, 반발의 징후, 협력과 회복탄력성이 존재할까?

미국의 대외 정책 변화와
시카고 보이스의 탄생

"당시에 우리는 불평등이 결국에는 사라질 거라고 생각했어요." 롤프 루데르스Rolf Lüders가 라스콘데스에 위치한 자신의 아파트에 앉아 오늘날까지 여전히 칠레에 영향을 미치고 있는 1970년대 초의 사건들을 떠올린다.

산티아고는 32개 코무나comuna(구역)로 나뉘어 있으며 라스콘데스는 그중 가장 호화로운 곳이다. 길 건너에 특권층만 이용하는 골프 클럽이 있고 가까운 엘골프El Golf지하철역 주변 도로를 따라 멋진 초록색 잔디가 깔린 대사관들이 줄지어 있다. 이제 여든세 살이 된 오픈 칼라 셔츠와 소박한 회색 카디건 차림의 루데르스는 그의 최근 직업인 대학교수에 잘 어울리는 모습이다. 하지만 그가 앉은 주변에는 국제적으로 활동했던 이전 생활을 보여 주는 미술 작품과 작은 조각상, 양탄자 등이 즐비하다. 더 젊은 시절이던 1980년대 초에 재정경제부 장관으로 일하면서 칠레 경제의 모든 측면에 영향력을 행사한 터였다. 또한 그는 독특한 경제 실험을 주도한 작은 집단의 일원이었다.

칠레의 실험은 프랭클린 델러노 루스벨트 미국 대통령의 1933년 취임 연설에서 시작된 정책에 뿌리를 두었다. 루스벨트 대통령은 자신이 전쟁을 싫어한다고 말하면서 미국이 더 이상 아메리카대륙에 있는 이웃 국가들의 사건에 군사 개입을 시도하지 않을 것이라고, 즉 중립을 지키겠다고 약속했다. 이를 계기로 이웃 나라들에 영향을 끼치기 위한 미국의 시도는 더 부드러워지고 더 섬세해졌다.

미국 정부 기관인 국제협력국International Cooperation Administration, ICA은 1930년대 말부터 "기술 원조"라는 이름으로 노련한 교육자와 숙련된 인력을 라틴아메리카 국가들과 공유하는 정책에 자금을 대기 시작했다. 국제협력국의 자금 지원은 에콰도르의 바나나 경작민을 위한 새로운 농약 도입부터 엘살바도르의 위생 상태 개선 조치 그리고 페루의 콩 재배와 온두라스의 치안 유지 활동, 과테말라의 교사 연수 등에 이르기까지 대륙 전역에서 진행되는 수백여 개 프로젝트에 미국의 전문가들이 개입한다는 것을 의미했다.[2]

그중 하나가 칠레의 대학 질 향상 프로젝트였다. 이 프로젝트의 일환으로 1955년 시카고대학교와 칠레가톨릭대학교가 국제협력국이 지원하는 기술 원조 협정에 서명했다. 공식 계획은 박사 과정 칠레 학생들이 2년 동안 시카고에서 경제학을 공부한 뒤 고국으로 돌아와 산티아고의 강단에 서는 것이었다. 이러한 학생 교환을 통해 칠레의 경제학 수준은 향상될 터였고 교수들과 학생들은 사회주의에 고무된 좌파 성향 사상에서 벗어나게 될 터였다. 하지만 이 프로젝트가 끼친 궁극적인 영향력은 이런 수수한 목표를 훨씬 넘어섰다. 오늘날 칠레에서 보통 "시카고 보이스Chicago Boys"라고 알려진 이 교환 학생들은 결국 칠레 경제를 완전히 장악했다.

1950년대에 시카고에서 가르치던 경제학의 조합은 칠레 학생들이 도착할 즈음 이미 유명했다. 다른 어느 곳의 사고와도 구별되는 고유한 방식과 태도, 관심으로 이루어진 체계였다. 철저한 방법론과 자료 비교를 통한 이론 검증을 중시하는 이른바 "시카고학파Chicago school"는 정치적으로 커다란 영향을 끼치는 결론을 발전시켰다. 분석

461

을 통해 그들은 희소 자원 할당 방식으로 시장을 신뢰해야 하며 정부와 정치가를 경계해야 한다는 결론에 다다랐다. 시카고학파 경제학자들은 돈을 쓸 최적의 사람은 그 돈을 번 사람이라고 판단했다. 그리고 정부의 재정 지출이 노동자의 주머니와 기업가의 금전등록기를 축내는 세금에 기초하기 때문에 정부가 작아야 하고 정부의 경제 개입이 제한되어야 한다고 생각했다.

시카고학파 교수 중 교환 학생들과 나중에는 칠레에 현저한 영향을 끼친 인물로는 특히 두 사람이 두드러졌다. 그중 한 사람인 밀턴 프리드먼Milton Friedman은 1950년대 중반에 40대 후반이었고 10년 동안 경제학부를 대표해 온 인물이었다. 칠레 교환 학생들은 하나같이 그의 수업을 들었는데 존경하고 좋아했지만 한편으로는 냉담하고 무서운 사람이었다고 말한다. 루데르스는 자신의 논문 지도 교수였던 프리드먼의 강의가 놀랍도록 명료했으며 복잡한 이론을 흔히 단순하고 일상적인 이야기로 풀어 설명했다고 회상한다. 또 다른 영향력 있는 인물인 아널드 하버거Arnold Harberger는 프리드먼과 마찬가지로 독과점 규제부터 기업 과세에 이르기까지 실용적인 문제에 관심을 기울였다. "알리토Alito"로 알려진 하버거는 시카고 보이스의 일상적인 조언자였고 삼촌 같은 존재였으며 술친구였다.

1958년 시카고에서 수학한 첫 번째 교환 학생들이 산티아고로 돌아왔다. 다양한 아이디어와 계획으로 무장한 그들이 처음 몇 년 동안 이룬 주된 성과는 시험을 너무 어렵게 출제한다는 악명을 얻은 것이었다. 칠레의 동료들과 학생들은 그들이 미국에서 습득한 엄격한 기준을 충족하는 데 어려움을 겪었다. 시간이 흐르면서 시카고 보이스의 명단이 늘어나기 시작했고 그들 대다수는 칠레로 돌아와 학계와 싱크탱크에서 일했다.

명시한 목표를 기준으로 평가했을 때 교환 교육은 효과가 있었다. 산티아고 경제학은 이제 더 철저해졌고 시카고로부터 시장 친화적 아이디어들이 주입되면서 사회주의 성향이 누그러들었다. 하지만 이 모든 성과는 학계에만 국한되었다. 15년이 넘는 세월 동안 시카고 보이스가 평범한 칠레 사람들의 실생활에 끼친 영향은 거의 전무했다.[3]

아옌데 정부의
사회주의 경제 실험과 실패

1970년대 초에 칠레의 모든 것이 바뀌었다. 좌파 정당인 칠레사회당 Partido Socialista de Chile을 이끌던 예순두 살의 살바도르 아옌데Salvador Allende가 1970년 근소한 표 차이로 대통령에 당선되었다. 자신이 어느 정도는 칠레의 자유주의 전통을 계승했다고 생각한 아옌데는 1972년 유엔 연설에서 "제한 없는 문화적·종교적·이데올로기적 관용" 국가를 약속했다. 열렬한 마르크스주의자였던 그는 대선에 뛰어들 당시 육체노동자와 농민의 생활을 향상시키기 위한 경제 정책을 또한 약속했다. 자유 시장이 제공할 수 없는 공정한 결과를 보장하기 위해 정부는 산업을 국유화하고 농업을 집단화해 시장을 통제해야 할 터였다.

아옌데는 자신의 공약을 충실히 이행했다. 그가 당선되고 얼마 뒤 칠레 정부는 미국이 소유한 구리 광산 2곳과 칠레를 대표하는 전화 회사의 자산을 국유화했고 외국인 소유주에게는 아무런 대가를 지불하지 않았다. 정부는 금융계도 장악했다. 1971년 말까지 칠레 정부는 모든 외국 은행을 사들였고 국내 대출 시장의 90퍼센트를 장악했다. 1930년대에 제정되어 잊힌 지 오래된 법망의 허술한 구멍들을 이용해 기업가에게 회사를 매각하도록 강제함으로써 정부는 산업의 40퍼센트를 직접 지배할 수 있게 되었다. 또 80헥타르(약 200에이커)가 넘는 농장은 무조건 정부가 정한 가격으로 매입할 수 있었고 이런 식으로 5800개가 넘는 대규모 사유지에서 칠레 농지의 약 60퍼센트에 해당하는 1000만 헥타르의 농지를 수용했다. 아옌데는 육체노동자와 사무직노동자를 만족시키기 위해 더 높은 수준의 최저 임금을 새로 도입했고, 정부 감시 기구인 공급가격위원회Junta de Abastecimiento y Precios를 설립해 모든 상점이 정부가 정한 가격을 준수하도록 해 물가를 통제했다.

기업, 시장, 가격, 생산량을 정부가 통제하는 이 모든 상황은 시카고 보이스가 배운 내용과 정반대였다. 처음에 이 정책은 칠레에서 매우 성공적이었고 인기를 끌었다. 대규모 주택 건설 사업에 착수하면서 정부 지출은 3분의 1 이상 증가했다. 1971년에는 경제 성장률이 3.6퍼센트에서 8퍼센트로 올라 1950년대 이후로 최고를 기록했다. 실업률이 급감하고 가격 통제가 인플레이션을 낮추면서 노동자들의 구매력은 1년 만에 22퍼센트나 증가했다. 성장하는 칠레 경제는 또한 더 공정했다. 저임금 근로자에 대한 의무적인 임금 인상률 56퍼센트는 전문직 종사자들에 대한(마찬가지로 관대한) 25퍼센트보다 더 높았다. 숙련자와 비숙련자 간 임금 격차가 줄었으며 소득 불평등이 억제되었다. 아옌데의 공약들은 불과 1년 만에 성과를 내는 것 같았다.

하지만 이처럼 대대적으로 바뀐 경제적 접근법이 성공했는지 여부는 몇 년이 아닌 몇십 년을 기준으로 평가되어야 했다. 아옌데가 가져온 단기 호황은 인위적인 동시에 지속 가능하지도 않았다. 주택 건설과 공공 부문에 엄청난 예산이 투입되면서 정부의 적자율은 1970년 3퍼센트에서 1973년 30퍼센트 이상으로 늘어났다. 기업들은 급증한 임금을 지불할 수 없어 결국 생산을 줄이기 시작했고 그러자 파업이 일어나 많은 공장이 유휴 상태에 빠졌다.

경제가 위축되기 시작하고 실업률이 상승하는 가운데 아옌데는 세계적인 악재를 맞이했다. 1970년대에 킨샤사에서 모부투 세세 세코의 경제 계획을 실패하게 만든 것과 동일한 요인이었다. 국제 구리 가격이 곤두박질치면서 칠레의 수출 소득이 말라 버린 것이다. 인플레이션은 항상 높았다(연간 약 25퍼센트가 보통이었다). 그런데 중앙은행이 아옌데의 씀씀이를 감당하기 위해 돈을 마구 찍어 내면서 1972년에는 250퍼센트 상승했고 1973년에는 650퍼센트 넘게 상승했다.

물가가 임금보다 더 빠르게 상승하자 1973년 칠레 노동자들의 구매력은 40퍼센트 가까이 감소했다. 비공식 경제가 작동하기 시작했고 암시장에서 물품을 판매하는 무허가 행상들이 등장했다. 이에 맞서 정부는 30가지에 달하는 주요 생필품의 판매를 금지하는 계획을 발표했다. 그 결과 기름과 쌀, 설탕, 고기와 같은 품목들은 시장 경제에서 완전히 사라지고 가족의 수입이 아닌 수요에 근거해 정부가 직접 제공할 터였다.

임금보다 물가가 훨씬 빠르게 상승한 탓에 칠레 사람들은 점점

465

가난해졌다. 당연하지만 정부가 쌀과 기름을 제공하겠다는 약속은 노동자들의 근심을 달래는 데 별로 소용이 없었다. 결국 1973년 초에 총파업이 일어났다. 파업과 동시에 조직적으로 입을 맞춘 신문들이 아옌데와 그의 마르크스주의 정책을 비판하고 나섰다. 최근에 기밀 해제된 문서들에 따르면 이런 조직적인 움직임 중 일부는 CIA(미국중앙정보국)의 사주를 받은 것으로 드러났다.[4]

쌓여 가던 불만은 쿠데타로 이어졌다. 1973년 6월 군인들이 대통령 궁인 라모데나La Modena를 탱크로 둘러쌌다. 이 시도는 실패로 끝났다. 하지만 다시 1973년 9월 11일에 칠레 공군이 대통령 궁을 폭격하고 육군의 급습이 이어졌다. 살바도르 아옌데는 스스로 목숨을 끊었는데 피델 카스트로에게 선물받은 AK-47 소총으로 자살한 듯했다. 같은 날 육군 총사령관 아우구스토 피노체트Augusto Pinochet가 이끄는 군사 정권이 권력을 잡았다. 그들은 칠레에서 "마르크스주의 암"을 제거하겠다고 약속했다.

칠레의 짧은 사회주의 실험은 그렇게 끝났고, 장차 빠른 성장과 극심한 불평등을 불러올 극단적 자본주의라는 새로운 국면이 막 시작될 참이었다.

시장에서 만난 빈곤 탈출 이야기

산티아고의 최남단 코무나인 산베르나르도San Bernardo는 이 도시에서 가장 가난한 지역 중 하나다. 일요일이 되면 이곳의 중앙 광장 근처에 있는 폭 10미터, 길이 약 500미터인 거대한 지붕 아래에서 큰 시장이 열린다. 지붕 역할을 하는 영구 구조물이 노점상과 손님 모두에게 반가운 그늘을 제공하면서 일종의 노천 상가를 형성하는 것이다. 남반구인 이곳에서는 크리스마스를 앞둔 대목이 무더운 날씨가 시작되는 시기와 일치한다. 커다란 수박, 통통한 붉은 고추, 커다란 통마늘 같은 늦봄 농산물을 꼼꼼히 살피는 지역민들 주위로 크리스마스 분위기를 내는 빨간 삼각형 모양의 장식 깃발이 산들바람에 나풀거리고 있다.

시장 그늘에서 벗어나면 곧장 살인적인 햇살이 위력을 과시한다. 노점에서 물을 파는 앙헬라 실바Angela Silva가 나에게 자신의 우산 아래에 한 자리를 내어 준다. 내가 노천 상가와 중앙 광장이 정말 멋지다고 하자 그녀가 말한다. "내가 사는 곳은 다른 세상이에요. 우리 동네 시장에 가 보면 알게 될 거예요." 앙헬라 실바는 자신의 동네에서는 사람들이 서로의 머리 위에 산다는 의미로 "아시나도asinado"라고 말하면서 손동작으로 단어의 뜻을 설명한다. 중산층 시장에서 장을 본 손님들이 가짜 랄프로렌Ralph Lauren 폴로 셔츠를 입고 한가롭게 지나가면서 앙헬라에게 이런 찜통더위에는 시원한 피냐콜라다piña colada 칵테일을 팔아야 하는 것 아니냐며 농담을 건넨다.

산베르나르도의 또 다른 시장은 로블랑코Lo Blanco라고 불리며 장이 열리는 거리의 이름에서 따왔다. 이곳에는 노점상과 손님에게 도움이 될 만한 공공 기반 시설이 없다. 가장 좋은 노점도 파란색 방수포가 지붕을 대신할 뿐이며 이외에는 상품으로 채워진 탁자만 달랑 있는 노점이 대부분이고 드문드문 파라솔 역할을 하는 우산이 보인다. 시장 외곽에는 "콜레로colero"라고 알려진 불법 노점상들이 옹기종기 모여서 당구대 크기의 직사각형 비닐 깔개 위에 상품을 진열해 놓고 있다.

이들의 사업 형태는 킨샤사의 "해적 시장"과 동일하다. 깔개 중 일부의 모서리에 긴 끈이 달려 있는데 재빨리 도망가야 할 때 한 번에 잡아당겨 가방을 만들 수 있는 장치다. 산티아고 중심부에서 담배나 아이폰 충전기를 판매하며 제법 괜찮은 실적을 올리는 콜레로들에 비해 이 시장의 해적 상인들은 나이가 많고 말랐으며 지극히 가난해 보인다. 아무도 그들이 판매하는 먼지 덮인 낡은 옷이나 깨진 플라스틱 장난감, 오래전에 사용이 중지된 2G 핸드폰의 두툼한 충전기에 관심을 보이지 않는다. 로블랑코 시장의 콜레로들은 대다수가 깔개에 끈을 달아 놓지 않는데 이 시장 변두리에는 경찰이 없을뿐더러 굳이 단속하려 들지 않기 때문이다.

로블랑코는 왠지 불안한 곳이다. 실제로 우리가 시장에 들어서자 주민들이 소매치기를 조심하라고 주의를 주었다. 하지만 사람들은 친절했고, 산뜻한 주말 나들이 복장으로 거리를 거닐다가 우연히 마주친 친구들과 잡담을 나누는 아이티 커플이 많이 보였다(최근 들어 칠레에는 재해를 입은 아이티에서 이민 온 사람들이 부쩍 늘어났는데 그중 상당수는 건설 부문에서 일한다). 시장 외곽에서 구멍가게를 운영하는 마흔여덟 살의 제시카 비야Jessica Villar는 여름 시즌을 앞두고 양말과 속옷, 디즈니 만화를 소재로 한 어린이용 비치 타월을 판매하고 있다.

제시카가 자신이 아홉 살이던 1979년 부모님과 함께 칠레 시골을 떠나 산티아고에 와서 이 시장 근처에 있는 주택 지역 엘보스케El Bosque에 도착했을 때를 회상한다. 그들의 집은 칠레가 빠르게 도시화되면서 갑자기 생겨난 일종의 임시 야영지인 "캄파멘토campamento"였다. "캄파멘토의 현실은 우리가 춥고 배고팠다는 거예요"라고 그녀가 말한다. 집은 막대기로 만든 틀에 방수포를 펼쳐 얹은 다음 끈과 돌로 고정시킨 엉성한 공간이었고 가족은 끊임없이 이사를 다녀야 했다. 나중에 거주민들이 임시 주택에 돈을 들이면서 제시카가 살던 야영지는 "포블라시온población"(달동네나 파벨라처럼 영구 구조물로 된 더 형식을 갖춘 지역)이라는 이름으로 재분류되었다. 하지만 그렇게 되기까지 10년이라는 세월이 걸렸고 그럼에도 집은 여전히 조악하고 추웠다.

제시카는 그때 이후로 상황이 무척 많이 바뀌었다고 말한다. 천막집과 금방이라도 무너질 것 같은 판잣집에서 자란 까닭에 그녀에게 집이란 경제적 성공을 가늠하는 가장 중요한 척도다. 그녀는 "이제 난 집이 있고 어머니도 집이 있어요"라면서 2004년에 이미 집이 지어져 있던 작은 필지를 살 수 있었다고 설명한다. 우리가 이야기를 나누는 동안 건설 현장에서 일하느라 콘크리트 먼지를 잔뜩 뒤집어쓴 젊은 아이티 이민자가 그녀 가게에서 파는 남성용 사각팬티를 자세히 들여다본다.

최근에 산티아고로 온 사람들과 비교하면 제시카는 확실하게 자리를 잡은 듯 보이며 편안해 보인다. 작고 반짝이는 원형 장식이 달린 보라색 상의에 재클린 오나시스 스타일의 선글라스를 쓰고 가짜 다이아몬드 귀걸이를 한 그녀가 말했다. "우리는 칠레에서 운이 좋은 편이에요."

칠레의 주목할 만한 발전을 설계한 사람들은 이처럼 빈곤에서 탈출해 생활 수준을 끌어올린 이야기들을 자신들의 유산이라고 주장

469

한다. 그들의 유산은 모두 하나의 계획으로 요약된다. 바로 시카고에서 교육받은 칠레의 젊은 경제학자들이 설계한 급진적이고 새로운 청사진이다.

피노체트와 시카고 보이스, 극단적 자유 시장 경제 모델을 도입하다

군사 쿠데타에 이어 피노체트는 자신이 "철권"을 가졌고 노선에서 벗어나면 어떤 칠레인이든 군사 재판을 받게 될 것이라고 경고했다. 대중 매체는 즉각 검열 대상이 되었다. 신문, 텔레비전, 라디오에서 다루는 모든 내용은 군부의 승인을 받아야 했다. 그런 다음에는 "침묵 작전"이라는 이름으로 《엘메르쿠리오El Mercurio》와 《라테르세라La Tercera》 단 2개 신문만 남기고 나머지는 폐지하는 법이 제정되었다. 최소 11개에 달하는 좌파 신문이 다른 잡지와 라디오 방송국과 함께 사라졌다.

피노체트와 그의 수하들은 자신들을 비판하는 사람들을 곧장 구금하고 고문했기 때문에 반대 의견을 내는 일은 위험했다. 17년의 독재 기간 동안 약 4만 명의 칠레인이 투옥부터 고문에 이르기까지 다양한 방식으로 인권을 침해당했다. 이 과정에서 최소 3200명이 목숨을 잃은 것으로 알려진다. 산티아고의 중앙 묘지에 가면 커다란 회색 비석 앞면에 그들의 이름이 새겨져 있다. 한쪽에는 시신이 발견된 사람들 이름이 새겨져 있고 다른 한쪽에는 여전히 실종 상태인 사람들

이름이 새겨져 있는데 그 중간에 살바도르 아옌데의 이름이 자리해 있다.[5]

피노체트는 경제 정책에서 아옌데와 사뭇 다른 방침을 택했다. 이 독재자는 경제에 대해 전혀 몰랐다. 하지만 군사 훈련을 시킬 때처럼 세심하고 꼼꼼하게 칠레 시장을 통제하고 계획하기보다 시카고 보이스와 그들의 자유 시장 개념에 의지했다. 시카고 보이스는 칠레가 마르크스주의로 옮겨 가는 것에 놀라 1970년 선거 이후로 우파 후보자들에게 정책 브리핑을 하는 데 공을 들였다. 또 아옌데의 사회주의 정권이 비틀거리기 시작한 뒤로는 그들만의 새로운 청사진을 개발하기 위해 계속 노력했다.(이 과정에서 그들이 CIA으로부터 자금을 간접 지원받았다는 소문이 있지만 관련자들은 전혀 모르는 일이라고 주장한다.)

1973년에 이르러 그들의 계획은 200쪽에 달하는 한 권의 책이 되었고 너무 두꺼운 탓에 "벽돌"이라는 의미의《엘라드리요El Ladrillo》로 알려지게 되었다. 그들은《엘라드리요》를 피노체트에게 가져갔고 피노체트는 이 책을 통째로 채택하기로 결정했다. 그들은 처음에는 자문 역할을 맡았다. 하지만 1975년 국제협력국의 교환 프로그램을 통해 시카고에서 수학한 최초의 칠레 학생 중 세르히오 데카스트로Sergio de Castro가 경제부 장관으로 임명되면서 칠레 경제에 대한 거의 전적인 통제권을 손에 넣었다. 불과 18개월 만에 시카고 보이스는 학계의 비주류 집단에서 독재자의 경제학자 집단으로 급부상했다.

《엘라드리요》는 인플레이션과 변동성volatility, 빈곤을 비롯해 칠레의 많은 문제를 진단했지만 가장 주된 논의 주제는 "비대한 정부estatismo exagerado"였다. 경제와 관련해 정부 역할 축소는 아옌데가 했던 모든 일을 원점으로 되돌릴 뿐 아니라 그보다 더 나아가는 것을 의미했다. 민간 기업의 소유권을 예로 들어 보자. 아옌데의 사회주의 정부가 산업을 국유화하면서 1970년부터 1973년 사이에 국영 기업 수는 46개에서 300개로 늘어났다. 하지만 시카고 보이스가 민영화 안건을 밀어붙이면서 1980년에 이르자 국영 기업 수는 다시 24개로 감소했다. 금융계도 동일한 경향을 보였다. 국유화되었던 칠레 은행들이 민간 구매자에게 매각되었고 외국 대출 기관들의 국내 시장 진출이 허용되었다. 이자율에 관한 이전 규칙들이 철폐되었고 은행들은 자유롭게 대출 조건을 정할 수 있게 되었다. 사회 기반 시설과 주택 공급, 교육, 사회 보장 등에 배정되는 예산이 크게 감소하면서 정부 지출은 다시 축소되었다. 시카고에서 교육받은 사람 중 유일하게 이 계획에 비판적이었던 리카르도 프렌츠-다비스Ricardo Ffrench-Davis는 1980년대 당시 이 계획을 가리켜 세계에서 "가장 두드러진 극단적 시장 경제 모델 사례"라고 불렀다.[6]

초기 결과는 복합적이었다. 구매자들의 선택지가 확대되었다. 담배와 닭 같은 물품에 대한 구매 한도가 폐지되었다. 무역을 개방하고 수입 관세를 90퍼센트에서 10퍼센트로 내리면서 미국과 독일, 일본 상품들이 갑자기 감당할 수 있는 가격이 되었다(카메라 수입이 예상 가능한 수준인 200퍼센트 늘었다면 라디오는 870퍼센트, 텔레비전은 9000퍼센트 이상 증가했다). 경제 성장률은 기대를 한참 밑돌았다. 3퍼센트가 채 되지 않는 경제 성장률은 아옌데 시절보다는 나았지만 칠레의 장기 평균에는 못 미쳤다.[7]

시카고학파의 경제학은 극심한 불황 때문에 처음 10년 동안 할

472

수 있는 일이 별로 없었다. 1982년 금융 위기가 라틴아메리카를 휩쓸었을 때 가장 휘청거린 나라는 이 슈퍼스타 경제학자들이 운영하던 칠레였다. 생산량은 14퍼센트가 감소했고 제조업은 4분의 1이 축소되었으며 실업률은 27퍼센트로 상승했다. 경제 불황에도 불구하고 같은 해에 물가는 여전히 20퍼센트 이상 상승하면서 인플레이션을 적용한 임금 가치를 완전히 1973년 수준으로 돌려놓았다. 일을 찾아 산티아고로 이주했던 많은 칠레인이 일자리와 집을 구할 수 없어 결국 수도 외곽에 위치한 임시 야영지(제시카의 가족이 살았던 캄파멘토)에서 살았다.

무기력한 첫 10년과 그 10년이 끝날 즈음에 마주한 경제적 충격은 국내 시장을 국제 무역과 금융에 개방하는 데 따른 초기 통증으로 여겨졌다. 시카고 보이스는 민주주의에 개의치 않고 그들의 경제 정책을 계속 밀어붙였다. 연금 제도와 교육, 의료, 저소득층에 대한 주택 공급 등 모든 분야에서 분권화가 이루어졌고, 정부의 통제권이 약화되었으며, 민영화가 추진되었다.

473

칠레의 기적

그리고 마침내 1985년부터 1997년 사이에 연평균 7퍼센트의 성장률을 기록하면서 칠레는 번영하기 시작했다. 이처럼 급성장할 경우 인플레이션이 발생할 수 있지만 칠레의 물가 상승률은 낮고 안정된 모습을 보였다. 이전에는 주변국에 뒤처졌던 칠레의 투자율과 수출률이 남아메리카에서 최고를 기록했다. 경제 측면에서 오랫동안 닮은꼴이었던 페루와 에콰도르 같은 이웃 나라들이 이제는 칠레의 뒤를 따르는 상황이 되었다. 역사적으로 훨씬 부유한 나라였던 아르헨티나는 1970년대까지 칠레보다 소득이 2배나 높았지만 1996년에 이르자 산티아고가 부에노스아이레스를 추월했다.

《엘라드리요》는 처음 몇 쪽을 할애해 다음과 같은 명확한 목표를 제시했다. "이 계획은 최대한 최단기간에 지속적이고 높은 경제 성장률을 보장하는 조치를 포함한다." 그리고 성장이란 구호 위에 세워진 국가는 국제적인 찬미자들을 얻기 시작했다. 일찍이 1982년에 밀턴 프리드먼은 《뉴스위크》기고문에서 "칠레는 경제 기적이다"라고 썼다. 칠레가 그해 실패에도 불구하고 뒤이어 놀라운 성장을 기록하자 그의 표현은 그대로 굳어졌다. 1990년대 말에 이르자 칠레는 워싱턴D.C.나 제네바에 본부를 두고 국가를 상대로 성장과 개발, 무역 관련 조언을 제공하는 국제기구 관료들이 총애하는 국가가 되어 있었다. 칠레의 도약을 기념해 개최된 회의에서 IMF는 칠레가 이제 경제 발전의 "최종 단계"에 들어섰다고 했고, WTO(세계무역기구)는 자유 무역이 칠레 경제를 "최고의 회복탄력성을 갖춘 경제 중 하나"로 만들었다고 했으며, 세계은행World Bank은 이 "개척국"에 관한 450쪽짜리 책을 발행하고 다른 나라들에 칠레의 "복제 가능한 교훈"을 따르라고 조언했다.[8]

시카고 보이스의 주장에 따르면 경제 성장은 극빈층의 소득 증가와 빈곤율 하락을 보장하기 때문에 중요하다. 칠레의 경우에는 확실히 맞는 말이었다. 공식 자료에 따르면 1987년 칠레 국민의 45퍼센트는 빈곤 상태(소득이 의식주와 관련된 기본 욕구를 해결하기에 부족한 수준), 17퍼센트는 극빈 상태(음식을 살 형편이 안 되는 수준)였다. 2000년에 빈곤율은 20퍼센트, 극빈율은 6퍼센트로 떨어졌다. 빈곤율 감소폭은 급격한 성장세를 기록하던 시기에 가장 컸고 성장세가 둔화된 시기에 가장 작았다. 이 같은 국가 통계상의 발전은 국민 생활에서 실질적인 변화로 나타났다. 경제 성장에 따른 혜택에 대해 문자 시장의 한 노점상이 말한다. "전에는 아이들이 여기서 맨발로 뛰어다녔어요. 이제는 신발을 신고 다니죠."[9]

　　사회 곳곳에서 불평등이 증가하고 있다는 사실은 곤란한 문제일 뿐 본질적인 문제는 아닌 것으로 여겨졌다. 녹음이 우거진 라스콘데스에서 롤프 루데르스가 말한다. "상대 소득과 절대 소득, 문제의 핵심은 바로 여기에 있습니다." 이른바 "칠레의 기적" 시기는 불평등을 둘러싼 논쟁에서 핵심인 이런 평가 기준이 경제가 더 윤택해질수록 어떻게 반대 방향으로 움직일 수 있는지 보여 준다.

　　1973년부터 1980년대 말 사이에 칠레에서 가장 가난한 하위 10분의 1에 해당하는 근로자의 소득이 증가했고 따라서 "절대적인" 측면에서 그들의 상황은 더 나아졌다. 이는 빈곤율이 인상적으로 감소한 이유이기도 하다. 하지만 고소득층의 수입은 같은 기간에 훨씬 더 빠르게 상승해 상위 10분의 1 소득자의 급여가 칠레 국민 평균보다 적게는 7배에서 많게는 거의 35배까지 치솟았다. 칠레의 소득 총액은 더 늘어났지만 가장 부유한 10분의 1에 해당하지 않는 모든 이들에게 돌아가는 몫은 더 줄어든 것이다. "상대적인" 측면에서 소득이 더 낮은 사람들의 상황은 더욱 악화된 셈이다.[10]

시카고 보이스가 보기에 빈곤율이 감소했다는 사실은 그들의 경제 개발 방식이 효과가 있다는 증거였다. 산티아고는 가난한 동네의 아이들이 맨발로 뛰어다니고 많은 가족이 천막에서 살던 도시였다. 그랬던 곳이 아이들은 신발을 신고 사람들은 집에서 사는 도시가 되었다. 그에 비하면 불평등의 증가는 시카고 보이스가 보기에 치를 가치가 있는 대가처럼 보였다. 게다가 비록 불평등 문제를 바라보는 시카고 유학파 경제학자들의 시각이 냉혹해 보이기는 하지만, 그들에게는 최하위층 사람들에게 도움이 될 것으로 생각되는 또 다른 거창한 아이디어가 있었다.

그들이 시카고에서 영감받은 청사진 《엘라드리요》는 "기회균등 igualdad de oportunidades"을 보장함으로써 칠레의 "타고난 잠재력"을 촉발시키는 방법과 관련해 많은 논의를 담고 있었다.

이를 실현하기 위한 정책은 교육 정책을 근본적으로 개혁해 학위를 더 쉽게 딸 수 있도록 하는 것이었다. 이 개념에 따르면 고등 교육은 혜택이 주로 졸업생 본인에게 돌아가므로 국가는 더 이상 고등 교육에 돈을 대지 말아야 했다. 대신에 가난한 가정의 학생들이 스스로 등록금을 마련할 수 있도록 학자금 대출을 늘려야 했다. 아직 발굴되지 않은 인재들이 사회 전체에 고르게 퍼져 있는 상황에서 가난한 사람들의 교육 접근성을 늘리면 칠레의 잠재적인 인적 자본을 활용할 수 있게 될 터였다. 요컨대 공정한 동시에 성장을 강화할 수 있는 방법이었다.

시카고 유학파 경제학자들은 칠레 대학들이 시대에 뒤떨어지고 비효율적이라고 생각했다. 그래서 중앙 정부가 지방 정치인과 대학

476

자체에 통제권을 이양해야 한다고 주장했다. 피노체트는 정식으로 이 새로운 특권을 지방의 입법자들에게 넘겨주었고 대학 관련 규제를 없앴다.

그 결과 교육 붐이 일었다. 1970년대에 칠레에는 8개 대학이 있었고 하나같이 정부의 지원을 받았다. 1990년에 들어서는 대학이 60개로 늘어났고 그중 3분의 2가 사립 대학이었으며 이외에도 전문학교와 기술학교가 거의 250개에 달했다. 고등 교육을 받은 사람의 숫자가 10년 만에 12만 명에서 거의 25만 명으로 2배 이상 늘어났다. 대학 교육은 더 이상 무상이 아니었지만 대학에서 제공되는 교육 과정은 더 다양해졌고 더 많은 젊은이가 학위를 취득했다. 이런 양상(늘어난 대학과 늘어난 학생)은 여전히 지속되고 있으며 1973년 청사진 원본에서 제시된 "기회균등"이라는 목표가 충족되었다고 암시하는 듯 보인다.[11]

시카고에서 교육받은 경제학자들은 80대의 나이가 된 오늘날에도 여전히 자신들의 시스템이 완벽하고 일관되며 공정하다고 생각한다. 그들이 제시한 시장 지향적 청사진을 따름으로써 칠레는 빠르게 성장했고, 빈곤율은 떨어졌으며, 대학 정원이 늘어나면서 교육받을 기회가 늘어났다. 그리고 이런 성과로 세계은행 같은 국제기구들의 칭송까지 받고 있다.

하지만 그럼에도 시카고 보이스의 경제 개발 방식은 오늘날 산티아고에서 정기적으로 시위 주제가 되고 있다. 그들은 이런 상황에 어리둥절해하며 자신들이 이룩한 평생의 업적이 왜 높이 평가되지 않는지 답답해한다. 루데르스는 시위하는 사람들을 이해할 수 없다고 말한다. "부러워서 그러는 게 틀림없습니다"라며 그가 넌지시 그들을 비꼰다. 2011년에 그들의 멘토인 아널드 하버거 역시 시위와 관련해 당혹스럽다는 반응을 보였다. "남아메리카에서 최고의 경제임에도 국민들이 그 진가를 알아보지 못한다." 이들이 보기에 칠레를 현대화한 작업은 완벽했다. 그들은 사람들이 무엇에 대해 불평하는지 알지 못한다.

기적 뒤에 감춰진 풍경, 샌해튼과 쓰레기장 동네

전체 64층에 달하는 마천루 그란토레산티아고Gran Torre Santiago는 고급스러운 칠레를 대변하는 상징적인 건축물이다. 높이가 300미터로 라틴아메리카에서 가장 높은 이 건물은 비교적 저층 건물이 많은 이 도시의 다른 모든 건물을 왜소해 보이게 만든다. 그란토레산티아고의 최대 매력은 쇼핑이다. 남아메리카에서 가장 큰 쇼핑몰에 할애된 6개 층은 이 지역의 출세 지향적인 중산층을 끌어당기는 장소가 되었다(이곳은 현금 부자인 브라질 관광객들에게 매우 인기 있어 스페인어뿐 아니라 포르투갈어로도 상품 설명이 적혀 있다). 이 건물의 반짝반짝 빛나는 청록색 유리 위로 따뜻한 황혼의 햇살이 비치면 마천루가 마치 뉴욕시의 스카이라인처럼 붉게 빛나고 반짝거린다. 그래서 라스콘데스는 "산티아고의 맨해튼"이라는 의미로 "샌해튼Sanhattan"이라는 별명을 얻었다. 탑처럼 솟은 높이는 도시 어디에서든 방해받지 않고 이 건물을 볼 수 있다는 뜻이다. 산티아고 어디에 살든 이 고층 건물이 보이고 따라서 샌해튼을 감상할 수 있다.

라스콘데스에 비하면 남쪽으로 12킬로미터 떨어진 지역인 누에보14Nuevo 14는 매우 다른 동네다. 빗질 마감된 콘크리트나 철제 빔이나 유리는 전혀 보이지 않고 골이 진 양철판으로 지붕을 덮고 속이 빈 콘크리트 블록으로 벽을 세운 싸구려 건물들뿐이다. 이 주택 지역에 사는 사람들 중 일부는 심지어 이보다 훨씬 더 기초적인 집에 산다. 주민들이 쓰레기를 무단 투기해 비공식 쓰레기장으로 변한 폐허의 한쪽에 40가구가 정착해 살고 있다. 이곳에 사는 사람들은 마을 회관 역할을 하는 중앙 건물을 중심으로 임시 주택을 지어 이 터를 아주 작은 마을로 바꾸었다. 중앙 건물은 모든 세대가 함께 사용하는 냉장고와 가스레인지가 각각 1대씩 있어 부엌 겸 공동 식당으로도 이용된다.

주민들이 공동생활을 하기 때문에 중앙 회관의 벽에는 중요한 이런저런 목록들이 붙어 있다. 그중 하나는 야간 경비 임무를 정해 이름과 날짜를 적어 놓은 일일 순번표다(그들은 마약 판매자나 중독자가 쓰레기장에 숨어드는 것을 막기 위해 순찰을 돌아야 한다고 설명한다). 부채 장부 같은 더 긴 목록도 있는데 차용 증서들이 칠레페소Chilean peso나 음식과 허드렛일을 교환하는 비공식적 방식으로 적혀 있는 것을 볼 수 있다. 중앙 회관 밖에는 아이들 56명을 포함해 주민 전체가 공동으로 사용하는 유일한 변기와 샤워기가 있다. 공동 화장실 옆에는 쓰레기 더미가 약 2.5미터 높이로 쌓여 있고 저 멀리 백금 덩어리처럼 환하게 빛나는 그란토레산티아고가 보인다.

이곳의 모든 물건은 복잡하게 얽혀 있거나 재활용되거나 공유

479

된다. 그리고 삶에 대한 이런 임시적인 접근 방식은 함께 사용하는 공용 공간과 허드렛일을 정해 놓은 순번표까지 더해져 마치 뉴에이지를 표방하는 히피들의 야영장 같은 분위기를 풍기기도 한다. 하지만 누에보14의 쓰레기장에 사는 사람들은 자급자족하는 새로운 생활 방식을 추구하는 경제적 아웃사이더가 결코 아니다. 이곳의 성인 남녀는 모두 라스콘데스나 비타쿠라 같은 부유한 동네에서 온종일 아주 힘들게 일하고 있다.

최저 임금을 받는 산티아고의 중산층

"우리가 여기에 사는 건 직장과 가장 가까운 최고의 선택지기 때문이에요"라고 스물네 살의 멜리사 네이라Melissa Neira가 말한다. 산티아고는 불규칙하게 뻗은 도로를 따라 통근하는 사람들의 도시다. 시내 중심가 직장까지 출근하려면 버스로 90분 정도가 소요된다(누에보14는 오래전 신설된 "새로운" 버스 노선의 정류장 번호 14에서 따온 이름이다). 칠레에도 정부 보조금을 받아 구할 수 있는 집이 있다. 하지만 그런 집은 대체로 도시 외곽에 위치해 직장에 출퇴근하기가 불가능하다고 멜리사는 말한다. 사람들이 퇴근해 돌아오면서 마을 회관에 빈자리가 점점 줄어들고 있었는데 그들도 동의의 표시로 고개를 끄덕인다. "게다가 우린 어차피 정부 보조금을 받기에는 너무 부자예요. 우린 빈곤층이 아닌 중산층으로 간주되거든요"라고 그녀는 이야기한다. 이 말에 다들 한바탕 웃음을 터뜨린다.

프로축구팀 맨체스터 유나이티드의 팬인 통통한 체구를 가진 세르히오 무뇨스Sergio Munioz는 쓰레기장에서 나를 만나자 자신을 마흔세 살이라고 소개한다. "당신 마흔네 살이야, 세르히오!" 그의 아내 베르타Bertha가 깔깔 웃으며 말한다. 세르히오는 도심에 있는 작은 가게에서 전기 기술자로 일하며 한 달에 40만 페소(약 600달러 또는 460파운드)를 받는다. 세금과 연금, 건강 보험과 실업 보험을 의무적으로 제하고 나면 그가 실제로 집에 가져오는 돈은 한 달에 32만 페소다. 베르타는 부유한 주택 지역에서 정원사로 일한다. 그녀에게 한 달에 얼마를 받는지 묻자 그녀가 다른 여성들을 돌아보았고 그들이 전부 큰 소리로 웃으며 외쳤다. "최저 임금요!"(2018년 칠레의 최저 임금은 25만 페소였다.)

이곳 부부들은 대체로 비슷한 수입 구조를 보인다. 핑크 플로이드 티셔츠를 입은 에르넬 고메스Ernel Gomez는 알루미늄과 유리를 재생하는 일을 하면서 한 달에 42만 페소를 벌고 그의 아내 마르게리테 Marguerite는 미용사 보조원으로 일하면서 베르타처럼 최저 임금을 받는다. 이곳 주민들의 부부 합산 소득은 한 달에 대략 70만 페소로 대부분 대동소이하다.

칠레 가정의 빈곤선은 한 달 60만 페소로 정해져 있다. 세르히오와 베르타 부부를 비롯해 이곳의 다른 부부들은 전부 그 이상을 벌기 때문에 공식 기준에서 가난하지 않다. 하지만 그들의 소득은 산티아고에 존재하는 불평등의 뚜렷한 예다. 만약 칠레의 국민 소득이 공평하게 분배된다면 평균 가정은 쓰레기장 주민들이 버는 돈보다 4배가 많은 280만 페소를 받을 것이다.

게다가 아무리 공동으로 집기를 구매한다고 하더라도 이곳 주민들은 상근직으로 일하는 사람들 치고 가진 것이 거의 없다. 공동체에는 전기나 가스가 연결되어 있지 않다. 중앙 회관에 있는 몇 개 되지 않는 전구와 냉장고 1대는 공동체 경계 밖까지 이어진 기다란 오렌지색 전선을 이용해 불법으로 끌어온 전기를 사용한다. 합판으로 만든 집은 너무 작고(대부분 가로 2미터에 세로 3미터 남짓하며 창문은 없다) 동네의 사면 중 삼면이 담장으로 막혀 있지만 네 번째 면은 그냥 쓰레기 더미로 가려져 있을 뿐이다. 자타리의 난민들이 요르단 사막에 직접 지은 집들이 차라리 낫다.

높은 물가와 비싼 교육비

내가 쓰레기장 공동체에서 이야기를 나눈 10명 중 누구도 부유한 동네에 사는 사람들의 임금이 불공평할 정도로 높다고 불평하지 않는다. 놀랍게도 그들은 월급을 높여 달라고 큰 소리로 요구하지 않는다. 모든 여성을 비롯해 매우 많은 사람이 최저 임금을 받고 있지만, 아무도 칠레의 최저 임금을 높이는 것이 해답이라고 생각하지 않는다. "그래 봐야 소용없어요"라고 멜리사는 말한다. "결국에는 식비나 버스 요금 같은 우리가 내는 비용도 덩달아 늘어날 거거든요."

그들은 물가에 대한 불만이 더 많다. "우리처럼 가난한 사람들이 사는 이 동네 물가가 오히려 비싸요. 차라리 라스콘데스의 상점을 이용하는 편이 더 싸게 먹혀요"라고 마르게리테가 말한다. 그녀는 식료품이나 일상 가정용품 같은 필수품 이야기를 하는 거라면서, 부자들은 생활비가 적게 드는 반면에 가난한 사람들일수록 더 많은 돈이 든다고 불만을 토로한다. 산티아고의 많은 경제 문제가 이 주장을 뒷받침한다.

산티아고의 저임금 근로자들은 돈을 버는 족족 소비하면서 근근이 먹고살며 때로는 벌이보다 조금 더 쓰기도 한다. 세르히오에 따르면 그들은 공식적으로 신용 대출을 받을 수 없다. 그래서 대체로 비공식적인 방법을 이용하는데 동네 가게에서 외상으로 물건을 구입했다가 월말에 월급이 들어오면 대금을 갚는 방식이다. 그들의 계산에 따르면 이런 방식은 그들이 원래 지불해야 하는 가격에 약 20퍼센트의 추가 비용을 발생시키는 것으로 짐작된다.

신용 구매(외상 거래)는 칠레에서 흔한 일이다. 특히 현재 대통령 세바스티안 피녜라Sebastián Piñera는 이 나라에 신용 카드를 도입함으로써 자신의 이름을 알리고 부를 축적한 인물이다. 최근 들어 신용 카드 빚이 급증했지만 누에보14까지는 아직 이런 유형의 신용 거래가 도달하지 않았다. 산티아고에는 대형 할인점과 할인 슈퍼마켓을 갖춘 쇼핑몰이 많지만 이곳 사람들은 한 달을 벌어 한 달을 먹고살아야 하기에 무언가를 대량으로 구매할 수 없다. 가난한 지역 사람들은 시장에서 소량으로 구매한다. 화장실 휴지가 낱개로 판매되고 행상들은 가치담배를 판다. 쓰레기장의 주민들 역시 비싼 외상 거래를 피하고 대량으로 구매하면 돈을 절약할 수 있다는 사실을 안다. 다만 벌이가 너무 적기에 그럴 수 없을 뿐이다.

누에보14의 주민들은 자신들이 사지 말아야 할 값비싼 물건을 사기도 한다고 말한다. "우린 확실히 나쁜 선택을 해요"라고 아이가 둘인 멜리사가 자진해서 고백한다. 그녀는 자신이 아이들을 위한 테마파크인 키즈마니아Kidsmania에 약하다고 설명한다. "나는 그곳이 비싸고 돈 낭비인 줄 알아요"라면서 그럼에도 의외의 현금 소득이나 팁이나 보너스가 생기면 침대 밑에 쟁여 넣어 저축하기보다 하루 외출 자금으로 사용하는 경우가 많다고 이야기한다.

그녀의 배우자 에마누엘 네이라Emmanuel Neira는 소득이 적을수록 잘 살기 어렵다는 의견을 피력한다. "우리를 보세요. 하나같이 좀 뚱뚱해요"라고 그가 말한다. 칠레는 최근 몇 년 동안 비만율이 급상승해 성인 중 4분의 1과 아동 중 5분의 1이 비만으로 분류된다. 이런 추세는 누에보14도 비껴가지 않았다. 특히 이곳 남성들이 눈에 띄게 과체중이다. "라스콘데스에 사는 사람들은 퀴노아quinoa를 먹죠"라고 에마누엘이 웃으며 말한다. "나도 퀴노아를 먹어야 한다는 걸 알지만 12시간 교대 근무를 마치고 나면 포만감을 주는 음식이 자꾸 당겨요."(퀴노아는 안데스 지역에서 오랜 옛날부터 재배해 온 고단백 고영양의 완전식품으로 평가받는 곡물이다-옮긴이)

교육을 통해 산티아고에 평등을 구현할 수 있다는 시카고 보이스의 생각은 멜리사를 비롯한 그녀의 이웃들을 발끈하게 만든다. 너무 높은 물가와 더불어 교육비는 이들의 주된 불만 대상이다. 정부가 지원하는 학교에 입학하기 위해서는 경제적으로 취약하고 사립 학교 학비를 낼 능력이 없음을 증명해야 한다고 베르타는 설명한다. 서류와 면담이 매우 많아 입학 절차는 시간을 많이 잡아먹는데 이는 부모 중에 이 절차를 맡은 사람의 수입에 손실이 생긴다는 의미다. 또한 필

484

수 교과서 구입비도 가계에 타격을 줄 수 있다. 산티아고에서는 기본 교과서 구입에 최저 임금 노동자의 이틀 치 수입과 맞먹는 2만 페소가 든다(영국 물가로 환산하면 교과서 구입에 100파운드가 넘는 비용이 드는 셈이다). 교과서가 너무 비싸자 비공식 시장이 등장했다. 판매자는 깔끔하게 제본된 흑백 복사본을 정식 교과서의 10분의 1 가격에 판매한다. 해적 서적상은 경찰에게 쫓기지만 금전적으로 어려운 학부모들의 지지를 받는다. "보다시피예요." 베르타가 말한다. "칠레에서는 무상 교육조차 그다지 무상이 아니에요."

누에보14에 어둠이 내리자 에마누엘과 세르히오가 택시를 타야 하는 나의 안전을 위해 대로까지 동행을 자청한다. "산티아고를 이해하고 싶다면 인간의 심장과 같다고 생각하면 됩니다"라고 말하면서 에마누엘이 눈을 반짝인다. "더러운 피는 아래쪽에서 심장으로 들어가는 반면에 높은 곳에서 나온 깨끗한 피는 위쪽에서만 순환되죠." 그의 말은 이 도시에서 유명한 소득과 고도 사이의 상관관계를 가리킨다. 요컨대 가난한 통근자들이 남쪽 저지대 동네에서 오르막길을 올라 도심으로 출근한다면 부자들은 북쪽 고지대의 고급 주택지에서 출발해 도심으로 내려온다는 뜻이다. 세르히오의 농담은 기발한 동시에 우울했고 영어로도 완벽하게 의미가 전달되었다. 단순 노동을 하면서 도둑과 마약 중독자가 쓰레기장에 오지 못하도록 밤마다 순찰을 도는 재능 있는 남성의 풍자 넘치는 유머였다.

마침내 우버 택시가 도착했고 택시 기사는 누에보14에서 벗어나게 되어 안심이라고 털어놓았다. 그는 이곳이 위험하다고 말했다.

485

소득에 따라 완벽히 분리되는
거주 지역과 교육 성취도

"우리는 불합리한 불평등에 직면해 있어요"라고 예순한 살의 카르멘 마테말라Carmen Matemala가 말한다. 우리는 산티아고에서 가장 가난한 구역 중 하나인 렝카Renca에 위치한 학교 에스쿠엘라도밍고산타마리아곤살레스Escuela Domingo Santa Maria Gonzalez의 교장실에 앉아 있고 마테말라는 이 학교 연구주임이다. 이 학교 교장인 루시 니에토Lucy Nieto가 힘차게 고개를 끄덕이며 동의를 표시한다.

그들은 이곳에서 다섯 살부터 열한 살까지 650명의 소년들을 가르치는데 재학생의 80퍼센트가 학업 성적이 형편없어 다른 학교에 들어갈 수 없거나 행동이 불량해 학교에서 쫓겨난 취약 학생으로 분류된다고 설명한다. 이 학교는 가난한 동네에 있을 뿐 아니라 비행 청소년이 많은 삼류 학교다. 이런 상황이 이곳의 교육 목표를 위축시키고 있다. "우리는 아이들의 고등학교나 대학교 진학에 대해 그다지 깊이 생각하지 않아요." 니에토의 말이다. "이곳에서 우리 역할은 단지 문제를 일으키지 않는 착실한 젊은이를 배출하는 겁니다."

마테말라가 학교 시설을 안내해 주겠다고 제안한다. 몸집이 작은 그녀는 소박한 감청색 원피스 차림에 완고하지만 부드럽고 왠지 성스러운 분위기가 나는 사람이다. 건축학적으로 학교는 교육에 적합한 환경처럼 보인다. 교실 건물이 중앙에 있는 운동장을 원형으로 둘러싼 형태다. 운동장에서는 점심시간마다 다수의 축구 경기가 동시다발적으로 진행된다. "누가 어느 팀인지는 아이들만 알아요"라고 마테말라가 말한다.

그녀는 이 학교의 문제가 낡아 가는 건물이나 교실이 아닌 교육 성과에서 드러난다고 말한다. 이곳의 어린 학생 중에는 읽는 것은 고사하고 말을 할 줄 모르는 학생이 많다. "그 아이들이 우리에게 왔을 때 할 줄 아는 거라곤 자신이 원하는 걸 손가락으로 가리키는 게 전부였어요." 이런 현상은 칠레의 발전이 불러온 또 다른 모순이자 공식적인 빈곤 통계가 보여 주지 않는 것이다. 즉 수십 년에 걸친 경제 성장 덕분에 산티아고의 학교들은 제대로 된 건물을 갖추게 되었지만 여전히 도시에는 취학 연령이 되었는데 말을 할 줄 모르는 아이들이 존재한다.

마테말라의 설명에 따르면 그녀가 가르치는 소년들은 태어나기 전부터 불평등에 노출되기 시작한다. 소년들은 직업이 없는 부모 밑에서 태어난 경우가 많다. 그런 곳에는 으레 롤 모델이 되어 줄 사람이 없고 그들이 읽을 만한 책이나 신문도 없다. 따라서 학교는 가장 심각한 경우를 상정해 비상 대책을 마련해 놓고 있는데, 집중 교육과 언어 치료가 여기에 포함된다. "결과는 정말로 믿을 수 없을 정도입니다." 그녀가 방긋 웃으면서 태어나자마자 시련을 겪은 소년들이 얼마나 빨리 이를 극복해 내는지 설명한다.

최상위 학생들은 국가에서 지원하는 칠레 최고의 고등학교인 산티아고칼리지Santiago College로 진학한다. 나는 그렇다면 제도가 제대로 기능하고 교육을 통해 평등한 기회를 제공하고 있다는 뜻 아닌지 물었다. 그들은 "아녜요"라고 대답하면서 그런 아이들은 매우 드문 경우라고 말한다. 칠레에서 교육은 사고팔 수 있는 일종의 상품이다.

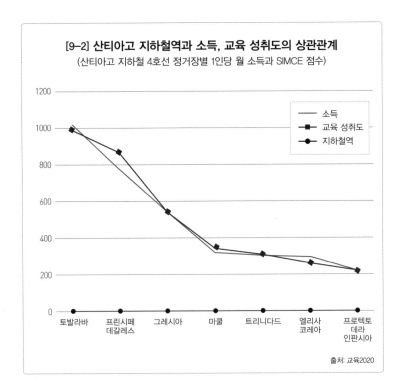

[9-2] 산티아고 지하철역과 소득, 교육 성취도의 상관관계
(산티아고 지하철 4호선 정거장별 1인당 월 소득과 SIMCE 점수)

출처: 교육2020

"부자를 위한 상품과 가난한 사람을 위한 상품이 따로 존재하죠." 이 현직 교육 전문가들은 칠레의 교육 제도가 평등을 구현하기보다는 인생을 제비뽑기처럼 만들며, 그에 따른 결과를 고착화한다고 말한다.

산티아고 현지의 싱크탱크인 "교육2020Educación 2020"에서 나는 이 문제를 놀라운 방식으로 분석해 단 하나의 도표로 정리한 연구원들을 만났다.

그들은 토발라바Tobalaba(라스콘데스와 인접한 부유한 "샌해튼"의 중심부)부터 시작해 남쪽으로 언덕을 따라 내려가 훨씬 가난한 지역인 푸엔테알토Puente Alto까지 이어지는 산티아고 지하철 4호선의 정거장을 가로축에 표시했다. 그런 다음 각 정거장 주변 구역의 소득을 표시해 놓았는데 기차가 남쪽으로 나아갈수록 소득이 낮아지는 경향을 보인다. 마지막으로 학생들이 대학이나 기술학교 진학 여부를 결정하는 SIMCESistema de Medición de la Calidad de la Educación(교육질평가제도) 시험에서 해당 지역 아이들이 받은 점수를 기준으로 교육 성취도를 표시했다. 시험 점수는 지하철역을 지날 때마다 떨어지면서 소득과 지역, 교육 성취도 사이에 존재하는 거의 완벽한 상관관계를 보여 주었다.

이런 패턴은 절대적이다. 요컨대 부유한 지역에는 SIMCE 시험에서 낙제하는 학생이 없고 가난한 동네에는 시험에서 우수한 성적을 기록하는 학생이 없다. 이 같은 현상은 산티아고가 분열된 도시임을 암시한다. 즉 어디에 사는지 아는 것만으로 교육 성취도를 정확히 예측할 수 있다. 교육2020의 연구소장 마리오 와이스블루트Mario Waisbluth는 489 이런 결과를 "교육의 아파르트헤이트educational apartheid"라고 부른다.[12]

부자와 가난한 자를 위한 교육은 따로 있다

"산티아고의 교육 시장은 여러 층으로 이루어진 케이크와 같아요"라고 와이스블루트가 말한다. "부유한 아이들이 다니는 학교가 있고, 반쯤 부유한 아이들이 다니는 학교가 있으며, 덜 부유한 아이들이 다니는 학교와 중산층 아이들이 다니는 수많은 학교, 가난한 아이들이 다니는 학교가 따로 있죠."

바닥층을 구성하는 것은 렌카의 도밍고산타마리아곤살레스와 같은 학교(국가가 전액 지원해 무상 교육이 이루어지는 학교)에 다니는 34퍼센트의 학생들이다. 그 위에는 60퍼센트에 해당하는 중산층 아이들이 위치하며, 이들이 다니는 학교는 국가 보조금에 더해 학부모가 공동으로 학비를 부담해야 한다. 특히 이 중간층은 내부가 수백 개의 더 얇은 층으로 나뉘어 있다. 예컨대 학비로 단지 몇천 페소에 불과한 돈을 형식적으로 납부하는 학교부터 1년에 24만 페소(약 350달러)가 넘는 돈을 내야 하는 학교까지 다양한 학교가 존재한다. 최상층은 사립 학교에 다니는 6퍼센트의 학생들이며, 그중에서도 최고는 산티아고 최고 명문으로 널리 알려진 영국식 사립 학교 더그레인지스쿨The Grange School에 다니는 학생들이다. 자녀를 더그레인지스쿨에 보내려는 부모는 1년에 2만 달러에 가까운 학비를 내야 한다.

490

교육에 얼마나 많은 돈을 쓰는지는 중요하다. 산티아고의 고용주들은 지원자가 대학 학위를 가지고 있어도 예비 직원들에게 그들이 다닌 고등학교 이름을 입사 지원서에 기입하라고 요구한다. 현지인들은 사업 측면에서 충분히 그럴 만하다고 말한다. 더그레인지스쿨에서 교육받은 누군가를 고용하는 경영자는 그 학생이 연락을 주고받는 인맥까지 구매하는 셈이기 때문이다. 상대적으로 덜 유명한 학교 출신의 똑같이 유능한 지원자를 고용한다면 같은 돈을 쓰고 덜 얻게 되는 셈이다. 자녀가 산티아고에서 성공하기를 바란다면 공격적인 교육 경쟁은 필수다. "이 도시에 수준이 각기 다른 10개의 사립 고등학교가 있다고 쳐요." 한 중산층 학부모의 설명이다. "사람들은 자녀를 수준이 낮은 학교에 보내는 부모를 멸시하면서 자기 자녀를 더 수준 높은 학교에 보내기 위해 할 수 있는 모든 일을 할 겁니다." 또 다른 학부모가 "교육 전쟁"이라고 말한다.

국가와 학부모가 공동으로 학비를 부담하는 중간층 학교는 이 전쟁의 핵심 선수들이다. 1980년대에 도입된 공동 부담 정책은 부모에게 교육 바우처education voucher를 제공하고 이 바우처는 부모가 선택하는 학교에 "소비"할·수 있다. 그러면 학교는 이 바우처를 근거로 정부에 월별 교육비를 청구하고 이외에도 추가 학비를 청구할 수 있다.(바우처는 일정한 조건을 갖춘 사람이 교육, 주택, 의료 따위의 복지 서비스를 이용할 때 정부가 비용을 대신 지급하거나 보조하기 위해 제공하는 지불 보증서다-옮긴이) SIMCE 시험은 각 학교의 성적을 파악하는 투명한 평가 기준을 제공하기 위해 같은 시기에 도입된 제도다. 여기에는 시카고학파의 생각이 조금 더 반영되었다. 부모에게 자녀가 다닐 학교에 대한 선택권을 주고 선택에 필요한 공신력 있는 자료를 제공한다면 각 학교는 자체 교육의 수준을 올리기 위해 경쟁할 터였다. 즉 시장은 스스로 규제해 나갈 터였다.

491

오늘날 많은 "바우처" 학교들은 무상이 아닌 공동 부담을 요구한다. 또한 국가의 보조를 받고 있음에도 이 학교-기업school-company들의 4분의 3은 영리를 목적으로 운영된다. 일반에 공개되는 SIMCE 점수는 장래의 학부모에게 어떤 학교의 주식이 가치가 높은지 낮은지를 알려 주는 일종의 주식 가치share value로 이용된다. 이 제도의 원래 의도는 학습에 힘겨워하는 학생들에게 특별히 주의를 기울이면서 학생들의 성적을 높이기 위해 한층 더 노력하도록 교사들을 압박하기 위함이었다. 하지만 현실에서 산티아고 학교들은 자기네 학교의

SIMCE 총점을 방어하기 위해 입학시험을 통해 성적이 낮은 학생들은 배제하고 우수한 학생들을 선발하는 데 공을 들인다. 교사 집단에도 유사한 여과 과정이 일어난다. 최고의 교육을 받은 교사들은 급여가 더 나은 사립 바우처 학교로 가는 반면에 자격이 부족하고 실력이 떨어지는 교사들은 시에서 운영하는 이른바 삼류 학교로 간다.[13]

칠레 교육 시장의 양극단에 위치한 두 학교의 교장들은 이 같은 계층화가 문제라고 입을 모은다. 렌카의 작은 교장실에서 루시 니에토 교장은 양질의 교사를 확보하는 데 많은 어려움을 겪는다고 말한다. 우리가 만났을 때 그녀는 교원 교육에 투자하고 학교가 학생을 고를 수 있는 범위를 제한하는 새로운 프로그램에 희망을 걸고 있었다. 더그레인지스쿨의 호화로운 교장실에서 이 학교의 교장 라치드 베나마르Rachid Benammar는 자기네 학교가 도울 수 있는 최선의 방법은 더 그레인지스쿨에서 설립한 새로운 전문학교에서 무료로 교원 교육을 제공하는 것이라고 말한다. 좋은 생각이지만 여기에는 커다란 문제가 있다. "기적적인 성장"과 새로 획득한 선진국 지위에도 불구하고 칠레 고등학생들의 학업 성취도가 콜롬비아 같은 훨씬 가난한 라틴아메리카 나라들의 학생들과 비슷한 수준이라는 사실이다.

산티아고의 고등학교들이 운영되는 방식은 경제적 계층화를 완화하기는커녕 오히려 고착시킨다. 이는 교육을 일종의 보험처럼 의지한 《엘라드리요》경제 계획에 대한 도전이다. 시카고 보이스의 청사진은 빈곤 문제를 해결할 지속적인 성장과 기회균등을 보장하기 위해 누구에게나 열린 고품질 교육을 목표로 삼았다. 교육 개혁을 위해 그들은 선택과 경쟁의 중요성, 규제 철폐와 민영화를 통한 자율적 혁신,

무엇보다 시장의 역할 중시 같은 시카고학파의 철학에 의존했다.

하지만 다리엔과 킨샤사의 유해하고 자멸적인 거래들에서 보듯이 시장이 항상 유익한 결과를 가져오는 것은 아니다. 칠레의 교육 시장은 또 하나의 이런 예다. 고등학교 수준을 오히려 떨어뜨렸고 대학학위와 관련된 시장에서는 더욱 참혹한 결과를 가져왔다.

대학 설립은 가장 돈 되는 사업이다

계층화된 고등학교 시장을 헤치고 산티아고의 대학에 진학했다면 거친서부 세계로 진입했음을 의미한다. 시카고 보이스의 대학 교육 계획은정부 지출이 거의 없으면서 많은 선택권이 존재하는 일종의 민영 체제를 구축하는 것이었고 그들의 계획은 철저하게 준수되어 왔다.

칠레는 대학 교육에 GDP의 0.5퍼센트를 사용하는데 OECD 국가중 가장 적은 수준이다. 대학은 꾸준히 늘어나 150개가 넘는 대학에준하는 기관들이 학위를 제공하고 있으며 그중 3분의 2는 민간 기업에서 운영하는 영리 추구 기관이다. 산티아고에는 대로와 샛길, 자동차 전시장 사이 등 어디에나 대학이 있다. 도시의 지하철역과 버스 정류장은 이런저런 학교 학생들의 환하게 웃는 모습이 담긴 포스터로거의 도배가 되어 있고 많은 포스터가 높은 취업률을 약속하고 있다.

누에보14에서 쓰레기장을 야영지 삼아 살아가는 젊은 부부 멜리사와 에마누엘은 대학 학위를 따면 고소득 직장을 구할 수 있을 것으로 믿었다. 멜리사는 심리학 학위를 취득했지만 거의 도움이 되지 않았다. 그녀는 현재 라스콘데스에서 보육 교사의 보조원으로 일한다. 그녀의 남편은 3년 동안 IT 수업을 들었지만 둘째 아이가 태어나면서 학업을 중단하고 경비원 일을 시작했다. 에마누엘은 나에게 아이들이 더 크면 과정을 마치고 싶다고 말한다. 멜리사는 자신이 더 나은 무언가를 찾고 있다고 이야기한다. 그때까지 두 사람은 대학을 나오지 않은 공동체의 다른 구성원과 동일한 노동자 월급을 받을 것이다. 유일한 차이라면 그들은 학자금 대출을 받은 상태며 그래서 청산하는 데 여러 해가 걸릴 빚을 지고 있다는 점이다.

시장 경쟁이 효과적으로 작용할 때 기업 간 경쟁은 가격을 낮추고 품질을 높인다. 자유 시장이라는 이상 위에 만들어진 칠레의 교육제도에서 대학 학위 취득에 드는 평균 비용 대 평균 소득의 비율은 41퍼센트로 OECD 국가 중 가장 높다. 이는 학위를 마친 학생들이 막대한 부채를 상환해야 한다는 의미다(평균적인 졸업생이 15년 동안 소득의 18퍼센트를 빚 갚는 데 써야 하는 형편이다). 대학의 이윤 추구는 교육비 가격은 높이고 학생 복지를 비롯한 비용은 줄이도록 요구한다. 칠레는 대학을 자퇴하는 비율이 50퍼센트에 이른다. 이 거북한 통계에서 칠레는 세계를 선도하고 있다. 산티아고에는 에마누엘처럼 빚만 잔뜩 진 채 불완전한 학위를 가진 사람들로 넘쳐난다.[14]

가격은 높은 반면에 질은 그렇지 못하다. 원래 대학 설립은 국가 인증위원회Comisión Nacional de Acreditación의 규제를 받게 되어 있지만 신고만 하면 인가가 이루어지는 방식이다. 그나마도 약 70퍼센트의 교과 과정이 인가를 받지 않은 상태라 제대로 된 심사나 질 관리가 이루어지지 않는 형편이다. 대학 교육 경험 부족도 문제다. 대부분의 학생이 가족 중 대학에 다니는 첫 번째 세대다. 대학들은 이처럼 순진하거나 쉽게 믿는 사람들을 이용해 자신들의 욕심만 채우려는 성향을 보인다. 한 전직 고위 장관은 나에게 이런 풍조를 설명하면서 "최근에 칠레에서 최고의 사업은 대학을 설립해 등록금을 걷은 다음 자산을 빼돌리는 겁니다"라고 말했다. 몇몇 추문은 희극적이기도 하고 비극적이기도 했다. 나중에 결국 돈세탁 문제로 문을 닫게 되는 어떤 대학에서는 소유주들이 뻔뻔하게 학생들의 등록금을 횡령하고 부실한 강의를 제공했다. 또 다른 대학에서는 학생들이 치과학이나 건축학, 법학 같은 긴 학위 과정을 마쳤지만 실제로는 관련 분야에 종사할 공식 자격을 얻지 못했다는 사실을 뒤늦게 알게 되었다.

더 다양하고 더 저렴하며 더 질 좋은 교육은 시카고 보이스 계획의 핵심이었다. 희망과 약속이 실망과 부채로 이어지면서 산티아고에서 교육은 서열의 문제가 되었다. 그런데 교육 문제와 관련해 세계의 유행을 선도하는 이 도시에서 나는 깨달았다. 소득과 기회의 불평등이 이미 정치에 대변혁을 일으켰음을, 그리고 어쩌면 완전히 새로운 유형의 교육을 만들어 낼 수도 있음을.

새로운 사회를 향한 열망
: 펭귄 혁명에서 미래의 대통령감까지

2006년 거의 80만 명에 달하는 고등학생들이 훗날 "펭귄 혁명Penguins' Revolution"으로 알려지는 시위를 일으키면서 반격이 시작되었다(칠레 학생들이 주로 흰 셔츠와 검은색 블레이저를 입기 때문에 "펭귄"이라는 친근한 별명으로 불린다). 2011년에 이르자 학생 운동은 더욱 확대되었다. 수시로 벌어진 대규모 시위에서 60만 명의 학생들이 시카고 보이스와 그들의 시장 지향 정책을 비난하는 포스터를 들고 산티아고를 행진했다.

"칠레의 겨울Chilean Winter"로 알려진 2011년 시위를 주도한 학생 지도자들인 칠레대학교의 카밀라 바예호Camila Vallejo와 가톨릭대학교의 조르조 잭슨Giorgio Jackson은 세간의 주목을 받게 되었고 2013년 두 사람 모두 국회 의원에 당선되었다. 바예호는 칠레의 중도 좌파 연합을 지지하는 공산당에 가입했다. 잭슨은 더 급진적이었다. 그는 내내 무소속으로 활동하다가 민주혁명당Partido de la Revolución Democrática을 창당했고 다른 작은 정당들을 구슬려 새로운 연합인 광역전선Frente Amplio을 결성했다. 결성 후 처음으로 치른 2017년 총선에서 광역전선은 총 투표 수의 20퍼센트를 획득했다. 잭슨은 자신의 선거구에서 총 투표 수의 60퍼센트를 얻어 칠레의 상원 의원 120명 중 가장 많은 지지를 받은 의원 중 하나가 되었다.[15]

조르조 잭슨의 선거구 사무실은 산티아고의 불평등 문제를 한눈에 볼 수 있는 탁월한 조망을 제공한다. 8층 건물의 꼭대기 층에 위치한 사무실에는 커다란 발코니가 있고 발코니 정면으로 오래된 나무와 식민지 시대의 동상이 가득한 공공 정원인 산타루시아Santa Lucía공원이 보인다. 오른쪽으로는 넓은 가로수 길이 경사진 언덕을 따라 햇빛 속에서 반짝이는 마천루 그란토레산티아고를 품고 있는 부유한 동네 프로비덴시아와 비타쿠라까지 이어진다. 왼쪽으로는 길이 경사면을 내려가면서 플라자이탈리아Plaza Italia로 이어지는데, 이곳은 산티아고의 모든 사람이 부자와 가난한 사람의 비공식 경계로 인식하는 지역으로, 렝카 같은 가난한 동네까지 가는 장거리 버스가 출발하는 지점이다.

기어가 하나만 있는 고정식 자전거를 타고 도착한 잭슨 상원 의원은 다듬지 않은 턱수염에 그의 전매특허라고 할 수 있는 책이 가득한 작은 배낭을 등에 메고 있다. 이제 30대 초반이지만 머리숱이 많이 없어 검은색 야구 모자로 민머리를 덮고 있다. 잭슨은 자칫 대학원생으로 착각하기 쉽다. 하지만 그는 산티아고의 많은 사람이 이 시대의 가장 중요한 정치인이자 미래의 칠레 대통령감으로 생각하는 인물이다.

상위 중산층 가정에서 태어난 잭슨은 부유한 프로비덴시아에 있는 사립 학교에 다녔다. 운동에 소질이 있어 10대 때 칠레 국가 대표 배구 선수로 활약하기도 했다. 대학에 진학해서는 컴퓨터와 공학을 공부했는데 스포츠 장학금으로 학비 일부를 해결했다. 그는 원래 정계에 입문할 생각이 없었지만 교육 관련 시위와 산티아고의 점점 심해지는 경제 불평등을 둘러싼 문제의식이 자신을 정치로 이끌었다고 말한다. 내면에서 죄책감과 분노의 감정이 쌓이기 시작했고 결국 뭐라도 해야겠다는 결심을 하게 되었다고 털어놓는다. 학생 운동을 통해 정치 권력을 얻은 다수의 정치인이 칠레를 아옌데가 고취했던 사회주의로 되돌리려고 한다. 그러나 잭슨은 새로운 뭔가를 제시하고 있고 이 점에서 인기를 얻고 있다.

잭슨은 정치인에 어울리는 풍모를 지녔지만(당당해 보이고 존재감이 있다) 수학적인 사고방식을 가졌고 괴짜 같기도 하다. 그는 좌파와 우파 개념의 낡은 스펙트럼이 실패했으며 "2차원적이 아닌 n차원

497

적인" 새로운 정치가 필요하다고 말한다. 또한 신선할 정도로 솔직하게 민주혁명당이 당 노선이나 지적 신조 없이 그때그때 상황에 따라 정책을 개발한다고 인정한다. 아직 시카고 보이스의 《엘라드리요》를 대체할 만한 수준은 아니지만 그와 그의 동료들은 《엘라드리요》를 대체할 새로운 일련의 정책들을 차근차근 준비하고 있다. 칠레의 미래 경제 계획에 무엇이 포함될지 유추해 볼 요량으로 나는 잭슨 상원 의원에게 어떤 책을 즐겨 읽는지 물었다.

그가 영향을 받았다고 언급한 사상가들은 고전 철학자부터 현대 정치 이론가에 이르기까지 다방면에 걸쳐 있다. 특히 한국에서 태어나 베를린에서 대학교수로 재직 중인 한병철의 최근 작품에 깊은 인상을 받았다고 말한다. 현대판 팸플릿 작가pamphleteer인 한병철은 그를 독일 철학계의 스타로 만들어 준 수십 권의 소책자들을 펴냈다. 밀턴 프리드먼에 대해 비판적인 입장이며 같은 맥락에서 시카고 보이스와 칠레의 경제 모델에 대해서도 비판적이다.

한병철의 주장에 따르면 현대 자본주의는 구매할 재화와 추구할 직업을 자유롭게 선택할 수 있다고 사람들에게 말한다. 하지만 우리는 사실상 소비 지상주의의 "노예"에 불과하며 거짓 욕구를 만들어 내기 위해 존재하는 시장에 휘둘리는 존재에 불과하다. 예컨대 패션 시장은 사람들에게 최신 스타일의 청바지나 최신 무늬의 드레스가 꼭 필요하다고(매슬로가 제시한 인간의 5가지 욕구 측면에서) 느끼도록 만들기 위해 존재한다.

한병철의 관점에서 보면 데이터의 경제학 또한 마찬가지다. 우리는 우리 자신에 관한 데이터를 대량으로 공급하면서 스스로, 우리의 자유 의지로 공급한다고 생각한다. 하지만 여기서도 우리는 노예에 불과하며, 가치가 있다고 우리가 잘못 생각하고 있는 승인의 징표인 페이스북이나 인스타그램의 "좋아요"를 추구할 뿐이다.[16]

잭슨이 이 모든 것에서 얻은 중요한 아이디어는 "거짓 희소성 false scarcity"이란 개념이다. 잠재된 자원을 충분히 모든 사람에게 제공할 수 있음에도 가격이 너무 높아 많은 사람이 배제되는 시장이 바로 그것이다. 그는 이런 상황이 재화의 공급을 지배하는 "손쉬운 독점 facilitated monopoly" 때문에 발생한다고 말한다. 그는 특히 특허 제도와 지식재산권에 비판적이며 이외에 시장에서 경쟁을 배제하려는 모든 것에 비판적이다. 산티아고의 자유 시장 경제에서 필수 산업들(은행부터 서점까지, 연금부터 제약 업계까지)이 작동하는 방식을 이해한다면, 그가 무엇을 비난하는지 알 수 있고 왜 그의 생각이 대중에게 공감을 얻는지 알 수 있다.

산티아고 방식 시장 경제의 실패 이야기

로에스페호Lo Espejo 지역에는 일요일마다 시장이 선다. 시장은 방대하다(한 노점상은 이곳이 라틴아메리카에서 가장 크다고 주장한다). 실질적인 중심부라고 할 만한 곳이 딱히 없으며, 칙칙하고 가난한 주택 지역의 뒷골목으로 퍼져나가 외곽 경계를 이루는 철로까지 뻗어 있다.

잉글랜드 프리미어리그 프로축구팀 가짜 티셔츠를 비롯해 의류를 판매하는 패션 상점들과 전화기와 충전기, 해적판 앨범과 영화, 소프트웨어 CD와 DVD 묶음 등 다양한 전자 용품을 판매하는 가게들이 보인다. 음식을 파는 가판대만 수백 개에 달한다. 청과물 상인의 가판대가 겹겹이 쌓인 커다란 녹색 단호박의 무게에 짓눌려 있다. 밝은 황금색 속살을 드러낸 채 조각조각 썰려 있는 늙은 호박을 닮은 이 채소는 맛있는 빵과자의 일종인 '소파이피야sopaipilla'를 만드는 데 사용된다. 사람들은 쇼핑하면서 먹는다. 구운 닭고기와 갓 만든 세비체ceviche 샐러드, 이 지역 대표 음식인 30센티미터 길이의 핫도그 '이탈리아노italiano'도 보인다. 위에 얹은 아보카도와 마요네즈와 토마토의 녹색, 흰색, 빨간색에서 이탈리아노라는 이름이 유래했다.

로에스페호의 노점들은 제대로 기능하는 시장이 어떻게 돌아가는지 보여 준다. 예컨대 생선을 보자. 생선 장수인 카를로스Carlos가 날카로운 칼을 몇 번 번쩍하고 휘두를 때마다 흰 생선의 머리가 잘리고 뼈와 내장이 제거되면서 가판대에 1킬로그램에 2000페소에 판매되는 전갱이와 대구의 살이 쌓여 간다. 카를로스는 비싼 생선(붕장어나 참조기, 어쩌면 킹크랩까지)을 구할 수 있다면 더 부유한 지역에서 장사하면서 더 많은 돈을 벌 수 있겠지만 그런 생선은 모두 대규모 수산기업에서 독점하기 때문에 자신이 구할 수 있는 것을 구해 이곳으로 온다고 말한다. 그는 이야기를 나누는 동안에도 끊임없이 살을 발라내고 있고 점원은 손님들을 상대하고 있다.

또 다른 가판대에서는 초콜릿을 판매하는데 거대한 초콜릿 덩어리를 크리켓 공 크기로 나누어 투명한 비닐에 싸서 팔고 있다. 옆에 놓인 판지에 "네슬레"라는 상표명이 휘갈긴 글씨로 쓰여 있다. 이 초

500

콜릿은 인근 공장에서 흘러나온 폐기용 초콜릿으로 초콜릿 제조 회사가 기계를 청소할 때 긁어낸 침전물이다. 부유한 라스콘데스에서는 버려질 물건이지만 여기 로에스페호에서는 가치를 가진다.

이곳 시장은 기본 요소만 갖춘 저가 상품을 예산이 빠듯한 손님들과 연결해 주는 적절한 역할을 수행하면서 구매자와 판매자 양측 모두에게 도움이 되는 거래를 하고 있다. 모든 상품은 등급이 매겨지고, 분류되고, 판매된다. 시장 가판대는 깨끗이 비워진다. 요컨대 시장이 거래에 참여하는 구매자와 판매자의 라인업을 잘 짜서 쓸모없이 버려지는 것이 전혀 없게 한다. 경제학자들이 시장을 좋아하는 이유가 바로 여기에 있다.

초보 상인들도 로에스페호의 거대한 시장에서 쉽게 장사를 시작한다. 쉰여덟 살의 에르난Hernan은 자신이 다니던 자전거 공장이 생산 기지를 해외로 옮기는 바람에 직장을 잃었다고 설명한다. 그는 일시불로 받은 소액의 퇴직금을 운영 자본 삼아서 자기 집 앞에 두루마리 화장지와 세제 단 2개의 상품만 전문으로 판매하는 노점을 차렸다. 그는 고객을 위해 가장 싼 "노블레Noble"(두루마리 화장지 5개에 1100페소)부터 "콘포르트Confort"와 "파보리타Favorita" 그리고 1700페소로 가장 비싼 "엘리테Elite"까지 다양한 품질과 가격의 물건을 구비해 놓고 있다고 이야기한다. 자신이 판매하는 가격이 동네 슈퍼마켓에서 파는 가격보다 훨씬 저렴하다고 주장한다(예컨대 슈퍼마켓에서 엘리테를 사려면 2400페소가 들 것이다). 에르난에 따르면 문제는 가격이다. "하지만 손님들은 내가 믿을 수 있는 사람이라는 걸 알아요."

산티아고에서 신뢰가 중요한 이유는 많은 단순 재화 시장이 보

501

통의 칠레인들에게 불리하게 형성되어 있기 때문이다. 두루마리 화장지가 그런 품목에 해당한다. 전체 판매량의 90퍼센트를 지배하는 제조업체 2곳이 비밀리에 가격을 올리기로 공모해 온 사실이 2015년에 발각되었다. 그들은 10년 동안 그런 식으로 4억 6000만 달러에 달하는 부당 이득을 취했다. 이 사건은 같은 양상을 보이는 수많은 사건 중 하나에 불과하다. 다른 수사에서는 버스 회사들이 담합해 요금을 올리는 수법으로 이 도시의 통근자들에게 심각한 피해를 입힌 사실이 밝혀졌다. 또한 닭고기 시장의 90퍼센트를 장악한 3개 기업이 경쟁을 외면한 채 공모해 가격을 올린 사실이 드러나기도 했다.

비싼 닭고기와 비싼 버스 요금, 제 가치보다 값이 부풀려진 두루마리 화장지는 칠레 저소득 가정의 생활을 더욱 힘들게 만든다. 더불어 국가 구조에서 지나치게 심대한 역할을 하는 시장에도 문제가 있다. 칠레에는 단 2개 기업이 신문 시장의 85퍼센트와 온라인 뉴스의 85퍼센트, 광고 수익의 80퍼센트를 장악하고 있다. 의료 서비스 역시 특정 기업에 집중되어 소수의 건강 보험 회사가 시장을 지배한다. 겨우 3개의 제약 회사가 의약품 구매 시장의 90퍼센트를 좌우하고 있으며 이들 회사는 모두 최근의 공모 사건에 연루되었다.[17]

"시장은 신경 쓰지 않습니다"라고 다니엘 하두에Daniel Jadue는 말한다. "처방약이 공급되는 현실을 보면 알 수 있죠." 마흔여섯 살인 하두에는 산티아고 북부에 있는 가난한 코무나인 레콜레타Recoleta의 장이자 칠레공산당Partido Comunista de Chile을 대표하는 인물이다. 그의 설명에 따르면 문제는 레콜레타 주민의 소득이 너무 낮아 그들에게 굳이 약을 공급해 봤자 돈벌이가 되지 않으므로 약국들이 그들을 신경

502

쓰지 않는다는 것이다. 계속해서 그는 라스콘데스에는 약국이 인구 2만 명당 1개꼴인 반면에 14만 명이 거주하는 레콜레타에는 약국이 달랑 하나밖에 없으며 전국적으로 수백만 명이 약국이 아예 없는 지역에 살고 있다고 말한다. 이런 현실은 누에보14의 멜리사 네이라가 지적했듯이 가난한 사람들이 더 많은 돈이 든다는 것을 의미한다. 레콜레타에서는 약을 사려면 버스를 타고 가야 하므로 약 구입 비용이 더 많이 든다. 특히 노인이나 만성 질환을 앓는 사람에게는 이런 상황이 더욱더 힘들 수밖에 없다.

결국 하두에는 직접 이 문제를 해결하기로 결심하고 "인민약국 Farmacia Popular"을 열었다. 피노체트의 비밀경찰에게 살해된 약사 리카르도 실바 소토Ricardo Silva Soto의 이름을 덧붙였다. 레콜레타 코무나 청사 1층에 문을 연 이 약국은 처방전이 있어야 살 수 있는 항생제와 항히스타민제를 비롯해 예컨대 안약부터 요실금 패드까지 노인을 위한 다양한 물품을 판매한다. 또한 기업들이 서로 담합한 칠레 시장의 영향력에서 벗어나기 위해 외국에서 약을 수입한다. 그래서 산티아고의 민간 약국에서 구입하는 가격과 비교하면 최대 70퍼센트까지 비용을 절감해 준다.

안경 역시 문제였다(레콜레타에는 안경점이 하나도 없었다). 그래서 시장의 공백을 메우기 위해 "인민안경점Óptica Popular"을 세웠다. 이곳에서는 안경이 6200페소(약 9달러 또는 7파운드)에 판매되고 처방전이 필요한 선글라스는 8800페소에 판매된다. 안경점 관리자는 이 덕분에 주민들이 굳이 돈을 들여 외부로 나가지 않아도 되고, 그들이 수입한 제품은 레콜레타 밖에 있는 민간 안경점에서 파는 것보다 90퍼

503

센트나 저렴한 가격으로 제공된다고 자랑스럽게 말한다.

산티아고 시장 경제는 공산주의자 지자체장이 기본 물품을 외국에서 수입하도록 강요한다. 이런 현실은 칠레를 찬양하고 칠레의 자본주의 모델에서 "복제 가능한 교훈"을 추구하는 사람들이 중요한 뭔가를 놓쳤을지 모른다는 사실을 시사한다.

물과 기름처럼 겉도는 사회
: 상류층과 하류층은 이용하는 공원마저 다르다

앞서 살펴본 아키타와 탈린은 고령화와 과학기술에서 세계적인 유행을 선도하며 극한 경제를 보여 주었다. 이 지역들에서 고무적인 사실은 심각한 우려를 자아내는 이런 세계적인 추세들이 사람들을 하나로 결속시킬 수도 있음을 암시하는 신호들이 존재한다는 점이었다. 물론 힘든 순간이 존재했지만 젊음과 나이듦, 역사와 유산과 언어에 따라 분열된 집단들 간의 거래와 협력과 이해를 암시하는 풍부한 증거들이 존재했다. 그들의 협력 접근법은 인적 자본과 사회적 자본을 바탕으로 신뢰와 호의, 공동의 노력과 같은 규범을 활용하는 동시에 재정립했다. 칠레 역시 여러 비공식 협력 사례(쓰레기장의 임시 야영지 캄파멘토와 비공식 교과서 시장 등)가 존재했다. 그럼에도 나는 산티아고를 떠나면서 기대보다 걱정이 앞섰다.

산티아고의 엘리트 계층에 속하는 사람들 또한 개인적으로는 이 도시의 상황에 우려를 나타낸다. 자세히 들여다보면 부유한 사람과 가난한 사람 모두에게 영향을 끼치는 균열들이 존재한다고 그들은 말한다.

무엇보다 공식 경제가 산업 다각화를 이루지 못한 것을 걱정하는 사람이 많다. 괄목할 만한 성장을 경험한 칠레는 이제 그들의 성취에 안주하고 있는 듯 보인다. 하지만 구리가 연간 정부 세입의 30퍼센트를 차지하는 이 나라는 살바도르 아옌데가 통치하던 시절과 마찬가지로 여전히 광산업에 의존하고 있다. 시카고 보이스가 그들의 청사진 《엘라드리요》를 통해 광산업과 같은 기초적인 경제 활동에서 벗어나 산업을 다각화하고 더 선진적인 산업을 구축하기 위해 제시한 계획들은 거의 실현되지 않았다. 오늘날 칠레는 국제 원자재 가격 변동에 취약한 나라가 되었을 뿐이다.

자부심 강한 칠레인이라면 이런 주장을 반박하기 위해 2가지 이유를 대려고 할 것이다. 첫째는 나라가 너무 작고, 둘째는 사실상 섬에 가깝다는 것이다(칠레 사람들은 그들이 남북으로는 남극대륙과 아타카마사막Desierto de Atacama, 동서로는 안데스산맥과 태평양에 포위되어 있다고 생각한다). 칠레의 좁은 면적과 지리적으로 불리한 접근성이 다각화를 어렵게 만든다는 주장이다. 이민자들을 비롯해 더 비판적인 칠레인들은 이런 변명이 터무니없다고 이야기한다. 칠레는 인구로만 따졌을 때 세계에서 상위 3분의 1 안에 거뜬히 들고 1800년대 초부터 해로를 이용해 활발한 무역 거래를 해 왔다.

구리에 의존하고 다각화에 실패한 진짜 이유는 불평등 문제와 관련이 있다. 이곳에서는 굳이 평지풍파를 일으킬 이유가 없다. 이미 확실하게 기반을 잡은 사업체를 운영하는 경영자들에게는, 게다가 그

505

들 중 상당수가 독과점에 가까운 지위를 누리는 상황에서는 지금 이 대로 사는 편이 마냥 행복하기 때문이다.

엘리트 계층에 속한 부모들(자녀를 더그레인지스쿨에 보내는 사람들)도 개인적으로는 지나치게 안락한 생활이 자녀에게 끼칠 수 있는 악영향을 언급한다. 주로 "소로네Zorrone"라고 알려진 새로 출현한 상류층 유형에 대한 우려. 본래 "소로네"는 편안함과 자유스러움을 추구하는 그런지grunge 스타일이 가미된 미국의 남학생 사교 클럽 회원을 가리키는 말이다. 이들은 치노chino(면바지)와 캐시미어 스웨터 차림을 즐기지만 동시에 문신과 떡진 머리를 특징으로 한다. 이들은 유서 깊은 엘리트 대학에 들어가려는 열망이 없으며 대신에 학교 수준은 중간이지만 학비가 엄청나게 비싼 새로 생긴 사립 대학에 다닌다. "소로네"는 이들보다 똑똑한 칠레인들과 경쟁할 필요가 없다. 부모가 소유하거나 경영하는 회사에 이미 자리가 마련되어 있기 때문이다. 한 아버지가 걱정스러운 얼굴로 "칠레의 엘리트들은 미국이나 유럽의 엘리트 부모와 달리 자기 자녀를 시험대에 노출시키지 않아요"라고 말한다.

산티아고의 불평등 문제는 공공장소를 이용하는 방식에까지 영향을 끼친다. "이곳의 사회 계층은 절대로 섞이지 않아요"라면서 한 외국인이 사무실 야유회를 겸해 여름 소풍을 계획했다가 무산된 일을 회상한다. 문제는 장소와 활동을 "쿠이코cuico"인지 아닌지로 구분하는 관습적인 분열이다(막연하게 "상류층"을 의미하는 "쿠이코"라는 단어는 노동자 계층에서는 부정적인 의미로 사용되고 부유한 계층에서는 흔히 애정이 담긴 표현으로 사용된다). "쿠이코 공원과 비쿠이코 공원이 따로 있고, 이쪽에 속한 사람은 저쪽에 속한 사람을 방문하지 않기 때문에 직장을 벗어나면 서로 만날 일이 없죠." 공식적으로 산티아고의 공원들은 국가 세금으로 운영되는 공공장소로 누구나 이용할 수 있다. 하지만 현실의 불평등 문제는 공원을 소득에 따라 이용권이 주어지는 사적인 공간으로 바꾸어 놓았다.

회복탄력성을 생각하면 이런 상황은 걱정스럽다. 최근 연구들은 "사회 기반 시설"(도서관이나 공원 같은 장소)이 불경기에 대비한 일종의 보험 증서와 같음을 보여 주었다. 내가 글래스고에서 목격한 내용도 비슷하다. 사람들은 서로 교류하면서 이웃의 어려움과 재능을 알고 있을 때 충격이나 실패에 더 잘 대응하는 모습을 보였다.

반면에 산티아고에서 그런 공공 영역은 폐쇄되었다. 이 도시는 범죄율이 낮다. 그럼에도 가난한 지역과 부유한 지역에서 하나같이 보안에 상당히 많은 투자를 하고 있으며 많은 집이 쇠창살에 둘러싸여 있다. 동네를 관통하는 뒷길이 봉쇄되면서 공공 도로가 사적인 공간으로 바뀌었고 걷거나 자전거를 타고 도시 곳곳을 돌아다니기가 어려워졌다. 비타쿠라 지역 상공에는 부유한 주민들의 두려움을 덜어 주기 위해 폐쇄 회로 텔레비전 카메라를 장착한 거대한 헬륨 풍선이 밤낮으로 떠다닌다. 칠레 국민 중에서 같은 칠레 국민을 신뢰한다고 말하는 사람은 5명 중 1명으로 선진국 평균을 훨씬 밑돈다.[18]

비록 임금과 관련된 부러움은 없을지 모르지만 산티아고의 소득 사다리 밑바닥에 위치한 사람들에게는 확실히 어떤 증오가 존재한다. "라스콘데스에서 일하는 가사 도우미들은 점심시간을 이용해 가게에 가거나 일을 마치고 집에 갈 때처럼 밖에서도 계속 도우미 복장

507

을 하고 있어야 해요"라고 누에보14의 주민 멜리사 네이라가 설명한다. "그들이 다른 사람들이라고 이야기하는 방식이죠. 그들은 그곳에 속한 사람들이 아닌 거예요." 이런 관행은 규칙이나 법이 아닌 문화 규범이고, 계층과 신분의 구분을 유지해 나가는 방식이다. 사회적 자본과 사회 기반 시설이 회복탄력성에 정말로 중요하다면 칠레 경제는 사람들이 생각하는 것보다 훨씬 허약하다.

칠레의 길이 가리키는 미래

오늘날 많은 칠레 젊은이들이 보기에 롤프 루데르스를 비롯한 시카고 보이스는 탐욕스러운 자본주의와 냉담한 사리 추구의 상징과 같은 인물들이다. 하지만 《엘라드리요》를 읽어 보면 저자들이 국가 이익을 가장 우선시했음은 의심의 여지가 없다(책 내용은 다양한 아이디어와 야망으로 가득 차 있다). 당시에는 마찬가지로 청년들이던 시카고 보이스는 조국의 잠재력을 알고 있었고 이웃 나라들에 뒤처진 조국을 보는 데 지쳐 있었다. 그들은 시카고에서 프리드먼과 하버거에게 배운 지식에 기초해 경제 계획을 세웠고 빈곤을 퇴치할 성장의 밀물을 약속했다.

하지만 프리드먼의 가장 유명한 말 중 하나는 경제 정책은 의도가 아니라 결과로 평가해야 한다는 것이다. 좁게 보면 칠레가 거둔 성과는 여전히 시카고학파에서 영감받은 경제 개발 방식의 승리로 볼 수 있다. 칠레는 여전히 라틴아메리카라는 왕관의 보석과 같은 존재며, 민영화를 통한 개혁을 지지하는 사람들이 선호하는 사례 연구 대상이다.

이제 극빈(음식에 대한 기본적인 욕구를 충족할 수 없는 상태를 가리키는 가장 극심한 수준의 빈곤 형태)은 거의 퇴치되었다. 산티아고의 가장 가난한 동네에 가면 어릴 적 불안정한 캄파멘토 임시 숙소에서 춥고 배고프게 자란 사람들을 쉽게 만날 수 있다. 수십 년 동안 지속된 성장으로 해마다 빈곤율이 낮아졌고 기본 욕구를 충족하기는 더 쉬워졌다. 덕분에 이런 동네의 생활도 크게 개선되었다.

극단적인 불평등을 동반한 빠른 성장이라는 칠레의 길은 많은 신흥국과 그 속에서 계속 확장되는 중인 도시들이 뒤따르는 길이다. 그리고 같은 길을 가려는 추종자들에게 산티아고는 한 가지 사실을 경고한다. 바로 자유 시장이 항상 가치를 창출하지는 않듯이, 강력한 성장 또한 그것이 약속하는 듯 보이는 발전을 항상 가져오지는 않는다는 사실이다.

특히 산티아고는 매슬로의 피라미드를 아래위로 길게 잡아 늘린 도시가 되었다. 다양한 기본 욕구를 충족하기는 더 쉬워진 반면, 교육이나 자주성 등과 관련된 자아실현 욕구는 아예 손이 닿지 않는 곳으로 멀어졌다. 칠레는 남아메리카대륙에서 1인당 GDP가 가장 높은 나라다. 하지만 선진국 집단인 OECD 내에서 가장 빠르게 상승하는 비만율과 가장 낮은 학업 성취도, 가장 높은 대학 비용과 가장 높은 자퇴율을 보인다. 내가 산티아고에서 보낸 시간은 이 모든 것이 불평등과 연관되어 있음을 보여 준다.[19]

이 사실상의 실패는 산티아고가 다시 한 번 흥미로운 장소가, 다양

509

한 아이디어를 놓고 새로운 전투가 벌어질 전장이 되었음을 의미한다.

시카고 보이스는 인위적인 시장이 사회주의 사안에 따라 좌우되던 엄격한 경제 통제 시기 이후에 주도권을 잡았다. 그들은 자유 시장이 경제를 운영하는 최고의 방법임을 보여 주고자 했고 그들이 불러온 "기적"은 마침내 승리를 거둔 것처럼 보였다. 하지만 오늘날의 산티아고 현지에서 보았을 때 시장은 명백히 기대에 어긋난 형태의 경쟁을 불러왔다. 교육 부문의 걷잡을 수 없는 해로운 경쟁이 가장 대표적인 예다.

칠레에서 시장은 "기회균등"이 실현되지 못하도록 오히려 방해했고, 불평등 현상을 고착화했으며, 소득이 너무 낮다는 이유로 기업들이 구매자를 신경 쓰지 않아 국가가 기본 재화를 제공해야 하는 동네들을 만들어 냈다. 이 극한 환경을 헤치고 나온 산티아고의 젊은이들은, 다시 말해 전 세계의 많은 나라가 그들의 전철을 밟을 경제적인 유행의 선도자들은 묻고 있다. "과연 시장은 신뢰할 만한 것인가?"

미래를 위한 지침

> 나는 책이 아닌 직접 절개를 통해, 철학자의 견해가 아닌 자연의 기본 구조로 해부학을 배우고 가르치기를 천명한다.
> **윌리엄 하비, 《동물의 심장과 혈액의 운동에 관한 해부학적 연구》, 1628**

> 경제학은 평범한 일상생활 속 인간에 관한 학문이다. …… 그것은 한편으로는 부에 관한 학문이다. 다른 한편으로는 그리고 더 중요하게는 사람에 관한 연구의 일부다.
> **앨프리드 마셜, 《경제학 원리》, 1890**

511

2030년을 향하여

멀고 잘 알려지지 않은 위험한 지역을 여행할 때는 유능한 현지 가이드가 매우 중요하다. 이전에 그곳을 다녀온 경험이 있고, 그곳의 지형과 그로 인해 발생할 문제점을 알려 주고, 어떻게 준비해야 하는지 조언해 줄 누군가가 필요하다.

내가 이 책을 쓴 동기가 바로 여기에 있다. 나는 우리 모두가 향해 가는 미래와 관련이 있을지 모를 곳에서 스트레스와 중압감을 겪고 있는 현재의 생존자들을 찾아 여행을 떠났다. 그래서 경제학자들이 연구하는 전형적인 나라나 도시를 찾기보다 사람들의 발길이 닿지 않는 곳으로 향했다. 그리고 그곳에서 400년 전 윌리엄 하비가 최초로 주창한 발상인 극한 사례 연구를 실천하고자 했다. 극한 사례 분석은 의학계 전반에서 이미 널리 통용되는 방법이며, 현대 공학과 물리학 분야 역시 데이비드 커칼디가 내놓은 동일한 아이디어를 따르는 것을 기본으로 여긴다.

세계에서 가장 극한 상황에 놓인 경제는 2030년이 주는 스트레스와 중압감에 대해 무슨 말을 들려줄까? 우리는 거기에 어떻게 대비해야 할까?

우리가 찾아가는 곳에 대해 우리가 잘 안다는 사실에서부터 시작해 보자. 도시화가 한 예다. 1950년에는 전 세계 인구의 70퍼센트이상이 시골 지역에서 살았다. 대다수 사람에게 경제적인 어려움은 시골에서 겪는 어려움이었다. 그러다가 수십 년에 걸친 이주로 도시는 팽창하고 시골 마을은 오그라들었다. 결국 기념비적인 해인 2007년을 기점으로 세계 도시 인구가 처음으로 시골 인구를 추월했다. 이같은 추세는 앞으로도 계속될 것이다.

2020년부터 2030년까지 도시 인구는 거의 7억 9000만 명이 늘어날 것으로 전망된다(이 자체로 미국 인구의 2배가 넘는 수치다). 인구가 1000만 명이 넘는 "메가시티"는 43개로 늘어날 것이다. 2050년에 이르면 1세기 전과 정반대로 뒤바뀌어 세계 인구의 70퍼센트가 도시에 살고 있을 것이다. 그로 인한 결과는 앨프리드 마셜이 주장한 "집적"에 따른 3가지 요소(노동력 풀, 기술, 공급망), 글래스고에서 본 것과

512

같은 도시 생활의 경제 요소들이 주목받는 것으로 나타날 것이다. 추세는 우리가 향하고 있는 곳과 그곳에서 중요해질 경제 유형을 한결같이 가리키고 있다.

향후 10년 중 가장 중요한 추세는 이 책 3부에서 설명한 "고령화, 디지털화, 불평등화" 3가지일 것이다. 이 추세들은 세계적인 현상으로, 현재도 엄청난 우려를 불러일으키고 있으며 앞으로 더 심화될 가능성이 높다.

2030년이 되면 일본, 이탈리아, 스페인, 포르투갈 네 나라는 50세 이상 시민이 그 이하 연령대를 합친 수보다 많아지면서 오늘날의 아키타와 같은 모습을 보일 것이다. 첨단 기술(로봇과 자동화된 소프트웨어)은 더 많은 작업장에 영향을 끼칠 것이며, 디지털화는 에스토니아 정부가 탈린에서 취한 것과 같은 조치를 모방하며 비용 절감을 추진하는 과정에서 공공 부문을 통해 갈수록 확산될 것이다. 여러 신흥국에서 상위 10퍼센트의 소득이 전체의 50퍼센트에 가까워지면서 산티아고식 도시 불평등화는 더욱 보편화될 것이다.

지구상 대다수 사람에게 2030년은 이 세 도시의 종합 세트가 될 것이다. 즉 인구통계학적으로 고령화되고, 기술적으로 진보하고, 경제적으로 불평등한 도시 사회가 될 것이다.

더 나은 미래를 위한 수업료

극한 사례는 목적지를 명확하게 해 줄 뿐 아니라 그 여정에 어떤 함정들이 도사리고 있는지 암시해 준다. 극한 상황의 압박에 시달리고 손상을 입은 지역들은 경제가 단순하고 원시적인 형태로 축소된다. 그러면서 흔히 정치경제학에서 중요한 질문인 자유 시장의 역할이 무엇인지를 둘러싼 현대의 예를 보여 준다.

이제 2020년대로 나아가는 시점에서 시장을 어떻게 관리해야 하는지에 대한 시각은 양극화되어 있다. 좌파는 기업을 통제하고 인위적인 결과를 유도하면서 정부의 역할을 늘리려고 한다. 우파는 경쟁을 통해 규칙이 만들어질 것이고 이윤에 대한 갈망이 우리가 직면한 도전을 해결해 줄 것이라고 기대하면서 기업가에게 더 많은 자유를 주고자 한다. 세계에서 가장 힘든 상황에 처한 일부 지역의 삶은 이 같은 양극단을 피해야 하는 이유를 시사한다.

이 책 1부에서 보듯이 사회 공동체는 회복탄력성을 유지하기 위해 그들만의 비공식 시장을 만들어 낸다. 지진해일에 유린당한 아체, 전쟁의 비극 속에서 탄생한 자타리난민수용소, 심지어 루이지애나의 최고 보안 시설 교도소에서조차 온갖 난관에도 불구하고 상거래와 물물 교환이 빠르게 성장했다.

과정은 자연스러웠다. 이들 시장은 정부의 도움 없이 그리고 대체로 상당한 장애를 딛고 번창했다. 자체 구축한 금융 시스템도 꽃을 피웠다. 예컨대 미국의 교도소 지하 경제는 고등어 통조림과 커피, 최첨단 "도트" 화폐를 비롯해 일단의 유사 통화를 사용했고, 아체의 전통 금 문화는 저축과 보험을 제공했으며, 자타리에서는 상인들이 분유를 거래 가능한 자산으로 바꾸어 난민수용소로 현금이 유입되도록 했다.

인간은 시장을 창출할 수 있을 뿐 아니라 이곳에서 저곳으로 가치를 전송할 수 있는 복잡한 수단을 고안할 줄 아는 선천적인 능력이 있다. 경제가 굴러갈 수 있도록 기본적인 지불 시스템을 구축하는 능력 말이다. 인위적으로 관리되는 경제는 이 같은 움직임을 근절하고 관련 능력을 사장시킬 뿐이다.

엄격한 통제 시스템은 자체 구축된 상거래를 억누름으로써 단순히 재화의 거래만 막는 것이 아니다. 경제적으로 아슬아슬한 균형 속에서 살아가는 사람들은 대체로 자유로운 상거래의 중요성을 매우 명확히 안다. 내가 여행 중에 만난 사람들은 경제가 재화를 획득하고 돈을 버는 자리일 뿐 아니라 정체성의 중요한 원천이라고 말했다.

뭔가를 생산하고, 구매하고, 판매하는 행위는 이를테면 품질을 유지하고, 계약을 이행하고, 제시간에 배달해야 하는 책임을 수반한다. 그리고 이런 책임을 잘 완수하면 건전한 평판과 존경이 뒤따른다. 시장은 구매자와 판매자 간에 재화가 재배치되는 현장인 동시에 개성과 자기표현이 존중되는 곳이다. 나는 정부 통제가 너무 심해 자유 시장이 생겨날 수 없는 지역들을 방문했다. 그런 지역들은 으레 황량하고 쓸쓸했다.

문제는 산티아고에서 가장 가난한 어느 지역의 공산당 출신 지자체장 다니엘 하두에가 한 말이 옳다는 것이다. 즉 시장은 실제로 신경 쓰지 않는다. 좋은 시장이 가치를 창출하듯이 나쁜 시장은 가치를 파괴한다.

다리엔의 열대우림에서 본 대로 대개 문제는 일단의 관계자들(이 경우에는 벌목꾼)이 다른 사람들에게 부과될 비용을 무시한 채 결

515

정을 내림으로써 발생하는 경제적 "외부 효과" 때문에 발생한다. 이른 바 무법 지대인 다리엔은 상거래를 둘러싼 자연스러운 충동과 능력이 이곳에서 살아가는 사람들의 장기적 가능성을 서서히 갉아먹는다. 외부 효과 문제는 흔히 자유 시장이 유해한 것은 너무 많이 만들어 내고 유익한 것은 거의 만들어 내지 않을 것이라는 사실을 의미한다. 일단 외부 효과가 초래한 파괴 현장을 한 번이라도 보게 되면 알 수 있다. 아무런 감독을 받지 않는 시장이 공공 정책 문제를 처리할 수 있을 만큼 믿음직하다는 생각은 부정적으로, 거의 위험해 보일 수밖에 없다.

시장은 꼭 필요한 곳이라도 반드시 생겨나는 것은 아니며, 무너질 때마다 반드시 회복하지도 않는다. 다리엔에서 거래를 통해 뭔가를 얻을 수 있는 두 집단이 존재한다면, 하나는 가난하지만 정글을 잘 아는 게릴라들이고, 다른 하나는 상당한 현금을 보유한 채 치명적인 정글을 횡단하려다가 길을 잃고 겁에 질린 이민자들일 것이다. 그럼에도 안전한 통로를 제공하는 시장은 끝내 들어서지 않았다. 식민지 지도자와 자국 지도자 때문에 실패를 겪은 킨샤사 사람들은 모든 일상 거래를 좀먹는 하급 공무원들의 비리로 딜레마에 빠진 채 이러지도 저러지도 못하는 신세가 되었다. 집적에 따른 효과를 극대화해 글래스고를 급성장하도록 만든 요소들은 반대로 이 도시를 침체로 몰아넣었다.

이런 실패의 핵심은 경제적인 문제였다. 외부 효과가 초래한 피해, 합리적인 선택이 불러온 자멸적인 결과, 취약한 관계망이 그것이다. 즉 이 실패한 지역들의 기저에는 실패한 시장이 존재했다.

2030년까지 번창하는 도시들은 중도中道를 찾은 상태일 것이다.

에필
로그

시장을 창출하는 인간의 타고난 능력을 활용하되 큰 희생을 부르는 통제되지 않는 자유로운 거래의 단점은 완화한 형태 말이다. 하지만 내가 마주친 극한의 실패 사례들은 중도 찾기가 결코 만만치 않은 이유를 보여 준다.

내가 목격한 회복 실패 사례 상당수는 선의에 따른 정책의 결과였다. 아체의 고지대에 건설한 모범적인 마을, 다리엔의 티크나무 보조금, 글래스고의 조선소들을 "집단화"해 더 강력한 경쟁을 갖게 하려던 계획, 심지어 수력 발전으로 킨샤사를 산업 중심지로 만들고자 한 모부투 세세 세코의 계획까지 모두 이론적으로는 일리가 있었다. 이모든 계획은 어떤 식으로든 시장을 길들이거나 지배하고자 한 정부의 시도와 관련이 있었고 하나같이 끔찍한 결말을 맞이했다.

미래는, 그리고 미래로 나아가는 중도는 험난한 여정이다. 하지만 이 여정은 우리의 경제적 회복탄력성, 즉 GDP의 등락뿐 아니라 재앙 같은 침체까지 견디는 우리의 능력을 더 깊이 이해하기 위한 수업료가 될 것이다.

517

회복탄력성은 어디에서 오는가
: 비공식 경제의 중요성

회복탄력성을 이해하려면 어떻게 해야 할까? 무엇보다 현재는 보이지 않는 경제생활의 요소들이 우리의 통계와 토론, 정책의 중심에 놓이도록 만들어야 한다. 이런 비공식 경제의 역할은 정책 입안자들이 생각하는 것보다 훨씬 크고 복잡하며 혁신적이다. 하지만 이에 대해서는 거의 알려진 것이 없다.

나는 세계 각지를 여행하는 동안 지역 주민들과 많은 시간을 보내면서 현지 경제가 실질적으로 작동하는 방식에 대해 이야기를 나누었다. 그럴 때마다 통계 기관이 추적하거나 기자들이 찾아낸 것과 평행하게 돌아가는 또 다른 숨은 시스템을 발견했다.

킨샤사는 공식 자료가 어떻게 상황을 왜곡할 수 있는지 보여 주는 사례다. 공식 통계 자료에 따르면 수백만 명의 인구가 사는 킨샤사는 지독하게 가난한 도시다. 그렇지만 이 도시는 또한 대다수 외부인이 참고하는 유일한 그림인 통계 자료가 보여 주지 않는 비공식 거래와 혁신(거대한 동네 경제)으로 북적거리는 도시이기도 하다. 난민수용소는 또 다른 예다. 난민수용소 내 공식 기업들을 기준으로 평가한 자타리난민수용소와 아즈라크난민수용소는 그야말로 일란성 쌍둥이다. 하지만 현장에서 보면 둘은 완전히 다른 세상이다.

현장에서 수집한 더 유연한 정보를 바탕으로 비공식 경제를 추적한다면 우리는 경제를 더 잘 이해하고, 또 회복탄력성이 어떻게 작용하는지 더 명확하게 규명할 수 있을 것이다.

이번에도 킨샤사는 탁월한 사례다. 실뱅 몽감보 신부가 말했듯이 그곳에서 사람들이 살아남으려면 비공식 경제(거리 행상과 "분할" 사업)를 통하는 수밖에 없다. 금팔찌로 부를 축적하는 아체의 전통 방식은 잠재적 보험 장치였던 것으로 결국 드러났다. 글래스고에서 선박 기술자들 가족의 힘든 삶이 그나마 살 만했던 건 이 도시에 살면서 직면하는 곤경에 세심하게 맞추어진 비공식 안전망 덕분이었다. 물건을 전당 잡힐 때 체면까지는 잃지 않도록 돕는 문화부터 "메나주"라는 공동 출자 방식의 저축까지 말이다.

오늘날 비공식 경제는 주류 경제 안에서 아무런 역할을 수행하지 못하고 있다. 회복탄력성을 중요하게 생각한다면 이런 현실을 바꿔어야 할 것이다.

우리가 가진 부 새롭게 바라보기
: 사회적 자본과 인적 자본

또한 우리는 부를 측정하는 방식을 참신한 시각에서 새롭게 살펴볼 필요가 있다. 경제학은 "자본"에 초점을 맞춘다. 자본은 시간이 흐르는 동안 가치를 저장하며, 한 마을이나 도시나 국가가 생산하는 연간 생산량과 소득의 흐름에 활용될 수 있다.

이때 주된 관심은 현금, 주식, 채권 같은 금융 자본과 건물, 공장, 기계 같은 물리적 자본이다. 물론 금융 자본과 물리적 자본은 매우 중요하며, 킨샤사와 다리엔 같은 곳의 경제적 비극은 부분적으로는 이런 자본의 부족 때문이다. 하지만 이런 형태의 부는 단지 그림의 일부일 뿐이다. 다른 모든 것을 제외한 채 이런 것에만 초점을 맞춘다면 우리의 접근법이 너무 편협하고 단순하다는 뜻이다. 나아가 탄력적이고 번창하는 경제 이면에 숨겨진 자산을 놓치고 있다는 뜻이다.

아체, 자타리, 루이지애나는 전부 무척 다른 곳이다. 한 가지 공통점은 이 세 지역 모두 금융 자본과 물리적 자본의 공급이 부족했다는 것이다. 그러자 그곳 사람들은 각자 다른 방식으로 아이디어, 기술, 지식의 중요성을 보여 주었다. 바로 "인적 자본"이다.

한 나라의 "인적 자본"은 지난 30년 동안 경제 성장의 중요한 원천으로 인식되었다. 극한 경제는 여기에 또 하나의 시각을 추가한다. 인적 자본이 단순히 경제를 확장하는 데 도움을 줄 뿐 아니라 파멸적인 쇠락에 대비한 일종의 보험 역할을 한다는 시각이다. 비공식 경제와 같은 인적 자본은 회복탄력성의 원천이다. 존 스튜어트 밀은 일찍이 1800년대 중반에 이 사실을 알았다. 그리고 아체 사람들은 2004년 지진해일 재해 이후 도시 재건 과정에서 이를 증명했다. 그럼에도 대다수 국가는 인적 자본을 파악하려는 진지한 시도를 하지 않는다. 그나마 시도하는 영국을 비롯한 몇몇 국가조차 부수적인 프로젝트 정도로만 취급할 뿐이다.

하지만 경제학의 가장 큰 구멍은 "사회적 자본"을 철저히 외면한다는 점에 있다. 이런 태도는 부분적으로 사회적 자본이라는 개념 자체가 논쟁의 여지가 많기 때문이다.

좌파 비평가들은 사회적 자본에 의존하는 경제 체제가 우파 정치가들에게 공공 서비스를 대폭 축소할 여지를 제공할 것이라고 주장한다. 반면에 우파 비평가들은 자연적으로 형성되도록 내버려 두는 편이 최선이며 정부가 개입하거나 예산을 투입할 만한 종류의 사안이 아니라고 생각한다. 나머지 사람들은 개념이 너무 모호해 실질적으로 전혀 유용하지 않다고 생각한다. 실체를 파악하기는 어렵지만 공격하기는 쉬운 까닭에 이 개념은 금방 외면받았다.

그렇지만 극한의 긴장과 변화에 시달리는 도시에서 사회적 자본이 수행하는 역할은 매우 분명하다. 이를테면 한 사회의 다른 여러 자산을 하나로 묶어 최대한의 효율을 이끌어 내는 접착제와 같다. 나는 신뢰와 호혜의 특징을 보이는 지역(사회적 자본이 잘 형성된 곳)에서 물리적 자본과 금융 자본이 더 잘 이용되는 현상을 직접 목격하거나 전해 들었다.

아체의 오토바이를 공유하는 문화부터 글래스고에서 공동주택 내 상점 저울을 이용해 아기들 몸무게를 재는 일 등이 그렇다. 모두 해당 사회를 떠받치는 긍정적인 문화 덕분에 도구나 기계, 기반 시설이 더 집약적이고 효율적으로 이용되는 사례들이다. 로버트 퍼트넘의 이탈리아 여행이 보여 주듯이 사회적 자본은 때때로 비공식 금융 협정을 지원한다. 내가 여행 과정에서 목격한 놀라운 회복탄력성은 그 같은 사실을 확인해 주었다. 지역 전통과 규범은 가장 힘든 시기에 나타나는 비공식적 지불, 보험, 대출, 저축 시스템을 뒷받침한다. 사회적 자본이 하는 일은 단순하다. 생산성을 높여 경제를 더 탄력적으로 만든다.

경제학이 놓친 이런 조각들, 비공식 경제를 통한 소득과 우리가 보유한 인적 자본, 사회적 자본 같은 부는 눈에 보이지 않을뿐더러 실체를 파악하기 어려울 수 있다. 하지만 이런 자산들을 고려하지 않음으로써 우리는 경제의 거대한 덩어리를 놓치고 있다. 그렇게 그려진 불완전한 그림이 가까운 미래 경제를 구체화할 현재의 추세를 가늠하는 우리 능력을 방해하고 있다.

미래를 위한
지침

누구도 경험해 보지 못한 세상을
비추는 여정

거의 400년 전에 윌리엄 하비는 "늘 다녀 익숙한 길에서 벗어난" 지역
에서 자연을 가장 잘 이해할 수 있다고 주장했다. 하비의 조언은 원래
해부학자들을 위한 것이었지만 그 어느 때보다 오늘날의 경제 상황에
적합한 조언이다.

앞으로 몇십 년 동안 수백만 명의 사람들은 우리 중 누구도 경험
해 본 적 없는 경제로 나아가게 될 것이다. 폭증하는 고령 인구, 급속
도로 진화하는 소프트웨어와 기계, 지구상에서 가장 불평등하고 거대
한 지역인 새로운 메가시티로 가득한 세상으로 말이다. 오늘날 아키
타와 탈린, 산티아고는 독특한 극한 지역이자 중요한 경제적 논의에
서 한 번도 이름이 거론된 적 없는 그저 그런 변방의 도시들이다. 하
지만 내일이면 그곳의 삶이 표준이 될 것이다.

이 모든 도전을 헤쳐나가기 위해 우리에게는 새로운 경제가 필
요하다. 인간은 거래를 좋아하고 거래에 능숙하지만 인간이 만들어
낸 시장은 자칫 가치를 파괴할 수 있다. 그러므로 앞으로 나아가는 유
일한 길은 새로운 중도뿐이다. 가능성이 아무리 높아 보일 때라도 언
제든 실패할 수 있으며, 그렇기에 우리는 더욱 회복탄력성에 집중할
필요가 있다.

탄력적인 경제는 많은 사람과 많은 국가의 소득이 비공식 거래
와 함께 시작된다는 사실을 인정한다. 한 사회의 부가 인적 자본과 사
회적 자본을 기반으로 하며, 이런 바탕 위에 금융 자본과 물리적 자본

522

이 존재한다는 사실을 받아들인다. 오늘날 경제적인 평가나 계획을 세우는 과정에서는 소득과 부를 둘러싼 더 미묘하고 인간적인 이런 측면들이 거의 아무런 역할을 수행하지 못하고 있다.

이 책의 여정은 만약에 이런 자산들이 어떤 역할을 한다면 오늘날 우리가 놓치고 있는 것들을 볼 수 있음을 암시한다. 우리가 얼마나 엄청난 회복탄력성을 발휘할 수 있을지 엿볼 수 있는 희망의 빛을 우리 앞길에 비춘다. 노년층을 향한 거센 공격, 과학기술 발전이 초래하는 고통의 진정한 본질, 세계에서 가장 전도유망한 경제에 불평등이 초래한 숨은 문제와 같은 회복탄력성을 좀먹는 것들 또한 볼 수 있음은 물론이다.

523

미래를 위한
지침

감사의 글

이 책에서 언급한 모든 이에게 가장 먼저 감사한다. 나는 조사 과정에서 16만여 킬로미터를 여행했고 500명이 넘는 사람들과 이야기를 나누었다. 어디를 가든 사람들은 기꺼이 대화에 응해 주었다. 몸이 꽁꽁 얼 정도로 추웠던 한겨울에 찾은 아키타의 아주 작은 마을들부터 땀이 줄줄 흐를 정도로 무더웠던 킨샤사의 뒷골목까지 사람들은 그들의 집과 사무실, 시장과 길거리, 교회와 이슬람사원을 보여 주고 먹을 것과 마실 것을 내놓고 자신들의 이야기를 들려주면서 나를 반겨 주었다.

피터스프레이저+던롭Peters Fraser+Dunlop의 캐럴라인 미셸과 그녀 팀의 지원이 없었다면 이 프로젝트는 시작조차 하지 못했을 것이며 끝내기는 더더욱 불가능했을 것이다. 팀 바인딩은 귀중한 조언을 해 주었고 알렉산드라 클리프는 단지 용기를 주었을 뿐 아니라 비자 문제를 해결할 수 있도록 수많은 편지를 써 주었다. 펭귄랜덤 하우스Penguin Random House의 헨리 빈스와 파라스트라우스앤드지로Farrar, Straus and Giroux의 콜린 디커먼은 전문적인 편집 지침으로 큰 도움을 주었다. 이 프로젝트에 관한 아이디어를 맨 먼저 지지해 준 더그 영과 여행 중에 쓴 초고를 끝까지 읽고 소중한 의견을 준 스티븐 모리슨에게 마음의 빚을 졌다. 지칠 줄 모르는 연구 보조원 라핫 시디크는 셀 수 없이 많은 논문과 서적, 예전 기사를 찾아 주었으며 여정 내내 인터뷰 진행을 도왔다. 에이미 세비르의 현명한 조언 덕분에 나는 세계에서 가장 위험한 지역들을 무탈하게 드나들 수 있었다.

나는 일단의 현지인 가이드들과 함께 여행했는데 그들은 통역뿐 아니라 가장 중요한 이야기를 해 줄 사람들과 만남을 주선해 주었다. 아체에서는 주이크 푸르칸이 통역사이자 산악 가이드, 늦은 저녁 식사의 동행이 되어 주었다. 지난 나스카반디는 자타리와 아즈라크에서 시리아 가족들을 소개해 주었고 모하마드 사바나는 자타리난민수용소에서 자신의 집과 친구들 집, 이슬람사원을 구경시켜 주었다. 루이지애나에서는 윌버트와 린다 리도가 접촉할 사람들의 연락처와 윌버트의 초기 기사 사본을 제공해 주었다. 켈리 오리언스는 나에게 교도소 환경을 직접 경험한 사람들을 소개해 주었다. 다리엔에서는 후안 벨라스케스가 자신의 경제적인 걱정을 설명해 주었을 뿐 아니라 나를 자기 집 해먹 중 하나에서 재워 주었다. 쿠나족인 델리피노 데이비스는 아무런 상관이 없음에도 내가 길을 잃고 혼자 있을 때 도움과 조언과 생선 젓갈을 주었다. 킨샤사의 실뱅 무얄리는 노련한 가이드이자 통역사였고 장마리 칼론지는 나에게 도시 곳곳의 젊은이들을 소개해 주었다. 글래스고에서는 페어필드헤리티지Fairfield Heritage의 애비게일 모리스가 유용한 현지 선박 기술자 명단과 연락처를 제공해 주었다. 아키타의 밀리 나카이는 통역을 맡아 주었고 모리모토는 자신이 발견한 몇몇 버려진 시골 마을까지 눈길을 헤치고 데려다주었다. 산티아고의 노련한 통역사들인 카밀라 체아와 프란시스코 라미레즈는 계층화된 도시의 모든 구석구석까지 훤했다.

나에게 경제를 취재하는 동시에 사람들의 이야기를 생각해 보라고 격려해 준 동료들에게 감사한다. 재니 민턴 베도스와 앤드루 파머는 나에게 처음으로 언론계에서 일해 볼 것을 권유했고 제대로 일하는 법을 가르쳐 주었다. 나의 이전 룸메이트 앤 맥엘보이는 언제나 나에게 경제학을 간단한 말로 설명하라고 잔소리했다. 에마 덩컨은 그녀의 의뢰를 통해 초기의 자타리 여행을 지원했다. 허츠 노리나는 나의 아이디어에 대해 듣고 내게 이 책을 써 볼 것을 권했다. 소우마야 케인스는 내가 제안서를 작성할 때 자신의 생각과 접촉할 사람들의 명단을 제공해 주었다. 에드먼드 콘웨이와 윌 페이지는 오랫동안 자문과 수많은 자료, 아이디어, 독서 자료 등을 제공해 주었다.

가족은 시종일관 큰 의지가 되어 주었다. 조지핀 데이비스는 자신이 예전에 접했던 숨은 교도소 경제에 대해 알려 줘 아이디어를 제공했다. 이언 부스는 윌리엄 하비에 관한 기사와 논문을 제공해 주었다. 알렉산드라 데이비스는 나에게 특유의 긴박감을 선사했다. 피터 데이비스는 이 책을 쓰는 데 유용한 수많은 서적을 제공했다. 나에게 이 프로젝트에 대한 확신을 심어 준 프랜시스 부스와 독자면서 편집자, 여행 동료, 오토바이 운전사가 되어 준 동시에 이 책을 끝낼 수 있도록 늘 한결같이 지지해 준 이저벨 셔피로에게 가장 큰 감사를 전한다.

마지막으로 예전 은사와 멘토인 올리버 보드, 존 테술라스, 피터 싱클레어, 폴 클렘퍼러, 피터 데이비스에게 감사한다. 나는 영원토록 감사할 두 대학교수(의사와 경제학자)에게 헌정하는 마음을 담아 이 책을 썼다.

참고문헌 · 주

1장

Albala-Bertrand, J. M. (1993), *Political Economy of Large Natural Disasters* (Oxford: Clarendon Press).

BRR (2009), '10 Management Lessons for Host Governments Coordinating Post-disaster Reconstruction' (Indonesia: Executing Agency for Rehabilitation and Reconstruction (BRR) of Aceh–Nias 2005–2009).

Cavallo, E., and Noy, I. (2009), 'The Economics of Natural Disasters: A Survey', Inter-AmericanDevelopment Bank Working Paper 124.

Coyle, D. (2014), *GDP: A Brief but Affectionate History* (Princeton: Princeton University Press).

Daly, P., Feener, R. M., and Reid, A. J. S. (eds.) (2012), *From the Ground Up: Perspectives on Post-tsunami and Post-conflict Aceh* (Institute of Southeast Asian Studies).

Davies, R. (ed.) (2015), *Economics: Making Sense of the Modern Economy* (London: Profile Books).

Doocy, S., Gorokhovich, Y., Burnham, G., Balk, D., and Robinson, C. (2007a), 'Tsunami Mortality Estimates and Vulnerability Mapping in Aceh, Indonesia', *American Journal of Public Health*, 97 (Suppl 1), S146–51.

——, Rofi, A., Moodie, C., Spring, E., Bradley, S., Burnham, G., and Robinson, C. (2007b), 'Tsunami Mortality in Aceh Province, Indonesia', *Bulletin of the World Health Organization*, 85(4), 273–8.

Gibbons, H., and Gelfenbaum, G. (2005), 'Astonishing Wave Heights Among the Findings of an International Tsunami Survey Team on Sumatra', in *Sound Waves* (US Geological Survey).

Graf, A., Schroter, S., and Wieringa, E. (eds.) (2010), *Aceh: History, Politics and Culture* (Singapore: Institute of Southeast Asian Studies).

Institute for Criminal Justice Reform (2017), 'Praktek Hukuman Cambuk di Aceh Meningkat, Evaluasi atas Qanun Jinayat Harus Dilakukan Pemerintah' (Jakarta).

Johansen, L. (1985), 'Richard Stone's Contributions to Economics', *Scandinavian Journal of Economics*, 87 (1), 4–32.

Kendrick, J. (1970), 'The Historical Development of National Accounts', *History of Political Economy*, 2, 284–315.

Mill, J. S. (1848), *Principles of Political Economy with Some of Their Applications to Social Philosophy* (London: Longmans, Green & Co.).

NASA (2005), 'NASA Details Earthquake Effects on the Earth', Press Release, 10 January.

Petty, W. (1662), 'Treatise of Taxes and Contributions', republished in Hull, C. H. (ed.) (1899), *The Economic Writings of Sir William Petty Vol. 1* (Cambridge: Cambridge University Press).

———, (1676; published 1691), *Political Arithmetick* (London: Mortlock at the Phoenix, St Paul's Church Yard).

Reid, A. (2015), *A History of Southeast Asia: Critical Crossroads* (Chichester: John Wiley & Sons).

Ricklefs, M. C. (2001), *A History of Modern Indonesia Since c 1200* (London: Palgrave Macmillan).

Studenski, P. (1958), *The Income of Nations* (New York: New York University Press).

World Bank (2006), 'Aceh Public Expenditure Analysis: Spending for Reconstruction and Poverty Reduction' (Washington, DC: World Bank).

1 반다아체를 덮친 재앙을 지질학자들은 "근거리장near-field" 지진해일이라고 부른다. 이 지역을 찾은 과학자들은 목격자 진술과 현장에서 수집한 데이터(건물 피해와 잔해 위치를 포함해)를 결합해 파도 크기를 산출했다. 록옹아와 람푹을 비롯한 북서 해안 지역을 덮친 파도는 30미터가 넘었다. Gibbons and Gelfenbaum(2005).

2 지구의 축과 형태 변화는 NASA 과학자들인 리처드 그로스Richard Gross 박사와 벤저민 퐁 차오Benjamin Fong Chao 박사가 재빨리 파악했다. NASA(2005) 참조.

3 실종된 많은 사람들을 죽은 것으로 간주한 까닭에 사망자 수는 추정치여야 마땅하다. 공식 수치와 인구통계학 모델에 따르면 아체 지방에서만 12만 8000~16만 8000명이 사망했다고 추정된다. 반다아체와 아체베사르Aceh Besar 지역에서 사망률이 가장 높았다(약 23퍼센트). Doocy et al.(2007a and 2007b) 참조.

4 인도네시아 역사는 Ricklefs(2001)에 잘 정리되어 있다. 술탄의 통치와 네덜란드와 벌인 전쟁, 인도네시아의 독립과 아체의 예외론(또는 고립) 등 더 상세한 아체의 역사는 논문집 Graf et al.(eds.)(2010)을 참조하라. 후추의 중요성과 세계 수요량 절반의 공급지로서 아체의 등장은 Reid(2015)에 나와 있다.

5 Albala-Bertrand(1993)은 자연재해가 경제에 끼치는 영향을 다룬 최초의 현대적인 연구 중 하나로, 1960년과 1979년 사이에 26개국에서 발생한 재해를 연구했다. 후속 연구에서 재해가 경제 성장에 "유리하게" 작용할 수 있는지 여부를 조사했는데, Cavallo and Noy(2009)에서 검토가 이루어졌다. 재해의 영향을 조사하는 연구자들은 일반에 공개된 다음 자료를 이용한다. Emergency Events Database(EM-DAT) compiled by the Centre for Research on the Epidemiology of Disasters(CRED) at www.emdat.be.

6 윌리엄 페티의 작업은 Petty(1662)와 Petty(1676; published 1691)에 정리되어 있다. 국가 회계 시스템의 발전에 대한 페티의 공헌을 추적한 자료로는 Kendrick(1970)과 더 최근의 Davies(ed.)(2015)가 있다.

7 다른 경제학자들(미국의 사이먼 쿠즈네츠Simon Kuznets가 유명하다)이 현대적인 GDP 측정에 기여했지만 케임브리지대학교의 리처드 스톤Richard Stone은 가장 중요한 학자가 틀림없었고 성과를 인정받아 1984년 노벨상을 받았다. Johansen(1985)는 스톤의 공헌에 관해 논했다. 모든 다양한 공헌자들에 대해 훨씬 상세하게 정리한 자료는 Studenski(1958)이며 이해하기 쉬운 현대 역사로는 Coyle(2014)가 있다.

8 아체의 피해 추정액이 정리된 자료는 World Bank(2006)이고 여기에는 원조 기관의 소비가 야기한 지역적 인플레이션에 대한 자료도 포함되어 있다. 구호 작업을 감독한 인도네시아

기관이 피해의 규모와 2005년과 2009년 사이에 일어난 재건에 대해 정리하고 발견 사항을 출판한 자료는 BRR(2009)다.

9 아체의 전쟁 역사가 기술된 자료는 Graf et al.(eds.)(2010)이다. 2000년과 2002년에 진행된 평화 회담이 결렬된 후 인도네시아 정부는 아체자유운동을 완전히 소탕하는 데 전념하는 것처럼 보였다. 2005년 전 핀란드 대통령 마르티 아티사리Martti Ahtisaari가 운영하는 위기관리계획Crisis Management Initiative, CMI이 새로운 중재 기관으로 나섰다. 그해 인도네시아 장관 하미드 아왈루딘Hamid Awaludin과 아체자유운동 지도자 말릭 마흐무드Malik Mahmud가 양해 각서에 서명했고 증인으로 참여한 아티사리는 나중에 노벨 평화상을 받았다. 평화 협상과 그 과정에서 위기관리계획이 한 역할에 관해 논한 자료는 Daly et al.(eds.)(2012)다.

10 2016년 300명이 넘는 사람이 공개 태형을 당했다. 대다수(90퍼센트)가 남자였고 주로 도박으로 기소된 사람들이었다. 하지만 벌을 받은 사람 중에는 도박이나 음주로 기소된 여성들과 혼전 성관계로 기소된 연인들도 포함되어 있었다. Institute for Criminal Justice Reform(2017)을 참조하라.

11 "인적 자본"이라는 현대 용어는 20세기 후반 들어서야 알려졌지만 Petty(1662)와 Mill(1848)에서 이를 거론했음이 명백하다. 페티는 국민은 (그들이 하는 노동 때문에) 부의 원천이므로 국민을 죽이거나 투옥하는 국가는 단지 자해하는 것일 따름이라고 썼다. 밀은 "국가가 대규모 파괴 상태로부터 회복하는 대단한 속도"에 관해 썼다. 그리고 인간은 끊임없이 물질적 자본(기계와 공장 같은)을 사용하고 손상하고 재건하기 때문에, 인적 자본과 인간 개체 수가 비교적 온전하게 남아 있는 한 물질적 생산 수단은 우리가 상상하는 것보다 훨씬 더 빠르게 재건될 수 있다고 설명했다.

2장

Amnesty International (2013), *Growing Restrictions, Tough Conditions: The Plight of Those Fleeing Syria to Jordan* (London: Amnesty International).

Beaumont, P. (2014), 'Jordan Opens New Syrian Refugee Camp', *Guardian*, 30 April.

Bemak, F. and Chung, R. C.-Y. (2017), 'Refugee Trauma: Culturally Responsive Counseling Interventions', *Journal of Counseling and Development*, 95 (3), 299–308.

Diener, E., and Tay, L. (2011), 'Needs and subjective well-being around the world', *Journal of Personality and Social Psychology*, 101 (2), 354–365.

Gatter, M. (2018), 'Rethinking the Lessons from Za'atari Refugee Camp', *Forced Migration Review*, 57, 22–4.

Institute on Statelessness and Inclusion (ISI) (2016), 'Understanding Statelessness in the Syria Refugee Context'.

Jordan Vista (2012), '26 Security Officers Injured in Zaatari Riots', 28 August.

Ledwith, A. (2014), *Zaatari: The Instant City* (Boston: Affordable Housing Institute).

Lonn, M., and Dantzler, J. (2017), 'A Practical Approach to Counseling Refugees: Applying Maslow's Hierarchy of Needs', *Journal of Counselor Practice*, 8 (2), 61–82.

Luck, T. (2014), 'Jordan's "Zaatari" Problem', *Jordan Times*, 19 April.

Maslow, A. H. (1943), 'A Theory of Human Motivation', *Psychological Review*, 50 (4), 70–96.

Montgomery, K., and Leigh, K. (2014), 'At a Startup Refugee Camp, Supermarkets and Water

Conservation Take Priority', *Syria Deeply*, 6 May.

REACH (2014), *Market Assessment in Al Za'atari Refugee Camp, Jordan*, November.

ReliefWeb (2014), 'Opening of Azraq Camp for Syrian Refugees in Jordan', summary of ACTED report, April 2014.

Schmidt, C. (2013), 'Education in the Second Largest Refugee Camp in the World', *Global Partnership for Education*, 20 June.

Sherine S., Lachajczak, N., and Al Nakshabandi, J. (2014), *Exit Syria*, Film (SBS Online).

Staton, B. (2016), 'Jordan Detains Syrian Refugees in Village 5 "jail" ', *IRIN*, 27 May.

Sweis, R. F. (2014), 'New Refugee Camp in Jordan Tries to Create a Community for Syrians, *New York Times*, 30 May.

UNHCR (2015), *Factsheet: Zaatari Refugee Camp*, February.

—— (2016a), 'Life in Limbo: Inside the World's Largest Refugee Camps', ESRI Story Map: https:// storymaps.esri.com/stories/2016/ refugee-camps.

—— (2016b), *Factsheet: Jordan — Azraq Camp*, April.

—— (2016c), *Factsheet: Zaatari Refugee Camp*, October.

—— (2016d), *Incentive-based Volunteering in Azraq Camp*, October.

UNHCR Population Statistics, available at www.popstats.unhcr.org.

UNICEF (2014), *Baseline Assessment of Child Labour Among Syrian Refugees in Za'atari Refugee Camp — Jordan*, November.

1　난민수용소의 규모에 관한 데이터의 출처는 유엔난민기구United Nations High Commissioner for Refugees, UNHCR다. 난민수용소의 인구는 계속 변한다. 나는 2010년에서 2015년 사이 기간 중 가장 수치가 높은 해의 자료를 사용했다. 다른 대규모 난민 정착지로는 5개의 작은 난민 수용소를 모아 놓은 케냐 동부의 다다브Dadaab와 미얀마를 탈출한 로힝야Rohingya 난민이 거주하는 방글라데시의 쿠투파롱Kutupalong이 있다. UNHCR(2016a)를 참조하라. 나라별 난민 데이터(출신 국가와 호스트 국가)를 볼 수 있는 곳은 UNHCR Population Statistics database다.

2　자타리난민수용소의 초기 몇 달 동안의 무법 상황과 통제 부족이 논의된 자료는 Amnesty International(2013)과 Ledwith(2014)다. *Jordan Vista*(2012)도 참조하라.

3　비공식적인 상황을 포함해 자타리난민수용소의 초기 몇 년이 정리된 자료는 Ledwith(2014) 다. 자타리에서 허가받지 않은 사업으로 발생한 수입을 포함한 다른 데이터의 출처는 유엔 난민기구의 정기 자료표다, UNHCR(2016c)를 참조하라. 창업률은 새로 설립된 사업체 수를 기존 사업체 수로 나누어 산출한다. 자타리난민수용소의 처음 18개월 동안 난민들이 설립 해 정착한 시장에 관한 요약을 보려면 REACH(2014)를 참조하라. 이후의 상점 수에 관한 데 이터를 시간순으로 추적한 자료는 UNHCR(2016c)를 참조하라.

4　아즈라크가 자타리를 능가하는 향상된 시설을 제공한다는 주장을 보려면 ReliefWeb(2014) 를 참조하라. 두 난민수용소에 관한 유엔 소속 관리의 견해를 보려면 Montgomery and Leigh(2014)와 Sweis(2014)를 참조하라. 아즈라크에 이상적인 난민수용소를 건설하기 위해 취한 조치들에 대해서는 Gatter(2018)을 참조하라. 이 주장과 홍보가 아즈라크에 관한 초기 보도에 끼친 영향의 예를 보려면 Beaumont(2014)를 참조하라.

5　5가지 욕구 단계가 맨 처음 제시된 자료는 Maslow(1943)이다. 이 이론을 경험적으로 시험 한 최근 작업은 Diener and Tay(2011), 난민의 맥락에서 이 이론을 사용한 연구는 Lonn and

Dantzler(2017)을 참조하라.

6 이즈라크난민수용소의 일 부족과 이에 따른 우울증은 그곳 난민들과 한 인터뷰가 출처다. 아즈라크에 관한 공식 견해와 실제 현실 사이 괴리에 관한 더 자세한 내용은 Gatter(2018)을 참조하고, 5번 마을(난민수용소의 감옥)에 관해서는 Staton(2016)을 참조하라. 난민수용소의 공식적인 유급 업무("인센티브에 근거한 자원봉사")와 일자리보다 월등히 많은 자발적인 노동자들의 공급에 대해서는 UNHCR(2016d)를 참조하라. 난민 복지의 중요성에 대해서는 Bemak and Chung(2017)을 참조하라.

7 아동 노동의 위험과 정도에 대해서는 UNICEF(2014)를, 자타리의 교육 제공 문제에 대해서는 Schmidt(2013)을 참조하라.

3장

Adams, J. (2001), '"The Wildest Show in the South": Tourism and Incarceration at Angola', *TDR*, 45 (2), 94–108.

Advocate, The (2017), 'Department of Corrections: Cadet, Visitor Caught Smuggling Drugs into Angola', *The Advocate* Staff Report, 13 June.

—— (2018), 'Four Angola Employees Arrested, Two Sanctioned After Investigation into Drugs, Sexual Misconduct at Prison', author Grace Toohey.

Alexandria Black History Museum, www.alexandriava.gov/BlackHistory.

Alexandria Times (2017a), 'The Center of Alexandria's Slave Operations', 19 January.

—— (2017b), 'Franklin and Armfield Office', 20 May.

Angola Museum History, www.angolamuseum.org/history/history.

Armstrong, W. E. (1924), 'Rossel Island Money: A Unique Monetary System', *Economic Journal*, 34, 423–29.

Buckley, T. (2002), *Standing Ground: Yurok Indian Spirituality, 1850–1990* (Berkeley: University of California Press).

Cardon, N. (2017), ' "Less Than Mayhem": Louisiana's Convict Lease, 1865–1901', *Louisiana History: The Journal of the Louisiana Historical Association*, 58 (4), 417–41.

Carleton, M. (1967), 'The Politics of the Convict Lease System in Louisiana: 1868–1901', *Louisiana History: The Journal of the Louisiana Historical Association*, 8 (1), 5–25.

—— (1971), *Politics and Punishment: The History of the Louisiana State Penal System* (Baton Rouge: Louisiana State University Press).

CDC (2017), *Prevalence of Obesity Among Adults and Youth: United States, 2015–2016*, NCHS Data Brief No. 288, October.

Chesterton, G. L. (1856), *Revelations of Prison Life* (London: Hurst and Blackett).

Dove Consulting (2004), *2004 Electronic Payments Study for Retail Payments Office at the Federal Reserve Bank of Atlanta*, 14 December.

FBI (2018), *Crime in the US 2017*, https://ucr.fbi.gov/ crime-in-the-u.s/2017/crime-in-the-u.s.-2017.

Federal Reserve System (2018), *The Federal Reserve Payments Study: 2018 Annual Supplement*, Federal Reserve System, 20 December.

First 72+ (2018), 'Small Business Incubation', accessed December 2018: www.first-72plus.org.

Forret, J. (2013), 'Before Angola: Enslaved Prisoners in the Louisiana State Penitentiary', *Louisiana*

531

History: The Journal of the Louisiana Historical Association, 54 (2), 133–171.

Gauke, D. (2018), 'From Sentencing to Incentives — How Prisons Can Better Protect the Public from the Effects of Crime', Speech, Ministry of Justice, 10 July.

Her Majesty's Chief Inspector of Prisons for England and Wales (2014), *Annual Report 2013–14* (London: Her Majesty's Inspectorate for England and Wales).

HMPS (2004), 'Prisoners' Pay', Prison Service Order 4460, 30 September.

Hudson, S., and Ramsey, J. (2011), 'The Emergence and Analysis of Synthetic Cannabinoids', *Drug Testing and Analysis*, 3, 466–78.

Hurst, D., Loeffler, G., and McLay, R. (2011), 'Psychosis Associated with Synthetic Cannabinoid Agonists: A Case Series', *American Journal of Psychiatry*, 168 (10), Letters, October.

Jevons, W. S. (1875), *Money and the Mechanism of Exchange* (London: Henry S. King & Co.).

Liep, J. (1983), 'Ranked Exchange in Yela (Rossel Island)', in Leach, J. W., and Leach, E. (eds.), *The Kula* (Cambridge: Cambridge University Press).

—— (1995), 'Rossel Island Valuables Revisited', *Journal of the Polynesian Society*, 104 (2), 159–80.

Louisiana Department of Public Safety and Corrections (2010), *Annual Report 2009–2010*.

Louisiana DOC (2018), *La. Department of Public Safety and Corrections, Briefing Book*. Data available at https://doc.louisiana.gov/briefing-book.

Mechoulam, R., Lander, N., Breuer, A., and Zahalka, J. (1990), 'Synthesis of the Individual, Pharmacologically Distinct, Enantiomers of a Tetrahydrocannabinol Derivative', *Tetrahedron: Asymmetry*, 1 (5), 315–18.

Menger, C. (1892), 'On the Origins of Money', *Economic Journal*, 2 (6), 239–55.

National Center for Education Statistics (2016), *Digest of Education Statistics: 2016*, https://nces.ed.gov/programs/digest/d16.

Naval Today (2013), 'Naval Criminal Investigative Service Brings New Drug Awareness Campaign to NMCP', 27 March.

NCIS (2009), 'Introduction to Spice', Norfolk Field Office, 9 December.

Pew (2015), 'Banking on Prepaid: Survey of Motivations and Views of Prepaid Card Users', Pew Charitable Trusts, June.

Prison Enterprises, www.prisonenterprises.org.

Prison Studies (2016), *World Prison Population List*, eleventh edition. Statistics available at www.prisonstudies.org.

Pryor, F. L. (1977), 'The Origins of Money', *Journal of Money, Credit and Banking*, 9 (3), 391–409.

Public Health England (2017), 'New Psychoactive Substances Toolkit: Prison Staff', 1 January.

Rideau, Wilbert (2010), *In the Place of Justice: A Story of Punishment and Deliverance* (New York: Knopf).

Rising Foundations (2018), 'Our Small Business Incubator', accessed December 2018: www.risingfoundations.org.

Sacco, L., and Finklea, K. (2011), 'Synthetic Drugs: Overview and Issues for Congress', *Congressional Research Service*, 28 October.

Sawyer, W. (2017), 'How Much Do Incarcerated People Earn in Each State?', Prison Policy Initiative Blog, 10 April.

Slate (2005), 'Why Gift Cards Are Evil', 4 January.

State of Louisiana (2016), *State of Louisiana Comprehensive Annual Financial Report for the Year Ended June 30, 2016*, 30 December.

United Nations (2011), 'Synthetic Cannabinoids in Herbal Products', United Nations Office on Drugs and Crime, UN document SCITEC/24, April.

───── (2013), *World Drug Report 2013*, United Nations Office on Drugs and Crime (United Nations: New York).

US Bureau of Justice Statistics (2018), available at www.bjs.gov.

US Census Bureau, Historical Income Tables, www.census.gov/data/tables/time-series/demo/income-poverty/historical-income-households.html.

Vansina, J. (1962), 'Long-distance Trade Routes in Central Africa', *Journal of African History*, 3 (3), 375–90.

VOTE (2018), 'Advancing Justice in Louisiana: Policy Priorities', Voice of the Experienced, accessed December 2018.

1   세계의 수감 인구 통계의 출처는 Prison Studies(2016)이다. 미국 수감 인구 데이터의 출처는 US Bureau of Justice Statistics(2018)이다. 루이지애나주립교도소의 형기에 관한 데이터의 출처는 Louisiana Department of Corrections(2010)이다. 감옥의 추세에 관한 추가 데이터의 출처는 Louisiana DOC(2018)이다.

2   Chesterton(1856) 참조. 체스터턴은 1829년에서 1854년까지 콜드바스필즈의 미들섹스교도소 소장이었다. "강철"이라고 알려진 이 교도소는 런던 중심부 클러켄웰의 마운트플레전트에 위치했다. 체스터턴의 이야기를 통해 죄수들이 감옥 안에서 서로 연락을 주고받는 방식과 발달한 지하 경제를 포함해 상당한 자율성을 가지고 있었음을 확인할 수 있다.

3   자신이 저지른 범죄와 사형수로 지낸 시간, 갱생과 글쓰기에 관한 리도의 이야기가 정리된 자료는 Rideau(2010)이다. 이 책은 오랫동안 앙골라의 소장으로 재직하면서 리도를 지지하고 그의 글쓰기 경력에 조언을 제공한 C. 폴 펠프스C. Paul Phelps에게 헌정되었다.

4   미국의 많은 감옥에 내부 신문이 있지만《앙골라이트》가 아마 가장 유명할 것이다. 월버트 리도가 편집자로 있는 동안 저널리즘과 관련한 상을 다수 받았다. 이 잡지의 현재 발행본은 구독하거나 앙골라교도소의 박물관에서 구입할 수 있다. 과거 발행본은 루이지애나주립대학교에 보관되어 있다. 월버트의 가장 초기 글들 중 일부는 소실되었다. 그의 아내 린다Linda는 친절하게도 나에게 그의 글을 복사해 주었다.

5   소득과 빈곤에 관한 데이터의 출처는 US Census Bureau historical income tables이다. 미국의 비만율에 관한 데이터의 출처는 CDC(2017)이고 시각화 자료를 볼 수 있는 사이트는 *State of Obesity*다. 교육 성취에 관한 데이터의 출처는 National Center for Education Statistics(2016)이다. 인구 10만 명당 살인 숫자와 살인율의 출처는 FBI(2018)이다.

6   콩고인은 콩고공화국Republic of the Congo과 콩고민주주의공화국Democratic Republic of the Congo, 가봉과 앙골라에 걸친 중앙아프리카 서쪽 지역에 자리했던 거대한 왕국에 속한 사람들이었다. 콩고왕국Kongo Kingdom은 19세기 말 포르투갈에 점령당했다. 콩고인은 현대 콩고민주주의공화국에서 가장 규모가 큰 인종 집단 중 하나며 이 나라의 4개 공식 언어 중 하나인 키콩고어Kikongo를 사용한다.

7   앙골라교도소에는 자체 역사에 관한 많은 자료를 보유한 잘 관리되는 박물관이 있다. 루이지애나주의 형벌 제도와 노예 임대의 중요성에 관해 처음으로 다룬 글들은 Carleton(1967, 1971)을 참조하라. 노예화된 죄수들을 농장 노동자로 이용하는 정치경제학에 관한 최근 연구가 정리된 자료는 Forret(2013)과 Cardon(2017)을 참조하라. 프랭클린앤드암필드의 역할에

533

관한 정보는 Alexandria Black History Museum에서 볼 수 있다.

8 프리즌엔터프라이지스의 생산 작물과 생산량은 이 회사 웹사이트에 정리되어 있고, 재정적인 성과는 주의 통합 자료에 포함되어 있다. State of Louisiana(2016) 참조.

9 수감자에게 지불하는 임금률은 주마다 상이하게 책정되며 미국 전체 수치 형식으로 발표되지 않는다. Sawyer(2017)에 직접 수집해 비교한 자료가 나온다. 영국의 수감자 임금은 더 불투명하다(수치는 인터뷰에 근거한 것이다). 영국의 수감자 임금에 관한 최근 발표를 보려면 HMPS(2004)를 참조하라.

10 Jevons(1875). 제번스는 카를 멩거Carl Menger, 레옹 발라스Léon Walras와 더불어 "신고전주의" 경제학파의 창시자로 여겨진다.

11 로셸섬의 통화 시스템은 Armstrong(1924)를 시작으로 더 최근에는 Liep(1983, 1995)까지 광범위하게 조사되었다. 딱따구리 머리 가죽의 사용이 서술된 자료는 Buckley(2002)다. 콩고 왕국에서 은짐부조개nzimbu shell를 사용하고 앙골라에서 라피아raphia 천을 사용한 내용을 보려면 Vansina(1962)를 참조하라. 원시적인 형태의 통화에 관한 더 정밀한 검토를 보려면 Pryor(1977)을 참조하라.

12 이스라엘에서 이루어진 합성 대마초 HU-210 합성에 관해 보려면 Mechoulam et al.(1990)을 참조하라. 대마초의 주성분을 합성해 변형한 물질 찾기에 관해 더 많은 역사와 증거를 제시한 자료는 Hudson and Ramsey(2011)이다. 유엔이 합성 대마초의 사용과 개발을 추적하고 일부 역사를 보여 주는 국제적인 상황을 보려면 United Nations(2011, 2013)을 참조하라. 데이비드 미첼 로즈가David Mitchell Rozga의 죽음과 이에 뒤따른 입법(데이비드미첼로즈가법)이 정리된 자료는 Sacco and Finklea(2011)이다. 해군범죄수사대NCIS는 2000년대 말에 이미 스파이스Spice(합성 대마초의 속어-옮긴이)에 대해 인지했다. NCIS(2009)와 *Naval Today*(2013) 참조. 합성 대마초를 사용한 후 정신적인 문제를 호소한 미국 해군 수병들에 관한 사례 연구를 보려면 Hurst et al.(2011)을 참조하라. 영국의 합성 대마초에 대해서는 Her Majesty's Chief Inspector of Prisons for England and Wales(2014), Public Health England(2017), 그리고 Gauke(2018)을 참조하라.

13 앙골라교도소의 스캔들이 정기적으로 보도되는 자료는 *The Advocate*(2017, 2018)이다.

14 전자 상품권의 역사 일부에 관해 정리한 자료는 *Slate*(2005)에서 볼 수 있다. 2000년대 중반의 인기를 추적한 자료는 Dove Consulting(2004)고, 선불 직불 카드 거래 횟수가 최근 급등한 것에 대한 논의를 볼 수 있는 자료는 Federal Reserve System(2018)이다. 사용자의 인구 통계를 조사한 자료는 Pew(2015)다.

15 루이지애나주 사법 제도를 개혁하기 위한 싸움에 대해서는 VOTE(2018), First 72+(2018), 그리고 Rising Foundations(2018)을 참조하라.

4장

Arcia, J. (2017), 'Panama: The Ranching Industry Has Moved into Darien National Park', *Mongabay*, 26 June.

Belisle, L. (2018), 'Darien Suffers from Illegal Deforestation', *Playa Community*, 20 April.

Borland, F. (1779), *The History of Darien* (Glasgow: John Bryce).

Burton, P. J. K. (1973), 'The Province of Darien', *Geographical Journal*, 139 (1), 43–7.

Comptroller General of the US (1978), 'Linking the Americas — Progress and Problems of the Darien Gap Highway', Report to the Congress by the Comptroller General of the US, PSAD-78-65, 23 February (Washington, DC: General Accounting Office).

Consulate of Panama (2018), 'Panama Reforestation Visa Program', accessed December 2018.

Dampier, W. (1697), *A New Voyage Round the World* (London: Knapton).

Dorosh, P., and Klytchnikova, I. (2012), 'Tourism Sector in Panama Regional Economic Impacts and the Potential to Benefit the Poor', World Bank, Policy Research Working Paper 6183, August.

Dudley, S. (2004), *Walking Ghosts: Murder and Guerrilla Politics in Colombia* (New York: Routledge).

Estrella de Panama (2009), 'Deforestation Is Killing Darien', 13 April.

Exquemelin, A. (1684), *Buccaneers of America* (London: William Crooke).

GMH (2016), *BASTA YA! Colombia: Memories of War and Dignity* (Bogota: CNMH).

Griess, V., and Knoke, T. (2011), 'Can Native Tree Species Plantations in Panama Compete with Teak Plantations? An Economic Estimation', *New Forests*, 41, 13–39.

Gutierrez, R. (1989), 'La deforestacion, principal causa del problema ecologia ambiental de Panama', Direccion Nacional de Desarollo Forestal.

Hall, J. (2018), 'Curing "Teak Fever" in Panama through Smart Reforestation', UN-REDD, 4 September.

Hardin, G. (1968), 'The Tragedy of the Commons', *Science*, 162 (3859), 1243–8.

Harris, W. (1700), *A Defence of the Scots Abdicating Darien* (Edinburgh).

Herlihy, P. (1989), 'Opening Panama's Darien Gap', *Journal of Cultural Geography*, 9 (2), 2–59.

—— (2003), 'Participatory Research Mapping of Indigenous Lands in Darien, Panama', *Human Organization*, 62 (4).

ITTO (2018), 'Tropical Timber Market Report', International Tropical Timber Organization, December.

Lloyd, W. F. (1833), 'W. F. Lloyd on the Checks to Population', *Population and Development Review*, 6 (3), 473–96.

McKean, M. A. (1996), 'Common-property Regimes as a Solution to Problems of Scale and Linkage', in Hanna, S. S., Folke, C., and Maler, K.-G. (eds.), *Rights to Nature: Ecological, Economic, Cultural, and Political Principles of Institutions for the Environment* (Washington, DC: Island Press).

McKendrick, J. (2016), *Darien: A Journey in Search of Empire* (Edinburgh: Birlinn).

Mateo-Vega, J., Spalding, A. K., Hickey, G. M., and Potvin, C. (2018), 'Deforestation, Territorial Conflicts, and Pluralism in the Forests of Eastern Panama: A Place for Reducing Emissions from Deforestation and Forest Degradation?' *Case Studies in the Environment*, June.

Millar, A. H. (1904), 'The Scottish Ancestors of President Roosevelt', *Scottish Historical Review*, 1 (4), 416–20.

Miller, S. W. (2014), 'Minding the Gap: Pan-Americanism's Highway, American Environmentalism, and Remembering the Failure to Close the Darien Gap', *Environmental History*, 19, 189–216.

Miraglia, P. (2016), 'The Invisible Migrants of the Darien Gap: Evolving Immigration Routes in the Americas', Council on Hemispheric Affairs, 18 November.

Miroff, N. (2016a), 'Peace with FARC May Be Coming, So Colombia's Farmers Are on a Massive Coca Binge', *Washington Post*, 8 July.

—— (2016b), 'The Staggering Toll of Colombia's War with FARC Rebels, Explained in Numbers',

Washington Post, 24 August.

Nelson, G. C., Harris, V., and Stone, S. W. (2001), 'Deforestation, Land Use, and Property Rights: Empirical Evidence from Darien, Panama', *Land Economics*, 77 (2), 187–205.

Ostrom, E. (1990), *Governing the Commons: The Evolution of Institutions for Collective Action*(Cambridge: Cambridge University Press).

Paterson, W. (1701), *A Proposal to Plant a Colony in Darien.*

Playfair, W. (1807), *An Inquiry into the Permanent Causes of the Decline and Fall of Powerful and Wealthy Nations* (London: Greenland & Norris).

Prebble, J. (1968), *The Darien Disaster* (London: Martin Secker & Warburg).

Ridgely, R., and Gwynne, J. A. (1992), 'A Guide to the Birds of Panama with Costa Rica, Nicaragua, and Honduras' (Princeton: Princeton University Press).

Sidgwick, H. (1887), The Principles of Political Economy, second edition (London: Macmillan and Company).

Sloan, S. (2016), 'Tropical Forest Gain and Interactions Amongst Agents of Forest Change', *Forests*, 27 February.

United Nations (2016), *Monitoreo de territorios afectados por cultivos ilicitos 2015*, UNDOC, June.

Wafer, L. (1699), *A New Voyage and Description of the Isthmus of America* (London: Knapton).

Watt, D. (2007), *The Price of Scotland: Darien, Union and the Wealth of Nations* (Edinburgh: Luath Press).

1 다리엔의 원주민 종족, 식물군, 조류, 그리고 팬아메리칸하이웨이로 인해 그들이 처한 위험에 대해 논의한 자료는 Burton(1973)이다. 흥미로운 지도를 포함해 이 고속도로를 완공하는 도전에 대한 유용한 논의가 실린 자료는 Comptroller General of the US(1978)이다. 다리엔갭을 차량으로 횡단할 때는 배의 도움을 받았다. 1972년 아메리카횡단원정대Trans-Americas Expedition는 영국 육군 소령 존 블래시퍼드 스넬John Blashford-Snell의 지원 아래 걷기에 다리엔을 횡단했다. 블래시퍼드 스넬 원정대의 사진을 포함해 다리엔갭의 역사에 관한 더 많은 정보를 얻을 수 있는 자료는 Miller(2014)다.

2 콜롬비아내전에 관한 수치들이 기록된 많은 문서가 2013년 발표되었으며 영어로 이용할 수 있다. *BASTA YA!*('Enough Already!') by GMH(2016) 참조. 이 내전 관련 수치를 다룬 훨씬 짧은 새 자료는 Miroff(2016b)다.

3 영국 해적 헨리 모건의 인생에 관해 정리한 최초의 책은 Exquemelin(1684)다. 스코틀랜드의 여론에 영향을 끼친 이야기들의 출처는 Dampier(1697)와 Wafer(1699)다. 모두 온라인에서 찾아볼 수 있다. 3권 중에서 웨이퍼의 이야기가 가장 흥미로우며 다리엔 지도를 포함해 많은 세부 사항이 담겨 있다.

4 컴퍼니오브스코틀랜드Company of Scotland는 세계 최초의 "공동 출자" 회사(개인이 투자할 수 있는 공기업)였고 나중에 다리엔컴퍼니Darien Company로 알려진다. 이 회사의 형성과 투자자 그리고 목표에 관한 탁월한 이야기가 제시된 자료는 Watt(2007)이다. 다리엔 원정대의 비극을 자세히 다룬 대표적인 현대 자료는 Prebble(1968)이다. 뉴칼레도니아를 찾아가는 개인 여정을 기술한 현대 자료는 McKendrick(2016)이다. 직접 참사를 경험한 생존자의 일기를 인용한 자료는 Watt(2007)이며, 일기에는 Borland(1779)가 포함되어 있다. 당시 스코틀랜드 배에 탔던 미국 대통령 루스벨트의 조상들을 추적한 자료는 Millar(1904)다.

5 야비사 주변 지역과 원주민 보호 지역의 범위를 그린 지도가 있는 자료는 Herlihy(2003)이다. 이 논문은 또한 스페인 사람들이 황금을 수송하는 강의 경로를 보호하기 위해 요새를 건설한 이야기를 포함해 지역의 역사를 기술한다.

6 파나마 동부의 삼림 파괴율에 관한 수치를 제시한 자료는 Mateo-Vega et al.(2018)이다. 열대 우림이 농지로 변형되는 실태와 삼림 파괴를 막기 위해 채택한 정책들에 관해 논의하고 평가한 자료는 Nelson et al.(2001)이다. 시간 경과에 따른 지피식물地被植物들의 지도와 벌목의 영향을 다룬 자료는 Gutierrez(1989)다. 삼림 파괴 문제와 소 목장의 등장을 논의한 자료는 Arcia(2017)과 Belisle(2018)이다.

7 1960년대에 생태학자 개릿 하딘Garrett Hardin이 인구 과잉과 환경에 대한 논고에서 "공유지의 비극"이라는 용어를 창안했다. Hardin(1968) 참조.

8 과잉 사용으로 훼손되는 공유지의 예는 윌리엄 포스터 로이드가 1832년 옥스퍼드대학교에서 한 "인구 억제에 관한 두 강연Two Lectures on the Checks to Population" 중 첫 번째 강연에서 제시되었다.

9 오스트럼의 연구는 저서 《공유의 비극을 넘어Governing the Commons》에서 제시되었다. Ostrom(1990) 참조. 일본 시골 마을에서 자원을 보호하기 위해 사용한 비공식 제도에 관한 논의를 서술한 자료는 McKean(1996)이다.

10 파나마의 생물 다양성을 균질화하는 티크나무의 영향력을 논의한 자료는 Griess and Knoke(2011)이다. 티크나무를 식재할 유인을 제공하는 데 법령 제24호가 끼친 영향을 논의한 자료는 Sloan(2016)이다; "티크 열병"과 이를 치료할 수 있는 더 나은 재식림 조성 방식에 대해서는 Hall(2018)을 참조하라.

11 파나마의 조류 다양성에 대해서는 Ridgely and Gwynne(1992)를 참조하라. 환경이 보호될 경우 파나마 자연이 가진 경제적 잠재력을 평가한 자료는 Dorosh and Klytchnikova(2012)다.

12 코카인 생산을 위한 코카나무 재배 증가를 추적한 자료는 United Nations(2016)이다. Miroff(2016a)도 참조하라.

13 다리엔을 통해 미국으로 들어가는 이주 경로에 대한 공식 정보는 거의 없다. 경로와 숫자를 더 상세하게 기술한 자료는 Miraglia(2016)이다. 4만 달러짜리 재식림 비자 프로그램을 포함한 "투자 시민권" 정책에 대해서는 Consulate of Panama(2018)을 참조하라.

14 공개 시장의 경목재 국제 가격을 추적한 자료는 ITTO(2018)이다.

537

5장

ACTwatch Group (Mpanya, G., Tshefu, A., and Losimba Likwela, J.) (2017), 'The Malaria Testing and Treatment Market in Kinshasa, 2013', *Malaria Journal*, 16 (94).

Bavier, J. (2010), 'Congo's New Mobutu', *Foreign Policy*, 29 June.

Bayart, J.-F. (2009), *The State in Africa* (Cambridge: Polity Press).

Berkely, B. (1993), 'Zaire: An African Horror Story', *Atlantic*, August.

Berwouts, K. (2017), *Congo's Violent Peace: Conflict and Struggle Since the Great African War* (London: Zed Books).

Bierman, J. (1990), *Dark Safari: The Life Behind the Legend of Henry Morton Stanley* (New York:

Knopf).

Brandt, C. (2014), *Teachers' Struggle for Income in the Congo (DRC): Between Education and Remuneration*, thesis, University of Amsterdam.

Brannelly, L. (2012), 'The Teacher Salary System in the Democratic Republic of the Congo (DRC)', Case Study: Centre for Universal Education, Brookings.

Butcher, T. (2008), *Blood River: A Journey to Africa's Broken Heart* (London: Vintage).

Cameron, V. L. (1877), *Across Africa* (New York: Harper & Brothers).

Casada, J. A. (1975), 'Verney Lovett Cameron: A Centenary Appreciation', *Geographical Journal*, 141 (2), 203–15.

Congo Research Group (2017), *All the President's Wealth: The Kabila Family Business*, Pulitzer Center on Crisis Reporting, July.

Dash, L. (1980), 'Mobutu Mortgages Nation's Future', *Washington Post*, 1 January.

de Boeck, F. (2013), *Kinshasa: Tales of the Invisible City* (Leuven: Leuven University Press).

de Herdt, T., and Titeca, K. (2016), 'Governance with Empty Pockets: The Education Sector in the Democratic Republic of Congo', *Development and Change*, 47 (3), 472–94.

Englebert, P. (2003), 'Why Congo Persists: Sovereignty, Globalization and the Violent Reproduction of a Weak State', Queen Elizabeth House Working Paper 95.

Eriksson Baaz, M., and Olsson, O. (2011), 'Feeding the Horse: Unofficial Economic Activities Within the Police Force in the Democratic Republic of the Congo', *African Security*, 4 (4), 223–41.

Foster, V., and Benitez, D. (2011), *The Democratic Republic of Congo's Infrastructure: A Continental Perspective*, Working Paper 5602 (Washington, DC: World Bank).

Global Witness (2017), *Regime Cash Machine*, Report.

Gottschalk, K. (2016), 'Hydro-politics and Hydro-power: The Century-long Saga of the Inga Project', *Canadian Journal of African Studies/Revue canadienne des etudes africaines*, 50 (2), 279–94.

Haskin, J. M. (2005), *The Tragic State of the Congo: From Decolonization to Dictatorship* (Algora).

HCSS (2013), *Coltan, Congo & Conflict*, Hague Centre for Strategic Studies.

Hochschild, A. (1999), *King Leopold's Ghost: A Story of Greed, Terror and Heroism in Colonial Africa* (New York: Mariner Books).

IMF (2015), *Democratic Republic of the Congo — Selected Issues*, IMF Country Report No. 15/281 (Washington, DC: IMF).

Jeal, T. (2007), *Stanley: The Impossible Life of Africa's Greatest Explorer* (London: Faber and Faber).

—— (2011), 'Remembering Henry Stanley', *Telegraph*, 16 March.

Jeune Afrique (2013), 'RD Congo: la saga des salaires', 5 November.

Kaplan, L. (1967), 'The United States, Belgium, and the Congo Crisis of 1960', *Review of Politics*, 29 (2), 239–56.

MacGaffey, J. (1991), *The Real Economy of Zaire: The Contribution of Smuggling and Other Unofficial Activities to National Wealth* (Philadelphia: University of Pennsylvania Press).

Marivoet, W., and de Herdt, T. (2014), 'Reliable, Challenging or Misleading? A Qualitative Account of the Most Recent National Surveys and Country Statistics in the DRC', *Canadian Journal of Development Studies/Revue canadienne d'etudes du developpement*, 35 (1), 97–119.

Mbu-Mputu, N. X., and Kasereka, D. K. (eds.) (2012), *Bamonimambo (the Witnesses): Rediscovering Congo and British Isles Common History* (Newport: South People's Projects).

Morel, E. D. (1906), *Red Rubber: The Story of the Rubber Slave Trade Flourishing on the Congo in the Year of Grace, 1906* (New York: Nassau Print).

Moshonas, S. (2018), 'Power and Policy-making in the DR Congo: The Politics of Human Resource Management and Payroll Reform', Working Paper, Institute of Development Policy, University of Antwerp.

Neff, C. B. (1964), 'Conflict, Crisis and the Congo', *Journal of Conflict Resolution*, 8 (1), 86–92.

Nkuku, A. M., and Titeca, K. (2018a), 'Market Governance in Kinshasa: The Competition for Informal Revenue Through "Connections" (Branchement)', Working Paper, Institute of Development Policy, University of Antwerp.

—— (2018b), 'How Kinshasa's Markets Are Captured by Powerful Private Interests', *The Conversation*, 11 March.

Pakenham, T. (1991), *The Scramble for Africa* (London: Weidenfeld & Nicolson).

Peterson, M. (ed.) (2015), *The Prisoner's Dilemma* (Cambridge: Cambridge University Press).

Poundstone, W. (1992), *Prisoner's Dilemma* (New York: Doubleday).

Putzel, J., Lindemann, S., and Schouten, C. (2008), 'Drivers of Change in the Democratic Republic of Congo: The Rise and Decline of the State and Challenges for Reconstruction', Working Paper No. 26, Crisis States Research Centre, London School of Economics, January.

PwC (2018), 'Congo, Democratic Republic: Corporate — Taxes on corporate income', PwC.

Reno, W. (2006), 'Congo: From State Collapse to "Absolutism", to State Failure', *Third World Quarterly*, 27 (1), 43–56.

Richburg, K. B. (1991), 'Mobutu: A Rich Man in Poor Standing', *Washington Post*, 3 October.

Stanley, H. M. (1878), *Through the Dark Continent* (London: Sampson Low, Marston, Searle & Rivington).

Stearns, J. K. (2012), *Dancing in the Glory of Monsters* (New York: PublicAffairs).

Trefon, T. (2009), 'Public Service Provision in a Failed State: Looking Beyond Predation in the Democratic Republic of Congo', *Review of African Political Economy*, 36 (119), 9–21.

United Nations (1989), 'Report on the Rehabilitation of the Mauluku Steel Mill (Sosider), Zaire', United Nations Industrial Development Organization, PPD.112 (SPEC.), 21 March.

van Reybrouck, D. (2015), *Congo: The Epic History of a People* (London: Harper Collins).

Vansina, J. (2010), *Being Colonized: The Kuba Experience in Rural Congo, 1880–1960* (Madison: University of Wisconsin Press).

Verhaegen, B., and Vale, M. (1993), 'The Temptation of Predatory Capitalism: Zaire Under Mobutuism', *International Journal of Political Economy*, 23 (1), 109–25.

WHO (2018), *World Malaria Report 2018*, 19 November.

World Bank (2018a), *Atlas of Sustainable Development Goals 2018: World Development Indicators* (Washington, DC: World Bank).

—— (2018b), *Doing Business 2019* (Washington, DC: World Bank).

Wrong, M. (2001), *In the Footsteps of Mr Kurtz: Living on the Brink of Disaster in the Congo* (London: Fourth Estate).

Young, C., and Turner, T. (1985), *The Rise and Decline of the Zairian State* (Madison: University of Wisconsin Press).

1 이 장에 나오는 GDP와 실업률의 출처는 World Bank Development Indicators database다.

콩고가 사업하기 좋은 나라 순위에서 190국 중 184위를 차지한다는 설명이 나오는 자료는 World Bank(2018b)다. 하루 1.90달러의 빈곤선 이하로 생활하는 인구수의 출처는 World Bank Poverty and Equity database다. 콩고에 관한 데이터는 드물며 2년 동안의 자료만 이용 가능하다. 빈곤선 이하 생활자 비율은 2004년 94퍼센트, 2012년 77퍼센트로 둘 다 세계에서 가장 심각한 빈곤을 보여 준다. 말라리아의 창궐에 대해서는 WHO(2018)을 참조하고, 킨샤사의 말라리아 대책에 대해서는 ACT watch Group(2017)을 참조하라.

2　버니 러벳 캐머런이 자신의 아프리카 횡단 탐험에 대해 서술한 자료는 Cameron(1877)이다. 노예 제도 폐지 운동가로서 그의 중요성과 역할이 논의된 자료는 Casada(1975)다.

3　세금 제도가 공식적으로 어떻게 운용되기로 정해져 있는지를 요약한 자료는 PwC(2018)이다. 세금 제도가 실제로 작동하는 방식에 관한 정보의 출처는 킨샤사에서 현지인들과 한 인터뷰다. Nkuku and Titeca(2018a, 2018b)도 참조하라.

4　헨리 모턴 스탠리의 아프리카대륙 횡단 여행에 관한 가장 잘 알려진 자료는 Stanley(1878)이다. 2000년대에 스탠리의 원정 경로를 따라간 영국 저널리스트 팀 부처Tim Butcher는 자신의 회고록에서 스탠리의 일생에 관해 언급했다. Butcher(2008) 참조.

5　스탠리의 잔인성과 노예제 반대를 둘 다 언급한 현대의 전기로는 Jeal(2007)과 기명 논평 Jeal(2011)을 보라. Bierman(1990)도 참조하라. 콩고인의 관점을 보려면 Mbu-Mputu and Kasereka(2012)를 참조하라.

6　"아프리카 쟁탈전"의 결정적 순간은 1884년의 베를린 회담Berlin Conference이었다. 14개국이 참석해 회담한 결과로 탄생한 조약에 서명했다. 프랑스와 영국이 가장 큰 지역을 차지했고 독일과 포르투갈이 뒤를 이었다. Pakenham(1991) 참조.

7　레오폴 2세의 통치에 관한 현대의 자료는 Hochschild(1999)를 참조하고 더 최근 자료는 van Reybrouck(2015)를 참조하라. 콩고독립국에서 벌어진 일에 경각심을 일깨운 동시대의 중요한 자료로는 에드먼드 딘 모렐Edmund Dene Morel의 《핏빛 고무Red Rubber》(1906)와 《케이스먼트 보고서》(1904)가 있다. 후자는 특히 레오폴 2세의 개인 왕실 소유지에서 자행된 학대에 관한 끔찍한 이야기들을 두루 서술했다. Morel(1906)과 Casement(1904)(특히 'Inclosure 1'에 나오는 인터뷰들) 참조.

8　콩고는 1920년대가 되어서야 공식 인구 조사를 실시했고 당시 인구는 1000만 명이었다. 인구 조사와 장례 기록이 없기 때문에 콩고독립국의 정확한 사망자 수는 여전히 논란거리다. 《케이스먼트 보고서》에는 파괴되어 사라진 마을들에 대한 많은 이야기가 수록되어 있으며, Morel(1906)은 사망자를 2000만 명으로 추정한다. Hochschild(1999)와 Vansina(2010) 참조.

9　콩고 위기 시기의 기록과 견해를 검토한 동시대 자료를 보려면 Neff(1964)를 참조하라. 이 사태에서 미국과 벨기에가 한 역할에 대해서는 Kaplan(1967)을 참조하라.

10　모부투 통치 기간에 위기가 안정세로 바뀐 것과 1967년 개혁안의 성공에 대해서는 Young and Turner(1985)를 참조하라.

11　1993년 모부투는 300만 자이르의 가치를 지닌 "뉴자이르New Zaire"를 도입하며 화폐 개혁에 나서야 하는 상황에 몰렸다. 모부투 몰락 후 1998년 여름 도입된 콩고프랑은 10만 뉴자이르의 가치를 지녔고 원래 통화로 따지면 3000억 자이르였다.

12　모부투의 농업 계획과 재난에 가까운 결과 그리고 옥수수 생산량과 농장 산출량에 대한 데이터는 Young and Turner(1985)를 참조하라. Miroff(2016a)도 참조하라.

13 대규모 기반 시설 계획의 배경이 된 생각에 관해서는 Young and Turner(1985)를 참조하라. 말루쿠제철소의 형편없는 실적을 검토한 자료는 United Nations(1989)다. 대규모 기반 시설 계획(특히 잉가댐)을 둘러싸고 계속 진행 중인 논의와 정책에 관해서는 Gottschalk(2016)을 참조하라.

14 약탈 사태는 때로 1차 약탈, 2차 약탈이라고 불린다. 모부투의 실패와 2번의 약탈 사태에 대한 동시대 자료는 Berkely(1993)과 Richburg(1991)을 참조하라. 두 사태를 논의한 자료는 Haskin(2005)와 van Reybrouck(2015)다. 약탈 사태는 콩고의 산출량 데이터에서 명백히 눈에 띄는 경제적 영향을 끼쳤고, 이는 모부투의 몰락을 가져왔다. 모부투 정권 말기의 킨샤사 생활에 관해서는 Wrong(2001)을 참조하라.

15 경찰의 비공식 세금 징수는 킨샤사 도처에서 목격된다. 이 현상을 다룬 자료는 Eriksson Baaz and Olsson(2011)이다. 모부투 치하의 부패에 대해서는 Reno(2006)을 참조하라.

16 "헌법 제15조" 비공식 경제의 범위와 규모에 관한 현대의 추산은 거의 존재하지 않지만 중요성을 언급한 자료로 Putzel et al.(2008)이 있다. 약간의 추산을 제시한 자료로는 IMF(2015)를 참조하라. 킨샤사 안에 비공식 촌락을 건설하는 데 대한 킨샤사 주민들의 반응을 논의한 자료는 de Boeck(2013)이다. 불법적이고 비공식적인 활동이 자이르의 경제에 대해 갖는 중요성에 대해서는 MacGaffey(1991)을 참조하라. 고질적인 비공식 세금 징수 시스템에 대해서는 Nkuku and Titeca(2018a, 2018b)를 참조하라. 콩고 경제 데이터에 이러한 비공식 세금 징수가 끼치는 영향에 대해서는 Marivoet and de Herdt(2014)를 참조하라.

17 교육에 대한 국가의 지출 실패를 논의한 자료는 Brannelly(2012)다. 정부 부문의 비공식적 민영화에 관해서는 Trefon(2009)를 참조하라. 공공 교육의 민영화에 대해서는 Brandt(2014), de Herdt and Titeca(2016), Brannelly(2012)를 참조하라.

18 모부투 시절 도로청의 고난에 대해서는 Young and Turner(1985)를 참조하라. 콩고의 사회 기반 시설의 상태에 관한 더 최근 분석을 보려면 Foster and Benitez(2011)을 참조하라.

19 카빌라 가문의 부와 그 원천에 대해서는 Congo Research Group(2017)을 참조하라. 광산 수익을 빼돌려 사라진 돈의 추산액을 볼 수 있는 곳은 Global Witness(2017)이다. 동부 콩고의 물리적 충돌에서 콜탄이 하는 역할을 설명한 자료는 HCSS(2013)이다. 카빌라에 관한 그리고 모부투와 유사한 그의 방식에 대한 평가는 Bavier(2010)을 참조하라.

20 허약한 국가의 당혹스러운 견고함을 논의한 자료는 Englebert(2003)이다. 부패가 너무 고질적이어서 만일 부패가 근절되면 경제가 해를 입는다는 생각에 대해서는 *Jeune Afrique*(2013)을 참조하라. "헌법 제15조"와 적당히 챙기기 문화가 현대의 급여 지급 서비스의 맥락에서 작동하는 방식에 대해서는 Moshonas(2018)을 참조하라.

541

6장

AAPSS (1897), 'Notes on Municipal Government', *Annals of the American Academy of Political and Social Science*, 9, 149–58.

Abercrombie, P., and Matthew, R. H. (1949), *Clyde Valley Regional Plan 1946* (Edinburgh: His Majesty's Stationery Office).

Arrow, K. (1999), 'Observations on Social Capital', in Dasgupta, P., and Serageldin, I. (eds.), *Social*

Capital: A Multifaceted Perspective (Washington, DC: World Bank).

Atkinson, R. (1999), *The Development and Decline of British Shipbuilding.*

Barras, G. W. (1894), 'The Glasgow Building Regulations Act (1892)', *Proceedings of the Philosophical Society of Glasgow*, xxv, 155–69.

Berkman, L. F., Glass, T., Brisette, I., and Seeman, T. E. (2000), 'From Social Integration to Health: Durkheim in the New Millennium', *Social Science and Medicine*, 51, 843–57.

Board of Trade (1965), *Japanese Shipyards: A Report on the Visit of the Minister of State (Shipping) in January 1965.*

——— (1966), *Shipbuilding Inquiry Committee 1965–1966 — Report* (London: HMSO), Cmnd. 2937.

Bourdieu, P. (1986), 'The Forms of Capital', in Richardson, J. G. (ed.), *Handbook of Theory and Research for the Sociology of Education* (New York: Greenwood Press).

Bremner, D. (1869), *The Industries of Scotland: Their Rise, Progress and Present Position* (Edinburgh: Adam and Charles Black).

Brinkman, J., Coen-Pirani, D., and Sieg, H. (2015), 'Firm Dynamics in an Urban Economy', *International Economic Review*, 56 (4), 1135–64.

Broadway, F. (1976), *Upper Clyde Shipbuilders — A Study of Government Intervention in Industry* (London: Centre for Policy Studies).

Bruce, R. (1945), *The First Planning Report to Highways and the Planning Committee of the Corporation of the City of Glasgow*, 2 volumes (Glasgow).

Burton, A. (2013), *The Rise and Fall of British Shipbuilding* (Stroud: The History Press).

Carstairs, V., and Morris, R. (1991), *Deprivation and Health in Scotland* (Aberdeen: Aberdeen University Press).

CES (1985), *Outer Estates in Britain: Easterhouse Case Study*, Paper 24 (London: Centre for Environmental Studies).

Chadwick, E. (1842, reprinted 1965), *Report on the Sanitary Condition of the Labouring Population of Great Britain* (Edinburgh: University of Edinburgh Press).

Checkland, S. (1976), *The Upas Tree — Glasgow 1875–1975* (Glasgow: University of Glasgow Press).

Coleman, J. (1990), *Foundations of Social Theory* (Cambridge, Mass.: Harvard University Press).

Connery, S. [director] (1967), *The Bowler and the Bunnet*, available on BFI (2018), *Tales from the Shipyard: Britain's Shipbuilding Heritage on Film*, DVD (London: BFI).

Connors, D. P. (2009), *The Role of Government in the Decline of the British Shipbuilding Industry, 1945–1980*, PhD thesis, University of Glasgow.

Coutts, J. (1909), *A History of the University of Glasgow from its Foundation in 1451 to 1909* (Glasgow: University of Glasgow Press).

Couzin, J. (2003), *Radical Glasgow: A Skeletal Sketch of Glasgow's Radical Tradition* (Voline Press).

Craig, A. (2003), *The Story of Drumchapel* (Glasgow: Allan Craig).

Damer, S. (1989), *From Moorepark to 'Wine Alley': The Rise and Fall of a Glasgow Housing Scheme* (Edinburgh: Edinburgh University Press).

Defoe, D. (1707), *A Tour Through the Whole Island of Great Britain*, Book XII.

Devine, T. (1990), *The Tobacco Lords: A Study of the Tobacco Merchants of Glasgow and Their Trading Activities, c. 1740–90* (Edinburgh: Edinburgh University Press).

Dodds, S. (2014), *Ten Years of the GCPH: The Evidence and Implications*, Glasgow Centre for Population Health, October.

Durkheim, Emile (1897), *Le suicide: etude de sociologie.*

——— (2002), *Suicide* [English translation] (London: Routledge Classics).

Faley, J. (1990), *Up Oor Close — Memories of Domestic Life in Glasgow Tenements 1910–1945* (Oxford: White Cockade).

Ferragina, E., and Arrigoni, A. (2017), 'The Rise and Fall of Social Capital: Requiem for a Theory?', *Political Studies Review*, 15 (3), 355–67.

Fowle, F. (2011), *Van Gogh's Twin: The Scottish Art Dealer Alexander Reid* (Edinburgh: National Galleries of Scotland).

Garnham, L. (2018), *Exploring Neighbourhood Change: Life, History, Policy and Health Inequality Across Glasgow*, Glasgow Centre for Population Health, December.

Garvin, E., et al. (2012), 'More Than Just an Eyesore: Local Insights and Solutions on Vacant Land and Urban Health', *Journal of Urban Health: Bulletin of the New York Academy of Medicine*, 90 (3), 412–26.

GCPH (2008), *A Community Health and Wellbeing Profile for East Glasgow*, Glasgow Centre for Population Health, February.

Glasgow Museums (1997), *The Burrell Collection* (London: HarperCollins).

Glasser, R. (1986), *Growing Up in the Gorbals* (London: Chatto & Windus).

Hill S., and Gribben, C. (2017), *Suicide Statistics: Technical Paper*, Scottish Public Health Observatory, NHS Information Services (ISD), NHS Scotland.

Inquiry into Housing in Glasgow (1986), Glasgow District Council.

Johnman, L., and Murphy, H. (2002), *British Shipbuilding and the State since 1918: A Political Economy of Decline* (Exeter: University of Exeter Press).

Johnston, S. (2006), 'The Physical Tourist Physics in Glasgow: A Heritage Tour', *Physics in Perspective*, 8, 451–65.

King, E. (1993), *The Hidden History of Glasgow's Women: The THENEW Factor* (Edinburgh: Mainstream).

Lorenz, E. H. (1991), *Economic Decline in Britain: The Shipbuilding Industry 1890–1970* (Oxford: Oxford University Press).

Lukes, S. (1992), *Emile Durkheim: His Life and Work* (London: Penguin Books).

McArthur, A., and Kingsley Long, H. (1956), *No Mean City* (Neville Spearman).

MacFarlane, C. (2007), *The Real Gorbals Story* (Edinburgh: Mainstream).

Marshall, A. (1890), *Principles of Economics* (London: Macmillan and Company).

Morgan, A. (2010), 'Social Capital as a Health Asset for Young People's Health and Wellbeing', *Journal of Child and Adolescent Psychology*, S2, 19–42.

Moss, M., Forbes Munro, J., and Trainor, R. H. (2000), *University, City and State: The University of Glasgow since 1870* (Edinburgh: Edinburgh University Press).

Muthesius, H. (1904), *Das englische Haus* (Berlin: Ernst Wasmuth).

National Records of Scotland (2018), *Drug Deaths in Scotland 2017*, 3 July.

Nichol, N. (1966), Glasgow and the Tobacco Lords (London: Longmans).

Pagden, A. (1988), 'The Destruction of Trust and Its Economic Consequences in the Case of Eighteenth-century Naples', in Gambetta, D. (ed.), *Trust: Making and Breaking Cooperative Relations* (Oxford: Blackwell).

Perry, R., (1844), *Facts and Observations on the Sanitary State of Glasgow, Shewing the Connections Existing Between Poverty, Disease, and Crime* (Glasgow: Gartnaval Press).

Peters, C. M. (1990), *Glasgow's Tobacco Lords: An Examination of Wealth Creators in the Eighteenth*

Century, PhD thesis, University of Glasgow.

Potter, A. and Watts, H. D. (2012), 'Revisiting Marshall's Agglomeration Economies: Technological Relatedness and the Evolution of the Sheffield Metals Cluster', *Regional Studies*, May.

Pulteney, W. A. (1844), *Observations on the Epidemic Fever of MDCCCXLIII in Scotland and Its Connection with the Destitute Condition of the Poor* (Edinburgh: William Blackwood & Sons).

Putnam, R. (1993), *Making Democracy Work: Civic Traditions in Modern Italy* (Princeton: Princeton University Press).

———, with Leonardi, R., and Nanetti, R. (1993), *Making Democracy Work: Civic Traditions in Modern Italy* (Princeton: Princeton University Press).

Ragonnet-Cronin, M., with Jackson, C., Bradley-Stewart, A., Aitken, C., McAuley, A., Palmateer, N., Gunson, R., Goldberg, D., Milosevic, C., and Leigh Brown, A. J. (2018), 'Recent and Rapid Transmission of HIV Among People Who Inject Drugs in Scotland Revealed Through Phylogenetic Analysis', *Journal of Infectious Diseases*, 217 (12), 1875–82.

Scottish Violence Reduction Unit (2018), 'SVRU Welcomes Formation of VRU in London', 18 September.

Smith, C. (2018), *Coal, Steam and Ships: Engineering, Enterprise and Empire on the Nineteenth-century Seas* (Cambridge: Cambridge University Press).

Smith, R., and Wannop, U. (eds.) (1985), *Strategic Planning in Action: The Impact of the Clyde Valley Regional Plan 1946–1982*.

Solow, R. M. (2000), 'Notes on Social Capital and Economic Performance', in Dasgupta, P., and Serageldin, I. (eds.), *Social Capital: A Multifaceted Perspective* (Washington, DC: World Bank).

Stephen, A. M. M. (2015), *Stephen of Linthouse: A Shipbuilding Memoir 1950–1983* (Glasgow: IESIS).

Valtorta, N. K., Kanaan, M., Gilbody, S., et al. (2016), 'Loneliness and Social Isolation as Risk Factors for Coronary Heart Disease and Stroke: Systematic Review and Meta-analysis of Longitudinal Observational Studies', *Heart*, 102, 1009–16.

Wainwright, O. (2018), 'Charles Rennie Mackintosh: "He Was Doing Art Deco Before It Existed" ', *Guardian*, 7 June.

Walker, F. (2001), *The Song of the Clyde: A History of Clyde Shipbuilding* (Edinburgh: John Donald).

Walpole, S. (1878), *A History of England from the Conclusion of the Great War in 1815*.

Walsh, D. (2016), *History, Politics and Vulnerability: Explaining Excess Mortality in Scotland and Glasgow*, Glasgow Centre for Population Health, May.

———, Bendel, N., Jones, R., and Hanlon, P. (2010), 'It's Not "Just Deprivation": Why Do Equally Deprived UK Cities Experience Different Health Outcomes?' *Public Health*, 124 (9), 487–5.

———, Taulbut, M., and Hanlon, P. (2008), *The Aftershock of Deindustrialisation Trends in Mortality in Scotland and Other Parts of Post-industrial Europe*, Glasgow Centre for Population Health and NHS Health Scotland, April.

Whyte, B., and Ajetunmobi, T. (2012), *Still the 'Sick Man of Europe'?*, Glasgow Centre for Population Health, November.

Withey, D. (2003), *The Glasgow City Improvement Trust: An Analysis of Its Genesis, Impact and Legacy, and an Inventory of Its Buildings, 1866–1910*, PhD thesis, University of St Andrews.

Worsdall, F. (1977), *The Tenement — A Way of Life* (Edinburgh: Chambers).

Woodley, J., and Bellamy, C. [directors] (1984), *Red Skirts on Clydeside*, Sheffield Film Co-op.

Wright, J., and MacLean, I. (1997), *Circles Under the Clyde — A History of the Glasgow Underground* (Capital Transport Publishing).

1 　글래스고 자연의 아름다움을 언급한 유명한 자료는 Daniel Defoe(1707), 도시의 산업적 성취를 정리한 자료는 Walpole(1878)이다.

2 　글래스고 미술계가 런던보다 우월하다는 말을 한 사람은 20세기 초 런던 주재 독일 대사관에서 문화와 기술 담당관으로 일하면서 *Das englische Haus*를 출간한 독일 건축가 헤르만 무테시우스Hermann Muthesius다. Muthesius(1904) 참조. 알렉산더 리드가 끼친 영향이 기술된 자료는 Fowle(2011)이다. 리드에게서 지속적으로 그림을 구입한 윌리엄 버렐 경Sir William Burrell은 리드가 미술에 대한 사랑을 스코틀랜드에 창조한다고 여겼다(이 그림 중 다수가 버렐 컬렉션으로 남아 있다). Glasgow Museums(1997) 참조.

3 　글래스고의 물리학과 응용과학의 역사 그리고 제임스 와트James Watt, 켈빈William Thomson, 1st Baron Kelvin, 윌리엄 랭킨William Rankine, 존 로지 베어드John Logie Baird 등의 과학적 발견을 지원한 사업들을 논의한 자료는 Johnston(2006)이다. 글래스고대학교의 역사와 역할에 대해서는 Coutts(1909)와 Moss et al.(2000)을 참조하라. 글래스고 지하철은 런던과 부다페스트의 뒤를 이어 1896년에 개통했다. 특히 별도의 엔진에 의해 동력이 제공되는 와이어가 차량을 끄는 방식으로는 최초의 지하철이었고 따라서 연기가 나지 않았다. Wright and MacLean(1997) 참조.

4 　"담배왕들"의 흥망과 그들이 글래스고 중심부의 건축에 끼친 영향에 대해 기술한 자료는 Nichol(1966)이다. 글래스고 상인들이 종사한 담배 무역을 정리한 자료는 Devine(1990)이다.

5 　강에 대한 투자와 강이 뒷받침한 산업은 유명한 이 지역 명언의 토대다. "클라이드강이 글래스고를 만들었고 글래스고가 클라이드강을 만들었다." 글래스고 조선업의 성장을 아주 상세하게 기술한 자료는 Bremner(1869), 현대의 역사를 다룬 자료는 Walker(2001), 그리고 글래스고에서 좋은 선박을 만든다는 평판을 일군 시기를 논의한 자료는 Smith(2018)이다.

6 　마셜의 집적 경제 논의의 출처는 《경제학 원리》(1890)다. 마셜의 방식을 이용한 최근 연구 사례를 보려면 Potter and Watts(2012)와 Brinkman et al.(2015)를 참조하라.

545

7 　영국 조선업 추락의 역사는 주로 클라이드강과 함께 시작하며 거기에 초점이 맞추어진다. 조선업의 빠른 하락세와 이 산업을 관리 보조하고 궁극적으로 실패하게 만든 국가의 역할을 매우 상세하게 정리한 자료는 Johnman and Murphy(2002)다. 스티븐Stephen 부자가 운영한 조선소의 마지막 관리자의 개인 이야기는 Stephen(2015)를 참조하라. 규모의 경제를 달성하기 더 어렵게 만든 기술들이 영국 조선소의 제조 전통이었다는 주제를 다룬 논문은 Lorenz(1991)이다. Burton(2013)도 참조하라.

8 　조선 산업이 쇠락할 때 영국 정부가 한 능동적 역할을 정리한 자료는 Connors(2009)다. 생산 데이터를 포함한 일본 조선소에 대한 연구를 담은 자료는 Board of Trade(1965)다. 투자 부족에 관한 자료의 출처는 Johnman and Murphy(2002)다.

9 　게디스위원회Geddes Commission의 형성과 결과물을 논의한 자료는 Johnman and Murphy(2002)와 Connors(2009)다. 보고서를 발표한 출처는 Board of Trade(1966)이다. 어퍼클라이드십빌더스 "실험"의 수립과 실패에 관한 짧은 역사는 Broadway(1976)에 나온다. 어퍼클라이드십빌더스 계획 당시의 조선소 자료 화면은 숀 코너리Sean Connery가 감독하고 해설한 다큐멘터리 *The Bowler and the Bunnet*에서 볼 수 있고 British Film Institute에서 이용 가능하다. Connery(1967) 참조.

10 "건강 행태"(식습관, 흡연, 운동)에 관한 데이터의 출처는 Glasgow Centre for Population

Health(GCPH)와 연구자들의 출판물이다. GCPH(2008), Whyte and Ajetunmobi(2012), Dodds(2014)를 참조하라. 궁핍과 건강 결과에 관한 지도와 데이터는 GCPH 웹사이트에서 이용 가능하다. Carstairs and Morris(1991)도 참조하라.

11 마약 사망 관련 데이터의 출처는 연간 출판물 *Drug Deaths in Scotland*, National Records of Scotland(2018)이다. 자살률 출처는 NHS Scotland다.

12 "글래스고 효과"에 관한 논의는 Walsh et al.(2010)에 나온다.

13 뒤르켐 책의 프랑스어 원본은 Durkheim(1897)이다. 첫 영어 번역본은 1952년 판이고 더 최근의 재간본은 Durkheim(2002)다. 그의 일생과 연구를 다룬 전기는 Lukes(1992)를 참조하고 "사회적 사실social facts" 개념의 중요성을 포함해 그의 연구가 가진 현대적 연관성에 관한 논의는 Berkman et al.(2000)을 참조하라.

14 퍼트넘의 여행과 이탈리아의 사회적 자본과 민주주의에 관한 조사를 정리한 자료는 Putnam(1993)이다. Pagden(1988)도 참조하라. 사회적 자본 개념을 공식적이고 수학적으로 다룬 자료는 Coleman(1990)이다. 사회적 자본에 대한 경제학자들의 비판을 제시한 자료는 Arrow(1999)와 Solow(2000)이다. 이 개념이 신자유주의 경제 정책을 지지한다는 주장의 예를 논의한 자료는 Ferragina and Arrigoni(2017)이다.

15 공동주택의 역사, 법적 토대, 건축, 가구, 사회에 끼친 영향 그리고 지도, 평면도, 사진을 보려면 Worsdall(1977)을 참조하라. 공동주택에 함께 살았던 사람들의 기록을 주제별로 수집한 자료는 Faley(1990)에 나온다. 고블스에서 시작하는 생활을 다룬 랠프 글래서Ralf Glasser의 3부작은 전당포에 물건을 잡히면서도 품위를 유지하는 일의 중요성에 대해 이야기한다. Glasser(1986) 참조. 공동주택의 비좁음은 환경과 가난, 질병 사이의 관계를 정리한 유명한 유행병학 연구로는 Pulteney(1844)와 Perry(1844)를 참조하라.

16 도시개발신탁의 역사와 글래스고의 첫 공공 지원 주택 사업에 관한 내용을 담은 자료는 Withey(2003)이다. 메리 바버와 임차인 시위를 포함해 글래스고 여성들에 관한 정보를 보려면 King(1993)을 참조하라. 다큐멘터리 영화 *Red Skirts on Clydeside*, Woodley and Bellamy(1984)도 참조하라.

17 2가지 글래스고 재정비 계획을 담은 자료는 Bruce(1945)와 Abercrombie and Matthew(1949)다. 글래스고의 역사 중심지의 철거를 포함해 로버트 브루스가 계획한 많은 일은 너무 급진적이라고 간주되었지만 계획에 담긴 아이디어들은 글래스고의 관련 계획 수립에 수십 년 동안 영향을 주었다. 패트릭 애버크롬비 경이 세운 "클라이드밸리 지역 계획Clyde Valley Regional Plan"은 대단히 큰 영향을 끼쳤다. Smith and Wannop(1985) 참조. 이 계획들을 논의한 또 다른 자료는 Checkland(1976)이다.

18 애덤 맥노튼Adam McNaughtan의 〈질리 피스 송The Jeely Piece Song〉은 〈마천루의 어린아이The Skyscraper Wean〉로도 알려져 있는데, 캐슬밀크 고층 건물로 이주한 아이들의 곤경을 담은 노래다.

19 빅포 지역의 상태를 보여 주는 충격적인 빈곤 지도를 볼 수 있는 자료는 *Inquiry into Housing in Glasgow*(1986)이다. Damer(1989)는 더 상세한 자료와 인터뷰 그리고 양차 세계대전 사이의 주택 단지 계획인 무어파크Moorepark에 관한 비판을 담고 있는데, "와인골목Wine Alley"이라고도 불린 이 주택 단지는 글래스고의 가장 악명 높은 지역 중 하나가 되었다. 드럼채플의 생활상에 관한 서술은 Craig(2003)을 참조하고 이스터하우스의 문제점에 관한 조사

는 CES(1985)를 참조하라. 외곽 단지들의 문제는 현재 진행형이다. 이를 정리한 자료로는 Garnham(2018)을 참조하라.

20 스코틀랜드의 마약 관련 사망자 수는 계속 증가했다. 비교 기록을 시작한 이래 2017년에 최고치를 기록했다. 글래스고는 이 수치에서 불균형적인 비율을 보이는데 주입형 코카인의 유행이 최근 2년 동안 훨씬 많은 사망자를 유발한 것으로 보인다. National Records of Scotland(2018) 참조. 이와 관련된 에이즈 유행에 관해서는 Ragonnet-Cronin et al.(2018)을 참조하라.

7장

Allison, A. (2013), *Precarious Japan* (Durham, NC: Duke University Press).

Bando, H., Yoshioka, A., Iwashimizu, Y., Iwashita, M., and Doba, N. (2017), 'Development of Primary Care, Lifestyle Disease and New Elderly Association (NEA) in Japan — Common Philosophy with Hinohara-ism', *Primary Health Car*, 7 (3).

Barrett, B. (2018), 'When a Country's Towns and Villages Face Extinction', *The Conversation*, 14 January.

Billington, M. (2016), 'Yukio Ninagawa', obituary, *Guardian*, 16 May.

Breit, W., and Hirsch, B. T. (2009), *Lives of the Laureates: Twenty-three Nobel Economists* (Cambridge: MIT Press).

Chaplin, D. (2018), *Sengoku Jidai. Nobunaga, Hideyoshi, and Ieyasu: Three Unifiers of Japan* (CreateSpace Independent Publishing).

Coulmas, F. (2008), *Population Decline and Ageing in Japan — The Social Consequences* (Abingdon: Routledge Contemporary Japan).

Deaton, A. (2005), 'Franco Modigliani and the Life Cycle Theory of Consumption', Lecture, March.

Fushimi M., Sugawara, J., and Shimizu, T. (2005), 'Suicide Patterns and Characteristics in Akita, Japan', *Psychiatry and Clinical Neurosciences*, 59 (3), 296–302.

Gratton, L., and Scott, A. (2016), *The 100-Year Life: Living and Working in an Age of Longevity* (London: Bloomsbury Information).

Health and Welfare Bureau for the Elderly (2017), 'Hyakusai Korei-sha ni taisuru Shukujo oyobi Kinen-hin no zotei ni tsuite' (About the Celebration and Souvenir for Centenarians).

Hijino, K. L. V. (2018), 'Japan's Shrinking Democracy: Proposals for Reviving Local Assemblies', *Nippon*, 16 May.

Hinohara, S., (2006), *Living Long, Living Good*.

Hiroya, M. (2014), 'The Decline of Regional Cities: A Horrendous Simulation — Regional Cities Will Disappear by 2040, A Polarized Society will Emerge', *Discuss Japan*, Japan Foreign Policy Forum, No. 18, Politics, 20 January.

Hommerich, C. (2014), 'Feeling Disconnected: Exploring the Relationship Between Different Forms of Social Capital and Civic Engagement in Japan', *Voluntas: International Journal of Voluntary and Nonprofit Organizations*, 26.

IMF (2012), 'The Financial Impact of Longevity Risk', *Global Financial Stability Report*, April (Washington, DC: IMF).

—— (2017), *Asia and Pacific: Preparing for Choppy Seas*, Regional Economic Outlook,

April(Washington, DC: IMF).

IPSS (2013), *Regional Population Projection for Japan: 2010–2040* (Tokyo: National Institute of Population and Social Security Research).

—— (2017a), *Selected Demographic Indicators for Japan* (Tokyo: National Institute of Population and Social Security Research).

—— (2017b), *Population Projection for Japan: 2016–2065* (Tokyo: National Institute of Population and Social Security Research).

Ishiguro, N. (2018), 'Care Robots in Japanese Elderly Care: Cultural Values in Focus', in Christensen, K., and Pilling, D., *The Routledge Handbook of Social Care Work Around the World* (London: Routledge).

Japan Times (2017), 'After One-year Hiatus, Akita Again Has Highest Suicide Rate in Japan', 23 May.

Jøranson, N., Pedersen, I., Rokstad, A. M., and Amodt, G. (2016), 'Group Activity with Paro in Nursing Homes: Systematic Investigation of Behaviors in Participants', *International Psychogeriatrics*, 28, 1345–54.

Keynes, J. M. (1937, reprinted 1978), 'Some Economic Consequences of a Declining Population', *Population and Development Review*, 4 (3), 517–23.

Kohlbacher, F., and Herstatt, C. (eds.) (2011), *The Silver Market Phenomenon — Marketing and Innovation in the Aging Society* (Berlin: Springer).

Kumagai, F. (1992), 'Research on the Family in Japan', in *The Changing Family in Asia* (Bangkok: UNESCO).

Kumano, H. (2015), 'Aging Consumers Reshaping Japanese Market: Consumption Patterns of Japan's Elderly', *Nippon*, 25 November.

Larkin, E., and Kaplan, M. S. (2010), 'Intergenerational Relationships at the Center: Finding Shared Meaning from Programs in the US and Japan', *YC Young Children*, 65 (3), 88–94.

Liu, Y., and Westelius, N. (2016), 'The Impact of Demographics on Productivity and Inflation in Japan', IMF Working Paper, WP/16/237, December.

Meow, J. (2015), *Abandoned Japan* (Paris: Jonglez).

Ministry of Finance (2016), *Public Finance Statistics Book: FY2017 Draft Budget* (Tokyo: Ministry of Finance).

Ministry of Health, Labour and Welfare (2011), *Creating a Welfare Society Where Elderly and Other People Can Be Active and Comfortable* (Tokyo: Ministry of Health, Labour and Welfare).

—— (2015), *The 22nd Life Tables* (Tokyo: Ministry of Health, Labour and Welfare).

Mervin, M., et al. (2018), 'The Cost-effectiveness of Using PARO, a Therapeutic Robotic Seal, to Reduce Agitation and Medication Use in Dementia: Findings from a Cluster-randomized Controlled Trial', *Journal of the American Medical Directors Association*, 19 (7), 619–22.

Morikawa, M. (2018), 'Labor Shortage Beginning to Erode the Quality of Services: Hidden Inflation' (Toyko: Research Institute of Economy, Trade and Industry).

Motoshige, I. (ed.) (2013), *Public Pensions and Intergenerational Equity*, NIRA Policy Review No. 59 (Tokyo: National Institute for Research Advancement (NIRA)).

Moyle, W., et al. (2017), 'Use of a Robotic Seal as a Therapeutic Tool to Improve Dementia Symptoms: A Cluster-randomized Controlled Trial', *Journal of the American Medical Directors Association*, 18 (9), 766–73.

Nakane, C. (1970), *Japanese Society* (Berkeley: University of California Press).

Nozawa, C. (2017), 'Vacant Houses Are Undermining Tokyo', *Discuss Japan*, Japan Foreign Policy

Forum, No. 41, Society, 11 September.

Odagiri, T. (2011), 'Rural Regeneration in Japan', Centre for Rural Economy Research Report, Research Report 56 (Newcastle: CRE).

Petersen, S., Houston, S., Qin, H., et al. (2017), 'The Utilization of Robotic Pets in Dementia Care', *Journal of Alzheimer's Disease*, 55, 569–74.

Pew Research (2014), *Attitudes About Aging: A Global Perspective*, Pew Research Center, 30 January.

Poole, W. and Wheelock, D. C. (2005), 'The Real Population Problem: Too Few Working, Too Many Retired', *Regional Economist*, Federal Reserve Bank of St Louis, April.

Reich, M., and Shibuya, K. (2015), 'The Future of Japan's Health System — Sustaining Good Health with Equity at Low Cost', *New England Journal of Medicine*, 373, 1793–97.

Roberts, S. (2017), 'Dr Shigeaki Hinohara, Longevity Expert, Dies at (or Lives to) 105', *New York Times*, 25 July.

Satsuki, K. (2010), *Nature's Embrace: Japan's Aging Urbanites and New Death Rites* (Honolulu: University of Hawaii Press).

Schneider, T., Hong, G. H, and Le, A. V. (2018), 'Land of the Rising Robots', *Finance and Development*, 55 (2), IMF.

Statistical Handbook of Japan 2018 (2018), (Tokyo: Statistics Bureau, Ministry of Internal Affairs and Communications).

Takahashi, K., Tokoro, M., and Hatano, G. (2011), 'Successful Aging through Participation in Social Activities Among Senior Citizens: Becoming Photographers', in Matsumoto, Y. (ed.), *Faces of Aging: The Lived Experiences of the Elderly in Japan* (Stanford: Stanford University Press).

Takahashi, M. (2004), 'The Social Solidarity Manifested in Japan's Pension Reforms', *Shimane Journal of Policy Studies*, 8, 125–42.

Traphagan, J. W. (2004), 'Interpretations of Elder Suicide, Stress, and Dependency Among Rural Japanese', *Ethnology*, 43 (4), 315–29.

Ueno, C. (2009), *The Modern Family in Japan: Its Rise and Fall* (Melbourne: Trans Pacific Press).

United Nations (2017), *World Population Prospects: The 2017 Revision, Key Findings and Advance Tables*, ESA/P/WP/248 (New York: United Nations).

Wakabayashi, M., and Horioka, C. Y. (2006), 'Is the Eldest Son Different? The Residential Choice of Siblings in Japan', October, NBER Working Paper No. w12655.

Waterson, H., and Tamura, K. (2014), 'Social Isolation and Local Government: The Japanese Experience' (London: Japan Local Government Centre).

WHO (2014), *Preventing Suicide: A Global Imperative* (Geneva: World Health Organization).

Yoshida, R. (2015), 'Vanishing Communities Find Themselves Facing Shortage of Leaders', *Japan Times*, 24 April.

Yoshimitsu, K. (2011), *Japanese Moral Education Past and Present* (Cranbury, NJ: Associated University Presses).

Zoli, E. (2017), *Korea's Challenges Ahead — Lessons from Japan Experience*, IMF Working Paper WP/17/2, January.

549

1 히노하라 시게아키日野原重明의 직업은 의사였고 일본에서 장수 전문가로 활동하다 2017년 105세의 나이로 세상을 떠났다. 그는 일본에서 베스트셀러가 된《잘 사는 법生きかた上手》(2001)(영문판: Living Long, Living Good, 2006)을 포함해 수백 권의 책을 썼다. 그의 인생에 대해서는 Roberts(2017)을 참조하고, "히노하라이즘"의 영향에 대해서는 Bando et al.(2017)을 참

조하라.

2 일본 인구 통계 데이터의 출처는 국립사회보장·인구문제연구소国立社会保障·人口問題研究所: National Institute of Population and Social Security Research, IPSS다. IPSS(2017a)를 참조하라. 지방자치단체별 연령과 지방 인구의 고령화 추정치는 IPSS(2013)을 참조하라. 성별에 따른 100세 인구 수 데이터는 일본의 Health and Welfare Bureau for the Elderly(2017)을 참조하라.

3 일본의 출생 집단birth cohort별 평균 수명의 출처는 일본의 *Life Tables*다. Ministry of Health, Labour and Welfare(2015) 참조. 다른 나라들의 장기적 평균 수명 추정치의 출처는 *World Population Prospects*다. United Nations(2017) 참조.

4 생애 주기 가설의 유래에 대해서는 Breit and Hirsch(2009)에 실린 모딜리아니의 논문을 참조하라. 이 가설의 영향과 중요성에 대해서는 Deaton(2005)를 참조하라.

5 정부의 총지출에서 사회 보장 지출이 차지하는 비율에 관한 과거 데이터의 출처는 Ministry of Finance(2016)이다. 고령화가 의료 서비스 제도에 주는 부담에 대해서는 Reich and Shibuya(2015)를 참조하라.

6 효도와 예의 관념에 관해서는 Yoshimitsu(2011)을 참조하라. 유교 관념이 경제(예컨대 기업 조직)에 끼친 영향은 Nakane(1970)과 Kumagai(1992)를 참조하라.

7 세대 간 공평성intergenerational equity에 관해 검토한 최근 자료는 Motoshige(2013)이다. 연금 개혁이 일본의 연대 의식에 끼친 위험에 관한 초기 논문은 Takahashi(2004)다. 세대 화합을 꾀하는 정부 프로그램에 대해서는 Larkin and Kaplan(2010)을 참조하라.

8 1534년에 태어난 오다 노부나가는 일본을 통일하는 데 중요한 역할을 했다. 경제 전략가로도 알려진 능력 있는 통치자였던 그는 많은 적과 경쟁자를 죽였고 1582년 47세의 나이로 살해당했다. 1543년에 태어난 도쿠가와 이에야스는 일본을 통일한 또 다른 사람이다. 수많은 전투를 치렀지만 동맹을 맺고 갈등을 피하는 것으로 유명한 그는 1616년 73세의 나이로 자연사했다. 도쿠가와 일족은 그 후 250년 동안 나라를 통치했다. 일본을 통일한 사람들에 대해서는 Chaplin(2018)을 참조하라.

9 일본의 자살 문제와 놀라운 증가세의 사례 연구는 WHO(2014)를 참조하라. 아키타의 자살률과 경제적 어려움이 자살의 원인으로 확산되는 현상에 대해서는 Fushimi et al.(2005)를 참조하라. 일본 시골 지역의 노인 자살 문제에 대해서는 Traphagan(2004)를 참조하라.

10 사망 원인을 추적한 데이터는 Ministry of Health, Labour and Welfare(MHLW)를 참조하라. "고독사" 인구수 통계는 쉽게 이용 가능한 자료가 아니지만 논의를 위해 Ministry of Health, Labour and Welfare(2011)을 참조하고 일부 데이터를 보려면 Waterson and Tamura(2014)를 참조하라. 사회적 자본, 사회 연결망, 외로움에 대해서는 Hommerich(2014)를 참조하라.

11 후지사토정에 관한 데이터는 정장이 출력한 자료 형태로 제공한 것이다. 데이터는 이 책의 웹사이트에서 이용 가능하다. www.extremeeconomies.com. "쇼핑 난민" 개념의 등장에 대해서는 Odagiri(2011)을 참조하라.

12 쓰와노정에 관한 데이터는 이 정의 대표자들이 출력한 자료 형태로 제공한 것이다. 사진들과 더 많은 자료를 보려면 Barrett(2018)을 참조하라.

13 아키타처럼 빠르게 고령화하는 현에서 많은 마을이 사라질 거라고 예측한 보고서는 Hiroya(2014)다. 고령화 문제와 관련해 일본 지방 정부가 직면한 위기에 대해서는 Yoshida(2015)와 Hijino(2018)을 참조하라.

14 점점 늘어나는 "빈집" 수와 이것이 주택 시장에 끼치는 더 광범위한 영향에 대해서는 Nozawa(2017)을 참조하라. 버려진 마을, 공장, 섬의 사진을 보려면 Meow(2015)를 참조하라.

15 니나가와 그가 일본 연극계에서 수행한 역할에 대해서는 Billington(2016)을 참조하라.

16 노인 소비자 집단의 규모 출처는 IPSS(2017a)다. 노인 소비자가 마케팅과 제품 디자인에 끼치는 영향에 대해서는 Kohlbacher and Herstatt(2011)을 참조하라. 예전과는 다른 은퇴 후 취미를 즐기는 일본 노인들의 다른 예를 보려면 Takahashi et al.(2011)을 참조하라. 새로운 상품 유형의 개발을 촉진하는 노인 소비자의 역할에 대해서는 Kumano(2015)를 참조하라. 노인 노동 인구가 생산성 저하(그리고 인플레이션)을 낳을 수 있다는 우려에 대해서는 Liu and Westelius(2016)을 참조하라.

17 일본에서 기피되는 3K 직업과 노동력 부족 문제에 대해서는 Morikawa(2018)을 참조하라.

18 3K 문제가 간병 제도에 끼치는 영향과 로봇이 할 수 있는 보완 역할에 대해서는 Ishiguro(2018)을 참조하라. 노동력 부족으로 인한 일본의 더 광범위한 로봇 수요에 관해서는 Schneider et al.(2018)을 참조하라.

19 임상 환경에서 파로를 이용하는 것에 관한 문헌 자료들이 증가하고 있다. 불안, 스트레스, 통증에 대한 잠재적 효과는 Petersen et al.(2017)을 참조하고, 우울증과 사회적 상호 작용에 관한 성과는 Jøranson et al.(2016)을 참조하라. 로봇의 치료 효능과 비용 효율성을 비판한 일부 연구는 Moyle et al.(2017)과 Mervin et al.(2018)을 참조하라.

20 다른 나라들의 인구 고령화 예상 데이터의 출처는 유엔의 데이터베이스 *World Population Prospects*다. United Nations(2017)도 참조하라. 2050년 예상 자료는 Pew Research(2014)다. 한국에 다가오는 커다란 도전과 일본으로부터 취할 수 있는 교훈에 대해서는 Zoli(2017)을 참조하라. 국가들이 "부유해지기도 전에 노화될 위험이 있다"는 우려에 대해서는 IMF(2017)을 참조하라. 미국의 문제에 대한 유용한 논의를 제공하는 자료는 Poole and Wheelock(2005)다. 오늘날 일본이 겪고 있는 유형의 "장수 위기"가 재정에 끼치는 영향은 IMF(2012)를 참조하라.

8장

Allen, R. C. (2007), 'The Industrial Revolution in Miniature: The Spinning Jenny in Britain, rance, and India', Economics Series Working Papers 375, University of Oxford, Department of Economics.

Almi, P. (1996), 'Estonia's Economy Takes Off', *Unitas*, 68, 16–18.

Ang, J. B., Banerjee, R., and Madsen, J. B. (2013), 'Innovation and Productivity Advances in British Agriculture: 1620–1850', *Southern Economic Journal*, 80 (1), 162–86.

Apostolides, A., Broadberry, S., Campbell, B., Overton, M., and van Leeuwen, B. (2008), 'English Agricultural Output and Labour Productivity 1250–1850, Some Preliminary Estimates', Mimeo, University of Exeter.

Ashton, T. (1948), *The Industrial Revolution 1760–1830* (London: Oxford University Press).

Ayres, R. U. (1989), *Technological Transformation and Long Waves*, International Institute for Applied Systems Analysis, Research Report 89–1.

Baburin, A., Lai, T., and Leinsalu M., 'Avoidable Mortality in Estonia: Exploring the Differences in Life Expectancy Between Estonians and Non-Estonians in 2005–2007', *Public Health*, 125,

754–62.

Brynjolfsson, E., and McAfee, A. (2012), *Race Against the Machine: How the Digital Revolution is Accelerating* (Digital Frontier Press).

Chambers, J. D., and Mingay, G. E. (1966), *The Agricultural Revolution 1750–1850* (London: B. T. Batsford).

Clark, G. (2002), *The Agricultural Revolution and the Industrial Revolution*, Working Paper, University of California, Davis.

—— (2005), 'The Condition of the Working Class in England, 1209–2004', *Journal of Political Economy*, 113, 1307–40.

Deane, P. (1969), *The First Industrial Revolution* (Cambridge: Cambridge University Press).

FINA (1995), *Falling Through the Net: A Survey of the 'Have Nots' in Rural and Urban America*, National Telecommunications and Information Administration, United States Department of Commerce, July.

—— (1998), *Falling Through the Net II: New Data on the Digital Divide*, National Telecommunications and Information Administration, United States Department of Commerce, July.

Fox, H., and Butlin, R. (eds.) (1979), *Change in the Countryside*, Institute of British Geographers (Oxford: Alden Press).

Ghanbari, L., and McCall, M. (2016), 'Current Employment Statistics Survey: 100 Years of Employment, Hours, and Earnings', *BLS Monthly Labor Review: August 2016*, US Bureau of Labor Statistics.

Graetz, G., and Michaels, G. (2015), 'Robots at Work', *Centre for Economic Performance Discussion Paper No. 1335*, March.

Griffin, C. (2010), 'The Violent Captain Swing?', *Past & Present*, 209, 149–180.

Hobsbawm, E., and Rude, G. (1968), *Captain Swing* (London: Lawrence & Wishart).

Jaska, E. (1952), 'The Results of Collectivization of Estonian Agriculture', *Land Economics*, 28 (3), 212–17.

Kahk, J., and Tarvel, E. (1997), *An Economic History of the Baltic Countries* (Stockholm: Almquist & Wiksell International).

Kattel, R. and Mergel, I. (2018), *Estonia's Digital Transformation: Mission Mystique and the Hiding Hand*, UCL Institute for Innovation and Public Purpose Working Paper Series (IIPP WP 2018-09).

Keynes, J. M. (1930), 'Economic Possibilities for Our Grandchildren', in *Essays in Persuasion* (1963) (New York: W. W. Norton & Co.).

Koort, K. (2014), 'The Russians of Estonia: Twenty Years After', *World Affairs*, July/August.

Korjus, K. (ed.) (2018), *E-Residency 2.0, White Paper*.

Kotka, T., Alvarez del Castillo, C. I. V., and Korjus, K. (2015), 'Estonian e-Residency: Redefining the Nation-state in the Digital Era', Cyber Studies Programme Working Paper No. 3, University of Oxford, September.

Kruusvall, J. (2015), Rahvussuhted. Eesti uhiskonna integratsiooni monitooring. Uuringu aruanne.

Laar, M. (2007), 'The Estonian Economic Miracle', *Heritage Foundation*, 7 August.

Lebergott, S. (1966), 'Labor Force and Employment, 1800–1960', in Brady, D. S. (ed.), *Output, Employment, and Productivity in the United States after 1800* (Cambridge, Mass.: NBER).

Leontief, W. (1952), 'Machines and Man', *Scientific American*, 187 (3), 150–60.

McCarthy, J., and Feigenbaum, E. (1990), 'In Memoriam: Arthur Samuel and Machine Learning',

AI Magazine, 11 (3), 10–11.

Ministry of Culture (2014), *The Strategy of Integration and Social Cohesion in Estonia, 'Integrating Estonia 2020'.*

Ministry of Economic Affairs and Communications (2013), *Digital Agenda 2020 for Estonia.*

Misiunas, R., and Taagepera, R. (1993), *The Baltic States: The Years of Dependence, 1940–90* (Berkeley: University of California Press).

Mokyr, J., Vickers, C., and Ziebarth, N. (2015), 'The History of Technological Anxiety and the Future of Economic Growth: Is This Time Different?', *Journal of Economic Perspectives*, 29 (3), 31–50.

Moore, G. E. (1965), 'Cramming More Components on to Integrated Circuits', *Electronics*, April, 114–17.

Muro, M., Maxim, R., and Whiton, J. (2019), 'Automation and Artificial Intelligence: How Machines Are Affecting People and Places', Report, Brookings Institution, 24 January. Nilsson, N. (2009), *The Quest for Artificial Intelligence* (Cambridge: Cambridge University Press).

OECD (2018), 'Bridging the Rural Digital Divide', OECD Digital Economy Papers, No. 265 (Paris: OECD).

Overton, M. (1985), 'The Diffusion of Agricultural Innovations in Early Modern England: Turnips and Clover in Norfolk and Suffolk, 1580–1740', *Transactions of the Institute of British Geographers*, 10 (2), 205–221.

—— (1996), *Agricultural Revolution in England: The Transformation of the Agrarian Economy 1500–1850* (Cambridge: Cambridge University Press).

Paide, K., Pappel, I., Vainsalu, H., and Draheim, D. (2018), 'On the Systematic Exploitation of the Estonian Data Exchange Layer X-Road for Strengthening Public-Private Partnerships', in *Proceedings of the 11th International Conference on Theory and Practice of Electronic Governance*, ICEGOV'18, April.

Priisalu, J., and Ottis, R. (2017), 'Personal Control of Privacy and Data: Estonian Experience', *Health Technology*, 7, 441.

Puur, A., Rahnu, L., Abuladze, L., Sakkeus, L., and Zakharov, S. (2017), 'Childbearing Among First- and Second-generation Russians in Estonia Against the Background of the Sending and Host Countries', *Demographic Research*, 35, 1209–54.

PwC (2018), 'How Will Automation Impact Jobs?', *Economics: Insights*, February.

Riello, G. (2013), *Cotton: The Fabric that Made the Modern World* (Cambridge: Cambridge University Press).

Roaf, J., Atoyan, R., Joshi, B., and Krogulski, K. (2014), '25 Years of Transition: Post-communist Europe and the IMF', *Regional Economic Issues Special Report*, IMF, October.

Saar, E., and Helemae, J. (2017), 'Ethnic Segregation in the Estonian Labour Market', in *Estonian Human Development Report 2016/2017.*

Sakkeus, L. (1994), 'The Baltic States', in Ardittis, S. (ed.), *The Politics of East–West Migration* (New York: St Martin's Press).

Samuel, A. L. (1959), 'Some Studies in Machine Learning Using the Game of Checkers', *IBM Journal*, 3 (3), 211–29.

Simonite, T. (2016), 'A $2 Billion Chip to Accelerate Artificial Intelligence', *MIT Technology Review*, 5 April.

Smith, D. (2002), 'Narva Region Within the Estonian Republic. From Autonomism to

Accommodation?', *Regional & Federal Studies*, 12 (2), 89–110.

State Electoral Office of Estonia(2017), 'General Framework of Electronic Voting and Implementation Thereof at National Elections in Estonia', Document: IVXV-UK-1.0, 20 June.

Study of Social Groups in Integration: Summary and Policy Suggestions (2013), (Tallinn: Tallinn University IISS).

Tammpuu, P., and Masso, A. (2018), 'Welcome to the Virtual State: Estonian e-Residency and the Digitalised State as a Commodity', *European Journal of Cultural Studies*, 1–18.

Thomson, S. (2019), ' "It's Got Us Very Intrigued": MPs to Study How Canada Can Learn From "Digitally Advanced" Estonia', *National Post*, 13 January.

Trimbach, D., and O'Lear, S. (2015), 'Russians in Estonia: Is Narva the next Crimea?', *Eurasian Geography and Economics*, 56 (5), 493–504.

UNHCR (2016), Ending Statelessness Within 10 Years, Special Report.

Vannas, U. (2018), 'Employment Rate at Record High in 2017', *Quarterly Bulletin of Statistics Estonia*, 7 June.

Waldrop, M. (2016), 'The Chips Are Down for Moore's Law', *Nature*, 9 February.

World Bank (2016), *World Development Report 2016: Digital Dividends* (Washington, DC: World Bank).

Wykes, D. (2004), 'Robert Bakewell (1725– 1795) of Dishley: Farmer and Livestock Improver', *Agricultural History Review*, 52 (1), 38–55.

1 하버드대학교 경제학자 바실리 레온티프가 《사이언티픽아메리칸》에 기고한 기계의 자동 제어를 다룬 소논문이다. Leontief(1952) 참조.

2 과학기술의 발전이 대규모 실업을 낳을 것이라는 위험에 대해서는 Keynes(1930)과 Leontief(1952)를 참조하고, 이러한 종류의 우려에 대한 조사를 보려면 Mokyr et al.(2015)를 참조하라. 30퍼센트의 자동화(44퍼센트의 저숙련 노동) 예측의 출처는 PwC(2018)이다. 미국에 대한 브루킹스연구소Brookings Institution 보고서는 Muro et al.(2019)를 참조하라. "디지털 격차" 또는 새로운 "디지털 하위 계층digital underclass"에 대한 최근 논의는 World Bank(2016)과 OECD(2018)을 참조하라. 미국의 디지털 격차에 관한 초기 우려를 정리한 자료는 FINA(1995, 1998)이다.

3 에스토니아의 "디지털 사회digital society" 구축과 관련한 날짜와 사실은 정부 웹사이트 www.e-stonia.com을 참조하라. 에스토니아 정부의 장기 계획을 보려면 Ministry of Economic Affairs and Communications(2013)과 State Electoral Office of Estonia(2017)을 참조하라. 투표율 데이터는 선거관리위원회 웹사이트 www.valimised.ee/en에서 이용할 수 있다.

4 식량 부족에 대응한 불법 농사를 포함해 소비에트 시스템이 경제에 끼친 영향은 Misiunas and Taagepera(1993)을 참조하라. 농업 집산화에 대해서는 Jaska(1952)를 참조하라.

5 1990년대 중반 에스토니아의 "도약"을 검토한 자료로는 Almi(1996)을 참조하고 경제 설계자 중 한 사람이 들려주는 "경제 기적" 이야기는 Laar(2007)을 참조하라. 소련 붕괴 이후 에스토니아가 실시한 다른 나라들과 비교해 더 광범위한 개혁에 대해서는 Roaf et al.(2014)를 참조하라. 2018년 수치들의 출처는 에스토니아통계청Statistics Estonia 웹사이트 www.stat.ee다.

6 엑스로드는 흔히 전자 에스토니아e-Estonia의 근간이라고 언급된다. 이 이름은 2018년 "엑스-티X-tee"로 변경되었고 이것의 사용과 상황에 관한 정보는 www.x-tee.ee/factsheets/EE/#eng에서 실시간으로 추적할 수 있다. 개인 정보를 개인이 관리하도록 하는 데 시스템

이 수행하는 역할에 대해서는 Priisalu and Ottis(2017)을 참조하라. 민간 기업들의 시스템 이용에 대해서는 Paide et al.(2018)을 참조하라.

7 노동 시장의 수송과 물류에 관한 데이터의 출처는 에스토니아통계청, 미국노동통계국Bureau of Labor Statistics, 영국통계청Office for National Statistics이다.

8 작물 혁신의 중요성과 이 아이디어들이 영국 전역으로 퍼진 방식에 대해서는 Overton(1985)를 참조하라. 로버트 베이크웰Robert Bakewell의 가축 사육 개선에 대해서는 Wykes(2004)를 참조하라. 농업 기계화와 개인 농부들이 변화의 주창자가 된 방식에 대해서는 Fox and Butlin(eds.)(1979)를 참조하라. 17세기 영국의 농업 혁신의 강도에 관한 최근 연구와 데이터는 Ang et al.(2013)을 참조하라. 농업 생산성 추정치는 Apostolides et al.(2008)을 참조하라. 농업 생산성 증대가 영국 인구의 급증을 뒷받침한 방식에 대해서는 Overton(1996)을 참조하라.

9 영국 농업 노동자들이 농장 일의 기계화에 대응한 사건에 대한 고전적인 서술은 *Captain Swing* by Hobsbawm and Rude(1968)이다. 이 시기의 폭력 사태에 관한 더 최근의 서술을 보려면 Griffin(2010)을 참조하라.

10 산업혁명기에 제니방적기가 한 역할에 대해서는 Allen(2007)을 참조하라. 인도와 중국의 면 생산과 비교해 영국의 면 생산 혁신의 역사를 보려면 Riello(2013)을 참조하라.

11 미국 제조업 고용의 변화 출처는 미국노동통계국이다. 미국의 100년을 살펴본 자료는 Ghanbari and McCall(2016)을 참조하라.

12 인공 지능의 유래와 초기 개발에 대해서는 Nilsson(2009)를 참조하라. 기계 학습과 체커 게임에 대해 아서 새뮤얼이 쓴 원본 논문은 Samuel(1959)다. 새뮤얼의 공헌에 대한 간략한 조사는 McCarthy and Feigenbaum(1990)을 참조하라. 더 장기적인 "과학기술 변모"의 역사에서 인공 지능과 로봇의 발전에 대해서는 Ayres(1989)를 참조하라.

13 무어의 법칙이 제시된 원본 자료는 Moore(1965)다. 칩 기능 향상 속도의 최근 둔화에 대해서는 Waldrop(2016)을 참조하고, 새로운 종류의 칩이 무어의 법칙과 같은 향상을 지속시킬 수 있는 방법에 대해서는 Simonite(2016)을 참조하라.

14 에스토니아에서 나르바가 하는 독특한 역할과 역사에 관한 연구를 보려면 Smith(2002)를 참조하라. 나르바의 지정학적 중요성과 러시아의 침략 가능성에 대한 우려는 Trimbach and O'Lear(2015)를 참조하라.

15 러시아에서 에스토니아로 이주한 사람들의 역사와 숫자에 대해서는 Sakkeus(1994)를 참조하라. 소련의 정책이 한 역할에 대해서는 Kahk and Tarvel(1997)을 참조하라. 직면한 도전들에 대해서는 Koort(2014)를 참조하라. 노동 시장 차별과 이것이 실업과 임금에 끼친 영향을 추산한 수치는 Saar and Helemae(2017)을 참조하라. 더 최근 연구는 출산과 등교 같은 다양한 사회적 행위를 통한 통합을 추적한다. Puur et al.(2017) 참조. 무국적자의 세계적 현황은 UNHCR(2016)을 참조하라. 에스토니아인의 민족 배경에 관한 데이터의 출처는 에스토니아통계청이다.

16 에스토니아 노동 시장의 최근 상황에 관한 데이터의 출처는 에스토니아통계청이다. Vannas(2018) 참조.

17 설계자들이 설명하는 전자 거주증 프로젝트에 대해서는 Kotka et al.(2015)를 참조하고, 전자 거주증 제도의 확장 계획에 대해서는 Korjus(2018)을 참조하라. 독립적인 연구로는 Tammpuu and Masso(2018)을 참조하라.

18 에스토니아어는 핀란드어 및 헝가리어와 비슷한 특성을 공유하는 우랄어족에 속한 언어다. 러시아어는 인도유럽어족의 일부인 슬라브어파로 에스토니아어보다는 영어에 더 가깝다. 일부 사람들은 이 점이 소련 점령 시기에 러시아어와 가까운 언어를 가진 라트비아와 리투아니아보다 에스토니아가 더 가혹한 대우를 받은 이유 중 하나라고 말한다. 민족을 혼합하는 역할을 하는 노동 시장에 대해서는 Saar and Helemae(2017)과 Kruusvall(2015)를 참조하라.

19 에스토니아 디지털 정부 프로젝트의 해외 사용에 대해서는 www.e-estonia.ee를 참조하라. 캐나다 사례를 보려면 Thomson(2019)를 참조하라.

20 일터의 로봇에 대한 최근 연구로는 Graetz and Michaels(2015)를 참조하라. 실업 위기를 과장하는 경향과 새로운 유형의 고용 예측 실패에 대해서는 Mokyr et al.(2015)를 참조하라.

9장

Abelson, A. (2006), 'Private Security in Chile. An Agenda for the Public Security Ministry', Security and Citizenship Programme, FLACSO-Chile, August.

Altimir, O. (2001), 'Long-term Trends of Poverty in Latin American Countries', *Estudios de Economia*, 28 (1), 115–55.

Arango, M., Evans, S., and Quadri, Z. (2016), *Education Reform in Chile: Designing a Fairer, Better Higher Education System*, Woodrow Wilson School of Public and International Affairs, Princeton University, viewed 18 January 2019.

Bellei, C. (2008), 'The Private–Public School Controversy: The Case of Chile', in Chakrabarti, R., and Peterson, P. E. (eds.), *School Choice International: Exploring Public–Private Partnerships* (Cambridge, Mass.: MIT Press).

——, and Cabalin, C. (2013), 'Chilean Student Movements: Sustained Struggle to Transform a Market-oriented Educational System', *Current Issues in Comparative Education*, 15 (2), 108–23.

Brookings (2009), 'The IMF's Outlook for Latin America and the Caribbean: Stronger Fundamental Outlook', Washington, DC, 21 May.

CEP (1992), *'El Ladrillo': Bases de la Politica Economica del Gobierno Militar Chileno*, (Santiago: Centro de Estudios Publicos).

Chovanec, D. M., and Benitez, A. (2008), 'The Penguin Revolution in Chile: Exploring Intergenerational Learning in Social Movements', *Journal of Contemporary Issues in Education*, 3 (1), 39–57.

Chumacero, R., Gallegos Mardones, J., and Paredes, R. D. (2016), 'Competition Pressures and Academic Performance in Chile', *Estudios de Economia*, 43 (2), 217–32.

CIA (2000), *CIA Activities in Chile*, Central Intelligence Agency, 18 September.

COHA (2008), *The Failings of Chile's Education System: Institutionalized Inequality and a Preference for the Affluent*, Council on Hemispheric Affairs, 30 July.

—— (2011), *The Inequality Behind Chile's Prosperity*, Council on Hemispheric Affairs, 23 November.

Corbo, V. (1997), 'Trade Reform and Uniform Import Tariffs: The Chilean Experience', *American Economic Review*, 87 (2), 73–7.

Dammert, L. (2012), *Citizen Security and Social Cohesion in Latin America* (Barcelona: URB-AL III).

Delisle, J., and Bernasconi, A. (2018), 'Lessons from Chile's Transition to Free College', *Evidence Speaks Reports*, 2 (43).

Diaz, J., Luders, R. and Wagner, G. (2016), *Chile 1810–2010. La Republica en cifras. Historical statistics* (Santiago: Ediciones Universidad Catolica de Chile).

Fernandez, I. C., Manuel-Navarrete, D., and Torres-Salinas, R. (2016), 'Breaking Resilient Patterns of Inequality in Santiago de Chile: Challenges to Navigate Towards a More Sustainable City', *Sustainability*, 8 (8), 820.

Ffrench-Davis, R. (1983), 'The Monetarist Experiment in Chile: A Critical Survey', *World Development*, 11 (11), 905–26.

—— (2010), *Economic Reforms in Chile — From Dictatorship to Democracy* (London: Palgrave Macmillan)

Fleming, J. (1973), 'The Nationalization of Chile's Large Copper Companies in Contemporary Interstate Relations', *Villanova Law Review*, 18 (4), 593–647.

FNE (2012), *Competition Issues in the Distribution of Pharmaceuticals*, OECD Global Forum on Competition, 7 January 2014, La Fiscalia Nacional Economica.

Foxley, A. (2004), 'Successes and Failures in Poverty Eradication: Chile', Working Paper 30806, 1 May.

Friedman, M. (1982a), *Capitalism and Freedom* (Chicago: University of Chicago Press).

—— (1982b), 'Free Markets and the Generals', *Newsweek*, 25 January.

Fuentes, C., and Valdeavellano, R. (2015), *Chicago Boys*, CNTV, November.

Han, B.-C. (2017), *Psychopolitics: Neoliberalism and New Technologies of Power* (London: Verso).

Hsieh, C., and Urquiola, M. (2006), 'The Effects of Generalized School Choice on Achievement and Stratification: Evidence from Chile's Voucher Program', *Journal of Public Economics*, 90, 1481.

ICA (1959), *Working with People: Examples of US Technical Assistance* (Washington, DC: International Cooperation Administration).

Klinenberg, E. (2018), *Palaces for the People: How Social Infrastructure Can Help Fight Inequality, Polarization, and the Decline of Civic Life* (London: Bodley Head).

Larrain, F., and Meller, P. (1990), 'The Socialist-Populist Chilean Experience, 1970–1973', in Dornbusch, R., and Edwards, S. (eds.), *The Macroeconomics of Populism in Latin America* (Chicago: University of Chicago Press).

Mander, B. (2017), 'Leftwing Bloc Upends Chile's Traditional Balance of Power', *Financial Times*, 24 November.

Miller, H. L. (1962), 'On the "Chicago School of Economics" ', *Journal of Political Economy*, 70 (1), 64–9.

Montero, R., and Vargas, M. (2012), *Economic Residential Segregation Effects on Educational Achievements: The Case of Chile*.

OECD (2010), *OECD Economic Surveys: Chile* (Paris: OECD).

—— (2011), *Divided We Stand — Why Inequality Keeps Rising* (Paris: OECD).

—— (2018), *Divided Cities: Understanding Intra-urban Inequalities* (Paris: OECD).

Reder, M. W. (1982), 'Chicago Economics: Permanence and Change', *Journal of Economic Literature*, 20 (1), 1–38.

Riumallo-Herl, C., Kawachi, I., and Avendano, M. (2014), 'Social Capital, Mental Health and Biomarkers in Chile: Assessing the Effects of Social Capital in a Middle-income Country', *Social Science & Medicine*, 105C, 47–58.

Roosevelt, F. D. (1933), First Inaugural Address, 4 March.

—— (1936), Address at Chautauqua, 14 August.

Sanhueza, C., and Mayer, R. (2011), 'Top Incomes in Chile Using 50 Years of Household Surveys: 1957–2007', *Estudios de Economia*, 38 (1), 169–93.

Simons, H. C. (1947), *Economic Policy for a Free Society* (Chicago: University of Chicago).

Solimano, A. (2012), *Chile and the Neoliberal Trap — The Post-Pinochet Era* (Cambridge: Cambridge University Press).

Stokes, J. M. (1956), 'The International Cooperation Administration', *World Affairs*, 119 (2), 35–37.

United Nations (2018), *World Urbanisation Prospects — Key Facts* (New York: United Nations).

Valdes, J. G. (1995), *Pinochet's Economists: The Chicago School of Economics in Chile* (Cambridge: Cambridge University Press).

Vallejo, C. (2016), 'On Public Education in Chile', *OECD Yearbook 2016* (Paris: OECD).

Weissbrodt, D., and Fraser, P. (1992), 'Report of the Chilean National Commission on Truth and Reconciliation', *Human Rights Quarterly*, 14 (4), 601–22.

Winn, P. (ed.) (2004), *Victims of the Chilean Miracle — Workers and Neoliberalism in the Pinochet Era, 1973–2002* (Durham, NC: Duke University Press).

World Bank (1999), *Chile: Recent Policy Lessons and Emerging Challenges* (Washington, DC: World Bank).

World Inequality Report 2018, World Inequality Lab., Paris School of Economics..

1 칠레의 불평등 데이터 출처는 Ffrench-Davis(2010)과 Solimano(2012)다. 나라별 동향의 출처는 OECD와 *World Inequality Report 2018*이다. 새롭게 선진국 반열에 오른 나라 중 극도로 불평등한 또 다른 나라는 멕시코로, 최근 가장 불평등한 OECD 국가의 자리를 놓고 칠레와 경쟁해 왔다.

2 루스벨트 대통령은 첫 번째 취임 연설에서 자신의 선린 외교 정책의 개요를 밝혔고 이후 연설들에서 정책에 대해 부연 설명했다. Roosevelt(1933, 1936) 참조. 국제협력국의 기원과 운용 방식 그리고 이후의 시카고-칠레 교환 협정에 대해 자세히 논한 자료는 Valdes(1995)다. 1950년대 중반 국제협력국 국장이 제시한 기관의 철학과 목표에 관한 자료는 Stokes(1956)이다. 국제협력국이 남북아메리카대륙에서 활동한 사례들은 ICA(1959)를 참조하라.

3 시카고학파 사상의 중요한 토대는 Simons(1947)에 포함된 헨리 사이먼스Henry Simons의 소논문 〈자유방임주의를 위한 긍정적 프로그램A Positive Program for Laissez Faire〉이다. 시카고학파의 사상에 관한 개요는 Miller(1962)와 Reder(1982)를 참조하라. 밀턴 프리드먼에 관한 입문서로는 《자본주의와 자유Capitalism and Freedom》를 보라. Friedman(1982a) 참조. 시카고 보이스가 받은 교육과 그들이 끼친 영향에 관해서는 Valdes(1995)를 참조하라. 2015년 개봉한 다큐멘터리 영화 〈시카고 보이스〉에는 시카고에 간 칠레 젊은이들의 자료 화면과 당시 인터뷰가 등장한다. Fuentes and Valdeavellano(2015) 참조.

4 1970년부터 1973년 사이 아옌데의 경제 프로그램과 성과를 자세하게 검토한 자료는 Larrain and Meller(1990)이다. 구리 국유화에 관해서는 Fleming(1973)을 참조하라.

5 칠레에서 자체 조사한 피노체트 정권의 인권 침해 보고서인 《레티그 리포트Rettig Report》가 1991년 출간되었다. Weissbrodt and Fraser(1992) 참조. 2004년, 2005년, 2011년의 후속 공식 보고서들에서는 추정 피해자 수가 증가했다. 이 모든 정보는 산티아고에 있는 헌정 박물관인 기억인권박물관Museo de la Memoria y los Derechos Humanos에 연대순으로 정리되어 있다. 피노체트의 쿠데타, 아옌데의 죽음, 인권 침해에 CIA가 개입했다는 내용은 CIA(2000)을 참조하라.

6 《엘라드리요》는 칠레의 한 싱크탱크가 재출간했다. CEP(1992) 참조. "극단적 실험"에 대한 초기 비판은 Ffrench-Davis(1983)을 참조하라.

7 무역 자유화의 초기 성공을 정리한 자료는 Ffrench-Davis(2010)이다. 무역 금지 해제에 관해 서는 Corbo(1997)도 참조하라.

8 "칠레의 기적"이라는 개념은 프리드먼의 《뉴스위크》 기고문에서 유래했다. Friedman(1982b) 참조. 칠레 칭찬 사례와 다른 나라들이 칠레의 길을 따라야 한다는 권유에 대해서는 World Bank(1999)를 참조하라. 칠레의 "모범적인" 정책들에 대해서는 Brookings(2009)를 참조하라.

9 빈곤 감소에 관한 통계 수치는 Altimir(2001)과 Ffrench-Davis(2010)을 참조하라. 공식 통계 가 숨겨진 빈곤을 가린다는 주장은 Solimano(2012)를 참조하라.

10 칠레의 빈곤 지속과 불평등 증가 문제에 관해서는 Ffrench-Davis(2010)과 Solimano(2012)를 참조하라. 칠레의 발전과 성장이 시민 대다수에게 돌아가지 않는다는 주장들을 요약한 자 료는 COHA(2011)을 참조하라. 산티아고의 불평등의 회복탄력성에 대해서는 Fernandez et al.(2016)을 참조하라.

11 시카고 보이스의 계획에서 기회균등의 중요성에 관해서는 CEP(1992)를 참조하라. 대학 숫 자의 대폭 증가와 관련한 자료와 칠레 교육 환경에 대한 소개는 Arango et al.(2016)을 참조 하라.

12 경제 및 거주의 분리 현상에 대해서는 Montero and Vargas(2012)를 참조하라.

13 학비 공동 부담 공립-사립 제도는 매우 논란이 많다. Bellei(2008) 참조. 비판적인 견해에 관 한 연구 개요는 COHA(2008)을 참조하라. Hsieh and Urquiola(2006)도 참조하라. 그럼에도 일부는 여전히 이 제도를 선호한다. Chumacero et al.(2016)은 바우처 경쟁 제도에 관한 명확 한 배경을 설명하고 이 제도가 향상된 성과를 이끌어 냈다고 주장한다.

14 대학 과정의 비용과 자퇴율에 대해서는 Arango et al.(2016)을 참조하라.

15 2006년 시위(펭귄 혁명)에 대해서는 Chovanec and Benitez(2008)을 참조하라. 2011년 시위(칠 레의 겨울)에 대해서는 Bellei and Cabalin(2013)과 Vallejo(2016)을 참조하라. 뒤이은 대학 무상 교육 요구에 대해서는 Delisle and Bernasconi(2018)을 참조하라. 조르조 잭슨과 광역전선이 끼친 영향에 관해서는 Mander(2017)을 참조하라.

16 잭슨이 영향을 받았다고 언급한 새로운 철학의 예를 보려면 Han(2017)을 참조하라.

17 제약 업체의 공모에 대해서는 FNE(2012)를 참조하라. 칠레 산업 전반의 경쟁 스캔들과 높 은 집중률은 OECD(2010)을 참조하라.

18 도서관과 공원을 포함해 사람들이 섞이게 만드는 사회 기반 시설 간 연관성의 증거를 정리 한 자료는 Klinenberg(2018)이다. 사회적 화합, 개인 간 불신, 개인의 불안감 등에 대해서는 Dammert(2012)를 참조하라. 또한 개인 보안 산업의 성장에 대해서는 Abelson(2006)을 참조 하라. 사회적 자본과 건강 사이의 관계에 대해서는 Riumallo-Herl et al.(2014)를 참조하라.

19 증가하는 불평등 요인들에 대해서는 OECD(2011)과 *World Inequality Report 2018*을 참조 하라. 도시화로 향하는 동향에 대해서는 United Nations(2018)을 참조하고 도시의 불평등에 대해서는 OECD(2018)을 참조하라.

559

EXTREME ECONOMIES